A Fazenda Pública na Arbitragem

Marcus Vinicius Armani Alves

EDITORA SINGULAR

A Fazenda Pública na Arbitragem

Marcus Vinicius Armani Alves

1.ª Edição

São Paulo
2019

EDITORA SINGULAR

Dados Internacionais de Catalogação na Publicação (CIP)
Agência Brasileira do ISBN - Bibliotecária Priscila
Pena Machado CRB-7/6971

A474 Alves, Marcus Vinicius Armani. A fazenda pública na arbitragem / Marcus Vinicius Armani Alves. – 1. ed. – São Paulo: Singular, 2019.
312 p. ; 23 cm.

Inclui bibliografia.
ISBN 978-85-53066-16-2

1. Arbitragem contra a fazenda pública - Brasil. 2. Arbitragem e sentença - Brasil. 3. Administração pública - Brasil. I. Título.

CDD 347.09

Coordenação editorial	José Carlos Busto
Imagem da Capa	Orla, Getty Images
Diagramação	Dorival Lopes Junior
Capa	Dorival Lopes Junior
Formato	16x23
Tipologia	Times New Roman
Papel	Offset 757g/m^2
Número de páginas	312 p

Editora Singular
Telefone: 11 3862-1241
Internet: www.editorasingular.com.br
E-mail: singular@singular.com.br

DEDICATÓRIA

Aos meus pais, irmão e cunhada.
Aos meus avós Mario Armani e
Amélia Andreoni Armani.

AGRADECIMENTOS

É neste momento que pesa a dura missão de agradecer àqueles que tornaram possível a elaboração da presente dissertação, com a penalidade da injustiça. Com certeza, o primeiro deles é o amigo e orientador Marcelo Bonizzi, que me reabriu as portas da querida Faculdade de Direito do Largo de São Francisco. A ele devo este trabalho e a possibilidade de concretizar o sonho do mestrado, de voltar às Arcadas e tudo mais que a vida acadêmica proporciona. Além disso, tivemos o privilégio de criar no âmbito da Procuradoria Geral do Estado o grupo de estudos de arbitragem, que já vem rendendo frutos, preparando as novas gerações de procuradores para os desafios desse instituto.

Agradeço ainda meus professores do mestrado Carlos Alberto Carmona, Antônio Carlos Marcato, Flavio Yarshell, Heitor Sica, Gustavo Justino de Oliveira, Carlos Aberto de Salles, Floriano Azevedo Marques e Victor Schein.

Presto homenagem ao professor Giovanni Bonato, pelo constante incentivo e esforços na construção e implantação da doutrina arbitral em nosso país.

Lembro ainda a colega de pós-graduação Nathalia Mazzonetto, que me permitiu conhecer e realizar pesquisa no Centro de Estudos da Câmara Arbitral de Milão e a genial Juliana Palma Bonacorsi, pelo constante apoio acadêmico.

Por fim, aos amigos de infância, aos velhos amigos da sempre nova academia, hoje profissionais da área, e aos procuradores do Estado de São Paulo.

PREFÁCIO

A obra “A Fazenda Pública na Arbitragem”, que Marcus Vinicius Armani Alves apresentou como etapa final de seu mestrado na tradicional Faculdade de Direito do Largo São Francisco - USP, sob minha orientação, aprovada com distinção, trata, com profundidade, da aproximação entre duas colunas diferentes: uma essencialmente pública e a outra predominantemente privada.

A Fazenda Pública está na primeira delas, cercada por regras administrativas e constitucionais bastante rígidas, enquanto a arbitragem está na segunda e representa, provavelmente, o ápice do privatismo no sistema jurídico, pois pessoas escolhidas pelos litigantes julgam, com força de sentença (ato jurisdicional), o litígio que lhes é submetido.

Da correta análise dessa aproximação entre dois mundos distintos decorre a importância do estudo de Marcus Armani. Sem menosprezar os aspectos públicos inerentes à Fazenda Pública, Armani demonstra que a arbitragem pode ser perfeitamente aplicável aos conflitos em que a Fazenda está envolvida, desde que respeitados os limites traçados pela indisponibilidade de alguns direitos tutelados por ela.

Não bastasse o pioneirismo da obra na época de sua defesa, é de se destacar a organização e a didática com que o autor lida com o tema, tornando a leitura proveitosa e acessível aos estudantes em geral e a todos os profissionais do direito.

Deixo registrado, por último, meu orgulho de ter orientado Marcus Armani nesse estudo e também o meu desejo de que a obra encontre boa acolhida e merecido lugar de destaque na doutrina nacional.

Marcelo José Magalhães Bonizzi

Professor doutor da Faculdade de Direito do Largo São Francisco – USP

Pós-doutor pela Faculdade de Direito de Lisboa

Procurador do Estado de São Paulo

SUMÁRIO

INTRODUÇÃO

Dentre as várias transformações ocorridas no direito processual civil brasileiro na última década, uma das mais significativas corresponde ao reconhecimento de que a tradicional fórmula de solução de litígios por meio do Poder Judiciário encontra-se em série crise de efetividade, o que se evidencia pela longa duração do processo, associada ao baixo índice de satisfação e credibilidade. Tais fatos hoje são apontados como problemas estruturais da nossa Justiça.

Vale ainda lembrar que o modelo brasileiro impõe à magistratura o amplo conhecimento das matérias postas em juízo. É nesse ponto que tudo se funde: a multiplicidade de direitos corporificados pela ação que tutela direitos lesionados ou ameaçados de lesão, a falta de estrutura, as falhas na preparação do magistrado, o quadro deficitário de pessoal dos tribunais, a multiplicidade de decisões e recursos em um mesmo processo e a insegurança jurídica.

De um lado, o Judiciário encontra sérias dificuldades na resolução de seus conflitos administrativos internos, o que culmina na prestação do serviço judiciário de maneira deficitária, e, de outro, a demanda pela prestação não para de crescer. Associa-se a isso o forte crescimento econômico que o Brasil teve nas últimas décadas, impulsionado pelo aumento internacional do preço das *commodities*, bem como aos investimentos externos.

Diante de tal cenário e da perspectiva futura de crescimento de demandas de alta complexidade nas contratações com o Estado, relativas aos mais diversos assuntos, tais como financiamentos, infraestrutura, parcerias público privadas, as partes deverão ser levadas a buscar meios alternativos de solução de controvérsias, evitando a clássica solução de conflitos pelo Judiciário.

A arbitragem, tida como meio alternativo de solução de controvérsias[1], apresenta as seguintes vantagens: possibilidade de escolha de

---

[1] Rafael Francisco Alves, com fundamento em Alcalá-Zamorra y Castillo, adota a expressão heterocomposição extrajudicial, eis que heterocompositiva porque implica a submissão de determinada controvérsia entre duas ou mais pessoas à decisão de um terceiro; e mais, seguindo os comentários de Carlos Alberto Carmona sobre a Lei n. 9.307/96, afirma que a esse conceito devem ser acrescentados: (a) a

árbitros altamente especializados na matéria em litígio; possibilidade de escolha do direito aplicável, inclusive valendo-se da equidade; flexibilidade de procedimento; possibilidade de confidencialidade do litígio; escolha do rito procedimental. Há entretanto desvantagens, tais como o valor do procedimento, a confidencialidade de certos aspectos e os restritos meios impugnativos da sentença arbitral.

Nem todas essas vantagens e desvantagens são aplicáveis nas arbitragens envolvendo o Poder Público, *v.g.* as limitações de escolha do direito e do idioma e a execução por meio do regime de precatórios.

Para isso, é indispensável a confiança e a segurança jurídica do instituto da arbitragem, sob pena de que ela falhe em atingir seu objetivo. Ademais, não se pode deixar que a arbitragem sofra uma crise de credibilidade.

Por tudo isso, a arbitragem é uma técnica que depende antes de tudo da confiança no *bonus vir*[2] que é depositada na figura do árbitro, também conhecida na feliz expressão de Selma Lemes como *pedra angular da arbitragem*.[3]

O presente estudo tem como foco a arbitragem doméstica e sua relação com o Poder Público, sobretudo como mecanismo de solução de

---

necessidade de o conflito envolver direitos patrimoniais disponíveis; (b) a submissão voluntária feita com base em convenção privada; (c) a obrigatoriedade de o procedimento ser informado pelo devido processo legal; e, (d) o fato de a decisão do árbitro ter a mesma eficácia jurídica de uma sentença judicial, conforme a Lei n. 9.307/96 (ALVES, Rafael Francisco. A imparcialidade do árbitro no direito brasileiro: autonomia privada ou devido processo legal? *Revista de Arbitragem e Mediação*, São Paulo, Revista dos Tribunais, v. 2, n. 7, p. 110, out./dez. 2005).

[2] Selma Lemes afirma: "Costumo advertir que o enunciado é singelo, mas não menos sábio. A capacidade é a civil e a técnica (quando for o caso) para decidir a matéria. A confiança está vinculada à honradez. Cícero, o herói da liberdade na Roma antiga, com toda a sabedoria advertia na sua obra *De Officiis* (*Dos Deveres*) que a honestidade decorre de quatro fontes: a primeira é o conhecimento (sabedoria), a segunda o sentimento da comunidade humana (justiça), a terceira a magnanimidade (alma nobre e generosa) e, a quarta, a inclinação para a moderação (temperança)." (LEMES, Selma Ferreira. A independência e a imparcialidade do árbitro e o dever de revelação. *Revista Brasileira de Arbitragem*, São Paulo, Revista dos Tribunais, v. 6, n. 26, p. 24, abr./jun. 2010).

[3] LEMES, Selma Ferreira, A independência e a imparcialidade do árbitro e o dever de revelação, cit., p. 24.

controvérsias decorrentes dos contratos administrativos. Não se busca uma panaceia, tal que a arbitragem se torna a cura de todos os males e resolve a crise de efetividade do Poder Judiciário.

Porém, a principal vantagem é a possibilidade de as partes simplesmente não desejarem que a demanda seja solucionada pela jurisdição estatal: é a possibilidade de escolha de um procedimento distinto do método clássico de solução de litígios. Trata-se da percepção de que a arbitragem pode ser um mecanismo *adequado* de solução de controvérsias

Na verdade, a arbitragem[4] é apenas mais uma forma de solução extrajudicial de conflitos posta à disposição das partes, e com uma proposta bem definida, fundada em dois valores: *autonomia da vontade* e *disponibilidade do direito*.

Aqui novamente o tema da presente dissertação encontra mais um obstáculo a ser vencido: os limites da disponibilidade de direitos no âmbito da Administração Pública, ou seja, o que pode ser arbitrável quando se trata de litígios decorrentes do contrato administrativo e quando a Administração Pública pode optar pela arbitragem.

Outro interessante ponto a ser abordado diz respeito ao tratamento legislativo, eis que a Lei n. 9.307/96 (Lei de Arbitragem), e sua recente alteração, promovida pela Lei n. 13.129/2015, traz em seu bojo conceitos que devem ser aprofundados e nos levam a crer que a vontade do legislador foi a de criar um microssistema, alinhado com o tratamento internacional que o tema recebe. Como efeito, o novel diploma afasta a dúvida que pairava sobre a possibilidade de a Administração Pública valer-se da arbitragem como forma de resolução de conflitos[5]. De outro lado, com

---

[4] Carlos Alberto Carmona traz o seu conceito de arbitragem: "A arbitragem – meio alternativo de solução de controvérsias através da intervenção de uma ou mais pessoas que recebem seus poderes de uma convenção privada, decidindo com base nela, sem intervenção estatal, sendo a decisão destinada a assumir a mesma eficácia da sentença judicial – e colocada à disposição de quem quer que seja, para solução de conflitos relativos a direitos patrimoniais acerca dos quais os litigantes possam dispor" (CARMONA, Carlos Alberto. *Arbitragem e processo*: um comentário à Lei nº 9.307/96. 2. ed. São Paulo: Atlas, 2004. p. 51).

[5] Defendendo o cabimento da arbitragem para a Fazenda Pública, antes da reforma da Lei de Arbitragem: BONIZZI, Marcelo José Magalhães. Breve análise sobre a arbitragem em conflitos que envolvem o Estado. *Revista da Procuradoria Geral do Estado de São Paulo*, v. 75, p. 13-20, 2012.

uma alteração geral, se dá início a uma nova era de possibilidades de uso do instituto.

Note-se que somente com uma lei de arbitragem em absoluta afinidade com os organismos internacionais é que o instituto ganharia a credibilidade dele esperada. Nisso se inclui a criação de um sistema próprio e o afastamento do Poder Judiciário das decisões arbitrais[6]. Porém, quais são esses limites, se é que possíveis?

Nesse ponto, merece análise a incursão do instituto da arbitragem na *teoria geral do processo*, conforme apregoa Cândido Rangel Dinamarco e a tradicional escola processual paulista. De tal forma, merece atenção a análise da posição da Fazenda Pública no processo civil clássico-estatal e a possibilidade de transposição do instituto do sistema arbitral: haveria essa justaposição ou na arbitragem existe absoluta isonomia de partes, calcada na autonomia dos litigantes, quando fazem a opção por esse mecanismo de solução de litígios?

Da mesma forma, não se pode negar que, se de um lado o legislador quis dar essa autonomia à arbitragem, por outro ele permite certo

---

[6] Em trabalho sobre a inadmissibilidade das medidas antiarbitragem no direito brasileiro, Rafael Francisco Alves afirma, sobre o movimento de universalização da arbitragem: "Uma das condições para a pretendida universalização da arbitragem é a busca pela sua autonomia em relação às ordens jurídicas nacionais. Mais do que impedir completamente a participação das ordens jurídicas nacionais e de suas cortes judiciais (o que seria inviável diante da constatação de que não apenas o seu envolvimento é inevitável, como também elas são, em última instância, as verdadeiras protagonistas de todos esse processo), o movimento de universalização procura criar critérios internacionalmente reconhecidos para regular a prática da arbitragem ao redor do mundo. O objetivo é, ao final, evitar a influência das ordens jurídicas nacionais na regulação da arbitragem, de tal modo que tal prática possa tornar-se, de fato universal..[...] Em particular o direito brasileiro reconhece dois dos princípios mais importantes para garantir a harmonização da prática da arbitragem e sua autonomia em relação às ordens jurídicas nacionais, em especial em relação às cortes judiciais: a autonomia da cláusula compromissória e a competência dos árbitros para decidir sobre a sua competência (a competência-competência), nos termos do art. 8°, *caput*, e parágrafo único, da Lei 9.307/96. São esses os dois princípios que normalmente estão em jogo quando solicitadas medidas judiciais destinadas a impedir o início ou o prosseguimento de um processo arbitral." (ALVES, Rafael Francisco. *A inadmissibilidade das medidas antiarbitragem no direito brasileiro*. São Paulo: Atlas, 2009. p. 249).

diálogo com o Estado. Vale lembrar que os árbitros são desprovidos de poder coercitivo, para fazer valer suas decisões, e, nesses casos, buscam amparo na jurisdição estatal[7]. Ademais, a sentença arbitral, embora equiparada para todos os fins à sentença judicial[8], está sujeita a ação anulatória.[9]

Associa-se, a tudo isso, a transposição de um instituto de origem tipicamente privada, cuja nascença, nos moldes que conhecemos hoje, teve origem no comércio internacional, no qual há ampla autonomia da vontade e disponibilidade do direito, para uma moldura rígida como a da Administração Pública, calcada numa vetusta cultura da indisponibilidade do direito e da legalidade restrita.

Diante desse quadro, nesse interessante cenário, em que o diálogo entre a arbitragem, o Poder Público e Poder Judiciário nem sempre flui de maneira harmônica, é que se propõe o estudo da arbitragem e sua relação com a Fazenda Pública.[10]

---

[7] Lei de Arbitragem: "Art. 21 [...] § 2º. Em caso de desatendimento, sem justa causa, da convocação para prestar depoimento pessoal, o árbitro ou o tribunal arbitral levará em consideração o comportamento da parte faltosa, ao proferir sua sentença; se a ausência for de testemunha, nas mesmas circunstâncias, poderá o árbitro ou o presidente do tribunal arbitral requerer à autoridade judiciária que conduza a testemunha renitente, comprovando a existência da convenção de arbitragem."

[8] Lei de Arbitragem: "Art. 31. A sentença arbitral produz, entre as partes e seus sucessores, os mesmos efeitos da sentença proferida pelos órgãos do Poder Judiciário e, sendo condenatória, constitui título executivo."

[9] Lei de Arbitragem: "Art. 33. A parte interessada poderá pleitear ao órgão do Poder Judiciário competente a decretação da nulidade da sentença arbitral, nos casos previstos nesta Lei."

[10] Jeanlise Velloso Couto aponta, em suas conclusões, esta interessante relação entre Estado e árbitro: "Assim, o árbitro pode revestir-se da autoridade que seu caráter privado lhe proporciona, mas revela a fragilidade de não possuir os meios coercitivos que o Estado complementa. Ao intervir em todas as etapas do procedimento arbitral, o Estado fornece o remédio para as fragilidades intrínsecas desta justiça privada. A assessoria estatal, contudo, não possui somente o aspecto fundamental de garantir a força coercitiva que falta a arbitragem, mas de favorecer com seu controle a segurança das transações assegurando o respeito aos princípios norteadores do Direito. O que se depreende é que a intervenção judiciária não deve ser excessiva, mas sua total ausência também não traz benefícios à arbitragem. Ela tem como escopo proteger os direitos inerentes às partes, assegurar meio coercitivo de cumprimento de obrigações e trazer segurança jurídica ao procedi-

Trata-se de tema relevante ao aperfeiçoamento do instituto da arbitragem e, embora tenha trato multidisciplinar, eis que envolve uma gama de ramos do direito, tal qual o direito constitucional e o direito administrativo, é justamente sob o enfoque processual que se pretende levar o estudo a ser desenvolvido.

Delimitação do tema e colocação do problema

O problema central

A guisa de introdução das propostas do presente estudo, para se estudar a participação da Fazenda Pública como parte na arbitragem, passaremos a analisar: i) a evolução histórica do instituto; ii) a posição da Fazenda Pública no processo civil; iii) a inserção da arbitragem na teoria geral do processo; iv) a questão da Fazenda Pública em juízo e a sua subsunção ao modelo arbitral; v) a cláusula compromissória; vi) a arbitrabilidade dos litígios envolvendo a Fazenda Pública; vii) os árbitros e câmaras arbitrais; e, por fim, viii) a Fazenda Pública no procedimento arbitral.

É de se notar a importância da análise da arbitragem como subsistema integrante de um sistema maior, que é a *teoria geral do processo*, eis que a figura do árbitro exerce a "*jurisdição*"[11] e há um diálogo permanente com o juiz togado, que exerce a *jurisdição estatal.*

Trata o presente trabalho da análise, ainda que breve, do panorama legislativo que envolve o Estado e a arbitragem.

---

mento. O controle judiciário impõe-se quando há modificações dos direitos subjetivos com efeito *erga omnes* e com caráter definitivo. Por essa avaliação, podemos concluir que o árbitro deve considerar o Estado como uma verdadeira 'espada de Dâmocles' durante o desempenho de suas funções, pois ele deve ter a precaução de respeitar a legislação determinada pela arbitragem, considerar a ordem pública dos direitos nacionais envolvidos no procedimento e subordinar sua competência à convenção de arbitragem válida entre as partes." (COUTO, Jeanlise Velloso. Árbitro e Estado: interesses divergentes? São Paulo: Atlas, 2010. p. 119-121).

[11] A presente expressão é carregada de controvérsia, cuja análise se afasta do escopo do presente trabalho, dentro de uma hipótese teórica de *devido processo legal arbitral.*

Como é cediço, a Fazenda Pública é considerada a maior litigante do Judiciário brasileiro[12]. Em números absolutos, contando todas as esferas, é o maior cliente do Poder Judiciário. Hoje, em trâmite no Poder Judiciário, fala-se em cerca de 100 milhões de processos, conforme dados do Conselho Nacional de Justiça.[13]

Ocorre que, mais do que a simples inovação de um método alternativo de solução de controvérsias, o uso da arbitragem implica numa nova mentalidade da Administração Pública e quebra de antigos paradigmas do direito administrativo clássico.[14]

Quanto à matriz vinculante das partes na arbitragem, aponta a doutrina divergência quanto à sua natureza jurídica, eis que o vínculo *surge* com a plena autonomia da vontade das partes, maiores e capazes[15], que, no bojo da cláusula compromissória, optam pelo procedimento arbitral[16].

---

[12] Segundo o CNJ, o maior litigante brasileiro é o INSS (CONSELHO NACIONAL DE JUSTIÇA (CNJ). *100 maiores litigantes*. Brasília, 2012. Disponível em: <http://www.cnj.jus.br/images/pesquisas-judiciarias/pesquisa_100_maiores_litigantes.pdf>. Acesso em: 17 set. 2015).

[13] Disponível em: <http://www.conjur.com.br/2015-set-15/brasil-atinge-marca-100-milhoes-processos-tramitacao>. Acesso em: 17 set. 2015.

[14] Aponta Vicente de Paula Ataíde Junior que no sistema americano, "na área cível o processo judicial é quase um sistema residual, porque cerca de 80% das controvérsias são resolvidas pelos meios alternativos de solução de conflitos, como a mediação e a arbitragem." (ATAÍDE JÚNIOR, Vicente de Paula. O sistema Judiciário e a administração da justiça dos Estados Unidos da América. Revista CEJ, v. 10, n. 33, p. 41, abr./jun. 2006).

[15] Lei de Arbitragem: "Art. 1º. As pessoas capazes de contratar poderão valer-se da arbitragem para dirimir litígios relativos a direitos patrimoniais disponíveis."

[16] Lei de Arbitragem: "Art. 3º. As partes interessadas podem submeter a solução de seus litígios ao juízo arbitral mediante convenção de arbitragem, assim entendida a cláusula compromissória e o compromisso arbitral. [...] Art. 5º Reportando-se as partes, na cláusula compromissória, às regras de algum órgão arbitral institucional ou entidade especializada, a arbitragem será instituída e processada de acordo com tais regras, podendo, igualmente, as partes estabelecer na própria cláusula, ou em outro documento, a forma convencionada para a instituição da arbitragem". Aponta Carlos Alberto Carmona que a arbitragem parte de uma matriz contratual com efeitos "aptos a afastar a jurisdição estatal e instituir a arbitragem" (*Arbitragem e processo*: um comentário à Lei nº 9.307/96, 2. ed., 2007, cit., p. 87 e ss.).

Por outro lado, a arbitragem *transcorre* sob uma égide jurisdicional, decorrente da Lei n. 9.307/96.

Quanto ao aperfeiçoamento do contrato, conforme o artigo 19 da Lei de Arbitragem, considera-se instituída a arbitragem quando aceita a nomeação pelo árbitro, se for único, ou por todos, se forem vários.[17]

Para tanto, o presente estudo deve se pautar ainda num modelo de *consensualismo administrativo*[18]. A ideia é sofisticada, pois impõe ao Esta-

---

[17] Selma Lemes aponta a característica do contrato como contrato de investidura: "Além disso, podemos conceituar essa vinculação entre os árbitros e as partes como sendo jurisdicional no objeto; denomina-se, este contrato, como sendo um contrato de investidura. Neste sentido é interessante notar e efetuar um paralelismo entre a figura do juiz e a do árbitro, haja vista que o juiz tem sua investidura do seu *status* e o árbitro tem seu *status* de sua investidura. O árbitro, por sua vez, tem jurisdição, mas não tem *imperium*, o poder de constrição. É em decorrência destas características que o árbitro não pode executar a sentença arbitral condenatória. Para isso existe o procedimento de execução da sentença arbitral que transcorre como a sentença judicial perante o Judiciário. Ressalte-se que o árbitro no decorrer do processo arbitral tem competência para ditar e determinar o cumprimento de medidas cautelares, mas não pode executá-las, pois, como dito, falta-lhe o poder de constrição. Note-se, por oportuno, que não representa incompatibilidade com a arbitragem o fato de interpor medida cautelar prévia de urgência perante o Judiciário e, posteriormente, no prazo legal, iniciar a arbitragem. Aliás, esta é questão que conta com interessantes precedentes jurisprudenciais, mesmo em face do art. 19 da LA, que considera instituída a arbitragem quando os árbitros aceitam o mister em iniciar a arbitragem no prazo estipulado. Ademais, se for o caso de substituir eventual garantia outorgada, esta deve ser solicitada ao tribunal arbitral e não ao juiz que a deferiu, tal como firmado pela citada." (LEMES, Selma Ferreira. *O papel do árbitro*. 2006. Disponível em: <http://selmalemes.adv.br/artigos/artigo_juri11.pdf>. Acesso em: 30 set. 2015).

[18] Demonstrando a necessidade de as partes buscarem a solução consensual e a fuga do monopólio estatal de justiça, a posição do autor lusitano Diogo Leite de Campos: "Aparecendo cada vez mais de acordo com a 'natureza das coisas', que os cidadãos resolvam eles mesmos os conflitos entre seus direitos, e não sejam sujeitos ao poder judicial como se estão se liberando do 'poder legislativo' e do 'poder executivo'. (CAMPOS, Diogo Leite de. A arbitragem voluntária, jurisdição típica do estado-dos-direitos e dos-cidadãos. In: CAMPOS, Diogo Leite de; MENDES, Gilmar Ferreira; MARTINS, Ives Gandra da Silva (Coords.). A evolução do direito no século XXI: estudos em homenagem ao professor Arnoldo Wald. Coimbra: Almedina, 2007. p. 53).

do uma posição de parceira da sociedade, ficando ao seu lado. Quebra-se o paradigma do constante conflito de interesses, no qual o Estado é superior ao cidadão, o que é cristalizado na doutrina como princípio da *supremacia do interesse público sobre o particular*.

Embora a discussão possa ganhar coloridos filosóficos, quer-se com isso demonstrar que as novas formas de *contratualização da Administração Pú*blica demonstram um grau maior de participação social nos destinos do Estado. Ao lado dessas figuras, exsurgem meios alternativos de solução de controvérsia, fundados num grau maior de colaboração entre as partes.

Nesse sentido Gustavo Justino de Oliveira, partindo do pensamento de Norberto Bobbio, fundamenta uma construção, pela qual a "função de garantia do Estado contemporâneo emerge de sua consolidada obrigação constitucional de protagonizar a efetivação de um extenso catálogo de direitos fundamentais". Surge assim, segundo o pensamento de Solé, um "direito fundamental à boa administração".[19]

Nessa mesma linha, demonstra-se que o Estado passa a desempenhar um papel de mediador da sociedade e indivíduos, instituindo e mantendo vínculos robustos e duradouros. Da mesma forma, cabe à Administração mediadora compor conflitos envolvendo interesses estatais e privados.

É nesse cenário que ganha importância o maior grau de *consensualismo*[20] na Administração Pública, prática inserida num contexto de

---

[19] OLIVEIRA, Gustavo Henrique Justino de. A administração consensual como a nova face da Administração Pública no século XXI: fundamentos dogmáticos, formas de expressão e instrumentos de ação. In: ____. *Direito administrativo democrático*. Belo Horizonte: Fórum, 2010. p. 211-231.

[20] Gustavo Justino de Oliveira expõe bem a ideia de contextualização do modelo de parceria público-privada (PPP) num cenário de maior consensualismo. Haveria uma quebra de paradigmas da Administração vertical para a Administração paritária. Nesse cenário exsurge o conflito entre o vetusto ato administrativo *versus* o novo contrato administrativo (contratualismo) e também a unilateralidade *versus* a multilateralidade. Os contratos de PPPs têm como característica uma maior possibilidade de negociação de cláusulas. O que não o faz perder a natureza de contrato de adesão, porém com maior grau de reciprocidade nas posições jurídicas de credor e devedor. Outro destaque da obra é aproximação do direito público do direito privado e do direito privado a princípios de direito público. Aponta ainda o Gustavo Oliveira os fatores dessa nova contratualização: 1) aumento quantitativo dos objetos de interesse geral; 2) maior facilidade em administrar com a adesão

Estado em rede e governança pública. A consensualidade aqui deve ser entendida não como uma mera benemerência administrativa, que se mostra bondosa ao optar pela arbitragem, mas sim numa obrigação de bem gerir os bens e direitos públicos, sempre que esse mecanismo se mostrar vantajoso para a Administração. Deve ser compreendida como uma forma de solução de controvérsia que pode ser adequada a certos litígios, em determinadas situações.

Por tudo isso, a opção pelo uso da arbitragem passa pelos conceitos da *boa administração* que, antes de tudo, tem assento constitucional, baseada na efetivação do *princípio da eficiência administrativa*. Dessa forma, o bom administrador deve saber reconhecer que o uso da arbitragem pode ser uma vantagem também para a Administração.

Do exposto, o tema arbitragem e Poder Público ganha relevância, sobretudo num cenário de imbricadas relações jurídicas, advindas dos diversos diplomas jurídicos que compõem o arcabouço legislativo brasileiro. Nesse sentido pretende-se avançar sobre o uso da arbitragem pelo Poder Público e a necessidade de um aprimoramento normativo, permitindo assim uma melhor acomodação do instituto no direito pátrio.

Limites impostos ao presente trabalho

A fim de delimitar este estudo, três pressupostos foram adotados, a fim de permitir uma melhor aplicação metodológica: a delimitação do conceito de parte, a limitação do estudo à Fazenda Pública, ao invés de todo o Poder Público, e, por fim, o estudo somente no âmbito das arbitragens domésticas.

(i) Delimitação do conceito de parte

A importância do conceito de parte é fundamental ao se analisar os limites e formas de extensão da coisa julgada na demanda em curso. Da mesma forma, na arbitragem importa a Fazenda Pública como signa-

---

do administrado: participante e não subordinado. Suas origens, como vetor da paridade, remontam à origem alemã da administração por acordos, com posterior difusão na Itália, Espanha e Portugal (OLIVEIRA, Gustavo Henrique Justino de. A arbitragem e as parcerias público-privadas. In: SUNDFELD, Carlos Ari (Coord.). *Parcerias público-privadas*. 2. tiragem. São Paulo: Malheiros, 2007. p. 567-606).

tária da convenção arbitral, e não como terceiro sobre o qual os efeitos da sentença arbitral possam atingir. Portanto, importa no presente estudo a análise da Fazenda Pública como parte, e não como terceiro.

Tendo como paradigma o *processo judicial estatal*, a coisa julgada se dá entre as partes, e como os terceiros de certa forma podem ser atingidos[21], faz-se necessário analisar o conceito de parte e de terceiros.

Para Chiovenda, "parte litigante é aquele que pede em próprio nome, ou em cujo nome é pedida, a atuação da vontade da lei, e aquela em face de quem essa atuação é pedida".[22]

Por sua vez, Liebman traz a noção de *parte em sentido substancial, que seria o sujeito da lide ou da relação controversa* (que uma parte da doutrina contrapõe a *parte em sentido processual*). Tal noção é estranha à lei e ao sistema de direito processual. A assim dita *parte em sentido substancial*, quando não coincide com a parte em *sentido processual*, é, portanto, um terceiro.[23]

Em Fazzalari exsurge a ideia *de processo como procedimento em contraditório*. Para o autor, faz-se do contraditório o elemento distintivo entre processo e procedimento. Assim, a princípio teríamos o conceito de que as *partes são aquelas em contraditório*, como uma ideia fundamental do processo.[24]

---

[21] CPC de 1973: "Art. 472. A sentença faz coisa julgada às partes entre as quais é dada, não beneficiando, nem prejudicando terceiros. Nas causas relativas ao estado de pessoa, se houverem sido citados no processo, em litisconsórcio necessário, todos os interessados, a sentença produz coisa julgada em relação a terceiros". CPC de 2015 "Art. 506. A sentença faz coisa julgada às partes entre as quais é dada, não prejudicando terceiros". Porém, a Lei de Arbitragem não traz qualquer dispositivo semelhante quanto à eficácia da sentença em relação a terceiros. Sobre o tema, ver: MAZZONETTO, Nathalia. *Partes e terceiros na arbitragem*. 2012. 315 p. Dissertação (Mestrado) – Faculdade de Direito da Universidade de São Paulo, São Paulo, 2012.

[22] CHIOVENDA, Giuseppe. *Instituições de direito processual civil*. São Paulo: Saraiva, 1965. v. 2, p. 234.

[23] LIEBMAN, Enrico Tullio. *Manuale de diritto processuale civile*. Milano: Giuffre, 1984. v. 1, p. 76.

[24] DINAMARCO, Cândido Rangel. *Instituições de direito processual civil*. 6. ed. rev. e atual. São Paulo: Malheiros, 2009. v. 2, p. 203.

Pois bem, independentemente da teoria seguida, no processo judicial, para fins de determinação do terceiro, partimos da hipótese de que ele não foi parte[25] originária da lide proposta.

Por sua vez, no que tange ao presente estudo, devemos analisar a Fazenda como signatária da convenção arbitral, devendo-se, portanto, afastar a qualidade de terceiro sujeito a efeitos da sentença arbitral[26]. Tal fato pode ocorrer *v.g.* se uma empresa pública submete litígios decorrentes de um contrato à arbitragem.

Nesse caso, a Fazenda Pública, controladora da empresa pública, não tendo assinado a convenção arbitral, figura como terceiro, mas de certo sofrerá a eficácia transversa da coisa julgada.

No processo de conhecimento, por meio da legislação processual, a questão é mais bem definida, pois, embora o Código de Processo Civil (CPC) não trate do conceito de terceiro, ele traz as hipóteses de *intervenção de terceiro*. Porém, à luz da Lei de Arbitragem, não há qualquer definição de quem são as partes e de que são terceiros.[27]

---

[25] Há situações que não se encaixam bem no conceito de parte ou de terceiro, tal qual o *amicus curiae*, que não é parte. No conceito tradicional de Dinamarco, ou seja, partes em contraditório, não são parte o perito, o *custos legis* e o assistente não se trata de alguém contra quem se pede algo. O perito e o intérprete são auxiliares da Justiça, o *custos legis* alguém que atua em prol de determinado interesse para tutelá-los, o curador especial alguém que integra a capacidade civil. Porém, o estudo dessas figuras importa na determinação do *amicus curiae*. Devemos, contudo, identificar seus elementos, suas características e, ao fim, chegar a uma comparação (DINAMARCO, Cândido Rangel. *Instituições de direito processual civil*. 6. ed. rev. e atual. São Paulo: Malheiros, 2009. v. 1, p. 435).

[26] Ver interessante artigo sobre o ingresso, na qualidade de *amicus curiae*, de sociedade civil em arbitragens de investimentos envolvendo Estados nacionais: STERN, Brigitte. O ingresso da sociedade civil na arbitragem entre Estado e investidor. *Revista de Arbitragem e Mediação*, São Paulo, Revista dos Tribunais, v. 1, n. 1, p. 101-113, jan./abr. 2004).

[27] Aponta Nathalia Mazzonetto que "o fato de ser terceiro em relação à convenção arbitral mostra-se mais delicado do que o fato de ser terceiro apenas quanto ao procedimento. Isso porque neste último caso já houve manifestação de vontade quanto à eleição da arbitragem como método de solução de conflitos, figurando todos os potenciais litigantes como contratantes da convenção. Diversa é a situação do terceiro que, não só participa do procedimento arbitral, como também se mantém alheio ao negócio jurídico firmado entre as partes que prevê a arbitragem

Ademais, no processo judicial vale lembrar que, partindo-se da ideia de que o terceiro é aquele que ingressa na lide em curso, temos os seguintes terceiros: assistência[28] simples e litisconsorcial, oposição, nomeação à autoria, denunciação da lide e chamamento ao processo. Além disso, segundo o CPC, o terceiro prejudicado[29] pode intervir nos autos, para fins de manejo de recurso, sendo que a legislação processual impõe os seguintes requisitos para manejo do recurso: demonstrar o *nexo de interdependência entre o seu interesse de intervir e a relação jurídica submetida à apreciação judicial.* Assim, o cotejo do instituto deve ser feito com as demais figuras da intervenção de terceiro do direito brasileiro.[30-31]

---

como instrumento de solução de controvérsias." (*Partes e terceiros na arbitragem*, cit., p. 279).

[28] Para fins deste estudo, o debate da natureza jurídica do assistente não será feito, sobretudo quanto à sua proximidade ao conceito de parte, no que tange ao assistente litisconsorcial. Antonio Claudio da Costa Machado afirma que "tecnicamente, terceiro é o legitimado para intervir que ingressa em processo pendente *inter alios*, sem exercitar ação ou exceção própria ou de outrem, seguindo ensinamento de Vicente Greco. Logo segundo este conceito técnico, verdadeiro terceiro é o assistente; o opoente, o nomeado, o denunciado e o chamado ao processo são partes legítimas (têm legitimação *ad causam*, porque exercitam ação ou exceção) e não terceiros." (*Código de Processo Civil interpretado*: artigo por artigo, parágrafo por parágrafo. 14. ed. Barueri: Manole, 2015. p. 64).

[29] Segundo Fredie Didier Jr., o recurso do terceiro prejudicado é modalidade de intervenção de terceiro. Porém, como já apontamos, no direito pátrio o instituto toma feições distintas daquelas existentes no direito português, no qual tem características próximas à oposição, bem como a *opposizione di terzo* do direito italiano (DIDIER JUNIOR, Fredie. *Recurso de terceiro*: juízo de admissibilidade. 2. ed., rev., atual. e ampl. São Paulo: Revista dos Tribunais, 2005. p. 117-145).

[30] Parece-nos que o recurso do terceiro prejudicado se distancia da ideia de assistência litisconsorcial, eis que ele, por expressa previsão legal, aproxima-se propriamente do conceito de parte no processo: "Art. 54. Considera-se litisconsorte da parte principal o assistente, toda vez que a sentença houver de influir na relação jurídica entre ele e o adversário do assistido. Parágrafo único. Aplica-se ao assistente litisconsorcial, quanto ao pedido de intervenção, sua impugnação e julgamento do incidente, o disposto no art. 51".

[31] Nesse sentido é interessante a posição de Fredie Didier Jr. pelo qual "recurso de terceiro prejudicado, por ter regime semelhante ao da assistência, é modalidade interventiva que não acresce ao processo nenhuma pretensão – e não é por outro motivo que

Limita-se o presente estudo à Fazenda Pública como *parte na arbitragem*, ou seja, a Fazenda Pública *signatária da convenção de arbitragem.*[32]

(ii) Conceito de Fazenda Pública

O segundo ponto diz respeito à diferenciação entre os conceitos de Fazenda Pública e Poder Público.

A Fazenda Pública diz respeito somente à Administração direta e autarquias, afastando-se do conceito geral de Poder Público, que é maior e mais abrangente, envolvendo toda a Administração direta e indireta, empresas públicas, sociedades de economia mista, fundações públicas etc.

No presente estudo, adota-se o sentido apontado por Leonardo José Carneiro da Cunha, no que tange ao processo judicial:

> O uso frequente do termo Fazenda Pública fez com que passasse a adotá-lo num sentido mais lato, traduzindo a atuação do Estado em juízo; em Direito processual, a expressão Fazenda Pública contém o significado de Estado em juízo, a expressão apresenta-se como sinônimo do Estado em juízo ou do ente público em juízo, ou, ainda da pessoa jurídica de direito público em juízo.[33]

---

se proíbe a oposição em grau recursal –, trazendo, entretanto, novo sujeito parcial ao processo. Repercute, pois, apenas no aspecto subjetivo da relação jurídica processual. Importa frisar, entretanto, que a concepção, razoavelmente aceita em sede doutrinária, de que o recurso de terceiro prejudicado seria uma assistência em grau de recurso, deve ser temperada com o clássico grão de sal. Embora os efeitos processuais sejam os mesmos, conforme visto, e o terceiro somente poder coadjuvar a parte vencida na decisão, não se pode olvidar que outras pessoas, que não os possíveis assistentes, podem valer-se deste remédio, como por exemplo o litisconsorte necessário não integrado à relação jurídica processual. Não são, por isso, institutos idênticos." (*Recurso de terceiro*: juízo de admissibilidade. cit., p. 117-145).

[32] Segundo Nathalia Mazzonetto: "Com efeito, diferentemente do que se verifica nas disputas judiciais, no processo arbitral não é qualquer interessado (juridicamente qualificado) que pode ser parte de um procedimento para proteger seus interesses. De regra, somente aqueles que são partes de uma convenção arbitral, tendo manifestado de modo expresso sua vontade, podem figurar como partes, seja demandante, seja demandado, em determinada arbitragem." (*Partes e terceiros na arbitragem*, cit., p. 280).

[33] CUNHA, Leonardo José Carneiro da. *A fazenda* pública em juízo. 6. ed. rev., ampl. e atual. São Paulo: Dialética, 2008. p. 15.

Dessa forma, pretende o estudo limitar-se à análise da Administração direta e suas autarquias, que se submetem ao regime jurídico público.

Com isso, quer-se afastar da confusão doutrinária, que tende a colocar sob o mesmo manto a Administração pública direta e autarquias, as empresas públicas e sociedades de economias mista, sobretudo a doutrina arbitral[34].

Nesse sentido, a diversidade de regime jurídico, *v.g.*, entre a Fazenda Pública e a empresa pública não permite a formação de uma teoria geral aplicável a ambas, embora haja alguma semelhança.

As diferenças são imensas, quando se comparam as pessoas jurídicas de direito público sujeitas ao regime jurídico de direito público com as demais pessoas jurídicas, ainda que controladas pelo Poder Público, mas sujeitas ao regime jurídico privado.

No que tange ao processo civil clássico, destacamos as seguintes diferenças: a existência das chamadas prerrogativas processuais; a necessidade de obediência ao regime de licitação para contratação; e a execução por meio de precatório.

Tudo isso vem a refletir no momento do uso da arbitragem como meio de solução de controvérsias, eis que o regime jurídico das empresas públicas é muito semelhante ao regime das empresas privadas, ou seja, o regime privado, ao passo que a Administração direta, ou seja, a Fazenda Pública está sujeita ao regime jurídico público.

A expressão Fazenda Pública[35] se deve **à** tradição histórica do direito português, que usava o termo *erário*, eis que o termo deriva da época do Brasil-colônia, quando havia contato com a Fazenda Real Portuguesa.

---

[34] Os contratos celebrados por empresas estatais, por força do disposto no art. 173, §1º, II, da Constituição Federal, estão sujeitos a um regime híbrido que envolve à obediência às normas de direito privado, não podendo ser considerados como contratos administrativos, estando pois, desautorizado, o uso e aplicação de cláusulas exorbitantes, que atribuam poderes e prerrogativas não exercitáveis pela parte contratada." (MOREIRA NETO, Diogo Figueiredo; SOUTO, Marcos Juruena Villela. Arbitragem em contratos firmados por empresas estatais. *Revista de Direito Administrativo*, Rio de Janeiro, n. 236, p. 261, abr./jun. 2004).

[35] Segundo a clássica lição de De Plácido e Silva, Fazenda Pública é "a denominação genérica a qualquer espécie de Fazenda, atribuída às pessoas de Direito Público. Nela, assim se computam a Fazenda Federal, Fazenda Estadual e Fazenda Municipal. E, desta forma, Fazenda Pública é sempre tomada em amplo sentido, significan-

Conforme assevera Hely Lopes Meirelles, ainda que a pessoa jurídica a que se faz referência (a União, o Estado ou o Município) devesse ser chamada pelo termo que a define realmente (União Federal ou República Federativa do Brasil[36], Estado do Rio de Janeiro, Município de São Paulo etc.), é de nossa tradição denominar o Estado *lato sensu* em juízo, qualquer de suas entidades, autarquias, fundações e demais órgãos com capacidade para ser parte, como Fazenda Pública, pois o seu erário é que suportará os encargos patrimoniais dessa atividade processual.[37]

O CPC utiliza a expressão Fazenda Pública para definir a atuação como parte da União, Estado e Município, ora como gênero, nos artigos 85, parágrafo 3º, 91, 183, 615, 629, 633 e 1007, ora separando cada um deles nos artigos 496, I, 1007, todos do CPC de 2015.

Concluindo, para fins do presente estudo, considera-se a *Fazenda Pública* de forma genérica, tal como no processo judicial, também na arbitragem.

(iii) Limitação ao estudo do Estado nas arbitragens sujeitas à Lei n. 9.307/96 e ao direito administrativo pátrio

Outro ponto a destacar é a limitação deste estudo na Lei n. 9.307/96 versando sobre a análise das arbitragens domésticas. Com isso, quer-se afastar as *arbitragens internacionais*, envolvam elas disputas entre Estados nacionais ou o comércio internacional[38], embora a Lei de Arbitra-

---

do toda soma de interesse de ordem patrimonial ou financeira da União, dos Estados federados ou dos Municípios, pois que, sem distinção, todas se compreendem na expressão" (SILVA, De Plácido. *Vocabulário jurídico*. 20. ed. rev. e atual. por Nagib Slaibi Filho e Gláucia Carvalho. Rio de Janeiro: Forense. 2002. p. 351).

[36] Neste caso, costuma-se utilizar *União* nas relações internas da pessoa jurídica e *República Federativa do Brasil* em suas relações internacionais.

[37] MEIRELLES, Hely Lopes. *Direito administrativo brasileiro*. 16. ed. São Paulo: Revista dos Tribunais, 2001. p. 614.

[38] Sobre arbitragens comerciais internacionais envolvendo Estados Nacionais, inclusive analisando concessão de medidas cautelares e o regime de imunidade de execução ver aprofundado estudo de Eduardo Romero, ex-secretário da CCI (ROMERO, Eduardo Silva. A arbitragem da Câmara de Comércio Internacional (CCI) e os contratos de Estado. *Revista de Direito Bancário, do Mercado de Capitais e da Arbitragem*, v. 6, n. 19, p. 257-295, jan./mar. 2003).

gem verse sobre as arbitragens domésticas e internacionais. Tal fato, conforme será demonstrado, deriva da opção *monista* do legislador brasileiro.

Por sua vez, a Lei de Arbitragem optou no artigo 34 por trazer o conceito de sentença arbitral estrangeira e sentença arbitral nacional por exclusão, a partir do local onde for proferida a sentença: "considera-se sentença arbitral estrangeira a que tenha sido proferida fora do território nacional". Vale lembrar que tal sentença, proferida fora do Brasil, depende de homologação pelo Superior Tribunal de Justiça (STJ).

Esse modelo adotado pelo legislador brasileiro é criticado por parte da doutrina, ante a importância do local da sede da arbitragem, sobretudo para as medidas coercitivas.

Sobre esse ponto, imprescindível a lição de Adriana Braghetta[39], que se propôs a analisar a importância da sede arbitral, que de certa for-

---

[39] BRAGHETTA, Adriana. A importância da sede da arbitragem. In: LEMES, Selma Ferreira; CARMONA, Carlos Alberto; MARTINS, Pedro Batista (Coords.). *Arbitragem*: estudos em homenagem ao prof. Guido Fernando da Silva Soares, *in memoriam*. São Paulo: Atlas, 2007. p. 18-32. No modelo da lei de arbitragem brasileira, deu-se maior importância ao local onde é proferido a sentença arbitral, sobretudo quando em local diverso da execução, definindo-a como nacional ou estrangeira. A autora é da opinião "de que quando as partes escolhem a sede demonstram claramente a intenção de que as repercussões legais do laudo, inclusive sua nacionalidade, decorram do respectivo local escolhido, independentemente do local onde o laudo é proferido" (Ibidem, p. 18-32). Gaillard e Savage demonstram também a tendência da desvinculação da sede do procedimento, pois o árbitro, diferentemente de um juiz estatal, "*has no fórum*", além do que os regulamentos das instituições internacionais são muito flexíveis no que toca ao procedimento, que deve seguir as regras escolhidas, a vontade das partes ou na falta, o quanto determinado pelo Tribunal arbitral. (GAILLARD, Emmanuel; SAVAGE, John (Eds.). Fouchard Gaillard Goldman on international commercial arbitration. The Hague; Boston: Kluwer Law International, 1999). Quanto aos aspectos legais da escolha da sede, destaca Adriana Braghetta que a análise do risco/benefício deverá envolver tanto a lei nacional quanto as convenções que envolvam a questão. Sucintamente, o estudo da sede do ponto de vista jurídico, tem repercussão para: "1. a definição de nacionalidade do laudo com reflexos na execução; 2. a definição da competência do Judiciário para controle do laudo via ação de nulidade; 3. a lei da sede tem papel subsidiário para regular a validade da convenção arbitral; 4. a lei da sede também desempenha papel importante nas disposições procedimentais imperativas, que podem representar limitações à vontade das partes na escolha de instituições, na escolha de árbitros ou mesmo na atuação de advogados." (Ibidem, p. 18-32).

ma foi desprezada pela lei brasileira. Em outros diplomas, o estudo da sede ganha relevo, sobretudo quanto às medidas coercitivas, à aplicação do princípio da competência-competência, à execução da sentença e ainda ao manejo de eventual ação anulatória.

Porém, no caso do presente estudo, no que tange ao permissivo legal para a Administração Pública se submeter à arbitragem, fica patente que a *arbitrabilidade subjetiva* acaba por limitar a participação da Fazenda Pública aos contratos administrativos nacionais, calcados no direito administrativo pátrio, e sob a égide do princípio da legalidade.

Não se nega a possibilidade de a Administração Pública realizar contratos administrativos internacionais[40] e licitações internacionais.[41]

Por fim, vale lembrar que a lei brasileira de arbitragem confere grande flexibilidade às partes para a escolha da sede arbitral, bem como quanto ao direito a ser aplicado.

---

[40] Luiz Henrique de Castro Pereira traz breve análise sobre a utilização da arbitragem internacional decorrente dos financiamentos obtidos nos organismos internacionais, eis que o "art. 42. da Lei 8666/93 admite a utilização das regras de organismos internacionais e o Congresso Nacional, ao aprovar o empréstimo internacional com a minuta do contrato e seus anexos, recepciona todas essas normas, inclusive a arbitragem, caso haja sua previsão" (PEREIRA, Luiz Henrique de Castro. A arbitragem e sua utilização pela administração pública. *Boletim de Direito Administrativo*, v. 29, n. 1, p. 58, jan. 2013).

[41] No presente estudo não se pretende aprofundar questões referentes às licitações internacionais, inclusive sujeição às normas do comércio internacional. Há autores que chegam a defender a inconstitucionalidade do artigo 55, parágrafo 2º, da Lei de Licitações, que prevê: "Nos contratos celebrados pela Administração Pública com pessoas físicas ou jurídicas, inclusive aquelas domiciliadas no estrangeiro, deverá constar necessariamente cláusula que declare competente o foro da sede da Administração para dirimir qualquer questão contratual, salvo o disposto no § 6º do art. 32 desta Lei". Para Marçal Justen Filho, haveria uma inconstitucionalidade da norma, sobretudo frente ao que dispõe o artigo 109, parágrafo 2º, que reserva a jurisdição federal para as causas envolvendo a União: "A questão envolve problemas de direito internacional privado e, eventualmente, de direito internacional público. Justamente por tratar-se de um concerto de Estados soberanos, pode ocorrer de a cláusula contratual eletiva da jurisdição não merecer validação por outro Estado." (*Comentários à Lei de Licitações e Contratos Administrativos*. 12. ed. São Paulo: Dialética, 2008. p. 486).

Tudo isso influencia sobremaneira tanto o direito aplicado quanto eventual revisão judicial do laudo, bem como as normas de reconhecimento e execução da sentença arbitral.

Do exposto, para manter a coerência metodológica, temos que partir de algumas hipóteses, que serão as diretrizes desta dissertação, e que foram delimitadas a partir da reunião dos objetos de estudo das partes componentes da pesquisa.

Hipóteses mais concretas foram assinaladas para que desempenhassem o papel de guias de análise do papel da Fazenda Pública como parte nas arbitragens domésticas. Por conta disso, o ponto de partida deste estudo reside na possibilidade de inserção da arbitragem dentro da *teoria geral do processo*.

Vale lembrar que há sistemas dualistas que pretendem dar um caráter autônomo e independente à arbitragem comercial internacional em relação às arbitragens nacionais, sobretudo quanto à autonomia e independência do *direito local*, buscando a construção de uma *ordem jurídica internacional*. Por outro lado, há sistemas nitidamente monistas que tratam as arbitragens domésticas e internacionais por meio de um mesmo estatuto jurídico.

Situando a matéria a partir da *teoria geral do processo*, passa-se a analisar a figura da Fazenda Pública dentro do processo civil clássico, bem como das chamadas prerrogativas processuais, à luz do ordenamento jurídico. É cediço que há diversas críticas à instalação dessas prerrogativas processuais, que não são aceitas pelos autores expoentes dessa teoria, justamente por ferirem o princípio da igualdade entre as partes do processo.

A partir desse ponto, com a análise das prerrogativas processuais frente ao princípio da igualdade entre os litigantes, passa-se a transplantar tais prerrogativas e verificar a possibilidade de sua aplicação no procedimento arbitral. Seriam elas aplicáveis ou justificáveis na arbitragem? Tais prerrogativas fazem sentido num sistema calcado no direito disponível e na autonomia da vontade? Ademais, faz-se necessário analisar as peculiaridades da *convenção de arbitragem* envolvendo a Fazenda Pública.

Chama ainda atenção a análise da *arbitralidade subjetiva* sob o prisma da legislação nacional. Pretende-se estudar a arbitragem *ratio personae*, bem como a existência da autorização genérica para a Fazenda tomar partido nas arbitragens, bem como o cotejo com uma série de leis esparsas que dão autorização específica para a opção pela arbitragem.

Outro importante ponto diz respeito às recentes normas introduzidas pela Lei n. 13.129/2015, que alterou a Lei de Arbitragem, conferindo a chamada autorização genérica para a Administração Pública fazer uso da arbitragem, além de apontar a autoridade responsável para a *escolha arbitral*. Com essa autorização, já surgiram regulamentos, tais como o Decreto n. 8.465/2015, que trata do uso da arbitragem por parte da União, nos casos envolvendo litígios nas concessões portuárias. O diploma é polêmico e alvo de diversas críticas.

Ao lado dessa matéria encontra-se a arbitrabilidade objetiva. Trata-se da análise da chama arbitrabilidade *ratio materiae*, ou seja, quais são os limites da matéria objeto da arbitragem e até que ponto a Fazenda pode contratar, valendo-se da arbitragem como mecanismo de solução de litígios. Analisa-se a possibilidade de a Fazenda Pública dispor do *jus imperii* típico dos contratos administrativos para, a partir daí, sujeitar todas as disposições contratuais à solução pela via arbitral. Outro ponto que chama atenção diz respeito à escolha de câmaras e árbitros por parte da Fazenda Pública, sob o prisma da adequação. Por fim, considerações acerca das particularidades do procedimento arbitral envolvendo a Fazenda Pública, bem como a execução da sentença arbitral em face da Fazenda Pública e a obediência ao regime de precatórios.

Com efeito, a presente análise do tema ora proposto resulta na necessidade de um maior aprimoramento da instituição arbitragem, eis que se trata de um novo instrumento à disposição da Fazenda Pública na resolução de conflitos. Nesse sentido, é imperioso que a pesquisa se dê em um nível crítico, através de doutrinas e jurisprudência existentes, bem como da legislação e *cases* estrangeiros. Por fim, serão utilizados os princípios gerais do direito processual e a *teoria geral do processo*, naquilo que pode ser transportado para este novo instituto, de recente aplicação no direito pátrio.

Para tanto, é imprescindível a *análise da referência*, ou seja, do *processo estatal*, e se é possível a extensão do modelo da teoria geral do processo e seus princípios, no qual estaria inserida a arbitragem, bem como da posição da Fazenda Pública no processo civil clássico e a observação da impossibilidade da simples transposição do modelo de parte privada.

Deve-se, portanto, (i) analisar o modelo existente, que é o da jurisdição estatal, (ii) analisar as diferenças em relação à aplicação na arbitragem, e (iii) verificar a possibilidade de transferência de um modelo para o outro e/ou eventuais adaptações ou mesmo descarte.

Da análise desse núcleo intangível da atividade da Fazenda como parte na arbitragem, retira-se o cerne, que é o objeto do presente estudo.

Divisão em três partes

Como o pano de fundo desta dissertação é a Fazenda Pública como parte na arbitragem, esquematizou-se a exposição da pesquisa distribuída em três partes. Na *primeira parte* procura-se colocar a arbitragem no cenário internacional e nacional, bem como apresentar a arbitragem envolvendo a Fazenda Pública à luz da doutrina nacional, bem como sob a égide da teoria geral do processo. É composta por um capítulo com a missão de analisar a teoria geral da arbitragem. A *segunda parte* analisa a chamada fase *pré-processual*, que pretende discutir os principais aspectos da convenção de arbitragem, bem como analisar a questão da arbitrabilidade objetiva e subjetiva. Por fim, a *terceira parte* estudará o início da *fase processual*, com a aceitação dos árbitros, tratando ainda da relação entre árbitros e câmaras com a Fazenda Pública, bem como peculiaridades do procedimento arbitral e sua relação com o processo judicial.

PARTE I – PARTE GERAL

Nesta primeira parte é vista a arbitragem nos cenários internacional e nacional, bem como apresentada a arbitragem envolvendo a Fazenda Pública à luz da doutrina nacional, sob a égide da teoria geral do processo.

1. Inserção da Arbitragem na Teoria Geral do Processo e a Posição da Fazenda Pública

1.1 Evolução histórica do instituto e os modelos existentes

Por primeiro, antes de entrar na análise específica da arbitragem brasileira e sua inserção dentro da teoria geral do processo, importa uma passagem, ainda que breve, no sistema jurídico estrangeiro, a fim de se analisar a opção feita pelo legislador brasileiro.

Ainda que o presente estudo esteja limitado às arbitragens domésticas envolvendo a Fazenda Pública, vale a apreciação de alguns modelos, sobretudo em vista da dicotomia internacional que se apresenta entre países que optaram por um sistema *monista*, que dá o mesmo tratamento para arbitragens domésticas e internacionais, em contraposição aos países de sistema *dualista*, em que se tem um tratamento distinto para cada uma.

A análise de tais modelos importa ainda em uma reflexão acerca do próprio modelo nacional *monista*, sobretudo sob o aspecto da inserção dentro da teoria geral do processo, ou sob eventual opção *dualista*, que visa a dar maior liberdade e independência às arbitragens internacionais, quando comparadas às arbitragens domésticas. Por óbvio, no que tange à Fazenda Pública, o presente estudo seja qual fosse o regime, estaria limitado à arbitragem doméstica.

Vale lembrar que as origens históricas da arbitragem, que interessam a este estudo, dão conta da *oposição* desse instituto à Justiça oficial, ou melhor, à Justiça *régia* que existia nas monarquias inglesa e francesa na época das monarquias absolutistas.

A *Justiça real* era tratada como oficial, sendo a arbitragem meramente tolerada como forma de resolução de conflitos.

A maior popularização e início de desenvolvimento do instituto veio justamente com a queda da monarquia francesa, com a Revolução

Francesa iniciada em 14 de julho de 1789, alçando a arbitragem inclusive ao *status* constitucional.[42-43]

É fácil entender que o espírito revolucionário e a oposição ao antigo regime, associados à imensa desconfiança depositada nos juízes monárquicos, fizeram com o que a população passasse a depositar maior confiança no julgamento exercido por outros cidadãos comuns. Mas, ainda assim a arbitragem francesa não tinha o mesmo caráter autônomo que goza hoje. Ademais, o instituto era de uso mais comum entre comerciantes.

---

[42] Primeiro, o Decreto de 16-24 de agosto de 1790, que no artigo 1º previa que "sendo a arbitragem o meio mais razoável de terminar os litígios entre os cidadãos, não poderão os legisladores emitir nenhuma disposição tendente a diminuir quer o acolhimento (*faveur*) quer a eficácia do compromisso". Depois, esse referido artigo foi absorvido pelo texto constitucional de 3 de setembro de 1791.

[43] Segundo Giovanni Bonato: "De acordo com os ideais de liberdade, igualdade e fraternidade, durante a Revolução francesa a arbitragem foi proclamada como o meio mais razoável de solução das controvérsias (*le moyen le plus raisonnable de terminer les contestations entre les citoyens*), pelo decreto sobre a organização judiciária de 16-24 de agosto de 1790. Ademais, a possibilidade de optar pela via arbitral foi protegida em nível constitucional pelo artigo 5, título III, capítulo V, da Constituição de 3 de setembro de 1971 segundo a qual: 'O direito dos cidadãos de resolver definitivamente suas controvérsias pela via da arbitragem não pode ser prejudicado pelos atos do Poder Legislativo' (*Le droit des citoyens de terminer définitivement leurs contestations par la voie de l'arbitrage, ne peut recevoir aucune atteinte par les actes du Pouvoir législatif*). Nessa esteira, floresceram as hipóteses de arbitragem obrigatória em certas matérias (como pela resolução de controvérsias entre os familiares) a fim de subtrair a decisão de alguns litígios (mais delicados, complicados e políticos) dos juízes públicos que estavam ainda ligados à aristocracia e ao *ancien régime*. Veja-se os ensaios de Clère, Jean-Jacques, L'arbitrage révolutionnaire: apogée et déclain d'une institution, in *Revue de l'arbitrage*, 1981, p. 3 ss.; HILAIRE, Jean, L'arbitrage dans la période moderne (XVIe–XVIIIe siècle), in *Revue de l'arbitrage*, 2000, p. 187 ss.; JALLAMION, Carine, Arbitrage et pouvoir politique en France du XVIIème au XIXème siècle, in *Revue de l'arbitrage*, 2005, p. 3 ss.; DE LOYNES DE FUMICHON, Bruno, La passion de la Révolution française pour l'arbitrage, in *Revue de l'arbitrage*, 2014, p. 3 ss." (BONATO, Giovanni. Panorama da arbitragem na França e na Itália: perspectiva de direito comparado com o sistema brasileiro. *Revista de Arbitragem e Mediação*, São Paulo, Revista dos Tribunais, v. 11, n. 43, p. 62-63, jul./set. 2014).

O modelo então adotado era o da necessidade da *homologação da sentença arbitral*[44]. Por tal modelo, era necessária a homologação da sentença primeiro no país de origem e depois no país de destino, visto que na tradicional visão francesa, a função jurisdicional era restrita aos magistrados.[45]

Pois bem, o maior impulso ao surgimento de um modelo internacional de arbitragem veio a surgir somente no fim do século XIX e início do XX, com o aumento *do comércio internacional* e a necessidade de normatização e criação de padrões de solução para o comércio internacional.

É de se notar que, no plano da doutrina internacional, a arbitragem doméstica não atingiu o mesmo grau de importância e estudo, se comparada com a chamada *arbitragem comercial internacional.*

A partir dos anos 1920, as organizações de comércio internacional que se organizaram criaram órgãos com caráter profissional e remunerados para a solução dos litígios decorrentes de negócios. Assim, com o advento da Sociedade das Nações, que mais tarde veio a dar origem à ONU, é que foram formulados o Protocolo de Genebra de 1923 sobre cláusula arbitral e, logo depois, a Convenção de Genebra de 1927 sobre execução das sentenças arbitrais. Desataca-se ainda, anos mais tarde a Convenção de Nova Iorque de 10 de junho de 1958.[46]

---

[44] "Em 1996, pela lei 9.307, o Brasil alinhou-se aos ordenamentos modernos dando nova roupagem ao instituto da arbitragem, muito mal estruturado no CPC de 1973. Basta dizer que a cláusula arbitral não instaurava a arbitragem, a qual exigia a assinatura posterior do compromisso arbitral. Essa situação, que permaneceu até a promulgação da lei de 1996, levou à falta de utilização do instituto e à total ausência de tradição do Brasil nessa matéria." (GRINOVER, Ada Pellegrini; WATANABE, Kazuo. Recepção e transmissão de institutos processuais civis. *Revista de Processo*, São Paulo, v. 31, n. 140, p. 150, out. 2006).

[45] Essa ideia estava presente no Código de Processo Civil francês de 1806, no Código de Processo Civil italiano de 1940 e, no Brasil, no Código de Processo Civil de 1939 e 1973, e somente veio a ser alterado por conta da Lei de Arbitragem. Outros óbices ao desenvolvimento da arbitragem, sobretudo a internacional, foram na França o acórdão Prunier, de 1843, e na Itália a impossibilidade de estrangeiros exercerem a função de árbitro, conforme os artigos 812 do CPC italiano de 1940 e 1.031, III, do CPC de 1939 brasileiro.

[46] Prescreve o artigo 1º: "A presente Convenção aplicar-se-á ao reconhecimento e à execução de sentenças arbitrais estrangeiras proferidas no território de um Es-

Dessa forma, sob o prisma internacional, desde a primeira metade do século XX a arbitragem já era a forma de resolução de conflitos das relações comerciais internacionais. Não atingiu, porém, a mesma importância, no que tange à solução de conflitos domésticos.

1.1.1 Sistemas dualistas e monistas de arbitragem

Pois bem, o *sistema dualista* visa a dar um tratamento distinto entre a arbitragem internacional[47] e a arbitragem doméstica. Para o presente estudo, importa somente demonstrar que nos sistemas dualistas, baseados no elemento estraneidade, busca-se afastar-se da ideia do paradigma do processo civil.

Na França[48], onde se adota o sistema dualístico, diferenciando a arbitragem internacional da doméstica, o artigo 1.504 do CPC afirma que:

---

tado que não o Estado em que se tencione o reconhecimento e a execução de tais sentenças, oriundas de divergências entre pessoas, sejam elas físicas ou jurídicas. A Convenção aplicar-se-á igualmente a sentenças arbitrais não consideradas como sentenças domésticas no Estado onde se tencione o seu reconhecimento e a sua execução". Sobre o tema, ver: WALD, Arnoldo. A interpretação da Convenção de Nova Iorque no direito comparado. *Revista de Direito Bancário, do Mercado de Capitais e da Arbitragem*, São Paulo, v. 6, n. 22, p. 353-370, out./dez. 2003.

[47] A lei modelo da UNCITRAL traz o conceito de arbitragem internacional: "Art. 1. n. 3. Uma arbitragem é internacional se as partes numa convenção de arbitragem tiverem, no momento da conclusão desta Convenção, o seu estabelecimento em Estados diferentes; ou um dos lugares a seguir referidos estiver situado fora do Estado no qual as partes têm o seu estabelecimento: o lugar de arbitragem, se este estiver fixado na convenção de arbitragem ou for determinável de acordo com esta; qualquer lugar onde deva ser executada uma parte substancial das obrigações resultante da relação comercial ou o lugar com o qual o objecto do litígio se ache mais estreitamente conexo; as partes tiverem convencionado expressamente que o objecto da convenção de arbitragem tem conexões com mais de um país."

[48] Segundo Giovanni Bonato: "O modelo dualista é adotado pelo legislador francês, que define a arbitragem internacional com base em critério econômico, conforme o disposto no art. 1504 do CPC: é 'internacional aquela arbitragem que coloca em jogo os interesses do comércio internacional', tomando uma definição cunhada pela jurisprudência nos anos trinta do século passado a fim de afastar as regras restritivas e rigorosas da arbitragem interna e permitir, consequentemente, o desenvolvimento do instituto na área internacional. O critério econômico da arbitragem internacional, previsto no Código francês, se caracteriza pelo fato de que

"*Est international l'arbitrage qui met en cause des intérêts du commerce international*". A *contrário sensu* são domésticas todas as outras arbitragens residuais.

Costuma-se afirmar que na arbitragem internacional tem-se uma visão *universal e autônoma* (*sentence arbitral rendue à l'étranger*). Por conta disso, difícil crer que a arbitragem internacional francesa estaria sujeita a uma *teoria geral do processo*, nos moldes daquela prevista em sistemas *monistas*, sobretudo o brasileiro, que ainda se encontra em pleno desenvolvimento.

Além disso, segundo a doutrina francesa[49], a arbitragem internacional busca seguir caminhos autônomos em relação aos sistemas monistas, com regras mais permissivas e flexíveis, buscando criar um sistema próprio, visando sobretudo a dar garantias ao comércio internacional.[50]

---

o litígio submetido ao árbitro tem por objeto uma operação que não se desenvolve economicamente em um só país, pois implica um movimento de recursos além das fronteiras, envolvendo o comércio transfronteiriço. Esse critério é puramente econômico, na medida em que faz abstração dos elementos jurídicos de extraneidade, como a nacionalidade, o domicilio e a residências das partes, o lugar da celebração do contrato objeto do litígio e a sede da arbitragem. Diante da noção de arbitragem internacional, o conceito de arbitragem doméstica resulta como algo meramente residual, abarcando os procedimentos que colocam em jogo os interesses puramente locais. A qualificação de uma arbitragem como interna ou internacional deve ser enfrentada de ofício pelo juiz e depende de sua apreciação soberana, ainda que as partes não tinham levantado tal questão." (BONATO, Giovanni, Panorama da arbitragem na França e na Itália: perspectiva de direito comparado com o sistema brasileiro, cit., p. 75-76).

[49] Segundo Emmanuel Gaillard: "*La reconnaissance de l'existence d'un ordre jurique arbitral:59. L'hypothése de l'ordre juridique arbitral fait aujourd 'hui l'objet d úne acceptation croissante, tant dans la jurisprudence arbitrale, pour qui cette représentation correspond, pour les arbitres, à une conception de leur rôle de plus em plus fréquemment assumée, que dans les ordres juridiques étatiques.*" (GAILLARD, Emmanuel. *Aspects philosophiques du droit de l'arbitrage international*. Leiden: Martinus Nijhoff, 2008. p. 83).

[50] Para aprofundamento no estudo do direito francês, aponta Giovanni Bonato doutrina a ser utilizada: "v.: BOLLÉE, Sylvain, Le droit français de l'arbitrage international après le décret n. 2011-48 du 13 janvier 2011, in *Revue critique de droit international privé*, 2011, p. 553 ss.; BONATO, Giovanni, L'ultima riforma francese dell'arbitrato, in *Rivista dell'arbitrato*, 2012, p. 491 ss.; CLAY, Thomas

O próprio CPC francês traz essa autonomia, ao prever no artigo 1.507 que: "*La convention d'arbitrage n'est soumise à aucune condition de forme*", que a convenção de arbitragem não tem limitações de forma.

Outro exemplo disso é a possibilidade de as partes previamente renunciarem ao direito do manejo de recurso de anulação. Segundo dispõe o artigo 1.522 do CPC francês: "*Par convention spéciale, les parties peuvent à tout moment renoncer expressément au recours en annulation*". Ou, ainda, a ausência de efeito suspensivo, em eventual ação anulatória, nos termos do artigo 1.526: "*Le recours en annulation formé contre la sentence et l'appel de l'ordonnance ayant accordé l'exequatur ne sont pas suspensifs*."[51]

(Coord.), *Le nouveau droit français de l'arbitrage*, Paris: Lextenso, 2011; CLAY, Thomas, Liberté, Égalité, Efficacité: La devise du nouveau droit français de l'arbitrage, in *Journal de droit international*, 2012, p. 443 ss. e p. 815; COSTA, Marina Mendes, A Reforma do direito francês de arbitragem, in *Revista de Arbitragem e Mediação*, 2011, p. 27 ss.; DAVID, René, *L'arbitrage dans le commerce international*, Paris: Economica, 1982; FOUCHARD, Philippe; GAILLARD, Emmanuel; GOLDMAN, Berthold, *Traité de l'arbitrage commercial international*, Paris: Litec, 1996; GAILLARD, Emmanuel; DE LAPASSE, Pierre, Commentaire analytique du décret du 13 janvier 2011 portant réforme du droit français de l'arbitrage, in *Les Cahiers de l'arbitrage*, 2011, p. 263 ss.; JARROSSON, Charles; PELLERIN, Jacques, Le droit français de l'arbitrage après le décret du 13 janvier 2011, in *Revue de l'arbitrage*, 2011, p. 5 ss.; KUYVEN, Luiz Fernando Martins, Modernização da arbitragem: os ensinamentos da reforma francesa de 2011, in *Revista de Arbitragem e Mediação*, 2011, p. 105 ss.; OPPETIT, Bruno, *Théorie de l'arbitrage*, Paris: Puf, 1998; SERAGLINI, Christophe; ORTSCHEIDT, Jérôme, *Droit de l'arbitrage interne et international*, Paris: Montchrestien, 2013." (BONATO, Giovanni, Panorama da arbitragem na França e na Itália: perspectiva de direito comparado com o sistema brasileiro, cit., p. 61).

[51] Segundo Armindo Ribeiro Mendes, da Faculdade de Direito da Universidade de Lisboa: "Importa referir que prevalece hoje a ideia de que não deve haver regulamentações diferentes na mesma ordem jurídica consoante as arbitragens sejam puramente internas ou ponham em causa interesses do comércio internacional. Mesmo Portugal, apesar de dar relevância à arbitragem internacional, acaba por consagrar a esta quatro artigos, dos quais apenas dois têm especial relevância (art. 33.º, n.º 1 - atribuição às partes do poder de escolha do direito aplicável ao litígio, se não tiverem autorizado os árbitros a julgar segundo a equidade; art. 34.º - irrecorribilidade em princípio da decisão arbitral). A França e a Suíça optaram por ter uma regulamentação específica para a arbitragem internacional porque em ambos 'a escolha foi motivada pela existência de regras locais não adaptadas a um uso internacional que, tendo em conta a tradição dos países em

A Itália[52] e a Espanha, por sua vez, adotam o chamado *sistema misto*, também conhecido como *monista internacionalizante*, no qual, tal qual no sistema *monista*, somente existe um regramento jurídico que trata de arbitragem, mas que, em determinadas situações, passam a vi-

---

questão ou da respectiva Constituição, dificilmente poderiam ser modificadas' apud Jarvin, citado por Poudret e Besson, *Comparative Law* cit., pág. 25. Bastará dizer que, em França, era tradicional a regra jurisprudencial da invalidade das cláusulas compromissórias no domínio do direito civil, solução que passou a constar do art. 2061.º do Código Civil, na redacção da Lei n.º 76-626, de 5 de Julho de 1972, sendo certo que, só em 2001, foi dada nova redacção ao art. 2061.º do Código Civil, passando a ser válida a cláusula compromissória apenas 'nos contratos celebrados por causa de uma actividade profissional' (redacção introduzida pela Lei n.º 2001-420, de 15 de Maio de 2001). Deve notar-se que, no domínio comercial, desde 1925 que é válida a cláusula compromissória em França. No caso da Suíça, foi por causa da repartição das competências constitucionais entre a Confederação e os cantões que acabou por ser feita a modernização da regulamentação da arbitragem internacional em 1987." (MENDES, Armindo Ribeiro. Introdução às práticas arbitrais. In: ASSOCIAÇÃO PORTUGUESA DE ARBITRAGEM (APA). *Estudos.* Disponível em: <http://arbitragem.pt/estudos/> e <arbitragem.pt/estudos/praticasarbitrais.doc>. Acesso em: 07 jul. 2015).

[52] Sobre a arbitragem no direito italiano, aponta Giovanni Bonato os seguintes autores para pesquisa: "v.: BARBIERI, Giorgio; BELLA, Enrico, *Il nuovo diritto dell'arbitrato*, in *Trattato di diritto commerciale e di diritto pubblico dell'economia*, XLV, Pádua: Cedam, 2007; BENEDETTELLI, Massimo; CONSOLO, Claudio; RADICATI DI BROZOLO, Luca, *Commentario breve al diritto dell'arbitrato nazionale e internazionale*, Pádua: Cedam, 2010; BERNARDINI, Pietro, *L'arbitrato nel commercio internazionale e negli investimenti internazionali*, 2° ed., Milão, Giuffré, 2008, *passim*; BOVE, Mauro, *La giustizia privata*, Pádua: Cedam, 2009; BRIGUGLIO, Antonio; CAPPONI, Bruno, *Commentario alle riforme del processo civile*, III, 2, Pádua: Cedam, 2009; CARPI, Federico (Coord.), *Arbitrato*, 2° ed., Bolonha: Zanichelli, 2007; CARPI, Federico, *Gli arbitrati speciali*, Bolonha: Zanichelli, 2008; CAVALLINI, Cesare, *L'arbitrato rituale. Clausola compromissoria e processo arbitrale*, Milão: Egea, 2009; LA CHINA, Sergio, *L'arbitrato. Il sistema e l'esperienza*, 4° ed., Milão: Giuffré, 2011; MENCHINI, Sergio (coord.), *La nuova disciplina dell'arbitrato*, Pádua: Cedam, 2010; PUNZI, Carmine, *Disegno sistematico dell'arbitrato*, I, II e III, 2° ed., Cedam: Pádua, 2012; ID., *Il processo civile. Sistema e problematiche*, 2° ed., Turim: Giappichelli, 2010, III, p. 172 ss.; MANDRIOLI, Cristanto; CARRATTA, Antonio, *Diritto processuale civile*, III, 23° ed., Turim: Giappichelli, 2014, p. 397 ss." (BONATO, Giovanni, Panorama da arbitragem na França e na Itália: perspectiva de direito comparado com o sistema brasileiro, cit., p. 61).

gorar regras especiais, quando as arbitragens se ligam a ordenamentos jurídicos estrangeiros.[53]

Dessa forma, o regime ainda é monista, porém as regras especiais que regem arbitragens internacionais[54] passam a vigorar, sobretu-

---

[53] Segundo Armindo Ribeiro Mendes: "Há leis, como é hoje o caso do Código de Processo Civil italiano, que se limita a distinguir entre arbitragens que decorrem no território nacional e arbitragens estrangeiras, sem aludir ao objecto do litígio. No caso da Suíça, a Lei de Direito Internacional Privado (LDIP) optou claramente por um critério *subjectivo* ou *formal* para caracterizar a internacionalidade do litígio, atendendo a que aos litígios puramente internos é aplicável a Concordata de 1969 ou, quando entrar em vigor, o Código de Processo Civil federal, aprovado em 19 de Dezembro de 2008 para ser submetido a referendo (prevê-se a entrada em vigor em 1 de Janeiro de 2011). Segundo o art. 176.º, n.º 1, da LDIP: 'As disposições do presente capítulo aplicam-se a qualquer arbitragem [...] se, pelo menos, uma das partes não tinha, no momento da conclusão da convenção de arbitragem, nem domicílio, nem residência habitual na Suíça'. Deve notar-se que o n.º 2 deste art. 176.º LDIP permite às partes de uma arbitragem internacional afastar o Capítulo 12 da LDIP, declarando submeter-se às regras do processo cantonal – e, no futuro às regras do Código de Processo Civil federal – (faculdade de *opting-out*). Para a validade dessa convenção, a mesma deve ser escrita, deve ser clara ao excluir especificamente o regime da LDIP e deve ainda prever que tal exclusão se faça em benefício do direito interno da arbitragem." (MENDES, Armindo Ribeiro. Introdução às práticas arbitrais. In: ASSOCIAÇÃO PORTUGUESA DE ARBITRAGEM (APA). *Estudos*. Disponível em: <http://arbitragem.pt/estudos/> e <arbitragem.pt/estudos/praticasarbitrais.doc>. Acesso em: 07 jul. 2015).

[54] E continua Armindo Ribeiro Mendes: "Há arbitragens que não têm qualquer elemento de estraneidade. Falamos de arbitragens puramente internas (por exemplo, é constituído um tribunal arbitral *ad hoc* com sede no Porto, composto por três árbitros portugueses, para dirimir um litígio entre duas sociedades portuguesas quanto ao cumprimento de um contrato de empreitada para construção de um imóvel em Portugal). Há, porém, casos em que há arbitragens que têm elementos de estraneidade (por exemplo, uma das partes é estrangeira; os árbitros são todos estrangeiros, o lugar da arbitragem situa-se num país estrangeiro; o lugar de execução do contrato situa-se no estrangeiro, etc.). [...]. Importa distinguir a arbitragem interna da arbitragem internacional ou transnacional (utilizando as palavras em sinonímia) [...]. As legislações tendem a adoptar um de dois critérios, aparecendo às vezes ambos os critérios combinados entre si. É usual contrapor-se um critério objectivo ou material fundado sobre a internacionalidade do litígio a um critério subjectivo ou formal, ligado à nacionalidade das partes e/ou domicílio destas. O Código de Processo Civil francês consagrou em 1981 um critério objectivo de internacionalidade da arbitragem, solução que, de

do quanto à convenção, à aplicação do direito internacional, recursos e meios de impugnação.

No Brasil adotou-se o *monismo puro*[55-56], mas com regra específica quanto à nacionalidade da arbitragem, nos termos do artigo 34 da Lei de Arbitragem: "A sentença arbitral estrangeira será reconhecida ou executada no Brasil de conformidade com os tratados internacionais com eficácia no ordenamento interno e, na sua ausência, estritamente de acordo com os termos desta Lei". Por exclusão, o parágrafo único do artigo 34 considera sentença arbitral estrangeira a que tenha sido proferida fora do território nacional.

---

certo modo, foi pioneira. Segundo o art. 1492.º desse diploma: 'É internacional a arbitragem que põe em causa interesses do comércio internacional'. Também o art. 32.º da LAV portuguesa dispõe: 'Entende-se por arbitragem internacional a que põe em jogo interesses do comércio internacional'." (MENDES, Armindo Ribeiro. Introdução às práticas arbitrais. In: ASSOCIAÇÃO PORTUGUESA DE ARBITRAGEM (APA). *Estudos*. Disponível em: <http://arbitragem.pt/estudos/> e <arbitragem.pt/estudos/praticasarbitrais.doc>. Acesso em: 07 jul. 2015).

[55] Sobre o tema, aponta Carlos Augusto da Silveira Lobo: "Na legislação de alguns países, como é o caso da França e também dos países que adotaram *ipsis litteris* a Lei Modelo da Uncitral, disposições separadas são dedicadas à arbitragem interna e à arbitragem internacional. Em outros casos como o Brasil, a Holanda e a Inglaterra, as mesmas disposições legais aplicam-se tanto à arbitragem interna como à internacional. A opção entre as duas alternativas é matéria de conveniência política legislativa. Philipe Fouchard e João Bosco Lee reprovam a solução monista por entenderem que provoca a sujeição da arbitragem internacional às restrições que a tradição e o imobilismo jurídicos naturalmente impõem à arbitragem interna. A preferência pela solução dualista torna necessário definir a arbitragem internacional, o que aliás, não constitui tarefa fácil." (LOBO, Carlos Augusto da Silveira Uma introdução a arbitragem comercial internacional. In: ALMEIDA, Ricardo Ramalho (Coord.). *Arbitragem interna e internacional*: questões de doutrina e da prática. Rio de Janeiro: Renovar, 2003. p. 7-8).

[56] Segundo Giovanni Bonato: "Ao mencionado modelo dualista contrapõe-se o monista (puro), o qual estabelece um diploma jurídico unitário para todas as arbitragens nacionais, não tendo relevância específica a presença de um elemento de ligação com mais de um país. Como é cediço, o monismo foi acolhido pela Lei de Arbitragem Brasileira de 1996 e, nesse âmbito, o citado Projeto de alteração de 2013 não trouxe inovação. O modelo monista foi escolhido também na Holanda, Alemanha e Áustria e a Bélgica." (BONATO, Giovanni, Panorama da arbitragem na França e na Itália: perspectiva de direito comparado com o sistema brasileiro, cit., p. 80).

Trata-se de *regra geográfica*, para se determinar a *nacionalidade* da sentença arbitral. Esta pode ser nacional ou internacional e difere da arbitragem estrangeira.[57]

Pois bem, a despeito do exposto, importa que o modelo francês procura dar um alto grau de independência e autonomia à arbitragem, afastando-se da Justiça estatal e buscando assim um sistema jurídico arbitral autônomo. Quanto à independência e autonomia da arbitragem segundo a doutrina, fica evidente perante a lição de Bruno Oppetit[58], expoente dessa corrente doutrinária.

---

[57] Definindo nacionalidade da sentença, afirma Giovanni Bonato: "À arbitragem nacional, quer doméstica quer internacional, contrapõe-se a arbitragem estrangeira, a respeito da qual a lei centra, notadamente, a sua atenção sobre o reconhecimento e a execução da sentença arbitral estrangeira. Nota-se, a este propósito, que em relação aos ordenamentos sob enfoque encontram-se algumas divergências tanto acerca do *(i)* critério de determinação da nacionalidade da sentença arbitral quanto no que toca *(ii)* à escolha do órgão do Poder Judiciário competente para conhecer o pedido de reconhecimento e execução da sentença estrangeira. [...] Para aferir a nacionalidade da sentença arbitral, o legislador espanhol (art. 46, 1, da *Ley de Arbitraje*) e o brasileiro (art. 34 da LAB), ao contrário, escolheram o critério geográfico, baseado no lugar da prolação da sentença: possui a nacionalidade dos mencionados países a sentença proferida dentro do território nacional e, correlatamente, é estrangeira a decisão emitida no exterior." (BONATO, Giovanni, Panorama da arbitragem na França e na Itália: perspectiva de direito comparado com o sistema brasileiro, cit., p. 84).

[58] Segundo Bruno Oppetit: "*Le rattachement à un ordre juridique national. Les habitudes de pensée sécrétées par le positivisme légsliste conduisent tout naturellement à songer d'abourd au rattachemen de l'arbitrage à l'ordre juridique de l'Etat, sul concervable pour ceux n'imagiment pas qu'une relation juridiqdque, quelle qu' elle soit, puisse relever d'autres règles que celles édictées par une loi nationale. 1. S'agissant de l'arbitrage interne, les tribunauax arbitraux, bien qu'ils ne pussent ètre considérés comme appartnant à l'ordre jurdictionnel étatique, ainsi que l'a jugé la Cour de Justice de l'Union européenne qui se refuse à y vour des jurisdicitons d'un État-membre au sens de l'artricle 177 du traté de Rome, n'en demeurent pas moins insérés dans l'ordre juridique de l'État sur le territoire duquel ils tranchent les litiges: leur organisation el leur fonctionnement sont assez largemente encadrés par les textes régissant la procédure civile, même si ceux-ci leur concèndent une merge de liberté utiliseé par les mileux profesionnels sous la forme de règlements corporatifs, et le contrôle de la régularité des procédures et des sentences est assuré par les tribunaux judiciaires, invetis ainsi d'une sorte de tutelle sur ces tribunaux privés. D'autre part, tous les litiges ne sont pas susceptibles d'etres portés*

1.2 A arbitragem inserida no sistema de direito processual brasileiro

A partir da adoção do sistema monista, com um único diploma jurídico para as arbitragens, tanto as internacionais comerciais, como para as domésticas, passa-se a analisar a possibilidade de adoção de princípios comuns ao processo estatal pelo processo arbitral.

Pois bem, a Lei de Arbitragem não definiu o que seria uma arbitragem internacional, adotando um mesmo diploma para todo tipo de arbitragem. Por sua vez, trouxe uma forma de incorporação da sentença arbitral estrangeira, por meio da homologação pelo STJ.[59]

A partir da existência de um único diploma legal tratando de arbitragem, sob o ponto de vista da doutrina nacional, seria possível sua conciliação com a teoria geral do processo?

---

compétence aux jurisdicitions étatiques met obsttacle à leur arbitrabilité pour les matieères qui intéressent l'ordre public." (OPPETIT, Bruno. *Théorie de l'arbitrage*. Paris: Presses Universitaires de France, 1998. p. 84-85).

[59] Segundo Selma Lemes: "A lei brasileira de arbitragem, Lei nº 9.307/96, regula apenas a arbitragem doméstica. Na área internacional dispõe sobre a forma de internalizar a sentença arbitral estrangeira, esclarecendo que é a proferida fora do território nacional. Muitos países, tais como a Espanha em 1988 e a Holanda em 1986 (que possui uma das legislações mais completas sobre arbitragem), também preferiram este sistema monista. Arbitragem doméstica é aquela realizada no território nacional e/ou quando a sentença arbitral é aqui proferida. A lei prevê os princípios jurídicos a serem observados; a possibilidade de os árbitros decidirem por equidade, isto é, de acordo com o seu real saber e entender; que a arbitragem seja administrada por uma instituição arbitral; os requisitos para que uma pessoa possa ser nomeada árbitro; a determinação pelos árbitros de medidas cautelares e coercitivas; enfim, tudo de acordo com os princípios e os conceitos mais modernos sedimentados na doutrina e jurisprudência forâneas, em consonância com as demais regras do nosso arcabouço jurídico. Na outra forma de dispor sobre a arbitragem, denominada de sistema dualista, os Estados, além de regularem as arbitragens domésticas, também dispõem sobre as arbitragens internacionais realizadas em seus territórios. Para conceituar a arbitragem como internacional, os países adotam diversos critérios, tais como, que são internacionais as arbitragens entre pessoas jurídicas com domicilio em países diferentes, ou que o objeto do contrato seja referente ao comércio internacional." (LEMES, Selma Ferreira. A arbitragem doméstica e arbitragem internacional. *Valor Econômico*, de 05.08.2003, Caderno Legislação & Tributos, p. E-2. Disponível em: <http://selmalemes.adv.br/artigos/artigo27.pdf>. Acesso em: 30 set. 2015).

Conforme aponta Cândido Rangel Dinamarco, na arbitragem existe um "*processo* e nesse processo exercendo-se *jurisdição*[60], ação e *defesa*, é natural que seu estudo sistemático passe pela *teoria geral do processo* e por esses seus *institutos fundamentais*, antes de chegar ao enfoque especializado da arbitragem em si mesma".[61]

Assim, passa a ser natural o estudo da arbitragem dentro da teoria geral do processo, e não como um sistema autônomo[62], visão à qual se filia o presente estudo.

Nesse sentido, a *teoria geral do processo* é um conjunto metodológico de princípios, conceitos e regras que são aplicáveis aos diversos ramos da processualística, podendo a arbitragem ser facilmente incluída nessa teoria. É também um "sistema de conceitos e princípios elevados ao grau máximo de generalização útil e condensados indubitavelmente a partir do confronto dos diversos ramos do direito processual. Ela transcende

---

[60] É de se notar uma evolução no conceito de jurisdição de Cândido Rangel Dinamarco, a fim de amoldar a arbitragem na teoria geral do processo. Inicialmente, no que tange ao sistema processual, o móvel seria a consecução dos escopos do processo como função estatal. Notadamente, o conceito clássico de jurisdição insculpido nas *Instituições* diz respeito a "*jurisdição,* função exercida pelo Estado através de agentes adequados (os juízes), com vista à solução imperativa de conflitos interindividuais ou supraindividuais e aos demais escopos do sistema processual. Entre esses escopos está atuação do direito material. [...] Conceitua-se jurisdição, a partir dessas premissas, como *função do estado destinada à solução imperativa de conflitos exercida mediante a atuação da vontade do direito em casos concretos*". (DINAMARCO, Cândido Rangel, *Instituições de direito processual civil*, cit., v. 1, p. 315). E no clássico conceito de Chiovenda, "função do Estado que tem por escopo a atuação da vontade concreta da lei por meio da substituição, pela atividade de órgãos públicos, da atividade de particulares ou de outros órgãos públicos" (CHIOVENDA, Giuseppe, *Instituições de direito processual civil*, cit., v. 2. p. 55). E ainda de Carnelutti, a jurisdição como busca da "justa composição da lide sendo essa o conflito de interesses qualificado pela pretensão de uma das partes pela resistência da outra" (CARNELUTTI, Francesco, *Sistema di diritto processuale civile*, Padova: Cedam, 1936. v. 1, p. 40).

[61] DINAMARCO, Cândido Rangel. *A arbitragem na teoria geral do processo.* São Paulo: Malheiros, 2013. p. 15.

[62] PARENTE, Eduardo de Albuquerque. *Processo arbitral e sistema.* São Paulo: Atlas, 2012; LA CHINA, Sergio. *L'arbitrato*: il sistema e l'esperienza. 4. ed. Milano: Giuffrè, 2011; BACELLAR, Roberto Portugal. *Mediação e arbitragem.* São Paulo: Saraiva, 2012.

a dogmática processual, não lhe sendo própria a indagação ou formulação de regras ou normas de direito positivo"[63]. Ademais, no centro dessa discussão, como bem apregoado pela escola paulista de processo, temos a ideia da emanação de *poder*, sempre que um dos sujeitos processuais se sobrepõe aos demais atores do procedimento: surge daí a diferença entre *procedimento e processo.*

Põe-se em dúvida a possibilidade de se incluir a arbitragem na teoria geral do processo se a opção legislativa brasileira tivesse sido o dualismo. Nesse caso, havendo a bifurcação de regimes jurídicos, sendo um autônomo e independente, somente restaria possível a inclusão, na teoria geral do processo, das arbitragens domésticas.[64]

Dessa forma, no modelo brasileiro de processo arbitral, tal qual no processo civil estatal, mostra-se necessário o reconhecimento do poder exer-

---

[63] DINAMARCO, Cândido Rangel, *A arbitragem na teoria geral do processo*, cit., p. 23.

[64] Segundo Giovanni Bonato, a doutrina francesa já enfrentou a questão da aproximação dos sistemas e suas possíveis consequências: "Vale lembrar que, na França, prestigiada doutrina (CLAY, Thomas, 'Liberté, Égalité, Efficacité': La devise du nouveau droit français de l'arbitrage, cit., p. 816) ressalta a convergência entre o regime da arbitragem internacional e aquele da arbitragem interna, preconizando a fusão dos dois em um único diploma legal. Todavia, contrariando essa visão, outros autores (SERAGLINI, Christophe; ORTSCHEIDT, Jérôme, *Droit de l'arbitrage interne et international*, cit., p. 38) preferem o modelo dualista, na medida em que o favor arbitral deve ser aplicado apenas em matéria internacional, ao passo que, em matéria interna, um Estado poderia impor suas tradições e limitar a utilização do instituto. Na ótica da unificação da arbitragem, é preciso destacar que nesses últimos anos houve na França uma internacionalização da arbitragem interna, ou seja, ocorreu a extensão ao tipo interno de algumas regras criadas em relação ao tipo internacional (JARROSSON, Charles, L'apport de l'arbitrage international a l'arbitrage interne, in *L'internationalité dans les institutions et le droit, convergence et défis. Études offertes à Alain Plantey*, Paris, Pedone, 1995, p. 233 s.). Expressivo testemunho da uniformização de tratamento normativo da arbitragem é a extensão do princípio da autonomia da cláusula compromissória, elaborado inicialmente em matéria de arbitragem internacional e aplicado em seguida ao tipo interno nas decisões da Corte de Cassação, *v.g.*, 4 de abril de 2002, (*Barbot*) e 9 de abril de 2002 (*Toulousy*), in *Revue de l'arbitrage*, 2003, p. 103 ss., e in *Recueil Dalloz*, 2003, p. 1117." (BONATO, Giovanni, Panorama da arbitragem na França e na Itália: perspectiva de direito comparado com o sistema brasileiro, cit., p. 81).

cido pelo árbitro, ou painel arbitral, passando dessa forma a não ser considerado um mero procedimento arbitral, mas um verdadeiro processo arbitral.

A partir daí, assim como no processo civil estatal, deve ser necessário o reconhecimento da aplicação das garantias constitucionais do processo, naquilo que forem compatíveis com o processo arbitral.[65]

---

[65] Aponta Dinamarco: "Essa expressiva aproximação entre o processo arbitral e o estatal é suficiente para abrigá-lo sob o manto do direito processual constitucional, o que importa considerar seus institutos à luz dos superiores princípios e garantias endereçados pela Constituição da República aos institutos processuais. Isso implica também, conseqüentemente, incluir o processo arbitral no círculo da teoria geral do processo, entendida esta muito amplamente como legítima condensação metodológica dos princípios e normas regentes do exercício do poder. A doutrina especializada esmera-se em fazer essa atração da arbitragem ao sistema de regras destinadas ao processo civil comum, o que constitui valiosa premissa metodológica indispensável ao seu bom entendimento e à correta solução dos problemas que lhe são inerentes. Assim está em precioso estudo no qual Vincenzo Vigoriti destaca, em relação ao juízo arbitral, a necessidade 'do respeito às regras fundamentais dos juízos cíveis, tradicionalmente resumidas na fórmula do procedural *due process*'. Na doutrina brasileira, Selma Ferreira Lemes refere a doutrina francesa e afirma que o enunciado de princípios no Código de Processo Civil constitui uma 'parte simbólica de onde se originam os princípios que se aplicam a todas as ordens de jurisdição, dos quais grande parte ressoa na instância da arbitragem, tais como o princípio dispositivo, o princípio do contraditório, liberdade de defesa, direito de ser ouvido, conciliação etc.'. O primeiro pilar do presente estudo é portanto representado pela afirmação da plena incidência, sobre o processo arbitral, dos princípios e garantias constitucionais inerentes à tutela constitucional do processo. Quando se pensa no acesso à justiça, que é a magna condensação de todas as garantias constitucionais do processo, hoje é imperioso incluir nesse pensamento as aberturas para a tutela jurisdicional pela via da arbitragem, como alternativa às vias estatais. Quando se pensa no contraditório e na ampla defesa, deve-se pensar na participação dos sujeitos processuais no processo estatal e no arbitral também. Quando enfim se pensa no due process of law como princípio tutelar da observância de todos os demais princípios, não se pode excluir o devido processo legal arbitral, como fonte de tutelas jurisdicionais justas e instrumento institucionalizado de pacificação social." (DINAMARCO, Cândido Rangel. Limites da sentença arbitral e de seu controle jurisdicional. In: *Estudos de Arbitragem Mediação e Negociação*, v. 2. Disponível em: <http://www.arcos.org.br/livros/estudos-de-arbitragem-mediacao-e-negociacao-vol2/primeira-parte-memoria/limites-da-sentenca-arbitral-e-de-seu-controle-jurisdicional>. Acesso em: 20 nov. 2015.

1.2.1 Teorias sobre a natureza jurídica da arbitragem

No Brasil, há basicamente três correntes sobre a natureza jurídica da arbitragem: *contratual*, *jurisdicional* ou *híbrida*[66], cuja análise mais profunda foge ao escopo do presente estudo. Carlos Alberto Carmona, por sua vez, aponta a natureza jurídica de *negócio jurídico processual*.[67]

A Lei de Arbitragem poderia ter feito uma opção nitidamente contratual, dando ares muito mais privatísticos ao instituto. Esse era o modelo de arbitragem existente no direito pátrio, com a previsão do instituto no Código Civil de 1916, nos artigos 1.037 a 1.048, chegando este último a prever: "Os árbitros são juízes de direito e de fato, não sendo sujeito o seu julgamento a alçada ou recurso, exceto se o contrário convencionarem as partes."

Vigorava naquele estatuto um grau elevado de autonomia da vontade. Seguindo esse modelo privado, o CPC de 1973 previa, nos artigos 1.072 a /1.102, antes de serem revogados pela atual Lei de Arbitragem, que o *compromisso arbitral* podia ser *judicial* ou *extrajudicial* (art. 1.073),

---

[66] Para Selma Lemes: "No Direito brasileiro o árbitro é equiparado a: juiz de fato e de direito (art. 18 da LA; exercício eventual da função judicante). Na doutrina temos as seguintes correntes quanto à natureza jurídica: a) Teoria privatística ou contratualista; b) Teoria jurisdicional; c) Teoria híbrida (predominante); d) Teoria da atividade parajurisdicional. No Direito estrangeiro: *contract school* e *status school*. No modelo francês trata-se de contrato de investidura e na doutrina suíça um contrato de agência, semelhança do contrato de mandato." (LEMES, Selma Ferreira. *Arbitragem na administração pública*: fundamentos jurídicos e eficiência econômica. São Paulo: Quartier Latin, 2007. p. 48).

[67] CARMONA, Carlos Alberto. *Arbitragem e processo*: um comentário à Lei nº 9.307/96. 3. ed. São Paulo: Atlas, 2009. p. 102.

sujeitando o laudo à *homologação judicial* (art. 1.098), e só a partir da qual se produziam os efeitos da eficácia judicial[68] (art. 1.097).[69-70]

Conclui-se então que somente a partir da *sentença homologatória*, um negócio jurídico puramente privado ganha contornos públicos, e então irradia efeitos em relação a terceiros.

Desde a publicação da Lei de Arbitragem, o instituto tomou um novo caminho no direito brasileiro. A referida Lei passou a adotar a *tese*

---

[68] A teoria de Liebman, sucedida e aperfeiçoada por Dinamarco, traz a ideia de que "coisa julgada é por definição, a imutabilidade dos efeitos da sentença de mérito". Há ainda a diferenciação entre *coisa julgada e eficácia da sentença*. A primeira faz-se entre as partes do processo. Já a eficácia da sentença, tal qual ato estatal, pode colateralmente atingir terceiros (DINAMARCO, Cândido Rangel. *Instituições de direito processual civil*, cit., v. 1, p. 311). Eduardo Talamini, seguindo o pontificado de Dinamarco, vê na coisa julgada a qualidade de imutabilidade que recai sobre os efeitos da sentença (ou mais precisamente, sobre o conteúdo do *decisum*). A partir daí conclui: "Os efeitos da sentença não se limitam às partes, mas o terceiro, na medida em que tais efeitos repercutam na sua esfera jurídica de modo a conferir-lhe interesse e legitimidade para agir, não fica impedido de buscar outro pronunciamento jurisdicional, em sentido diverso daquele emitido no processo de que não participou, sem que lhe possa a coisa julgada." (TALAMINI, Eduardo. *Coisa julgada e sua revisão*. São Paulo: Revista dos Tribunais, 2005. Cap. 2.5, p. 97).

[69] "Art. 1.097. O laudo arbitral, depois de homologado, produz entre as partes e seus sucessores os mesmos efeitos da sentença judiciária; contento condenação da parte, a homologação lhe confere eficácia de título executivo (artigo 584, número III)." (Revogado pela Lei n. 9.307, de 23.09.1996).

[70] Sobre o tema, comparando o sistema então vigente no CPC de 1973 com o sistema francês e italiano, aponta Giovanni Bonato: "De modo semelhante, até o advento da Lei de Arbitragem n. 9.307/96, o legislador brasileiro empregava os dois obstáculos antes referidos no Código Civil de 1916, no CPC de 1939 e no CPC de 1973: diante da falta de uma disciplina normativa sobre a cláusula compromissória, a jurisprudência brasileira acabou por desprestigiá-la, excluindo a execução específica dessa convenção; e, ainda, a homologação da sentença arbitral era obrigatória para que esta produzisse os mesmos efeitos da sentença estatal. Na mesma direção de desestímulo à arbitragem, ditou-se a proibição de os estrangeiros desempenharem a função de árbitro, contida no art. 812 do CPC italiano de 1940 e no art. 1.031, III, do CPC brasileiro de 1939, assim como outras regras, algumas de natureza normativa e outras elaboradas pela jurisprudência." (BONATO, Giovanni, Panorama da arbitragem na França e na Itália: perspectiva de direito comparado com o sistema brasileiro, cit., p. 54).

jurisdicional[71], já que "a sentença arbitral sentença arbitral produz, entre as partes e seus sucessores, os mesmos efeitos da sentença proferida pelos órgãos do Poder Judiciário e, sendo condenatória, constitui título executivo" (art. 31).

Com esse viés publicista[72], ainda que desprovida de coercibilidade, a sentença arbitral deve ser proferida em sede de um procedimento atento aos princípios informadores da Lei de Arbitragem que, por conta disso, prevê o manejo da ação anulatória no caso da violação dos princípios do contraditório, da igualdade das partes, da imparcialidade do árbitro e de seu livre convencimento. (arts. 32, VIII, e 21, § 2°).

Dessa forma, a partir da adoção da *teoria mista* pela Lei de Arbitragem, ou seja, da teoria contratual num momento pré-arbitral, para a convenção de arbitragem, e jurisdicional a partir da aceitação do *mister* pelos árbitros, torna-se difícil afastar o exercício de jurisdição, por parte dos árbitros, ou seja, o *poder* da propugnada teoria geral do processo.

---

[71] Segundo Dinamarco, a consciência da natureza jurisdicional da arbitragem e de sua inserção na teoria geral do processo põe à margem de qualquer dúvida a imperiosidade de abrigá-la sob o manto do direito processual constitucional (DINAMARCO, Cândido Rangel, *A arbitragem na teoria geral do processo*, cit., p. 24).

[72] O mesmo viés publicista é encontrado no direito português. Miguel Galvão Teles, para fundamentar sua tese, traz à baila o acórdão do Tribunal Constitucional Português AC 230/86, segundo o qual: "Não valem neste plano da arbitragem necessária as teses contratualistas de certa doutrina, segundo os quais, os fundamentos da *auctoritas* arbitral residirá na autonomia da vontade das partes [...]. O tribunal arbitral necessário é um instituto distinto, pela sua origem, do tribunal arbitral voluntário; surge em virtude do acto legislativo e não como resultado de negócio jurídico privado. Daí o seu caráter tipicamente publicístico. Por este facto, a imparcialidade de julgamento, que na arbitragem voluntária, poderia em tese, mostrar-se assegurada pela livre concertação de vontades vertida no compromisso arbitral, postula, aqui um outro tipo de garantia." (TELES, Miguel Galvão. Processo equitativo e imposição constitucional da independência e imparcialidade dos árbitros em Portugal. *Revista de Arbitragem e Mediação*, São Paulo, Revista dos Tribunais, v. 7, n. 24, p. 132, jan./mar. 2010).

1.3 Aplicação dos princípios constitucionais norteadores do processo civil estatal ao processo arbitral

Conforme temos defendido, a arbitragem está inserida dentro de um sistema maior, qual seja, o que se tornou conhecido no direito pátrio como teoria geral do processo.

Tal qual insculpidas no artigo 5º da Constituição Federal (CF), a doutrina passou a convencionar que as garantias constitucionais do cidadão e as liberdades públicas estão sujeitas a uma *jurisdição constitucional das liberdades*, por meio das ações e remédios constitucionais, como o *habeas corpus*, o mandado de segurança a ação civil pública e a ação popular.

Da mesma forma, a *tutela constitucional do processo*[73] decorre da Magna Carta, sob a égide de valores tidos como superiores na ordem jurídica pátria.

Delineando essa matéria, não se pode negar que a teoria geral do processo firma como imprescindível a análise da arbitragem à luz dos chamados princípios constitucionais do processo.[74]

Tais princípios, aplicáveis a todas as formas de processo, como civil, penal, trabalhista, administrativo e, porque não, arbitral, no que for compatível, ora se apresentam de forma *explícita*, como o do devido processo legal, da inafastabilidade da jurisdição, da igualdade, da liberdade, do contraditório e ampla defesa, do juiz natural e da publicidade, ora de forma *implícita*, como o duplo grau de jurisdição[75]. Em tese, o duplo grau de jurisdição poderia ser extensível à arbitragem, guardadas as particulari-

---

[73] Ver a obra clássica sobre o tema: TUCCI, José Rogério Cruz e (Coord.). *Garantias constitucionais do processo civil*: homenagem aos 10 anos da Constituição Federal de 1988. São Paulo: Revista dos Tribunais, 1999.

[74] TUCCI, José Rogério Cruz e. Arbitragem: garantias constitucionais do processo e eficácia da sentença arbitral. *Revista Magister de Direito Civil e Processual Civil*, v. 5, n. 26, p. 43-46, set./out. 2008.

[75] Tal assunto mostra-se polêmico quanto se trata de princípio ou não.

dades desse sistema, e ainda respeitada a autonomia da vontade das partes, caso assim convencionassem quanto à sua aplicação.[76-77]

Os limites políticos do texto constitucional, bem como o momento histórico, a formação cultural do povo e demais elementos, tais como origem social, evolução cultural e educacional, levam à interpretação dos princípios processuais[78]. Tal fenômeno acaba por adquirir muitas vezes uma dimensão distinta, em relação àquela prevista pelo legislador ordinário.

Vale lembrar que os princípios da legalidade e do *due process of law*[79] encontram-se no cerne da teoria geral do processo. Tal norma, explí-

---

[76] Vale lembrar, *v.g.*, que os processos cuja competência de origem é do próprio STF não estão sujeitos ao duplo grau de jurisdição e, dessa forma, ainda assim não existe uma inconstitucionalidade. Da mesma forma não existe inconstitucionalidade por ausência de previsão do duplo grau de jurisdição na Lei de Arbitragem. Da mesma forma, as partes poderiam dispor do duplo grau de seus julgados por um segundo órgão. Vale ainda lembrar que no regulamento da CCI existe a "revisão" das decisões.

[77] Para Eduardo Parente em visão distinta explica que: "Relativamente ao primeiro momento em que o processo arbitral se comunica com as normas de direito processual estatal, é preciso compreender que estas não são nem devem ser regras daquele universo. Basicamente, em que medida o sistema do processo estatal influencia, em termos de comunicação, o processo arbitral? Isso não significa que o processo arbitral seja dependente do estatal. Ele não o é. Possui, ao contrário, também seus princípios, seus institutos processuais, ainda que montado em formato bem diferente do estatal. No entanto, se é um sistema, precisa estabelecer relações de troca com outros, com o do sistema processual estatal. Em termos práticos, isso faz com que o árbitro busque respaldo no sistema processual estatal, quando não contraditório com o conteúdo inerente ao sistema arbitral. Fundamentalmente, quando não se chocar com os princípios do processo arbitral, sinteticamente resumidos na autonomia da vontade e na característica nata de não ser regulado por nenhum outro sistema que não pelas próprias fontes." (PARENTE, Eduardo de Albuquerque, *Processo arbitral e sistema*, cit., p. 67-68).

[78] TUCCI, José Rogério Cruz e (Coord.), *Garantias constitucionais do processo civil*: homenagem aos 10 anos da Constituição Federal de 1988, cit.

[79] Trata-se, como bem anotado pela doutrina, de termo de difícil conceituação, eis que se apresenta de forma ampla e determinada e que não se interessa determinar. Segundo a jurisprudência americana, o *due process of law* é, nas palavras do Juiz Frakfurter, algo que está em torno de nós e não sabemos bem o que é, mas influi decisivamente em nossas vidas e em nossos direitos.

cita no inciso LIV do artigo 5º da CF, tem, nas palavras de Cândido Rangel Dinamarco, o condão de

> "[...] fechar o círculo de garantias e exigências constitucionais relativas ao processo mediante uma fórmula sintética destinada a afirmar a indispensabilidade de todas e reafirmar a autoridade de cada uma. Esse enunciado explícito vale ainda como norma de encerramento portadora de outras exigências não tipificadas em fórmulas mas igualmente associadas à ideia democrática que deve prevalecer na ordem processual."[80]

Por isso, como afirmado ao se inserir a arbitragem na teoria geral do processo, ganha relevo o direito a um *devido processo arbitral*[81], no qual ganham importância constitucional os princípios erigidos na Lei de Arbitragem, insculpidos no artigo 21, parágrafo 2º, que reza que "serão, sempre, respeitados no procedimento arbitral os princípios do contraditório, da igualdade das partes, da imparcialidade do árbitro e de seu livre convencimento".

Assim, como no processo arbitral, tal qual no processo judicial estatal ou administrativo, ninguém será privado de sua liberdade ou de

---

[80] DINAMARCO, Cândido Rangel, *Instituições de direito processual civil*, cit. v. 1, p. 250.

[81] Sobre o conceito de devido processo arbitral, conceitua Eduardo Parente: "É bom lembrar que existem princípios do processo arbitral decorrentes da própria Lei de Arbitragem que também contribuem na identificação do que seja devido processo arbitral. Princípios que, por serem constitucionais, formam o núcleo do conceito tradicional de devido processo legal. Que têm o condão de trazer uma garantia mínima de julgamento justo, informando tanto processo arbitral quanto o estatal, embora sem equipará-los no que respeita ao que seja o devido processo legal. São princípios que se refletem e se expandem em normas processuais preestabelecidas, no caso do processo estatal ou criadas pelas partes e árbitros, no processo arbitral. No caso do processo arbitral, o que preencherá tais princípios, tecidos pela Lei de Arbitragem, será seu próprio sistema. Em outros termos, quanto ao seu fechamento operacional, ou conjunto de instrumento/elementos que integram e que lhe conferem operacionalidade, será não apenas composto pela lei arbitral e sua natureza arbitral, mas acrescido dos regulamentos e da possibilidade ampla de que o procedimento seja formado pelas partes e árbitros. Mais uma vez nota-se o quão presente é o princípio arbitral da autonomia da vontade, ao se expandir para o procedimento e integralizando o próprio conceito de devido processo legal." (PARENTE, Eduardo de Albuquerque, *Processo arbitral e sistema*, cit., p. 106).

seus bens, ou, adotando-se uma fórmula mais ampla, ninguém será "*condenado*" sem o devido processo legal, podemos concluir que a Constituição pôs sob a guarda não apenas de juízes, mas também dos árbitros, o *devido processo legal*, e, como conclui Cândido Rangel Dinamarco, "não podendo eles serem atingidos por atores não jurisdicionais do Estado".

Dessa forma, passa a ser relevante a tese da jurisdicionalidade[82] da função arbitral, sobretudo na sujeição de seus atos à jurisdição, por meio da ação anulatória, e por que não dizer, na existência de uma *autolimitação no exercício de poder do árbitro*[83], ante a ausência de poder executório, por exemplo, e outras medidas executivas.

---

[82] Segundo Carlos Alberto de Salles, a arbitragem terá em diversas situações respaldo da jurisdição estatal; mesmo na visão mais privatística, admite-se para: 1) compelir a submissão da disputa à adjudicação do caso pelo árbitro; 2) para assegurar o cumprimento da decisão. Tem-se um *referencial simbólico*, tal qual a execução específica da cláusula arbitral. Casos: 1. Tutela específica da cláusula; 2. Execução da sentença arbitral; 3. Substituição judicial do árbitro; 4. Nomeação judicial de árbitro para formação de painel com número ímpar; 5. Invalidação da sentença arbitral; 6. Execução de medidas coercitivas, antecipatórias, cautelares ou instrutórias (SALLES, Carlos Alberto de. *A arbitragem em contratos administrativos*. Rio de Janeiro: Forense; Método: São Paulo, 2011. p. 46-47).

[83] Segundo Dinamarco, a ideia de autolimitação do Estado no exercício da própria jurisdição, no sentido de exercê-la, será cumprida com as limitações contidas nas demais garantias e exigências, sempre segundo os padrões democráticos da República brasileira. Um primeiro exemplo se dá nos limites existentes nas competências dos magistrados, mas também na impossibilidade de normas que vedem o acesso à justiça ou à tutela jurisdicional. E conclui: "A fórmula *due processo of law* importa ainda reafirmação da garantia de igualdade entre as partes e necessidade de manter imparcialidade do juiz inclusive pela preservação do juiz natural. Ela tem também o significado de mandar a igualdade em oportunidades processuais se projete na participação efetivamente franqueada aos litigantes e praticada pelo juiz (garantia do contraditório, art. 5 º, inc. LV). Absorve igualmente a regra de que as decisões judiciárias não motivadas ou insuficientemente motivadas serão nulas e portanto incapazes de prevalecer (a exigência de motivação – Const. art. 93, inc. IX) e a de que, com as naturais ressalvas destinadas à preservação da ordem pública e da intimação pessoal, os atos processuais deverão ser dotados de publicidade." (DINAMARCO, Cândido Rangel, *Instituições de direito processual civil*, cit. v. 1, p. 251).

Certamente, alguns princípios do processo civil clássico mostram-se de difícil visualização no processo arbitral, mas não deixam de ser encontrados, embora com adaptações.

No que tange à existência de um direito de ação e resposta, não se nega que a parte prejudicada, tal qual na jurisdição, pode buscar a câmara, órgão arbitral ou árbitro, seja qual for o tipo de arbitragem adotado, e dar início ao procedimento arbitral. Pode ainda se valer da jurisdição estatal, para fazer valer o seu direito ao processo arbitral, como garantido no artigo 7º da Lei de Arbitragem.

Por sua vez, o *princípio do juiz natural* pode ser substituído pela ideia de um árbitro contratual ou de um árbitro consensual, ainda que sua origem decorra da escolha por meio do juiz togado, caso inexista consenso entre as partes.

Vale lembrar que o princípio do juiz natural decorre das regras de competência preexistentes no texto constitucional, impedindo assim um juiz de escolha das partes, o que feriria o princípio da imparcialidade e igualdade das partes.

Quanto ao *princípio da publicidade*[84], no que tange à participação da Fazenda Pública na arbitragem, deve ser sempre atendido, por conta do princípio constitucional da publicidade dos atos administrativos, previsto no artigo 37 da CF.

Reitera-se, portanto, que ao situar a arbitragem como sujeita aos princípios da teoria geral do processo, nada mais justo do que a aplicação dos

---

[84] Nesse ponto, mostra-se totalmente aplicável às arbitragens envolvendo a Administração Pública a lição de Dinamarco acerca do princípio da publicidade dos atos processuais: "A publicidade dos atos processuais constitui projeção da garantia constitucional do *direito a informação* (Const. art. 5º, inc. XIV) em sua específica manifestação referente ao processo. Os agentes públicos, atuando como personificação viva do próprio Estado. Dão conta de suas atividades aos sujeitos diretamente interessados, aos seus próprios superiores hierárquicos, aos órgãos de fiscalização institucionalizada e ao público, a bem da *transparência* destinada a permitir o controle interno e externo daquilo que fazem ou omitem. Para o controle de seu grau de aplicação ao serviço público, lisura no proceder e qualidade do serviço, eles devem estar sob uma vigilância tal que permita a justa reação dos destinatários de seus atos, a formação de opinião pública e a atuação fiscalizadora e disciplinar dos órgãos competentes." (DINAMARCO, Cândido Rangel, *Instituições de direito processual civil*, cit. v. 1, p. 240).

princípios constitucionais do processo à arbitragem. É a aplicação da "*tutela constitucional do processo*"[85] ao processo arbitral. A Lei de Arbitragem tratou de afirmar, em seu artigo 21, parágrafo 2º, que "serão, sempre, respeitados no procedimento arbitral os princípios do contraditório, da igualdade das partes, da imparcialidade do árbitro e de seu livre convencimento". A visão que se deve ter desses princípios é a submissão ao texto constitucional, sob pena de que o ataque frontal aos princípios do devido processo arbitral gere a nulidade dos atos praticados e, por conseguinte, a possibilidade de anulação dos atos pelo Poder Judiciário, em eventual ação anulatória.

Conforme aponta Carlos Alberto Carmona, os princípios elencados pelo legislador brasileiro não se reservam apenas ao procedimento, mas sim ao processo arbitral:

> "[...] pois é claro o intuito de regular a relação jurídica que se instaura entre partes e árbitro, e não apenas a forma e a sequência dos atos que serão praticados por uns e outro. A atenção do legislador brasileiro não se fixou na forma dos atos do procedimento arbitral capazes de gerar a pretendida garantia: de um lado, a liberdade de forma dos atos do procedimento arbitral é coerente com a escolha de plena liberdade conferida às partes quanto à gestão do mecanismo de solução de controvérsias que escolheram, e revela apreciável concessão a autonomia da vontade dos litigantes; de outro esta mesma liberdade cobrará seu preço, pois caberá aos tribunais estatais, sem sua tarefa interpretativa, controlar as escolhas das partes (e dos árbitros), detectando caso a caso os excessos cometidos (que levarão à anulação da sentença arbitral, nos termos do art. 32, VIII, combinado com o art. 33, par. 2, I, da lei)."[86]

[85] Para Marcelo José Magalhães Bonizzi, analisando sob o prisma do princípio da proporcionalidade do processo, "deve-se reconhecer a presença dos direitos fundamentais das pessoas em toda e qualquer situação jurídica que venha a ocorrer no sistema processual, deslocando-se para este fator o foco das atenções daqueles que trabalham na atuação do sistema processual" (BONIZZI, Marcelo José Magalhães. *Proporcionalidade e processo*: a garantia constitucional da proporcionalidade, a legitimação do processo civil e o controle das decisões judiciais. São Paulo: Atlas, 2006. p. 21).

[86] CARMONA, Carlos Alberto, *Arbitragem e processo*: um comentário à Lei nº 9.307/96, 3. ed., 2009, cit., p. 252.

Assim, não seria demais pensar em um *devido processo legal arbitral* com o respeito aos princípios elencados na Lei de Arbitragem e em consonância com a teoria geral do processo.

1.3.1 Respeito ao contraditório

O contraditório é princípio constitucional, previsto no artigo 5º, inciso LV, informativo do processo civil e aplicável a todos os processos e procedimentos. Trata-se de regra geral com duplo significado, eis que primeiro atinge o próprio legislador, informando o dever de garantir o direito de participação bilateral no processo. A outra face é dirigida às partes e ao juiz, eis que a este cabe regular a bilateralidades dos atos processuais. Da mesma forma deve ser dirigido ao árbitro, garantindo a bilateralidade das partes no procedimento arbitral.

Assim, tanto no processo judicial como no arbitral, enquanto o contraditório é um direito da parte, sob outro ângulo, impõe-se como dever ao magistrado e ao árbitro.

Para a realização do princípio do contraditório, é imprescindível o direito de ciência dos atos, bem como o direito de reação aos atos. Com tais elementos e garantias é permitido a participação dos litigantes no procedimento, podendo assim alegar fatos, direitos e provas.

Pois bem, o mesmo se dá na arbitragem. Porém, alguns autores[87] apontam que o princípio do contraditório ganha dimensões distintas, por conta da chamada *flexibilidade* do procedimento arbitral.

Aponta Marcos Montoro que "na arbitragem a situação é similar, mas com regras menos formais, mais flexíveis. A informação é sim absolutamente necessária, mas as formas solenes previstas na legislação processual (para os atos de comunicação nos procedimentos estatais) não

---

[87] Dentre eles Dinamarco, que aponta a *flexibilidade e simplicidade* (DINAMARCO, Cândido Rangel, *A arbitragem na teoria geral do processo*, cit., p. 56); AMARAL, Paulo Osternack. *Arbitragem e administração pública*: aspectos processuais, medidas de urgência e instrumentos de controle. Belo Horizonte: Fórum, 2012. p. 42-43; MONTORO, Marcos André Franco. *A flexibilidade do procedimento arbitral*. 2010. 415 p. Tese (Doutorado) – Faculdade de Direito da Universidade de São Paulo, São Paulo, 2010. p. 155.

são automaticamente aplicadas na arbitragem"[88]. Isso se daria por conta de dois motivos: primeiro, pelas partes se ligarem a uma câmara ou órgão arbitral que preveja um rito mais simplificado; e segundo, por conta dos ritos previstos nos diversos regulamentos de câmaras de que o procedimento comece efetivamente após uma resposta inicial simplificada quanto ao próprio pedido de instauração do procedimento.

Por sua vez, quanto ao *direito de reação*, Montoro destaca que o fato do direito objeto do litigio ser disponível confere maior liberdade ao litigante quanto à reação, inclusive quanto a não reagir[89]. Essa disponibilidade de direito também é extensível às causas envolvendo a Fazenda Pública porque, iniciada a *fase arbitral*, uma vez delimitado o objeto da arbitragem e iniciado o procedimento, supera-se a alegação de inarbitrabilidade por conta de disponibilidade do direito na chamada fase *pré-arbitral*.

De toda sorte que o princípio do contraditório, guardadas as peculiaridades do processo arbitral, é de rigor e não pode ser afastado pela simples vontade das partes ou do árbitro, sendo "ilegítimas as flexibilizações contrárias à efetividade dessa garantia e nulos os atos praticados". E mais, no que tange à sua observância, "é uma sanatória que legitima flexibilizações ou qualquer outra possível infidelidade, às regras procedimentais escolhidas pelas partes, ditadas em lei ou contidas no regimento de dada instituição arbitral".[90]

Por tudo isso, corolário do princípio do devido processo legal, ainda que o processo arbitral esteja sujeito à flexibilidade e à adesão aos regulamentos de câmaras ou entidades, a violação do princípio constitu-

---

[88] MONTORO, Marcos André Franco, *A flexibilidade do procedimento arbitral*, cit., p. 156.

[89] Segundo Montoro: "Mas ao contrário da informação (sempre exigida), para se respeitar o contraditório não se exige a reação efetiva, mas sim que seja conferida a efetiva possibilidade de a parte reagir, se manifestar. Conferida essa possibilidade, se o litigante prefere manter-se inerte, ou se prefere somente reagir contra determinadas alegações, ou mesmo se prefere confessar ou renunciar ao seu direito, isso não significa violação ao contraditório, mas sim natural decorrência do princípio da autonomia da vontade. Em outras palavras, deve ser possibilitada a reação, mas as partes têm liberdade de não reagir." (MONTORO, Marcos André Franco, *A flexibilidade do procedimento arbitral*, cit., p. 157).

[90] DINAMARCO, Cândido Rangel, *A arbitragem na teoria geral do processo*, cit., p. 27.

cional do contraditório, previsto nos artigos 5º, LV, da CF e 21, parágrafo 2º, da Lei de Arbitragem, autorizaria a parte inclusive a manejar ação anulatória da sentença arbitral.

1.3.2 Imparcialidade dos árbitros

A teoria geral do processo, bem como a garantia do devido processo legal arbitral[91] engloba o direito a um árbitro imparcial, dando-se da mesma maneira no âmbito do direito processual civil em referência aos magistrados, revelando-se como uma garantia constitucional aos litigantes em geral aplicando-se ainda à arbitragem, ante a equiparação da sentença arbitral à sentença judicial. O referido tema será tratado em especial na Parte III da presente dissertação, no item 4.2.1.

1.3.3 O princípio da igualdade e a Fazenda Pública no processo civil e na arbitragem

Partindo da premissa metodológica pela qual os princípios atinentes ao processo arbitral possam ser localizados na teoria geral do processo, ressalvando por óbvio as peculiaridades dessa forma de resolução de conflitos, temos, por certo, que dentre os princípios apresentados na Lei de Arbitragem está a igualdade entre litigantes[92]. Da mesma forma, a atuação das partes na arbitragem, e assim da Fazenda Pública, deve ser

---

[91] Quanto à aplicação do princípio também ao processo arbitral, a lição de Marcos Montoro. "Como não podia deixar de ser, o princípio do contraditório e da ampla defesa também se aplica na arbitragem, por vários motivos. Primeiro, em razão do dispositivo constitucional antes citado. Segundo, por expressa previsão legal (arts. 21, § 2º, e 38, III, da Lei 9.307/96). Terceiro, por ter a arbitragem natureza jurisdicional, e sendo o seu objetivo resolver um litígio, seria totalmente ilegítimo que uma solução fosse imposta pelo árbitro sem que ocorresse o prévio contraditório entre os interessados. Quarto, por ser o princípio do contraditório e da ampla defesa verdadeiro postulado universal, aplicável inclusive quando se exerce poder em órgãos não estatais. [...] Mas, de outro lado, o princípio do contraditório e da ampla defesa também atua como um limitador, uma baliza, que impede que certas regras sejam criadas (ou adaptadas) na arbitragem, quando elas acarretam na violação do citado princípio. Este é o efeito negativo." (MONTORO, Marcos André Franco, *A flexibilidade do procedimento arbitral*, cit., p. 152).

[92] Lei de Arbitragem: Art. 21, § 2º.

entendida à luz dos princípios que regem o a teoria geral do processo civil como um todo, isonomia, contraditório, ampla defesa, legalidade, publicidade, *due process of law* etc.

O princípio da isonomia tem estatura constitucional e se aplica a todos os litigantes, conforme insculpido no artigo 5º pelo qual "todos são iguais perante a lei".

Ocorre que, no que tange ao processo civil estatal, a Fazenda Pública goza de *prerrogativas*, também classificadas como *privilégios processuais*, que nos levam a analisar seu fundamento, importância, justificativa e, por fim, sua aplicabilidade à arbitragem que envolva a Administração Pública. Dessa forma, ganha especial importância a análise dos conceitos norteadores da atividade administrativa como a supremacia do interesse público sobre o particular e os conceitos de interesse público primário e secundário.

Pois bem, no que tange ao tratamento processual do princípio da igualdade ou isonomia[93], seu real sentido é permitir o *tratamento igualitários dos iguais e desigualmente dos desiguais, na medida de suas desigualdades.*[94-95]

Pela teoria geral do processo, o princípio constitucional da igualdade tem dupla destinação, ao legislador e ao julgador, seja ele juiz, seja árbitro.

---

[93] O escopo do presente trabalho visa, sobretudo, a enfrentar o tema, sob o prisma processual.

[94] Para Dinamarco: "Essas desigualdades que o juiz e o legislador do processo devem compensar com medidas adequadas e são resultantes de fatores externos ao processo – fraquezas de toda ordem, como a pobreza, a desinformação, carências culturais e psicossociais em geral. Neutralizar desigualdades significar promover a igualdade substancial, que nem sempre coincide com uma formal igualdade de tratamento porque esta pode ser, quando ocorrentes essas fraquezas, fonte de terrível desigualdades. A tarefa de preservar a isonomia consiste portanto, nesse tratamento formalmente desigual que substancialmente iguala." (DINAMARCO, Cândido Rangel, *Instituições de direito processual civil*, cit., v. 1, p. 213).

[95] Trata-se do clássico pensamento de Aristóteles, pelo qual igualdade é tratar igualmente os iguais e desigualmente os desiguais, na medida de sua desigualdade (BONIZZI, Marcelo José Magalhães, *Proporcionalidade e processo*: a garantia constitucional da proporcionalidade, a legitimação do processo civil e o controle das decisões judiciais, cit., p. 2).

No que tange ao legislador, é válido eleger casos de desigualdade e tutelá-los pela legislação processual, apontando situações materialmente desiguais. Dessa forma, conforme o *interesse tutelado*, é válida a proteção por meio de tratamento legislativo desigual.[96]

Por conta disso, no que tange ao processo civil estatal, o legislador houve por bem, avaliando a posição da Fazenda Pública, estabelecer tratamento diferenciado à parte estatal, conferindo assim regras especiais que buscaram restabelecer a igualdade material entre os litigantes. Nesse sentido, a validade das normas jurídicas protetivas encontra fundamento na suposta representação do interesse público, o que a *priori* permitiria a discriminação.[97]

Sob esse prisma, os defensores dessa corrente apontam que no processo civil estatal, a Fazenda Pública não age principiologicamente defendendo interesse próprio, mas sim o interesse jurídico da coletividade.

Na visão tradicional do direito, por vezes conservadora, são plenamente inidentificáveis o interesse público coletivo e o mero interesse da pessoa jurídica de direito público em questão, que ora são idênticos, ora diferenciados. Os autores italianos fazem aqui a clássica distinção entre o interesse público propriamente dito, que é o interesse coletivo, também denominado interesse primário, e o interesse secundário. Nesse sentido é tradicional a lição de Alessi.

Na visão tradicional de Celso Antônio Bandeira de Mello:

---

[96] Segundo Leonardo José Carneiro da Cunha: "O que se deve aquilatar, contudo, são os critérios eleitos para separar pessoas em grupos para fins de tratamentos jurídicos diversos. É elementar que a função das leis consiste, basicamente, em disciplinar situações para então enquadrá-las em regras específicas. O fator de discriminação para então, enquadrá-las em regras específicas. O fator de discriminação está, como se vê, presente – e é até inerente – na elaboração das leis. Daí a razão pela qual se faz necessário indagar quais as discriminações juridicamente intoleráveis, pois essas não podem ser admitidas, eis que atentatórias ao princípio da igualdade." (CUNHA, Leonardo José Carneiro da, *A fazenda* pública em juízo, cit., p. 30).

[97] MELLO, Celso Antônio Bandeira de. *O conteúdo jurídico do princípio da igualdade*. 2. ed. São Paulo: Revista dos Tribunais, 1984. p. 47. No mesmo sentido: BINENBOJM, Gustavo. *Uma teoria do direito administrativo*: direitos fundamentais, democracia e constitucionalização. Rio de Janeiro: Renovar, 2006. p. 114-115. Na jurisprudência: ADI n. 1.753-2/DF.

> "O interesse primário é aquele da sociedade como um todo, e este é que é validamente protegido pelas normas processuais que conferem privilégios à Fazenda Pública, enquanto seu representante. Interesse secundário é aquele que diz respeito ao ente estatal, entidade despersonalizada, que tem interesses pelo simples fato de ser pessoa reconhecida pelo direito."[98]

O cuidado com o todo deve vir antes do cuidado com as partes que o formam, daí a *ratio essendi* da primazia do interesse público sobre o privado. Não há dispositivo específico, quer na CF, quer na legislação infraconstitucional, em que resida tal primazia. Antes, a prevalência do interesse coletivo espraia-se em todo o ordenamento jurídico. Mais: é a própria razão de ser do direito. Por tudo isso, passaria a ser justificável o diferente tratamento que por vezes se confere à Fazenda, quando litiga judicialmente.[99]

Ademais, para os defensores dessa corrente, outro fundamento para a existência das prerrogativas processuais da Fazenda Pública no processo estatal diria respeito à existência do chamado *princípio da supremacia do interesse público sobre o particular*.

Segundo Maria Sylvia Zanella Di Pietro:

> "Esse princípio também chamado de finalidade pública, está presente tanto no momento da elaboração da lei como no momento de sua execução em concreto pela Administração Pública. Ele inspira o legislador e vincula a autoridade administrativa em toda sua atuação. No que diz respeito à sua influência na elaboração da lei, é o oportuno lembrar que uma das distinções que se costuma fazer entre o direito privado e o direito público (e que vem desde o Direito Romano) leva em conta o interesse que se tem

---

[98] MELLO, Celso Antônio Bandeira de, *O conteúdo jurídico do princípio da igualdade*, cit., p. 55.

[99] Leonardo Jose Carneiro da Cunha justifica tal postura (CUNHA, Leonardo José Carneiro da, *A Fazenda P*ública em juízo, cit., p. 33), valendo-se ainda da lição de Maria Sylvia Zanella Di Pietro: "A Administração não é titular do interesse público, mas apenas a sua guardiã; ela tem que zelar pela sua proteção, daí a indisponibilidade do interesse público." (DI PIETRO, Maria Sylvia Zanella. *Discricionariedade administrativa na Constituição de 1988*. São Paulo: Atlas, 1991. p. 157).

em vista proteger; o interesse individual e, o interesse público, normas de interesse público."[100]

Por esse critério, normas jurídicas destinadas à Fazenda Pública garantindo prerrogativas processuais teriam fundamento na supremacia do interesse público, da finalidade pública. Assim, o legislador, pautado nesse critério, teria liberdade na elaboração de normas nesse sentido.[101]

Por fim, a última justificativa apresentada para a criação legislativa de prerrogativas processuais da Fazenda Pública diz respeito à inexistência no Brasil de jurisdição administrativa[102]. Vale lembrar que no sistema americano não há privilégios ou prerrogativas processuais para ninguém, nem mesmo para o Ministério Público, enquanto que, na maioria dos sistemas europeus, os conflitos que envolvem a Administração Pública são tratados de forma diferenciada e resolvidos através da chamada "jurisdição administrativa"[103], sem interferência do Poder Judiciário.

No entanto, o sistema brasileiro optou por uma solução intermediária, pois, ao mesmo tempo que submete os atos administrativos ao controle judicial da legalidade[104], permite que o Estado ocupe posição pri-

---

[100] DI PIETRO, Maria Sylvia Zanella. *Direito administrativo*. 22. ed., 2. reimpr. São Paulo: Atlas, 2009. p. 69.

[101] "Apesar das críticas a esse critério distintivo, que realmente não é absoluto, algumas verdades permanecem: em primeiro lugar, as normas de direito público, embora protejam reflexamente o interesse individual, têm o objetivo primordial de atender o interesse público, ao bem-estar coletivo. Além disso, pode-se dizer que o direito público somente começou a se desenvolver quando, depois de superados o primado do Direito Civil (que durou muitos séculos) e o individualismo) pelo princípio que hoje serve de fundamento para todo o direito público e que vincula a Administração em todas as suas decisões: o de que os interesses públicos têm supremacia sobre os individuais." (DI PIETRO, Maria Sylvia Zanella, *Direito administrativo*, 22. ed., 2009, cit., p. 69).

[102] CUNHA, Leonardo José Carneiro da, *A Fazenda P*ública em juízo, cit., p. 35.

[103] DAVID, René. *Os grandes sistemas do direito contemporâneo*. Tradução de Hermínio A. Carvalho. 3. ed., 2. tiragem. São Paulo: Martins Fontes, 1998. Sobre o tema, ver também: BONIZZI, Marcelo José Magalhães. A responsabilidade do agente público e o cumprimento das decisões contrárias à Fazenda Pública. *Revista de Processo*, São Paulo, Revista dos Tribunais, v. 31, n. 136, p. 277-286, jun. 2006.

[104] O Poder Judiciário não analisa, ao menos em regra, o chamado "mérito" do ato administrativo, ou seja, não controla a conveniência e a oportunidade da prática

vilegiada no processo, não só no que diz respeito aos prazos, mas, principalmente, no que diz respeito à execução civil.

1.3.4 Principais prerrogativas processuais da Fazenda no processo civil estatal e sua inaplicabilidade à arbitragem

Há diversas prerrogativas processuais fazendárias presentes no CPC, bem como na legislação esparsa[105]. Via de regra, elas são ligadas à forma e tempo na prática de atos processuais, ora facilitando o direito de defesa, ora ampliando sua possibilidade recursal. Há ainda prerrogativas ligadas a forma especial de execução e intervenção em processos.

Ocorre que, a despeito de sua existência, pouca justificativa é encontrada para manutenção desses verdadeiros privilégios processuais da Fazenda, que em muito ferem o princípio da igualdade dos litigantes no processo civil. Da mesma forma, sob a égide da teoria geral do processo, os litigantes devem ser tratados de maneira igualitária. Transportando tal teoria para a arbitragem, é impossível pensar na manutenção de privilégios processuais da Fazenda Pública.

Não bastasse isso, recentemente a Presidência da República, no uso do poder regulamentar previsto no artigo 84 da CF, expediu o Decreto

---

do ato administrativo, mas apenas verifica se esse ato foi praticado de acordo com a lei. Assim, por exemplo, não cabe ao Poder Judiciário analisar se é melhor construir um hospital ou uma escola, mas apenas se a lei que trata das licitações necessárias à construção foram corretamente observadas.

[105] Impossibilidade de Tutela Antecipada e Execução Provisória Contra a Fazenda Pública. A Lei n. 9.494/97 veda tal antecipação, nas mesmas hipóteses em que não cabem liminar em mandado de segurança ou cautelar ajuizadas contra o Poder Público. Outra prerrogativa da Fazenda Pública é a chamada suspensão de liminar prevista no artigo 4º da Lei n. 8.437/92, que estabelece: "Compete ao presidente do tribunal, ao qual couber o conhecimento do respectivo recurso, suspender, em despacho fundamentado, a execução da liminar nas ações movidas contra o Poder Público ou seus agentes, a requerimento do Ministério Público ou da pessoa jurídica de direito público interessada, em caso de manifesto interesse público ou de flagrante ilegitimidade, e para evitar grave lesão à ordem, à saúde, à segurança e à economia públicas.

n. 8.465/2015, para regulamentar o parágrafo 1º do artigo 62 da Lei n. 12.815, de 5 de junho de 2013.[106]

O objeto do Decreto federal n. 8.465/2015 diz respeito a um conjunto de normas para a realização de arbitragem em litígios que envolvam a União ou as entidades da Administração Pública federal indireta e as concessionárias, arrendatárias, autorizatárias ou os operadores portuários em relação ao inadimplemento no recolhimento de tarifas portuárias ou de outras obrigações financeiras perante a administração do porto e a Agência Nacional de Transportes Aquaviários (Antaq). Ficou conhecido como "decreto dos portos".

Ocorre que, na tentativa de regulamentar o uso da arbitragem para os casos ali elencados, buscou-se um verdadeiro simulacro do processo civil, com *privilégios processuais arbitrais*, em nítida violação ao princípio do tratamento paritário das partes, como restará demonstrado.

1.3.4.1 Prazos diferenciados

No que tange à diferenciação de prazo para a Fazenda Pública[107], no âmbito do CPC, o fundamento é de mera política legislativa eis que *ab initio* não havia no anteprojeto Buzaid redação semelhante à do artigo 188 do atual CPC: "Na verdade, sugeria Alfredo Buzaid regra explícita no sentido de não permitir o privilégio: 'Art. 207. Para falar nos autos terão o representante da Fazenda Pública e o órgão do Ministério Público prazo

---

[106] A Lei n. 12.815 regula a exploração pela União, direta ou indiretamente, dos portos e instalações portuárias e as atividades desempenhadas pelos operadores portuários. O referido artigo 62 dispõe que o inadimplemento, pelas concessionárias, arrendatárias, autorizatárias e operadoras portuárias no recolhimento de tarifas portuárias e outras obrigações financeiras perante a administração do porto e a Antaq, assim declarado em decisão final, impossibilita a inadimplente de celebrar ou prorrogar contratos de concessão e arrendamento, bem como obter novas autorizações. O parágrafo 1º permite o uso da arbitragem para dirimir litígios no âmbito do setor portuário.

[107] Destaca-se a posição de Diogo de Figueiredo Moreira Neto, defendendo os prazos processuais diferenciados da Fazenda Pública. (MOREIRA NETO, Diogo de Figueiredo. *Curso de direito administrativo*: parte introdutória, parte geral, parte especial. 12. ed. totalmente rev., ampl. e atual. Rio de Janeiro: Forense, 2002. p. 574-575).

igual ao das partes"[108]. Dessa forma, se transplantado para o processo arbitral, os prazos, em se tratando de arbitragem institucional, serão aqueles previstos nos regulamentos ou câmaras arbitrais, ou ainda pelos árbitros, não havendo a princípio qualquer fundamento para diferenciação.

Veja-se que Decreto n. 8.465/2015, que regulamenta a arbitragem decorrente de litígios em contratos de concessão de portos, também prevê a utilização de prazos diferenciados no artigo 3º, inciso VI: "o procedimento de arbitragem deverá assegurar às partes prazo de defesa de no mínimo quarenta e cinco dias."

A determinação de prazo de defesa de quarenta e cinco dias, além de não estar previsto em qualquer lei, sobretudo na Lei de Arbitragem, pode ferir o regulamento de câmaras arbitrais que tenham sido escolhidas pelas partes, além de unilateralmente impor que a parte *ex adversus* da Administração adira, sem qualquer possibilidade de negociação ou consensualidade, tornando-se, portanto, *potestativa.*

Vale lembrar que a recente alteração do artigo 13, parágrafo 4º, da Lei de Arbitragem[109] impõe a consensualidade para afastar a aplicação de regulamentos. Dessa forma, se a Administração *ab initio* impõe unilateralmente cláusula compromissória prevendo os prazos a serem seguidos, estaremos diante de mais uma hipótese de *cláusula potestativa.*

1.3.4.2 Ausência da necessidade de recolher custas, embora tenha que adiantar despesas

No âmbito do CPC, quanto à natureza jurídica, as *custas processuais* são tratadas como *taxa* judiciária, ou seja, espécie tributária. Dessa forma, não há porque a Fazenda Pública recolher custas de preparo ou porte

---

[108] VIANA, Juvêncio Vasconcelos. *Efetividade do processo contra a fazenda pública.* São Paulo: Dialética, 2003. p. 28.

[109] "Art. 13. Pode ser árbitro qualquer pessoa capaz e que tenha a confiança das partes. [...] § 4º As partes, de comum acordo, poderão afastar a aplicação de dispositivo do regulamento do órgão arbitral institucional ou entidade especializada que limite a escolha do árbitro único, coárbitro ou presidente do tribunal à respectiva lista de árbitros, autorizado o controle da escolha pelos órgãos competentes da instituição, sendo que, nos casos de impasse e arbitragem multiparte, deverá ser observado o que dispuser o regulamento aplicável. (Redação dada pela Lei nº 13.129, de 2015)."

de remessa, eis que ela estaria adiantando valores a serem por ela mesma recebidos. Da mesma forma, o Estado é dispensado de recolher o preparo recursal (art 1007, CPC de 2015- art. 511, § 1º, do CPC de 1973[110]), de realizar depósito prévio para ajuizamento de ação rescisória (art. 488, parágrafo único, do CPC), ou pagamento de multa em caso de seu desprovimento (com relação à União e suas autarquias, a teor do art. 24-A da Lei n. 9.028/95).

Por outro lado, prevê a Lei de Arbitragem, no artigo 27, que a "sentença arbitral decidirá sobre a responsabilidade das partes acerca das custas e despesas com a arbitragem, bem como sobre verba decorrente de litigância de má-fé, se for o caso, respeitadas as disposições da convenção de arbitragem, se houver". Trata-se, portanto, de um dever dirigido a todas as partes, sem qualquer distinção.

Da mesma forma, o Decreto n. 8.465/2015 previu, de forma absolutamente ilegal, a imposição do ônus e despesas da realização da arbitragem à parte contratada. Trata-se de cláusula protestativa e exorbitante do negócio jurídico arbitral, que viola o princípio da consensualidade que deve prevalecer durante a fase pré-arbitral. No caso em tela, a Administração impõe sua vontade em relação ao particular, tornando portando anulável, nesse ponto, a cláusula arbitral, o que pode ser requerido pelo contratado. É de se notar que eventual medida de urgência pode ser requerida ao árbitro, discutindo-se ao final os ônus de sucumbência.

Vale lembrar que, conforme a novel previsão da Lei n. 13.129/2015, permite-se que a parte possa solicitar medidas cautelares e de urgência ao árbitro, antes mesmo de instituída a arbitragem[111]. Dessa maneira, imposição por meio de decreto legislativo do dever de recolhimento de custas a uma das partes mostra-se incompatível com a possibilidade do

[110] Negando esse benefício do artigo 511 – e o do artigo 27: TUCCI, Rogério Lauria; TUCCI, José Rogério Cruz e. *Constituição de 1988 e processo*: regramentos e garantias constitucionais do processo. São Paulo: Saraiva, 1989. p. 47.

[111] "Art. 22-A. Antes de instituída a arbitragem, as partes poderão recorrer ao Poder Judiciário para a concessão de medida cautelar ou de urgência Parágrafo único. Cessa a eficácia da medida cautelar ou de urgência se a parte interessada não requerer a instituição da arbitragem no prazo de 30 (trinta) dias, contado da data de efetivação da respectiva decisão. Art. 22-B. Instituída a arbitragem, caberá aos árbitros manter, modificar ou revogar a medida cautelar ou de urgência concedida pelo Poder Judiciário. Parágrafo único. Estando já instituída a arbitragem, a medida cautelar ou de urgência será requerida diretamente aos árbitros."

uso do árbitro de emergência. Isso porque as custas deverão ser adiantadas por aquele que fará o uso do árbitro de emergência, e não exclusivamente a parte *ex adversus* da Fazenda Pública.

Outro ponto absolutamente ilegal do Decreto n. 8.465/2015 diz respeito ao artigo 3º, inciso VII, que determina que as despesas com a realização da arbitragem serão adiantadas pelo contratado quando da instauração do procedimento arbitral, incluídos os honorários dos árbitros, eventuais custos de perícias e demais despesas com o procedimento.[112-113]

Vale lembrar que distribuição do *onus probandi* já era matéria prevista na Lei de Arbitragem, no artigo 27: "A sentença arbitral decidirá sobre a responsabilidade das partes acerca das custas e despesas com a arbitragem, bem como sobre verba decorrente de litigância de má-fé, se for o caso, respeitadas as disposições da convenção de arbitragem, se houver."

Dessa forma a previsão diversa do Decreto novamente torna nulo o inciso, por violação do princípio da igualdade das partes e da consensualidade do negócio jurídico arbitral.[114-115]

---

[112] O Decreto n. 8.465/2015 ainda traz a definição de quem é o contratado no parágrafo 4º do artigo 3º, eis que se consideram como contratados as concessionárias, arrendatárias, autorizatárias e os operadores portuários.

[113] Da mesma maneira, o artigo 3º, parágrafo 5º, do Decreto n. 8.465/2015 diz que no caso de sucumbência recíproca, as partes arcarão proporcionalmente com os custos da arbitragem. Trata-se de mais uma hipótese de desrespeito à possibilidade de as partes convencionarem de modo distinto a distribuição do ônus, como prevê a Lei de Arbitragem.

[114] O artigo 3º, incisos VIII (a parte vencida arcará com os custos do procedimento de arbitragem) e IX (cada parte arcará com os honorários de seus próprios advogados e eventuais assistentes técnicos ou outros profissionais indicados pelas partes para auxiliar em sua defesa perante o juízo arbitral, independentemente do resultado final) do Decreto n. 8.465/2015 estão em absoluto descompasso com a Lei de Arbitragem. É de se notar que a matéria é de cunho processual e não poderia ser regulamentada nessa profundidade pela espécie normativa decreto regulamentar.

[115] Note-se que o Decreto n. 8.465/2015 vai além da regulamentação da matéria processual, chegando a regulamentar matéria tipicamente de direito material, qual seja juros e correção monetária. Isso porque o artigo 3º, inciso X, prevê que as decisões condenatórias estabelecerão uma forma de atualização da dívida que inclua correção monetária e juros de mora. Tal matéria em geral é tratada por lei; no caso judicial, em relação à Fazenda Pública, aplica-se a Lei n. 11.960/2009, que

1.3.4.3 Foro privativo da Fazenda Pública

No que tange ao foro privativo da Fazenda Pública previsto nas normas processuais, trata-se de matéria de competência privativa estadual, nos termos do artigo 96, II, "d", da CF. Dessa forma, atribui-se a chamada competência *ratione personae* a essas varas. Em se tratando de arbitragem, a existência de uma "instituição privativa" ou câmara privativa para litígios envolvendo a Fazenda Pública não faz qualquer sentido.

Por outro lado, defende-se que por conta dessa especialização, é possível que centros arbitrais ou câmaras passem a contar com regulamentos e quadros próprios de árbitros especialistas em arbitragens envolvendo a Administração, o que, cumprindo o mister da especialização que é reservada à arbitragem, seria uma vantagem para ambas as partes em litígio.

1.3.4.4 Revelia

A regra processual impõe que a revelia da Fazenda Pública não gera seus efeitos típicos, sobretudo quanto à presunção de veracidade sobre a matéria de fato, por conta do princípio da indisponibilidade dos direitos por ela defendidos, nos termos do artigo 345, II do CPC de 2015, (antigo 320, II, do CPC de 1973). Se o representante judicial do Estado não tem autorização legal para *praticar ato* de transação, muito menos de disposição sobre esses direitos, não poderia mesmo a sua *omissão* produzir

---

dispõe sobre juros e atualização monetária das condenações da Fazenda. Ocorre que houve a declaração de inconstitucionalidade parcial da expressão "independentemente de sua natureza" prevista no parágrafo 12 do artigo 100 da CF, por violação da isonomia, por estender a taxa de juros moratórios que a Fazenda Pública paga aos débitos, àqueles de natureza diversa, criando assim uma distinção e um benefício à Fazenda, em nítido prejuízo ao credor privado. Em suma, impõe à Fazenda Pública o pagamento dos mesmo juros e correção, em relação ao exigido do particular. Por conta disso, o artigo 5º da Lei n. 11.960/2009, que deu nova redação ao artigo 1º-F da Lei n. 9.494/97, também foi considerado inconstitucional, pois previa índice de atualização monetária tarifado ao índice da poupança. Quanto à eficácia da declaração de inconstitucionalidade, depende ainda que o plenário do STF faça a chamada modulação de efeitos prevista na legislação da ação declaratória de inconstitucionalidade.

esses efeitos[116]. Ocorre que na arbitragem prevalece a regra de que somente são arbitráveis os direitos disponíveis.

Nesse sentido, conforme já exposto, a questão da arbitrabilidade objetiva e a disponibilidade do direito a ser submetido pela Fazenda Pública ao juízo arbitral é anterior, ou seja, ocorre na fase *pré-arbitral*. Iniciado o procedimento *arbitral,* não se vê motivos para não aplicação do dever de impugnação específica, bem como a aplicação da revelia e seus efeitos.

Vale ainda lembrar do tratamento distinto que a Lei de Arbitragem deu ao instituto da revelia, informando no artigo 22 que poderá o árbitro ou o tribunal arbitral tomar o depoimento das partes, ouvir testemunhas e determinar a realização de perícias ou outras provas que julgar necessárias, mediante requerimento das partes ou de ofício. Por conta disso, o parágrafo 3º do referido artigo informa que "revelia da parte não impedirá que seja proferida a sentença arbitral".

Note-se que, por primeiro, não há qualquer diferença de tratamento ou ressalva em relação à Fazenda Pública. Por outro lado, retira-se do texto um conteúdo distinto da revelia do processo civil.

O conceito clássico de revelia diz ser "instituto próprio do processo de conhecimento e ao cautelar, é a inércia consistente em não responder [...]. O conceito amplo, que abrange a inércia em qualquer espécie de processo, é a contumácia, gênero do qual a revelia é espécie".[117]

---

[116] Bom exemplo disso é o seguinte julgado proferido pela Primeira Turma do STJ: "TRIBUTÁRIO E PROCESSO CIVIL. TAXA DE ILUMINAÇÃO PÚBLICA. MUNICÍPIO DE LONDRINA. RESTITUIÇÃO. PROVA DO FATO CONSTITUTIVO (EFETIVAÇÃO DO PAGAMENTO INDEVIDO). INDISPENSABILIDADE. 1. *Em ação de repetição de indébito tributário – em que os fatos da causa não comportam confissão por parte da Fazenda Pública (CPC, art. 351) e nem estão sujeitos aos efeitos da revelia (CPC, art. 320, II) –, o juízo de procedência supõe a comprovação, pelo autor (CPC, art. 333, I), do fato constitutivo do direito, qual seja, o do recolhimento dos valores indevidos a serem restituídos*. A sentença de procedência que delega à fase de liquidação a prova desse fato constitutivo é sentença condicional e, portanto, nula, pois fundada num pressuposto de fato cuja existência é incerta. Precedentes de ambas as Turmas da 1ª Seção. 2. Recurso especial parcialmente provido." (REsp n. 866.203/PR, Primeira Turma, rel. Min. Teori Albino Zavascki, j. 07.08.2007, *DJ*, de 20.08.2007 p. 245, grifamos).

[117] DINAMARCO, Cândido Rangel. *Instituições de direito processual civil.* São Paulo: Malheiros, 2001. v. 3, p. 457.

No que tange à arbitragem, Cândido Rangel Dinamarco aparentemente dá tratamento diverso ao instituto em relação ao apregoado por Carlos Alberto Carmona.

Para Cândido Rangel Dinamarco, embora com adaptações necessárias:

> "Ao réu que simplesmente não oferece defesa no momento adequado, diferença alguma se dá em relação ao processo civil estatal. A revelia e seu efeito impõe-se quando, por não haver contestado, o réu deixa de impugnar os fatos alegados pelo autor, autorizando com isso que, por serem eles incontroversos, se presumam como verdadeiras a alegações contidas nas demandas. [...] também quanto ao significado e ao peso do efeito da revelia, o tratamento dado pelo Código de Processo Civil ao revel deve prevalecer de igual modo e medida no sistema da arbitragem." [118]

Nesse ponto, o autor demonstra que aplicar-se-ia também o sistema de presunção relativa e a possibilidade de participação no processo da forma em que ele se encontra, e conclui:

> "Nada há, portanto, de peculiar na arbitragem em relação ao sistema processual comum, a não ser quanto à intensidade da participação franqueada ao revel no processo arbitral, o qual, por seu informalismo, é menos sujeito a preclusões e, portanto, mais aberto aos encaminhamentos e soluções mais aderentes às realidades do litígio."[119]

Tal posição, comparando ao sistema do CPC, poderia levar o intérprete a entender que a Fazenda Pública não estaria sujeita ao efeito da revelia, no que tange à presunção de veracidade dos fatos alegados.

De certa forma, a posição de Cândido Rangel Dinamarco poderia levar a essa conclusão. Porém, no que se refere à Lei de Arbitragem, não há um tratamento distinto ou ressalva de efeitos em relação à Fazenda Pública. Também os direitos envolvidos são patrimoniais disponíveis, quanto aos quais até mesmo a Fazenda Pública está sujeita a impugnação específica, sob pena de preclusão[120]. E ainda há forte corrente arbitralista

---

[118] DINAMARCO, Cândido Rangel, *A arbitragem na teoria geral do processo*, cit., p. 153.

[119] Ibidem, p. 155.

[120] REsp 1085257/SP, Rel. Ministra Eliana Calmon, 2ªTurma, julgado em 09/12/2008, DJe 24/03/2009.

no sentido de que, apesar da informalidade do processo arbitral, associada à busca da solução do litígio, as partes estariam sujeitas à sentença arbitral, ainda que revéis.[121]

Segundo Carlos Alberto Carmona e Francisco Cahali, no que tange à interpretação do mesmo artigo, a *mens legis* era não obstar que o réu que decidisse não participar da arbitragem, conseguisse de alguma forma obstaculizar a sentença arbitral. Assim, de certa forma emprestou-se o conceito de revelia do processo civil clássico, que foi utilizado na Lei de Arbitragem. Assim, o real sentido é o de que mesmo o réu não participando do processo arbitral, toda a matéria colocada em discussão no painel arbitral será enfrentada, sendo certo que os árbitros poderão conhecer da demanda e proferir a sentença arbitral[122]. Nesse sentido, com as devidas adaptações, o conceito de revelia na arbitragem estaria muito mais ligado ao conceito de contumácia[123] do processo civil clássico.

1.3.4.5 Reexame necessário

O reexame necessário, também conhecido como remessa *ex officio*, não se trata de recurso, mas sim de mera condição para o trânsito em julgado da sentença na qual a Fazenda Pública foi sucumbente.

Conforme previsto no artigo 475 e parágrafos, estão sujeitas ao reexame obrigatório todas as sentenças, definitivas e terminativas, proferidas contra a Fazenda Pública, exceto se a condenação, ou o direito con-

---

[121] GAJARDONI, Fernando da Fonseca. A arbitragem nos tribunais estatais: 10 anos de jurisprudência. *Revista do Advogado*, São Paulo, AASP, v. 26, n. 87, p. 52-60, set. 2006.

[122] Segundo Carmona: "Percebe-se, em conclusão, que o legislador, ao referir-se – atecnicamente – a revelia no processo arbitral, quis deixar claro que tanto a situação de total alheamento de uma das partes (a começar pela falta de colaboração na constituição de tribunal arbitral) como a falta de participação ativa em qualquer um dos atos do processo, não terá a menor influência quanto aos poderes dos árbitros, e a atitude negativa da parte não será um fato impeditivo da prolação da sentença." (CARMONA, Carlos Alberto, *Arbitragem e processo*: um comentário à Lei nº 9.307/96, 3. ed., 2009, cit., p. 331).

[123] CAHALI, Francisco José. *Curso de arbitragem*: mediação, conciliação, Resolução CNJ 125/2010. 2. ed. rev., atual. e ampl. São Paulo: Revista dos Tribunais, 2012. p. 214.

trovertido, for de valor certo não excedente a 60 salários mínimos, no caso de procedência dos embargos do devedor na execução de dívida ativa do mesmo valor, ou esteja fundada em jurisprudência do plenário do Supremo Tribunal Federal ou em súmula desse Tribunal ou do tribunal superior competente.

A princípio não existe um fundamento para a existência do reexame necessário nas arbitragens em que a Fazenda Pública seja parte, a não ser que decorra da convenção arbitral, pelo mero consensualismo entre as partes.

Note-se que o chamado "escrutínio' previsto no artigo 33 do Regulamento de Arbitragem da Câmara de Comércio Internacional (CCI)[124], não se compara a eventual remessa de ofício ou duplo grau de jurisdição. Trata-se de um papel de ajuste formal da sentença arbitral, para manter os padrões técnicos e elevados dessa instituição. Vale lembrar que a CCI não trabalha com lista de árbitros fechados, sendo que qualquer pessoa, atendidos os requisitos legais, pode ser árbitro e, portanto, ante sua inexperiência (ou mesmo para árbitros experientes), pode cometer erros.

Note-se que esse exame pela Corte não se trata de um novo julgamento, mas sim de ajuste quanto a aspectos formais, ou até mesmo a indicação de pontos que não foram julgados e, dessa forma, não há decisão de mérito. Porém, a Corte não julga novamente o caso e não profere uma decisão de mérito de segunda instância.

Tal fato é de suma importância, sobretudo no que tange ao sistema recursal, sejam os "pedidos de esclarecimentos ou embargos arbitrais" ou o início do prazo para a ação anulatória.

Caso famoso sobre o tema diz respeito a ação anulatória intentada pelo Metrô de São Paulo, quanto a sentença arbitral proferida pela CCI. Proferida a sentença, o Metrô intentou um primeiro pedido de esclarecimentos, que foi conhecido e analisado quanto ao mérito. Após o primeiro pedido, ingressou com um segundo pedido de esclarecimentos que sequer foi co-

---

[124] Segundo o art. 33 do Regulamento da CCI que trata do exame prévio da sentença arbitral pela Corte: "Antes de assinar qualquer sentença arbitral, o tribunal arbitral deverá apresentá-la sob a forma de minuta à Corte. A Corte poderá prescrever modificações quanto aos aspectos formais da sentença e, sem afetar a liberdade de decisão do tribunal arbitral, também poderá chamar a atenção para pontos relacionados com o mérito do litígio. Nenhuma sentença arbitral poderá ser proferida pelo tribunal arbitral antes de ter sido aprovada quanto à sua forma pela Corte."

nhecido[125]. Ocorre que, por conta do não conhecimento do segundo pedido, deixou escoar os noventa dias de prazo para o manejo da ação anulatória.

O Metrô, ainda assim, manejou a ação anulatória. A sentença de primeiro grau veio a confirmar a intempestividade da ação. Em sede de recurso de apelação o Tribunal de Justiça também entendeu que a ação era intempestiva, por conta de que o segundo pedido de esclarecimento não preenchia os requisitos de admissibilidade, mantendo, portanto, a decadência.[126]

---

[125] Trecho decisão da CCI do segundo pedido de esclarecimento: "II NÃO CONHECIMENTO DO PEDIDO DE ESCLARECIMENTOS DO METRÔ 5. O pedido de esclarecimentos veicula meros inconformismo do litigante com a Sentença Parcial proferida em 18.06.2009 e com a Decisão proferida em 09.11.2009, apresentando-se totalmente fora das hipóteses de cabimento previstas no art. 29 do Regulamento de Arbitragem CCI. 6. O METRÔ foi intimado acerca da Sentença Parcial de 18.06.2009 no dia 07.07.2009, de modo que novo pedido de esclarecimentos do seu conteúdo, apresentado apenas em 30.11.2009, desrespeita o prazo de 30 (trinta) dias fixado no art. 29 (1) do Regulamento de Arbitragem expressamente adotado pelas Partes. Como decorrência da intempestividade, o segundo pedido de esclarecimentos no que diz respeito àquela sentença parcial não deve ser conhecido. 7. O pedido de esclarecimentos da Decisão proferida em 09.11.2009 também não deve ser conhecido, uma vez que tal decisão nada incorporou à Sentença Parcial. Pela técnica adotada pela CCI, a cujo regulamento aderiram as partes, a Decisão proferida em 09.11.2009 não constitui parte integrante da Sentença Parcial e por isso não se submete à incidência do art. 29 do Regulamento de Arbitragem, que apenas permite o pedido de esclarecimento acerca de Laudos (Sentenças) arbitrais."

[126] TJSP – Apelação n. 0177130-22.2010.8.26.0100: Acórdão: "Assim sendo, uma vez não preenchidos os requisitos de admissibilidade, o segundo pedido de esclarecimento não teve o condão de interromper a fluência do prazo para o ajuizamento da ação anulatória. Dir-se-á que a jurisprudência majoritária em torno do artigo 538 do Código de Processo Civil prevê efeito interruptivo também em relação aos embargos de declaração não conhecidos. Embora o tema ainda suscite controvérsias na doutrina e na jurisprudência no âmbito do direito processual civil, cabe ressaltar que a hipótese dos autos não diz respeito à aplicação das disposições do referido código, mas, sim, das regras procedimentais adotadas pelas partes na Ata de Missão, na qual se submeteram ao Regulamento da Câmara de Comércio Internacional. Sendo assim, é com base naquele procedimento que será analisada a questão, como se passa a fazer. O artigo 29 do Regulamento da CCI não faz menção ao efeito atribuído ao pedido de esclarecimento não conhecido. Diante do silêncio da norma regulamentar, cabe a investigação do direito aplicável ao caso para preenchimento da lacuna. O artigo 15 do Regulamento do CCI dispõe que: '(1) O

1.3.4.6 Precatórios e ofícios de pequeno valor

Quanto ao regime de execução, a Fazenda Pública está sujeita ao pagamento de seus débitos por meio da ordem de apresentação do *precatório* previsto nos artigos 535, I do CPC de 2015 (art. 730, II, do CPC de 1973) e 100 da CF, que é a peça pela qual o presidente do Tribunal determina o pagamento da dívida pela Fazenda. Deve ser atendida a ordem cronológica, com uma única distinção que é a das dívidas alimentares[127] e

---

procedimento perante o Tribunal Arbitral será regido pelo presente Regulamento, e, no que este silenciar, pelas regras que as partes ou, na falta destas, o Tribunal Arbitral determinar, referindo-se a uma lei nacional processual aplicável à arbitragem'. E a cláusula ix.i.(1) da Ata de Missão (fls. 182), que trata das regras processuais aplicáveis ao procedimento, estabelece que 'O procedimento arbitral será regulado pelo Regulamento da CCI (conforme requerimento conjunto de instauração de arbitragem, datado de 26 de novembro de 2007), e, no que este silenciar, pelas regras que o Tribunal Arbitral determinar aplicáveis a esta arbitragem'. A decisão de fls. 1.250, em que o Árbitro Presidente noticiou a oposição do segundo pedido de esclarecimento, assentou que o prazo em curso não seria interrompido, decisão esta datada de 3.12.2009, cabendo observar que a notificação por e-mail é válida nos termos do artigo 3º do Regulamento do CCI. Referida decisão, nos termos do artigo 15 da norma regulamentar e da cláusula ix.i (1) da Ata de Missão, preenche a lacuna quanto à norma aplicável em relação ao efeito atribuído ao pedido de esclarecimento não conhecido. Sendo certa essa premissa, patente que a oposição do segundo pedido de esclarecimento, por não ter sido conhecido, não teve o condão de interromper o prazo decadencial estabelecido pelo artigo 33 da Lei de Arbitragem. Assim sendo, quando do ajuizamento da ação, já havia sido superado o prazo de 90 dias para que o autor postulasse a anulação da sentença arbitral, nos termos do artigo 33 da Lei de Arbitragem (data da ciência da decisão do primeiro pedido de esclarecimento: 18.11.2009; data da distribuição: 2.6.2010)."

[127] Os débitos de natureza alimentícia compreendem aqueles decorrentes de salários, vencimentos, proventos, pensões e suas complementações, benefícios previdenciários e indenizações por morte ou invalidez, fundadas na responsabilidade civil, em virtude de sentença transitada em julgado, conforme o parágrafo 1º-A do artigo 100 da CF.

não alimentares. Surgem daí duas listas, em ordem cronológica, uma para cada tipo de dívida, conforme previsto no artigo 100 da CF.[128-129]

Tal matéria será analisada com maior profundidade no item 5.5, quando discutidas as particularidades da execução da sentença arbitral em face da Fazenda Pública.

1.3.4.7 Assistência processual "anômala"

A Lei n. 9.494/97[130] trouxe uma forma anômala de assistência, não prevista no CPC, dispondo que:

> "As pessoas jurídicas de direito público poderão, nas causas cuja decisão possa ter reflexos, ainda que indiretos, de natureza econômica, intervir, independentemente da demonstração de interesse jurídico, para esclarecer questões de fato e de direito, podendo juntar documentos e memoriais reputados úteis ao exame da matéria e, se for o caso, recorrer, hipótese em que, para fins de deslocamento de competência, serão consideradas partes."

Por sua vez a intervenção de terceiros, em sede de arbitragem, depende via de regra do disposto no regulamento da câmara, mas

---

[128] Há autores que defendem que os créditos alimentares não se sujeitam a precatório, entendimento esse já afastado pelo STF (RE n. 188.285-SP, rel. Min. Celso de Melo, *DJU*, de 01.03.1996, p. 5.028).

[129] O Decreto n. 8.465/2015, em uma de suas poucas virtudes prevê o pagamento das condenações por meio de precatório (art. 100 da CF) em seu artigo 12: "Em caso de sentença arbitral condenatória que imponha obrigação pecuniária contra a União ou suas entidades autárquicas, o pagamento se dará mediante a expedição de precatório ou de requisição de pequeno valor, conforme o caso. Parágrafo único. Na hipótese de que trata o *caput*, o árbitro ou o presidente do colegiado de árbitros solicitará à autoridade judiciária competente a adoção das providências necessárias à expedição de precatório ou de requisição de pequeno valor, conforme o caso."

[130] "Regulamenta o disposto no inciso VI do art. 4º da Lei Complementar nº 73, de 10 de fevereiro de 1993; dispõe sobre a intervenção da União nas causas em que figurarem, como autores ou réus, entes da administração indireta; regula os pagamentos devidos pela Fazenda Pública em virtude de sentença judiciária; revoga a Lei nº 8.197, de 27 de junho de 1991, e a Lei nº 9.081, de 19 de julho de 1995, e dá outras providências."

usualmente só são partes na arbitragem os signatários da convenção de arbitragem.[131-132]

Deve-se, portanto, afastar a metodologia de intervenção anômala prevista na lei 9.494/97 no que tange a arbitragem, eis o tema normalmente é relegado ao tratamento dos regulamentos das câmaras e instituições arbitrais. Pode, além disso, ser tratado pelas próprias partes por meio da convenção, privilegiando assim o principia da autonomia da vontade, de maneira negocial, permitindo neste sentido o ingresso da Fazenda Pública no procedimento arbitral, como se dá *v.g.* no caso de uma empresa pública quando a controladora é o Estado.

Tais caos são típicos, onde o compromisso se dá entre a empresa pública e uma empresa privada, e normalmente não preveem a participação da Fazenda. Ao eclodir o conflito, via de regra, convida-se o Estado controlar a participar do procedimento arbitral, nos termos do regulamento da câmara.[133]

Por conta disso, as partes poderiam prever a possibilidade da participação de terceiros, ou remeter ao regulamento, quando desejarem a ampliação subjetiva da demanda.[134]

---

[131] MAZZONETTO, Nathalia, *Partes e terceiros na arbitragem*, cit., p. 279.

[132] De forma totalmente arbitrária o Decreto federal n. 8.465/2015 também prevê uma espécie de intervenção da Fazenda Federal como terceiro na arbitragem *inter alios*, no artigo 10, parágrafo 2º: "A União poderá intervir nas causas arbitrais em que figurarem, como autoras ou rés, autarquias, fundações públicas, sociedades de economia mista e empresas públicas federais."

[133] Art. 7º do refolhamento CCI: "A parte que desejar integrar uma parte adicional a arbitragem deverá apresentar a Secretaria requerimento de arbitragem contra a parte adicional (Requerimento de Integração). A data na qual o Requerimento de Integração for recebido pela Secretaria devera, para todos os fins, ser considerada como a data de início da arbitragem em relação a parte adicional. Qualquer integração estará sujeita ao disposto nos artigos 6° (3)–6°(7) e 9°. Nenhuma parte adicional será integrada após a confirmação ou nomeação de qualquer arbitro, a menos que todas as partes, inclusive a parte adicional, estejam de acordo. A Secretaria poderá fixar prazo para a submissão do Requerimento de Integração.

[134] Conforme aponta Natalia Mazzoneto: "a maioria das normas que disciplina a intervenção de terceiro no processo arbitral a condiciona ao consentimento das partes, assim como dos árbitros, tal como ministra a grande parte dos doutrinadores estrangeiros e a quase totalidade da doutrina pátria, a fim de se resguardar

1.3.4.8 Honorários advocatícios

Prescrevia o CPC de 1973 em seu artigo 20, parágrafo 4º[135], que a Fazenda Pública, ao ser condenada em honorários, pode ter o montante devido estipulado por equidade. A atual sistemática prevista no CPC de 2015 em seu art. 85, parágrafo 3º[136] não foge muito à regra ao prever que nas causas em que a Fazenda Pública for parte, a fixação dos honorários observará tabelamento. Trata-se de uma quebra de isonomia em relação

---

o viés convencional da arbitragem. Normativas há, no entanto, assim como pensamentos doutrinários de peso, a embasa o fenômeno da intervenção de terceiros na arbitragem, independentemente do consentimento das partes neste sentido e, também, da aceitação dos árbitros. Como já destacamos, a resistência como relação à admissão da participação de terceiros na arbitragem, encontra justificativa na incompatibilidade da intervenção, ao menos em tese, com o instituto da arbitragem, em particular com o seu caráter consensual. [...] A intervenção que amplia o escopo objetivo da demanda (intervenção inovativa), a nosso ver, encontra limites e riscos. Será admitida, em princípio se houver a formação de novo pacto arbitral, compreendendo, portanto, o consentimento e aquiescência de todos os envolvidos no procedimento, inclusive dos árbitros." (MAZZONETTO, Nathalia, *Partes e terceiros na arbitragem*, cit., p. 280-281).

[135] "Art. 20 [...] § 4º Nas causas de pequeno valor, nas de valor inestimável, naquelas em que não houver condenação ou for vencida a Fazenda Pública, e nas execuções, embargadas ou não, os honorários serão fixados consoante apreciação equitativa do juiz, atendidas as normas das alíneas *a*, *b* e *c* do parágrafo anterior."

[136] "Art. 85 [..} § 3° Nas causas em que a Fazenda Pública for parte, a fixação dos honorários observará os critérios estabelecidos nos incisos I a IV do § 2º e os seguintes percentuais: I - mínimo de dez e máximo de vinte por cento sobre o valor da condenação ou do proveito econômico obtido até 200 (duzentos) salários-mínimos; II - mínimo de oito e máximo de dez por cento sobre o valor da condenação ou do proveito econômico obtido acima de 200 (duzentos) salários-mínimos até 2.000 (dois mil) salários-mínimos; III - mínimo de cinco e máximo de oito por cento sobre o valor da condenação ou do proveito econômico obtido acima de 2.000 (dois mil) salários-mínimos até 20.000 (vinte mil) salários-mínimos; IV - mínimo de três e máximo de cinco por cento sobre o valor da condenação ou do proveito econômico obtido acima de 20.000 (vinte mil) salários-mínimos até 100.000 (cem mil) salários-mínimos; V - mínimo de um e máximo de três por cento sobre o valor da condenação ou do proveito econômico obtido acima de 100.000 (cem mil) salários-mínimos.

ao tratamento jurídico dispensado para as partes privadas[137] no âmbito do processo civil. Embora criticável, os Tribunais aceitavam tal prescrição e permitiam esse tratamento distinto à Fazenda, albergando o tratamento privilegiado em remansosa jurisprudência.[138]

O fundamento jurídico para tal prescrição residia no fato de que uma vez condenada a Fazenda Pública, a verba honorária decorrente desta condenação seria absorvida pelo erário. Neste sentido, toda vez que uma parte vencesse a Fazenda Pública, todos os cidadãos arcariam com o pagamento. Trata-se novamente da invocação do interesse público, para criar um privilégio processual injustificável. Vale lembrar que, neste caso, não se trata de um interesse público primário, mas sim, de um interesse jurídico da administração pública, ou seja, um interesse jurídico fazendário e, portanto, injustificado tratamento diferenciado.

O dispositivo foi criticado pela doutrina, entre eles destacam-se as posições de Dinamarco, Ada Grinover[139] e Nelson Nery.[140]

---

[137] "Art. 20 [...] § 3º Os honorários serão fixados entre o mínimo de dez por cento (10%) e o máximo de vinte por cento (20%) sobre o valor da condenação, atendidos: a) o grau de zelo do profissional; b) o lugar de prestação do serviço; c) a natureza e importância da causa, o trabalho realizado pelo advogado e o tempo exigido para o seu serviço."

[138] "III - No caso, tratando-se de execução no valor de R$ 9.752.666,69 (nove milhões, setecentos e cinquenta e dois mil, seiscentos e sessenta e seis reais e sessenta e nove centavos), caracteriza desproporcionalidade a verba honorária majorada pelo Tribunal de origem para R$ 487.633,33 (quatrocentos e oitenta e sete mil, seiscentos e trinta e três reais e trinta e três centavos), tendo em vista a pequena complexidade da controvérsia e a ausência de obrigatoriedade de adstrição aos percentuais de 10% a 20% referidos no § 3º do art. 20 do Código de Processo Civil na fixação dos honorários advocatícios, quando vencida a Fazenda Pública. IV - Verba honorária reduzida para 1% do valor atualizado da condenação." (STJ – AgR AREsp n. 655.528/BA (2015/0019751-9), rel. Min. Regina Helena Costa, *Dje*, de 31.08.2015). Ainda: AgR REsp n. 844.572/DF (2006/0100509-7); AgR AG n. 960.848/SP.

[139] DINAMARCO, Cândido Rangel, *Instituições de direito processual civil*, v. 1, p. 219.

[140] NERY JUNIOR, Nelson; NERY, Rosa Maria de Andrade. *Código de Processo Civil comentado e legislação extravagante em vigor*. 5. ed. rev. e ampl. São Paulo: Revista dos Tribunais, 2001.

Na dinâmica do novo CPC[141], ainda mantida uma diferenciação de tratamento reservado à Fazenda Pública, passou-se a regulamentar a fixação de honorários por faixas, isto é, como parâmetros objetivos e previamente conhecidos, afastando a possibilidade da tão criticada fixação equitativa, que dava margem a possíveis injustiças. Por outro lado, a complexidade que o tema ganha, haja vista a pluralidade de normas envolvidas (cerca de 20 regras), pode vir a dar azo a uma multiplicidade de recursos, sobretudo fazendários

No âmbito da arbitragem, o artigo 23 da Lei de Arbitragem não contém qualquer previsão específica de aplicação da equidade no pagamento de honorários para os advogados. Pelo contrário, trata as partes com absoluta igualdade de tratamento processual. Esse espírito deve vigorar no tratamento entre as partes do processo que podem convencionar livremente, a distribuição dos honorários de sucumbência ou remeter às regras do regulamento da câmara arbitral.

1.3.4.9 Intimação pessoal

A intimação pessoal dos representantes da Fazenda no âmbito federal está prevista no artigo 6º da Lei n. 9.028/95, que teve um parágrafo acrescido pela Medida Provisória n. 2.180-35/2001, passando a dispor que a intimação de membro da Advocacia-Geral da União, em qualquer caso, será feita pessoalmente. No parágrafo 2º, previu-se que as intimações a serem concretizadas fora da sede do juízo serão feitas necessariamente na forma prevista no artigo 237, inciso II, do CPC. Não se trata de diploma único, eis que existem diversas leis esparsas prevendo tal intimação, como a Lei n. 11.033, de 21.12.2004, cujo artigo 20 diz que as intimações serão feitas "pessoalmente, mediante a entrega dos autos com vista". Além disso, existe a previsão da intimação pessoal nas Leis ns. 11.033/2004 e 6.368/80 (Lei de Execuções Fiscais).

Seguindo essa tendência o novo CPC prevê no artigo 183 que "a União, os Estados, o Distrito Federal, os Municípios e suas respectivas autarquias e fundações de direito público gozarão de prazo em dobro para todas as suas manifestações processuais, cuja contagem terá início a partir da intimação pessoal".

---

[141] Artigo 85.

Podem-se tecer críticas a respeito da necessidade ou não de tal intimação no âmbito do CPC, porém no sistema arbitral não faria sentido a existência de tal norma.

Apesar dessa falta de sentido sistêmica de eventual previsão de intimação pessoal, novamente o Decreto n. 8.465/2015 inovou, ao prever a intimação pessoal do advogado público, o que se trata de uma total excrecência.[142]

Vale lembrar que a despeito da ilegalidade de tal decreto, seja por se tratar de norma processual, que somente poderia ser regulamentada por lei federal, nos termos do artigo 22 da CF, seja porque também fere o princípio do tratamento igualitário das partes, bem como a adesão ao regulamento das câmaras arbitrais.

Não bastassem todos esses problemas, há ainda a dificuldade de uma câmara realizar a intimação pessoal do representante legal da Advocacia-Geral da União.

1.3.5 Prerrogativas processuais do Estado no processo estatal e arbitral: uma visão crítica

Além dos pontos abordados, a doutrina costuma apontar ainda problemas estruturais, para justificar a necessidade das prerrogativas processuais da Fazenda Pública no processo estatal, tais como dificuldades na obtenção de informações técnicas, número expressivo de demandas, déficit no número de servidores e a precariedade do aparelhamento técnico.[143]

Questiona Regina Helena Costa: "Partindo da premissa que é indiscutível a necessidade de um tratamento desigual em favor do Poder Público, em que grau esse tratamento desigual, tanto no direito material,

---

[142] Prevê o artigo 10, parágrafo 1º, do Decreto n. 8.465/2015 que as comunicações processuais dirigidas aos membros da Advocacia-Geral da União e de seus órgãos vinculados serão realizadas pessoalmente, não sendo admitida a comunicação por via postal.

[143] Nesse sentido: MORAES, José Roberto de. As prerrogativas e o interesse da Fazenda Pública. In: SUNDFELD, Carlos Ari; BUENO, Cassio Scarpinella (Coords.). *Direito processual público*: a Fazenda Pública em juízo. 2. tiragem. São Paulo: Sociedade Brasileira de Direito Público; Malheiros, 2003. p. 70.

quanto no direito processual deve ser estabelecido? Devemos passar a uma análise crítica dessas prerrogativas processuais?."[144]

Pois bem, a despeito da posição daqueles que defendem a necessidade das prerrogativas processuais da Fazenda Pública, grande parte da doutrina, não aceita essas justificativas, e mais, afirma tratar-se de uma violação do princípio da igualdade entre as partes.

Para Cândido Rangel Dinamarco, Paulo Lucon e Cassio Scarpinella Bueno[145], tais prerrogativas em muito violam o princípio constitucional de igualdade dos litigantes.

Conforme ensina Cândido Rangel Dinamarco:

> "Essa é uma postura de defesa de Estado inerente à filosofia política do Estado totalitário, que a Constituição Federal de 1988 quis extirpar ao dar grande alcance aos valores do ser humano, do trabalho, da cidadania e da liberdade. A manutenção de dispositivos antiisonômicos no vigente Código de Processo Civil explica-se pelo fato de ele ser mera continuação do estatuto de 1939, em relação ao qual muito pouco inovou substancialmente. Apoiados no falso dogma da indisponibilidade dos bens do Estado, os privilégios concedidos pela lei e pelos tribunais aos entes estatais alimentam a litigiosidade irresponsável que estes vêm praticando, mediante a postura de demandas temerárias, oposição de resistências que da parte de um litigante comum seriam sancionadas como litigante de má-fé (CPC, art. 16-18), excessiva interposição de recursos etc. – tudo concorrendo ainda para o congestionamento dos órgãos judiciários e retardamento da tutela jurisdicional de população."[146]

Segundo Paulo Lucon, não se deve admitir um tratamento privilegiado dispensado a apenas uma das partes de modo arbitrário ou caprichoso, em total prejuízo da outra. E assim sucede com os inexplicáveis

---

[144] COSTA, Regina Helena. Prerrogativas processuais da Fazenda Pública. In: SUNDFELD, Carlos Ari; BUENO, Cassio Scarpinella (Coords.). *Direito processual público*: a Fazenda Pública em Juízo. 2. tiragem. São Paulo: Sociedade Brasileira de Direito Público; Malheiros, 2003. p. 88.

[145] BUENO, Cassio Scarpinella. *O poder público em juízo*. 4. ed. rev., atual. e ampl. São Paulo: Atlas, 2008. p. 307-324.

[146] DINAMARCO, Cândido Rangel, *Instituições de direito processual civil*, v. 1, p. 219.

benefícios da Fazenda Pública (União, Estados, Municípios, Distrito federal e respectivas autarquias), que remontam à época de um modelo estatal superado e não têm razão de sobreviver hoje. Para o autor, são inconstitucionais benefícios tais como os referentes a: *prazos processuais*, sobretudo sob o prisma do dever do Estado primar pela prestação de serviços públicos perfeitos; *reexame necessário*, eis que desacredita a própria Administração Pública em sua atuação processual; *honorários advocatícios*, havendo uma verdadeira *apreciação desigualitária* e a desconsideração do valor da causa como parâmetro para as condenações; *outros privilégios*, tais como os existentes na Lei de Execuções Fiscais.[147]

Vale ainda lembrar que diversos dispositivos já não contemplam alguns dos privilégios processuais da Fazenda Pública, tal como ocorre nas normas referentes aos Juizados Especiais da Fazenda Pública estaduais e federais.

Embora o fundamento jurídico para a não concessão de privilégios processuais seja bem diferentes daqueles relativos à arbitragem, vale a referência teórica de um processo que busca, sobretudo, a resolução rápida de conflitos de baixa complexidade e alçada econômica. Procura-se, contudo uma solução rápida para o litígio. Nesse caso, a não concessão de privilégios processuais foi aceita pela comunidade jurídica e não causou grande repercussão.

1.3.6 A Fazenda Pública e o princípio da igualdade de partes na arbitragem

No cenário internacional, a possibilidade de uma das partes buscar desequilibrar o princípio da igualdade de tratamento é fenômeno conhecido e combatido. Via de regra, ele é estudado do ponto de vista da formação do painel arbitral, no caso de arbitragens multipartes, e ainda,

---

[147] Para Paulo Henrique Lucon, algumas garantias da Fazenda Pública não são inconstitucionais, tais como o oferecimento de embargos á execução contra a Fazenda Pública independentemente de qualquer ato constritivo, ou ainda aqueles referentes à diferenciação da Fazenda Pública quanto à necessidade de recolher custas processuais (LUCON, Paulo Henrique. Garantia do tratamento paritário das partes. In: TUCCI, José Rogério Cruz e (Coord.). *Garantias constitucionais do processo civil*: homenagem aos 10 anos da Constituição Federal de 1988. São Paulo: Revista dos Tribunais, 1999. p. 91-131).

sob outro enfoque, à vista da igualdade de tratamento nas arbitragens de investimento, no caso de partes privadas *versus* Estados nacionais.[148]

Quanto à formação do painel e à escolha de árbitros nas arbitragens multipartes, desigualdade de tratamento entre partes é causa de nulidade do laudo arbitral.

O *leading case* se deu na disputa comercial entre a Dutco Construction e Siemens e BMKI[149]. A empresa Dutco entrou em disputa arbitral em face das empresas Siemens e BMKI e indicou seu árbitro normalmente, porém as empresas rés não chegaram a um consenso quanto à sua indicação.[150]

---

148 Aponta Giovanni Bonato: "O princípio de igualdade das partes que é um dos princípios norteadores da arbitragem: art. 21, § 2, LAB; art. 1699 do CJ Bl.; art. 24 da Lei espanhola; art. 1510 do CPC Fr.; art. 816 bis do CPC It. Aplicação dos princípios do devido processo legal à arbitragem. Regra do paritário tratamento dos contendentes na designação dos árbitros. Expressa previsão na Lei espanhola da arbitragem n. 60/2003: 'As partes poderão concordar livremente o procedimento para a designação dos árbitros, desde que não se viole o princípio de igualdade' (art. 15, § 2). Nos outros ordenamentos: admitida pela doutrina e jurisprudência. '*Parità nei poteri di nomina*'. Natureza de ordem pública das regras de nomeação (Andrioli e Redenti). Razão da igualdade: 'A participação de ambas as partes na nomeação dos árbitros satisfaz um valor insuprimível de garantia da imparcialidade de quem é chamado a solucionar uma controvérsia' (Cass. italiana, na decisão de 29 de novembro de 1999, n. 13306)." (BONATO, Giovanni. *Arbitragens com múltiplas partes*: uma multiplicidade de problemas. Disponível em: http://disciplinas.stoa.usp.br/pluginfile.php/214015/mod_resource/content/0/AULA%20arbitragem%20pluralidade%20de%20partes.pdf>. Acesso em: 23 nov. 2015).

149 CONFERENCE ON RULES FOR INSTITUTIONAL ARBITRATION AND MEDIATION, Geneva, January 20, 1995. Jointly organized by the World Intellectual Property Organization (WIPO) and the Swiss Arbitration Association (ASA). Geneva: WIPO, 1995. (Reprinted 1999). p. 22. Disponível em: <http://www.wipo.int/edocs/pubdocs/en/arbitration/741/wipo_pub_741.pdf>. Acesso em: 23 nov. 2015.

150 "*The Dutco company as claimant filed a request for arbitration in which in reality it had one particular claim against BKMI and a second (quite dissimilar) claim against Siemens, although both claims were based on alleged breaches of the consortium agreement. The time came for the designation of the arbitrators. Whilst the claimant freely nominated its arbitrator for the approval of the ICC International Court of Arbitration, each of the defendants contended for the right to nominate an arbitrator. The ICC Court refused those contentions, considering*

A Corte da CCI, em vista de seu regulamento, determinou que as partes indicassem árbitro em comum, o que foi feito sob protesto. As rés restaram condenadas.

Porém, manejaram no Judiciário francês ação anulatória, alegando o direito do tratamento paritário, com a possibilidade da eleição individual de árbitros, obtendo êxito na demanda.[151-152-153]

O efeito prático foi o de levar a uma mudança no regulamento da CCI, prevendo tal situação[154] e adotando princípio já existente nas normas de Uncitral quanto à igualdade das partes.

---

that the defendants' disagreement over the nomination of one arbitrator in their common interest amounted to a failure to make any appointment; and the ICC Court warned the defendants of its intention to apply Article 2.4 of the ICC Rules ('If a party fails to nominate an arbitrator, the appointment shall be made by the Court'). Eventually Siemens accepted the same arbitrator as BKMI, but it expressed its strong reservation as to the validity of the constitution of the arbitral tribunal in those circumstances." (DELVOLVÉ, Jean-Louis. Multipartism: the Dutco decision of the french Cour de cassation. *Arbitration International*, v. 9, No. 2, p. 197, June 1993. Disponível em: <http://arbitration.oxfordjournals.org/content/9/2/197>. Acesso em: 23 nov. 2015).

[151] GAILLARD, Emmanuel; SAVAGE, John (Eds.), *Fouchard Gaillard Goldman on international commercial arbitration*, cit., p. 468.

[152] BORN, Gary B. *International arbitration*: law and practice. Alphen aan den Rijn, Netherlands: Kluwer Law International, 2012. p. 230.

[153] Segundo Giovanni Bonato: "Caso Ducto (Siemens AG e BMKI): o direito de cada parte de nomear um árbitro não é um direito absoluto e pode ser objeto de renúncia tácita pelas partes (Tribunal arbitral; App. Paris 1989). Na ausência de consenso de um polo o árbitro será indicado pela instituição de arbitragem. Corte de cassação francesa (acordão de 7 de janeiro de 1992): o princípio de igualdade das partes na constituição do tribunal arbitral tem uma natureza pública, essas não podem renunciar validamente ao direito de escolha do árbitro na convenção de arbitragem, antes do surgimento do litígio." (BONATO, Giovanni. *Arbitragens com múltiplas partes*: uma multiplicidade de problemas. Disponível em: <http://disciplinas.stoa.usp.br/pluginfile.php/214015/mod_resource/content/0/AULA%20arbitragem%20pluralidade%20de%20partes.pdf>. Acesso em: 23 nov. 2015).

[154] "Art. 12(8). Na falta de designação conjunta nos termos dos artigos 12(6) e 12(7) e não havendo acordo das partes a respeito do método de constituição do tribunal arbitral, a Corte poderá nomear todos os membros do tribunal arbitral, indicando um deles para atuar como presidente. Neste caso, a Corte terá liberdade

Outro ponto diz respeito à igualdade de tratamento entre as partes, sobretudo quando uma delas é um Estado ou governo, sobretudo nas arbitragens de investimento.

Analisando o tema, Thomas W. Wälde[155], autor de diversos estudos, sobretudo em arbitragem de investimentos em petróleo e gás, aponta os métodos pelos quais os Estados, sobretudo os autoritários, tentam desvirtuar as arbitragens de investimento a seu favor[156]. O autor aponta os principais métodos: corrupção dos árbitros; pressões diretas e indiretas sobre os árbitros; intimidação dos advogados locais, experts e testemunhas; obstrução dos representantes e advogados; abuso do direito do majoritário frente ao minoritário; resguardo de documentos, obstruções no *discovery* e o falso testemunho; "legitimar" o exercício do poder governamental; ter representantes legais manifestamente incompetentes.

As conclusões do autor, embora versando sobre arbitragem de investimentos, partem da premissa do dever de o tribunal arbitral impor a igualdade entre as partes, livrando-as de todas essas interferências governamentais.[157]

---

para escolher qualquer pessoa que julgue competente para atuar como arbitro, aplicando o artigo 13, quando julgar apropriado."

[155] WÄLDE, Thomas. "Equality of arms" in investment arbitration: procedural challenges. In: YANNACA-SMALL, Katia (Ed.). *Arbitration under international investment agreements*: a guide to the key issues. New York: Oxford University Press, 2010. p. 161-188.

[156] Thomas Wälde cita Pierre Lalive e outros, que apontam essa dificuldade dos Estado em aceitar o princípio da igualdade entre as partes nas arbitragens: "P. Lalive, Some Threats to International Investment Arbitration, in 1 ICSID REV. 26, 37 (1986); see also Boivin, International Arbitration with States: An Overview of the Risks, 19 J INT'LARB. 285 (2002); H. Fox, States and the Undertaking to Arbitration , 37 ICLQ 1 (1988); K. Hober, Arbitration involving States, in THE LEADING ARBITRATORS' GUIDE TO INTERNATIONAL ARBITRATION 651 ff (Newmann & Hill, 2nd ed. 2008." (WÄLDE, Thomas, "Equality of arms" in investment arbitration: procedural challenges, in Arbitration under international investment agreements: a guide to the key issues, cit., p. 163).

[157] "*Tribunal Powers to Restore the Equality of Arms Affected by Abuse of Government Powers – Tribunals have a duty, if necessarily proactively, to restore "equality of arms" – a foundation principle of investment arbitration procedure – in particular if affected by the abuse by the Respondent of its dual role as both equal-level party to an arbitration and, simultaneously, as sovereign State. That*

Por conta disso, a fim de evitar uma postura de desigualdade entre a Fazenda Pública e os particulares, os tribunais arbitrais devem ser proativos e buscar a igualdade material, muito além do mero contraditório, mas com uma igualdade substancial de direito material e processual.[158]

No direito brasileiro o método que vem sendo tentado é o de resguardar prerrogativas processuais da Fazenda Pública. Pois bem, se hoje existe pouca justificativa para manutenção das prerrogativas processuais da Fazenda no processo estatal, quase nenhum espaço elas encontram na arbitragem.

O primeiro motivo diz respeito à ausência de qualquer previsão na Lei de Arbitragem de tratamento diferenciado a ser dado entre as partes. Pelo contrário, é primazia da lei, ou seja, um princípio, a igualdade de tratamento[159]. Daí porque *ab initio* não haveria a previsão legal de prer-

---

duty of the tribunal, which goes beyond the mere ordering of the proceeding before it, can lead, if breached, to annulment under Article 52 of the ICSID procedure as a 'serious departure from a fundamental rule of procedure' or the equivalent conditions for challenges of arbitral awards before domestic courts." (WÄLDE, Thomas, "Equality of arms" in investment arbitration: procedural challenges, in *Arbitration under international investment agreements*: a guide to the key issues, cit., p. 180).

[158] Essa questão de diferença de tratamento já foi enfrentada no caso Tadic, sendo que coube ao tribunal arbitral a busca da igualdade material entre as partes na arbitragem: "*It is for these reasons that the authoritative Tadic v. Prosecutor judgment 10 required the court to go beyond what domestic courts would normally have to do in such situations and take a proactive role in restoring the equality of arms and not just procedural equality before the tribunal. That distinction is essential; it goes beyond the audiatur et al. tera pars principle. The idea of a proactive duty to ensure the equality of arms has emerged out of European Convention on Human Rights (ECHR) jurisprudence. However, the scope and limits of that duty are at present not fully understood or defined.*" (WÄLDE, Thomas. "Equality of arms" in investment arbitration: procedural challenges, in *Arbitration under international investment agreements*: a guide to the key issues, cit., p. 164).

[159] Analisando em profundidade o princípio da igualdade de partes na arbitragem Marcos Montoro afirma: "Não existe qualquer dúvida de que o princípio da igualdade se aplica na arbitragem, já que previsto em dispositivo legal (Lei 9.307/96, art. 22, § 2º) e constitucional (CF, art. 5º, I), que devem ser respeitados. O que é necessário apurar é se as lições tradicionais da doutrina sobre o princípio da igualdade das partes – resumidas no item anterior desta tese, e que foram quase todas

rogativas processuais para a Fazenda Pública, como não há em recentes legislações, como a dos Juizados Especiais fazendários. Assim, onde a lei não distingue, não cabe ao intérprete distinguir, *ubi lex non distinguit nec nos distinguere debemus.*

Por sua vez, um segundo fundamento para a não aplica**ção** se encontra na impossibilidade de utilização do fundamento da supremacia do interesse público sobre o particular, para obtenção de prerrogativas processuais, sob a égide do moderno direito administrativo. Conforme demonstrado a doutrina clássica vale-se de tais princípios como norteadores não apenas do direito administrativo *material,* mas também para o processo civil estatal.

O direito material na arbitragem permanecerá protegido pela escolha negocial das partes, com fundamento no princípio da legalidade e no direito administrativo nacional, para a resolução do conflito. Porém, no que tange ao direito processual, difícil crer que tais princípios permaneçam.

---

escritas tendo em vista somente os procedimentos judiciais estatais – devem ou não ser integralmente (ou parcialmente) aplicadas na arbitragem, mais especificamente, na criação e adaptação de regras procedimentais arbitrais. Ocorre que, para alguns autores, na arbitragem a igualdade entre as partes é sempre presumida. Como a escolha da arbitragem como método de solução de controvérsias é decorrente da manifestação de vontade das partes, da sua liberdade, em suma, da autonomia da vontade, então as partes estariam sempre em igualdades de condições dentro de uma arbitragem. E, em função dessa constatação, existem autores que expressamente afirmam que nas arbitragens nunca podem ser estabelecidas regras procedimentais atribuindo às partes direitos, e/ou obrigações, e/ou ônus diferenciados. Nesse sentido, afirma Carlos Alberto Carmona que é 'necessário notar que não existem no processo arbitral os mesmos mecanismos de transformação da igualdade formal em igualdade material de que dispõe o juiz estatal. Desta forma, a igualdade de que trata a Lei permanece numa dimensão estática, dificilmente superável. É preciso, porém, lembrar que no processo arbitral as partes encontram-se normalmente em situação bastante equilibrada'. Essas ideias, contudo, devem ser examinadas com cuidado. Tal presunção de igualdade das partes na arbitragem não resiste à análise do que pode ocorrer na prática. É verdade que em um número considerável – provavelmente a maioria – das arbitragens as partes estão em igualdade de condições. Mas isso não autoriza a dizer que em toda arbitragem as partes estejam em igualdade de condições." (MONTORO, Marcos André Franco, *A flexibilidade do procedimento arbitral*, cit., p. 157).

Vale lembrar que, para muitos autores, há uma profunda mudança na relação entre o Estado e o administrado. Trata-se de um grau maior de consensualismo[160] nas relações da Administração com o particular. Assim, também o é nas relações processuais, e não somente nas materiais.

Por essa mudança de visão, a opção pela arbitragem deve ser antes de tudo técnica, visando ao atendimento da boa administração pública, do atendimento do princípio da eficiência administrativa. A opção pela arbitragem deve ser *um bom negócio* também para Administração.

Para isso, optando pela arbitragem a Fazenda Pública abre mão de suas prerrogativas processuais do processo estatal. Por isso, é antes de tudo uma *ferramenta técnica de solução de litígios.*

Quanto à disponibilidade do processo judicial estatal explica Carlos Alberto de Salles:

> "Diferentemente dos demais mecanismos, também, implica em dupla renúncia por parte da Administração. Com ela o Poder Público renuncia à possibilidade de decidir unilateralmente a questão – mesmo considerando o sentido limitado dessa decisão – e, em igual medida, à via judicial para solução da controvérsia. Embora

---

[160] Segundo Juliana Bonacorsi Palma: "A projeção da consensualidade na Administração Pública desafia o modelo de ação administrativa tradicionalmente utilizado pelo Poder Público visando à satisfação de finalidades públicas. Ocorre que é o paradigma da imperatividade que lastreia a teoria do Direito Administrativo e orienta a prática administrativa. Em termos gerais, o paradigma da imperatividade corresponde ao exercício de competências administrativas por meio de ato administrativo unilateral e imperativo. A decisão administrativa é unilateralmente tomada pela Administração e imposta ao administrado, independentemente de sua aquiescência. Trata-se do ato de autoridade, conformado de acordo com a interpretação que a Administração dê ao interesse público no caso concreto, cujo remédio histórico de defesa de direitos e interesses particulares corresponde ao mandado de segurança. Não por outro motivo administrativistas indicam a consensualidade como um dos eixos de transformação da Administração Pública e, por decorrência, do Direito Administrativo. Não apenas a concepção de ação administrativa é desafiada, mas a consensualidade enseja a releitura dos institutos fundantes do direito administrativo, como o ato administrativo e o princípio da supremacia do interesse público sobre o interesse privado." (PALMA, Juliana Bonacorsi de. *Atuação administrativa consensual*: estudos dos acordos substitutivos no processo administrativo sancionador. 2010. 332 p. Dissertação (Mestrado) – Faculdade de Direito da Universidade de São Paulo, São Paulo, 2010. p. 2).

a arbitragem possa acarretar efetiva redução das prerrogativas da Administração, essa circunstância faz parte da própria estratégia de gestão estatal envolvida nas contratações nas quais a arbitragem é autorizada por lei."[161]

A opção pela arbitragem dever decorrer de um planejamento estratégico por parte das autoridades fazendárias, eis que, a princípio participarão do procedimento despidas de quaisquer prerrogativas ou privilégios, salvo se convencionadas, seja por meio da cláusula ou por compromisso, ou por eventual necessidade de *flexibilização do procedimento arbitral,* reconhecida pelo árbitro.

Dessa forma, não se pretende fazer da arbitragem envolvendo a Fazenda Pública como parte, um simulacro do processo civil estatal, eis que não se trata de um *paradigma* a ser alcançado, mas sim de uma *referência.*

Sobre o tema leciona Carlos Alberto Carmona:

> "Quanto ao princípio da igualdade, que estabelece a paridade entre os litigantes, necessário notar que não existem no processo arbitral os mesmos mecanismos de transformações da igualdade formal em igualdade material de que dispõe o juiz estatal. Desta forma, a igualdade de que trata a lei permanece numa dimensão estática, dificilmente superável. É preciso porém lembrar que no processo arbitral as partes encontram-se normalmente em situação bastante equilibrada e escolhem espontaneamente o meio através do qual resolverão seu litígio: no processo estatal, ao contrário, o equilíbrio das partes não é a regra, e a participação não é obrigatória. Se aqui a intervenção estatal é necessária para equilibrar partes ontologicamente desiguais, lá esta intervenção poder ser confortavelmente dispensada. Assim, enquanto a paridade de armas é uma inquietação para o juiz togado- a ponto de a Lei 9.099/95 ter determinado que , comparecendo umas das partes acompanhada de seu advogado, caberá ao Estado proporcionar representação técnica para o adversário – o árbitro não deverá preocupar-se com o tema, estando na esfera de disponibilidade das partes nomear ou não advogados, pois pressupõe-se que os litigantes, ao escolherem a via arbitral, estejam bem informados sobre suas possibilidades e dificuldades, até porque

[161] SALLES, Carlos Alberto de, *A arbitragem em contratos administrativos*, cit., p. 147.

escolheram livremente o procedimento que pretendiam ver aplicado à solução da controvérsia."[162]

Por tudo isso, o legislador conferiu uma conotação diferenciada ao conceito de igualdade entre partes na Lei de Arbitragem, sobretudo no que tange à atuação da Fazenda, em relação ao processo civil estatal.

1.4 O critério do litígio adequado e a opção pela arbitragem do administrador público

Embora a jurisdição estatal seja o mecanismo comum de solução de controvérsias pela Administração, a proposta do estudo da arbitragem põe em discussão o clássico mecanismo adotado.

Numa percepção ampla, a jurisdição estatal (mecanismo heterocompositivo) é somente mais um mecanismo de solução de controvérsias, ao lado da conciliação (mecanismo autocompositivo), que pode ser endoprocessual ou exoprocessual, a mediação[163], também endoprocessual, chamada de judicial[164], ou exoprocessual[165], e a arbitragem.

Tudo isso nos leva à conclusão de que estamos diante da construção de um mecanismo "multiportas" de solução de litígios.

---

[162] CARMONA, Carlos Alberto, *Arbitragem e processo*: um comentário à Lei nº 9.307/96, 2. ed., cit., 2007, p. 253. O autor conclui sobre o tema: "Da mesma forma, não haverá preocupação com ampliação de prazo para um dos litigantes (como técnica de nivelamento entre partes desiguais), dispensa de cauções, redução de verba honorária para este ou aquele litigante, o que revela que desde logo que, figurando o Estado (em sua forma autárquica ou nas vestes de empresa pública, para ficar nos exemplos mais factíveis) como parte em juízo arbitral, não poderá invocar qualquer das prerrogativas de que goza no processo estatal. – A referência sobre o tem igualdade das partes e processo encontra-se na obra de Ada Pellegrini Grinover, Os princípios constitucionais e o CPC – 1975 – Ed.Butchavisky. Em síntese quis o legislador – ao inserir o princípio da igualdade como fundamento da arbitragem – deixar claro que as partes devem ter a mesma oportunidade de indicar árbitros, produzir provas, expor suas razões e de fazer valer suas próprias razões, sem privilégio ou prerrogativas." (Ibidem, p. 253-254).

[163] Lei n. 13.140/2015.

[164] Artigos 24 a 29.

[165] Artigos 21 a 23.

Ante essa multiplicidade de possibilidades, surge ao administrador um especial dever de motivação de sua opção pela arbitragem. Nesse sentido, aponta Marcelo Bonizzi:

> "Isso significa que o Estado, embora tenha a liberdade de optar pela arbitragem, precisa motivar adequadamente sua escolha[166], expondo os motivos pelos quais esse método seria mais adequado à solução de determinado litígio do que a via judicial, justamente para atender a esse interesse público primordial já mencionado."[167]

Além disso, surge o aspecto da *adequação*[168] da arbitragem como forma de resolução de controvérsias envolvendo a Administração Pública, que se daria de forma mais vantajosa do que a jurisdição estatal. Esse critério traz em seu bojo linhas gerais para a análise das vantagens e desvantagens da arbitragem como opção pela Fazenda Pública.

Segundo Marcelo Bonizzi, pode-se apontar alguns fatores a serem analisados: i) o critério de *custo v. benefício*, ou seja, o custo financeiro da arbitragem[169]; ii) o *fator temporal*, ou seja, a duração do processo ar-

---

166 Segundo Marcelo Boncicio: "Em certa medida, deve haver um 'procedimento de escolha' da arbitragem como meio adequado para resolver determinado litígio, de preferência previsto em lei específica." (BONIZZI, Marcelo José Magalhães. Arbitragem e estado: ensaio sobre o litígio adequado. *Revista de Arbitragem e Mediação*, São Paulo, Revista dos Tribunais, v. 12, n. 45, p. 159, abr./jun. 2015).

167 BONIZZI, Marcelo José Magalhães, Arbitragem e Estado: ensaio sobre o litígio adequado, cit., p. 159.

168 Paulo Henrique Raiol Ostia, faz análise do critério da adequação não somente no estudo das *alternative dispute resolution* (ADR), mas também no *dispute system resolution* (DSD), no qual as partes podem customizar o modelo a ser adotado para a resolução de conflitos. Nesse sentido, afirma que "quanto aos pontos de adequação ou critérios que guiam a aplicação do princípio, o sistema deve ser adequado i) quanto aos seus sujeitos, ii) quanto ao objeto do conflito, iii) quanto à sua finalidade. Estes são os planos subjetivo, objetivo e teleológico do princípio da adequação, que apresentam entre si relação de complementaridade." (OSTIA, Paulo Henrique Raiol. *Desenho de sistema de resolução de conflito*: sistemas indenizatórios em interesses individuais homogêneos. Dissertação (Mestrado) – Faculdade de Direito da Universidade de São Paulo, São Paulo, 2014. p. 98).

169 "O primeiro fator a ser analisado é o custo financeiro da arbitragem, que costuma ser muito alto, especialmente quando estão envolvidas entidades internacionais como a CCI (Câmara de Comércio Internacional, com sede em Paris), o que, já de

bitral em relação ao processo judicial[170]; iii) o *fator estratégico*, como, por exemplo, imposições do sistema creditício internacional[171]; e iv) a especialidade dos árbitros, para a solução de casos de grande complexidade[172-173].

---

início, permite descartar o fator 'custo-benefício' como uma das vantagens que a arbitragem poderia apresentar frente ao processo judicial." (BONIZZI, Marcelo José Magalhães, Arbitragem e Estado: ensaio sobre o litígio adequado, cit., p. 161).

[170] "A arbitragem é muito mais ágil que o processo judicial, mas o fator tempo não é exatamente um problema para o Estado, embora esse fator possa vir a ser importante em determinadas situações, como, por exemplo, quando da rápida solução do litígio depender a continuidade de obra pública importante. Nesse caso, basta que o Estado motive seu ato nesse fator (celeridade) para justificar a escolha pela arbitragem, pois é notório que o processo judicial demora muito para chegar ao final." (BONIZZI, Marcelo José Magalhães, Arbitragem e Estado: ensaio sobre o litígio adequado, cit., p. 161).

[171] "Também a facilidade de obtenção de crédito perante organismos internacionais, que exigem a adoção da arbitragem como condição para a concessão do financiamento, parece ser um fator que, por si só, justifica a escolha da arbitragem, mas apenas na medida em que o custo desse financiamento for vantajoso (ou estratégico) para a realização de obras públicas, a ponto de suprir, com folgas, o custo da própria arbitragem." (BONIZZI, Marcelo José Magalhães, Arbitragem e Estado: ensaio sobre o litígio adequado, cit., p. 162).

[172] "Mas, na verdade, o 'principal fator' que pode levar o Estado a escolher a arbitragem parece estar na 'complexidade' do tema em discussão, ou seja, quanto mais técnico e complexo for o tema, mais vantagens a arbitragem poderá proporcionar ao Estado. Isso decorre de uma constatação muito simples, facilmente perceptível, de que os juízes em geral precisam contar com perícias para resolver questões técnicas, as quais normalmente são muito onerosas e nem sempre satisfatórias quanto aos esclarecimentos prestados, enquanto que a arbitragem abre a possibilidade de contar com árbitros que sejam especializados no assunto em discussão." (BONIZZI, Marcelo José Magalhães, Arbitragem e Estado: ensaio sobre o litígio adequado, cit., p. 162).

[173] Veja-se que o Decreto n. 8.465/2015 vai no mesmo sentido, quanto ao requisito da adequação e discricionariedade, eis que prevê o artigo 9º, parágrafo 1º, que no caso de celebração de compromissos arbitrais na situação de que trata o *caput*, a Administração Pública deverá avaliar previamente as vantagens e desvantagens da arbitragem no caso concreto, quanto ao prazo para a solução do litígio, ao custo do procedimento e à natureza da questão litigiosa. Além disso, o decreto trata do requisito de adequação no parágrafo 2º, eis que será dada preferência à arbitragem na necessidade de especialidade técnica (I - nos casos de litígios que envolvam

Associa-se ainda o fator da disponibilidade dos direitos envolvidos, numa nova perspectiva do direito administrativo, tal qual previsto pela Lei de Arbitragem, tratado em tópico próprio.

Por outro lado, a dimensão da existência de litígios "adequados" à arbitragem faz, *a contrario sensu*, surgir a concepção de que existe uma série de litígios que se mostram inadequados ao seu uso.

De certa forma, passam pelo conceito de direitos indisponíveis da Administração. Ainda assim, poderiam ser sistematizados como litígios inadequados à arbitragem: temas envolvendo a ordem pública, tais como saúde, educação e segurança públicas; temas envolvendo políticas públicas e programas governamentais, afetos a direitos fundamentais, sociais e políticos.

Nesse sentido, a inadequação ganha uma dimensão diferenciada, não se restringindo ao mero conceito de direito disponível ou indisponível[174]. Isso porque, mesmo o valor da vida, em termos gerais, pode ser

---

análise técnica de caráter não jurídico) ou do requisito tempo (II - sempre que a demora na solução definitiva do litígio possa: a) gerar prejuízo à adequada prestação do serviço ou à operação do porto; ou b) inibir investimentos considerados prioritários). E trata do uso da arbitragem independente de aditivo contratual no parágrafo 3º, eis que o compromisso arbitral poderá ser firmado independentemente de prévia celebração de termo aditivo para incluir cláusula compromissória de arbitragem nos contratos de que trata o decreto.

[174] "De início, cumpre destacar que nada justifica, sob o ângulo da 'adequação', que o Estado resolva submeter questões de ordem pública à arbitragem, mas, se resolver fazê-lo e o árbitro respeitar o interesse público subjacente ao litígio, em princípio não haveria nenhum vício na decisão arbitral, ao menos se enxergarmos essa questão exclusivamente pelo ângulo do processo civil, em que, na ausência de prejuízo, preserva-se o ato praticado. Seria mesmo curioso, ainda que a título de ensaio, se o Estado submetesse à arbitragem um litígio envolvendo algum tema de ordem pública, como, por exemplo, uma determinada 'política pública' na área da saúde, como a obrigação de fornecer determinado remédio, e fosse totalmente vitorioso nessa arbitragem, ficando, assim, desobrigado de fornecer tal remédio. Nesse caso, muito embora os árbitros tenham ouvido os maiores especialistas do país antes de decidir – coisa que o Poder Judiciário sequer cogitaria nesse caso – seria inválida a decisão, ou o derrotado, que talvez tenha insistido na arbitragem, poderia pedir a invalidação da decisão dada numa arbitragem que foi iniciada por ele mesmo, pelo fato de que o direito envolvido seria indisponível? A resposta a essas questões não é simples e a doutrina em geral costuma não correr o risco

quantificada num processo judicial indenizatório. Por tal critério, deve-se analisar a possibilidade do uso da arbitragem pela Administração não somente quanto à disponibilidade ou não do direito material envolvido, mas também quanto à aceitação ou não do ponto de vista social ou político e à violação de algum tema sensível ou de direito fundamentais.[175]

1.5 A Fazenda Pública no negócio jurídico arbitral

A arbitragem pode ser considerada um negócio jurídico processual típico, eis que sua previsão legal, ou seja, a sua tipicidade, se encontra prevista, quanto à forma, em lei. De outro lado, contrapondo-se à arbitragem, existe o negócio jurídico processual atípico.

---

de enfrentá-las abertamente, mas, ao menos a título de ensaio, cumpriria indagar se houve, no curso da arbitragem, algum ato de 'disposição' por parte do Estado e se a decisão arbitral foi condizente com os interesses públicos envolvidos no litígio, caso contrário não haveria motivos para invalidarmos uma decisão arbitral que respeitou a indisponibilidade do direito material subjacente ao litígio." (BONIZZI, Marcelo José Magalhães, Arbitragem e Estado: ensaio sobre o litígio adequado, cit., p. 165).

[175] "Essa solução, no entanto, embora pareça satisfatória do ângulo jurídico, talvez encontre problemas de legitimação (ou de aceitação) se for analisada sob o ângulo social ou político, porque a sociedade pensará que alguém teve o direito de acesso a medicamentos obstado por um particular e não Poder Judiciário, ou, pior ainda, que o Estado não confia em seu próprio sistema jurisdicional para resolver seus litígios, e aí começam os problemas. Dessa forma, a Lei de Arbitragem, ao afirmar que podem ser submetidos à arbitragem todos os direitos 'disponíveis', ou seja, aqueles que, em tese, podem ser objeto de transação, permite dizer que a finalidade exclusiva dessa regra é 'proteger' as pessoas incapazes e também os interesses indisponíveis da sociedade em geral, com destaque para aqueles que envolvem o Estado, mas também que essa proteção não é cega a ponto de permitir a invalidação de atos que não prejudicaram os interesses envolvidos ou mesmo os que beneficiaram tais interesses. Tudo isso, em síntese, aponta no sentido de que a indisponibilidade dos interesses é, antes de tudo, um meio de proteção contra eventuais decisões arbitrais desprovidas de fundamento jurídico ou profundamente injusta." (BONIZZI, Marcelo José Magalhães, Arbitragem e Estado: ensaio sobre o litígio adequado, cit., p. 164-165).

Nesse sentido, o novo código de processo, ainda em *vacatio legis*, prevê os chamados negócios jurídicos processuais. Com efeito, prevê o artigo 190[176] do novel diploma:

> "Art. 190. Versando o processo sobre direitos que admitam autocomposição, é lícito às partes plenamente capazes estipular mudanças no procedimento para ajustá-lo às especificidades da causa e convencionar sobre os seus ônus, poderes, faculdades e deveres processuais, antes ou durante o processo.
>
> Parágrafo único. De ofício ou a requerimento, o juiz controlará a validade das convenções previstas neste artigo, recusando-lhes aplicação somente nos casos de nulidade ou de inserção abusiva em contrato de adesão ou em que alguma parte se encontre em manifesta situação de vulnerabilidade."

Pois bem, ainda sob a égide do CPC de 1973, no artigo 158[177] podia-se imaginar um certo grau de negociabilidade, mas que não tinha o mesmo caráter amplo da nova legislação. Tal abrangência não se dava quanto ao procedimento, mas meramente quanto a atos das partes, no sentido de criar, modificar ou extinguir direitos. Assim, a interpretação desse

---

[176] Aponta Bruno Megna e Mirna Cianci: O art. 190 do Novo CPC não inovou nesta "teoria geral dos negócios jurídicos". Mais uma razão para se afirmar que trata de verdadeiro negócio jurídico. Ontologicamente, não há diferença entre estes negócios jurídicos, que versam sobre direitos processuais, e os negócios jurídicos que costumam ser estudados com mais frequência, que são os que versam sobre direitos materiais. As minúcias, portanto, estarão no direito objeto do negócio jurídico, e não no fato de se tratar de negócio jurídico "processual" ou "material". Por isso, é possível afirmar que se aplicam aos negócios jurídicos processuais os mesmos princípios (*e.g.*, de boa-fé – art. 113 do Código Civil e art. 5º do Novo CPC de 2015), as mesmas condições de validade (*e.g.*, invalidade nas hipóteses de vício de consentimento previstas no Código Civil, arts. 138 e seguinte) e, enfim, a mesma "teoria geral" dos negócios jurídicos "materiais". (MEGNA, Bruno Lopes; CIANCI, Mirna. Fazenda Pública e negócios jurídicos processuais no novo CPC: pontos de partida para o estudo. In: CABRAL, Antonio do Passo; NOGUEIRA, Pedro Henrique (Coord.). *Negócios processuais*. Salvador: Juspodivm, 2015. p. 487).

[177] "Art. 158. Os atos das partes, consistentes em declarações unilaterais ou bilaterais de vontade, produzem imediatamente a constituição, a modificação ou a extinção de direitos processuais. Parágrafo único. A desistência da ação só produzirá efeito depois de homologada por sentença."

artigo ligava-se imediatamente ao parágrafo único, que versava sobre a desistência, que só produziria efeitos após a homologação judicial.

O sentido desse artigo 158 revela-se de nítido caráter processual, ou seja, versa sobre a desistência da ação abstrata, e não de eventual direito material, que se daria por uma renúncia. Quanto à forma, a desistência pode ser unilateral, quando efetuada antes da citação do réu, ou bilateral, dependendo da concordância deste, quando efetuada após a citação.

Pois bem, a arbitragem ainda que negócio jurídico processual, depende dos requisitos de existência, validade e eficácia, tal qual os demais negócios jurídicos, não havendo qualquer diferença nesse ponto. Trata-se, portanto, de um verdadeiro negócio jurídico onde os requisitos de *existência*, tal qual o ingresso do fenômeno no mundo jurídico com a regularidade de seus elementos de intrínsecos e extrínsecos; bem como a os requisitos de *validade* (com a análise do objeto lícito, possível e determinado ou determinável, agente público competente apto a declarar a vontade estatal de forma motivada, bem como forma prescrita em lei) para afinal irradiar efeitos de forma *eficaz,* devem estar presentes.

Além disso, no que tange a vontade da administração, expressa nos termos da lei de arbitragem, pelo agente capaz de celebrar acordos e transações administrativas, ressalta-se a presença da finalidade negocial, ou seja, tais quais os demais negócios jurídicos privados, aqui também está presente um fim especial de realizar a arbitragem.

Chama a atenção, no entanto, o elemento da *consensualidade* e da *discricionariedade*, que de fato têm tratamento distinto, no âmbito do direito público, em comparação com o direito privado.

Seguindo a lição de Sabino Cassese[178], deve-se pensar em um novo direito administrativo, questionando-se acerca do equilíbrio entre o público e o privado, que vai além do direito da autoridade. A resposta é que, não somente porque o velho e o novo podem conviver e porque pode haver equilíbrio entre os dois, mas também porque os elementos do novo apresentam diversas ambiguidades que podem fazer mudar de direção e retornar ao antigo, há uma transição entre o velho e o novo. É da mistura de

---

[178] CASSESE, Sabino, Tendenze e problemi del diritto ammnistrativo. *Rivista Trimestrale di Diritto Pubblico*, Milano, Giuffrè, n. 4, p. 901-912, 2004.

todas tradições e modernidades que o direito administrativo tira sua força e vitalidade.

Quanto à consensualidade na Administração[179], por certo é necessário o rompimento com os antigos paradigmas da legalidade estrita e com a impossibilidade de a Administração Pública realizar acordos administrativos. Parte-se da vetusta ideia de que a Administração Pública somente pode fazer aquilo que lhe é permitido por lei, para um conceito mais contemporâneo, no qual a lei traz regras mais flexíveis e o resultado é aberto: pensa-se na finalidade a ser atingida e não em um resultado arbitrariamente a ser atingido.

Por óbvio que a compreensão de uma postura consensual da Administração passará pela interpretação do conceito de supremacia do interesse público[180]. O contraponto a uma postura consensual decerto implica

---

[179] Nesse sentido, Vitor Schirato e Juliana Palma: "Tomada de decisões, exercício da função administrativa e resolução de conflitos travados na esfera pública, embora passíveis de atos administrativos unilaterais, podem ser objeto de incidência da consensualidade. Dessa forma, correspondem respectivamente aos eixos consensuais mencionados a implementação de políticas públicas, as parcerias público-privadas em sentido amplo e os acordos substitutivos, cujos instrumentos serão adiante especificados. Em suma, a consensualidade integra-se a um plano maior de transformações do Direito Administrativo, sendo ela própria um elemento de mutação do Direito Administrativo burocrático, hierarquizado e formalista, verdadeiro canal de desautorização do Direito Administrativo." (SCHIRATO, Vitor Rhein; PALMA, Juliana Bonacorsi de. Consenso e legalidade: vinculação da atividade administrativa consensual ao direito. *Revista Eletrônica sobre a Reforma do Estado* (RERE), Salvador, Instituto Brasileiro de Direito Público, n. 24, dez./jan./fev. 2011. p. 3-4. Disponível em:<http://www.direitodoestado.com/revista/RERE-24-DEZEMBRO-JANEIRO-FEVEREIRO-2011-VITOR-JULIANA.PDF>. Acesso em: 08 dez. 2015.

[180] Na consensualidade administrativa, deve-se fazer uma releitura dessa concepção de supremacia de interesse público, que nem sempre é clara. Pode haver diversos interesses públicos em choque: direito de manifestação de estudantes *vs.* direito de posse de escolas; direito de moradia *vs.* direito ao meio ambiente. No sentido da reanálise do conceito de supremacia pública e da desconstrução desse conceito: MARQUES NETO, Floriano Peixoto de Azevedo. Do contrato administrativo à administração contratual. *Revista do Advogado*, São Paulo, v. 29, n. 107, p. 74-82, dez. 2009.

numa maior valoração do dever de motivar que as autoridades administrativas terão, quando fizerem a opção pela arbitragem.[181]

Outro aspecto dessa inflexão para uma matriz consensual[182], em detrimento da antiga fórmula pelo qual prevalece a superioridade da Administração Pública, diz respeito à releitura do princípio da discricionariedade administrativa e sua valorização. O administrador público, mesmo em situações discricionárias, pode, por meio do consenso, construir a solução juntamente com o administrado. Veja-se é uma nova visão, frente àquela em que o administrador poderia, dentre diversas opções, simplesmente escolher uma, naquilo que se cunhou como discricionariedade juridicamente vinculada.

Com isso, ressalta-se que o negócio jurídico arbitral envolvendo a Administração Pública passa por elementos que via de regra não estariam presentes no negócio jurídico processual celebrado entre partes privadas.

---

[181] Quanto ao consenso administrativo, fundamental obra de Diogo de Figueiredo Moreira Neto que traz todo o histórico da adoção da teoria da consensualidade na ação administrativa e a queda do mito da supremacia do interesse público: "para ação administrativa em especial, o consenso pode ser adotado não apenas pela via contratual, como tradicionalmente se tem feito, mas pela via do acordo não contratual, ainda que incipiente usado no Brasil, [...]. Contratos e acordos, ambos modalidade da figura jurídica do pacto, diferem entre si por várias características, mas aqui interessa sublinhar, a que se apoia na natureza das prestações colimadas, pois é nesta que se pode apreciar a diferença entre comutatividade e integração. Com efeito enquanto as prestações contratuais são recíprocas, voltadas cada uma delas ao atendimento de interesses distintos dos contratantes, as prestações dos acordos são integrativas, voltadas ao atendimento de interesses comuns". (MOREIRA NETO, Diogo de Figueiredo. Novos institutos consensuais da ação administrativa. *Revista de Direito Administrativo*, Rio de Janeiro, n. 231, p. 145, jan./mar. 2003).

[182] MARQUES NETO, Floriano Peixoto de Azevedo. A superação do ato administrativo autista. In: MEDAUAR, Odete; SCHIRATO, Vitor Rhein (Orgs.). *Os caminhos do ato administrativo*. São Paulo: Revista dos Tribunais, 2011. p. 89-113.

PARTE II – FASE PRÉ-PROCESSUAL

A segunda parte desta dissertação analisa a chamada fase *pré--processual*, que engloba a *convenção de arbitragem* no Capítulo 2 e a *arbitrabilidade* no Capítulo 3.

2. A Convenção de Arbitragem e a Fazenda Pública

A exegese acerca das particularidades da convenção de arbitragem faz-se necessária, sobretudo ante a existência de particularidades quando a Fazenda Pública é parte na arbitragem. Não se quer com isso concluir que a Fazenda Pública, quando convenciona o uso da arbitragem, deve ser tratada de forma distinta ou possuir uma situação de superioridade em relação ao particular, sob pena de macular a cláusula compromissória nesse ponto, bem como o princípio da igualdade entre as partes.

2.1 Convenção de arbitragem e a Fazenda Pública

O estudo da convenção de arbitragem mostra-se extremamente relevante, não somente quando a Fazenda Pública opta pela arbitragem, mas também por todas as circunstâncias decorrentes da celebração desse negócio jurídico processual.

É cediço que a convenção de arbitragem é um ajuste, um *acordo de vontades* pelo qual as partes vinculam a solução de determinado litígio, já existente ou futuro, à arbitragem, afastando assim a jurisdição estatal.

O direito brasileiro optou por uma relação gênero, eis que a *convenção de arbitragem é composta pela cláusula compromissória e pelo compromisso arbitral*.

O principal efeito da convenção de arbitragem é a exclusão da jurisdição estatal, o que é conhecido como *efeito negativo da cláusula arbitral*[183]. Tal exclusão não ocorre de maneira absoluta, eis que permanece um diálogo com a jurisdição estatal, seja nas medidas executórias e garan-

---

183 GUERRERO, Luis Fernando. *Convenção de arbitragem e processo arbitral*. 2008. 201 p. Dissertação (Mestrado) – Faculdade de Direito da Universidade de São Paulo, São Paulo, 2008. p. 127-146.

tidoras da arbitragem, seja nas medidas excepcionais de revisão das decisões arbitrais. Por meio da convenção arbitral se faz o chamado *opt out*[184] em relação à jurisdição estatal.[185]

Quanto ao conceito de compromisso arbitral, nas palavras de Carlos Alberto Carmona, há um certo "consenso" entre os arbitralistas modernos, sendo definido por Luigi Biamonti como "contrato de direito privado estipulado com o fim de produzir entre as partes efeitos processuais obrigando-as a subtrair à competência da autoridade judiciária ordinária o conhecimento da controvérsia considerada no compromisso, passando tal competência à esfera do juízo arbitral".[186-187]

Quanto à *natureza jurídica*, sobretudo do ponto se vista dos processualistas, podemos defini-lo como *negócio jurídico processual afastan-*

---

[184]Como aponta Luis Fernando Guerrero: "Com a convenção de arbitragem os árbitros passam a ser dotados de jurisdição outorgada pelas partes e com competência para solução dos conflitos por ela determinados." (GUERRERO, Luis Fernando, *Convenção de arbitragem e processo arbitral*, cit., p. 130).

[185] Segundo Carlos Alberto de Salles: "Esse *opt-out* da jurisdição estatal, no entanto, não se verifica de maneira direta e autoevidente, estando embutida em uma construção jurídica de alguma sofisticação, baseada em um cruzamento de regras e princípios próprios do universo jurídico da arbitragem. Essa construção é, também, responsável por um isolamento da jurisdição arbitral de ataques pela via judicial, que poderiam comprometer o funcionamento e efetividade desse meio de solução de controvérsias." (SALLES, Carlos Alberto de, *A arbitragem em contratos administrativos*, cit., p. 38).

[186] CARMONA, Carlos Alberto, *Arbitragem e processo*: um comentário à Lei nº 9.307/96, 3. ed., 2009, cit., p. 165.

[187] Em uma das poucas normas salutares constantes do Decreto Federal n. 8.465/2015, temos: artigo 6º, parágrafo 3º ("A ausência de cláusula compromissória de arbitragem no contrato não obsta que seja firmado compromisso arbitral para dirimir eventuais litígios abrangidos no art. 2º, observadas as condições estabelecidas no art. 9º"). Aparentemente tal norma é salutar e permite tirar a conclusão de que o uso da arbitragem pode ser feito, mesmo sem a previsão no edital. No mesmo sentido prevê o artigo 9º ("Ainda que o contrato não contenha cláusula compromissória de arbitragem, a administração pública poderá celebrar compromisso arbitral para dirimir os litígios de que trata o art. 2º.").

do juiz natural e investindo os árbitros de poderes para dirimir, com força vinculante para as partes, uma dada controvérsia.[188]

A *cláusula compromissória* é uma espécie de cláusula contratual na qual as partes convencionam no bojo do contrato a solução de eventual litigio por meio da arbitragem. Tal litígio pode ocorrer no futuro, ou pode haver a opção pela inclusão da cláusula arbitral por meio de aditamento do contrato, referente a eventos passados ou futuros.

Nos termos do artigo 8º da Lei de Arbitragem, a cláusula compromissória é *autônoma* em relação ao contrato em que estiver inserta, de tal sorte que a nulidade deste não implica necessariamente a nulidade da cláusula compromissória.

Essa é a chamada *autonomia da cláusula arbitral*. Tal regra, também conhecida por *separability*, assim designada no direito norte-americano, é de suma importância, pois visa a garantir e proteger o juízo arbitral de alegações e apreciações da validade do contrato. Dessa forma, ainda que exista alguma invalidade no contrato administrativo celebrado pela Fazenda Pública, permanece *ao menos em princípio válida*, a opção pela arbitragem.

2.1.1 A Fazenda Pública e as cláusulas presentes nos contratos administrativos

A principal característica dos contratos administrativos em sentido estrito é a adoção do regime jurídico público derrogatório do regime jurídico privado.

Aponta Maria Sylvia Zanella Di Pietro as seguintes características dos contratos administrativos[189]: 1. presença da Administração Pública

---

[188] Carlos Alberto Carmona coloca em destaque as posições de Pontes de Miranda, Hamilton de Moraes e Barros e Clovis do Couto e Silva, para então trazer sua definição: "O compromisso é o negócio jurídico processual através do qual os interessados em resolver um litígio que verse sobre direitos disponíveis, deferem a sua solução a terceiros, com caráter vinculativo, afastando a jurisdição estatal, organizando o modo através do qual deverá se processar o juízo arbitral." (CARMONA, Carlos Alberto, *Arbitragem e processo*: um comentário à Lei nº 9.307/96, 3.ed., 2009, p. 189).

[189] DI PIETRO, Maria Sylvia Zanella, *Direito administrativo*, 22. ed., 2009, cit., p. 250.

como Poder Público; 2. finalidade pública; 3. obediência à forma prescrita em lei; 4. procedimento legal; 5 contrato de adesão; 6. natureza *intuitu personae*; 7. presença de cláusulas exorbitantes; 8. mutabilidade.

No que tange à presença da Administração Pública como Poder Público, como parte do contrato administrativo, de certo é uma *conditio sine qua non* que impõe a adoção do regime jurídico publicista, calcado na supremacia do interesse público sobre o particular, e ainda se expressa por meio das cláusulas exorbitantes.

Por sua vez, a finalidade pública do contrato administrativa diz respeito aos fins a que se destina a contratação por parte da Administração. O particular é movido pelo lucro, pela apropriação de bens, por motivos egoísticos legítimos na sociedade capitalista. De outro lado, sempre que a Administração atua e contrata, busca atingir o fim público, a proteção do interesse público, calcado na proteção e consecução dos fins sociais.

Ademais, pela obediência à forma prescrita em lei, tem-se, em última análise, respeito ao princípio da legalidade, sempre que a Administração participar de um processo de contratação. Nesse sentido, pode-se concluir que nos contratos administrativos, a forma é vinculada e, portanto, é requisito de validade do contrato e pode ser controlada com maior facilidade[190]. Vale lembrar que no direito privado a regra é a forma livre, ressaltando-se, porém, que no casamento e no testamento, a forma é vinculada e requisito de existência desses negócios jurídicos.

Quanto ao procedimento para a formação do contrato administrativo, a Administração Pública sujeita-se ao processo legal, de forma vinculada, "compreendendo medidas como a autorização legislativa, a avaliação, motivação, autorização pela autoridade competente, indicação de recursos orçamentários e licitação".[191]

Primeiramente, deve-se destacar que a previsão de procedimento legal tem acento constitucional, eis que previsto nos artigos 37, inciso XXI, e 175, no que tange às concessões. Ademais, a Constituição remete

---

[190] Pelo princípio da autotutela a administração pode seus próprios atos, quando eivados de vícios que os tornam ilegais, porque deles não se originam direitos; ou revogá-los, por motivo de conveniência ou oportunidade, respeitados os direitos adquiridos, e ressalvada, em todos os casos, a apreciação judicial, entendimento consubstanciado na súmula 473 do STJ.

[191] DI PIETRO, Maria Sylvia Zanella, *Direito administrativo*, 22. ed., 2009, cit., p. 254.

a lei a previsão do procedimento de contratação, que hoje se encontra em grande parte na Lei de Licitações (Lei n. 8.666, de 21.06.1993).

Destaca-se ainda, conforme o princípio orçamentário, a necessidade de previsão de existência de recursos financeiros, conforme o artigo 167, inciso II, da Constituição Federal, que veda: "II - a realização de despesas ou a assunção de obrigações diretas que excedam os créditos orçamentários ou adicionais". No mesmo sentido, a Lei de Licitações impõe no artigo 57, ressalvadas exceções, que "a duração dos contratos regidos por esta Lei ficará adstrita à vigência dos respectivos créditos orçamentários".[192]

Além disso, os contratos administrativos são *intuitu personae*, ou seja, em função da pessoa. Com isso, quer-se obrigar a Administração a contratar com determinada pessoa, evitando assim terceirizações e subcontratações não autorizadas por lei. Por conta disso, prevê a Lei de Licitações:

> "Art. 78. Constituem motivo para rescisão do contrato:
>
> [...]
>
> VI - a subcontratação total ou parcial do seu objeto, a associação do contratado com outrem, a cessão ou transferência, total ou parcial, bem como a fusão, cisão ou incorporação, não admitidas no edital e no contrato;
>
> [...]
>
> IX - a decretação de falência ou a instauração de insolvência civil;
>
> X - a dissolução da sociedade ou o falecimento do contratado;

---

[192] Aponta Maria Sylvia Zanella Di Pietro como limitação às contratações da Administração Pública o advento da Lei de Responsabilidade Fiscal, que "veio reforçar essa ideia, com as normas dos arts. 15 e 16" (*Direito administrativo*, 22. ed., 2009, cit., p. 255). Preveem esses artigos: "Art. 15. Serão consideradas não autorizadas, irregulares e lesivas ao patrimônio público a geração de despesa ou assunção de obrigação que não atendam o disposto nos arts. 16 e 17. Art. 16. A criação, expansão ou aperfeiçoamento de ação governamental que acarrete aumento da despesa será acompanhado de: I - estimativa do impacto orçamentário-financeiro no exercício em que deva entrar em vigor e nos dois subsequentes; II - declaração do ordenador da despesa de que o aumento tem adequação orçamentária e financeira com a lei orçamentária anual e compatibilidade com o plano plurianual e com a lei de diretrizes orçamentárias."

> XI - a alteração social ou a modificação da finalidade ou da estrutura da empresa, que prejudique a execução do contrato;
>
> [...]."

E, por outro lado, autoriza somente em hipóteses legais, tais como a do artigo 72, que o contratado, na execução do contrato, sem prejuízo das responsabilidades contratuais e legais, possa subcontratar partes da obra, serviço ou fornecimento, até o limite admitido, em cada caso, pela Administração.

2.1.2 Arbitragem inserida no contrato administrativo: como conciliar arbitragem com um contrato de adesão?

A concepção clássica do liberalismo contratual retomada pelo Código napoleônico de 1803 sofreu forte inspiração das regras hermenêuticas de Pothier, seu principal doutrinador. Naquela época, firmava-se o contrato em dois princípios basilares, o da liberdade contratual e o da preservação do vínculo: *pacta sunt servanda* e *lex inter partes*.

Não se nega que o direito contratual, tal qual a sociedade, evoluiu, sendo que os princípios que regem a contratações também acompanharam. Se num primeiro momento se evoluiu para teorias decorrentes das mutações entre os polos contratantes, como o princípio *rebus sic stantibus*, por outro lado hoje se fala no dirigismo contratual.

Os contratos de adesão são frequentemente lembrados, quando se trata das relações jurídicas consumeristas, ficando de certa forma relegados a esse setor da dogmática contratual civil. Vale lembrar que o CDC, no artigo 54, traz a seguinte definição: "Contrato de adesão é aquele cujas cláusulas tenham sido aprovadas pela autoridade competente ou estabelecidas unilateralmente pelo fornecedor de produtos ou serviços, sem que o consumidor possa discutir ou modificar substancialmente seu conteúdo."

Ocorre que a teoria abrange todos aqueles contratos nos quais uma das partes não pode discutir as cláusulas ali constantes, aderindo de forma cabal aos termos da outra parte. Por conta disso, nascem basicamente duas correntes acerca do contrato de adesão[193]. Pela primeira, não se tra-

---

[193] Sobre teorias acerca de contratos por adesão e sua relação com o direito do consumidor em relações bancárias. HAGSTROM, Carlos Alberto. A disciplina do relacionamento entre as instituições financeiras e seus clientes: código de defesa

taria de um contrato propriamente dito, eis que haveria uma adesão de uma das partes a manifestação de vontade da outra. A segunda corrente, por sua vez, foca a conjunção de vontades das partes, ainda que uma imponha à outra os termos contratuais.[194]

Caio Mario da Silva Pereira os definem como "aqueles que não resultam do livre debate entre as partes, mas provêm do fato de uma delas aceitar tacitamente as cláusulas e condições previamente estabelecidas pela outra"[195]. Por sua vez, Orlando Gomes o define como um contrato pelo qual "uma das partes tem que aceitar, em bloco, as cláusulas estabelecidas pela outra, aderindo uma situação contratual que encontra definida em todos os seus termos".[196]

Aponta Luiz Fernando Guerrero alguns problemas decorrentes da inserção de cláusula arbitral nos contratos de adesão:

> "A cláusula compromissória nestas situações diverge da formação da cláusula compromissória em situações comuns pois o consentimento da parte não se impõe à discussão acerca das cláusulas, mas apenas à adesão de um contrato já pronto, com as condições estabelecidas. Tal preocupação não existe apenas quando a análise é feita à luz do direito brasileiro uma vez que a legislação espanhola por exemplo, estipula no seu art. 9.2 que esta forma de contratação deve seguir regras específicas, como a manifestação de vontade expressa das partes aderentes (ley 60/2003, de 23 de diciembre)."[197]

---

dos clientes de bancos: comentários as resoluções 2878 e 2892, do CMN - parte 1. *Revista de Direito Bancário, do Mercado de Capitais e da Arbitragem*, São Paulo, v. 5, n. 17, p. 29-58, jul./set. 2002.

[194] Para aprofundamento no tema: FILOMENO, José Geraldo Brito. *Curso fundamental de direito do consumidor*. São Paulo: Atlas, 2007; MARINELA, Fernanda, BOLZAN, Fabrício (Orgs.). *Leituras complementares de direito administrativo*: advocacia pública. 2. ed. rev. e ampl. Salvador: Juspodium, 2010; NUNES, Luiz Antonio Rizzatto. *Curso de direito do consumidor*. 2. ed. rev., modificada e atual. São Paulo: Saraiva, 2005.

[195] PEREIRA, Caio Mário de Silva. *Instituições de direito civil*: contratos. 10. ed., 17. tiragem. Rio de Janeiro: Forense, 2001. v. 3, p. 65.

[196] GOMES, Orlando. *Contratos*. 18. ed. atual. e anotada por Humberto Theodoro Júnior. Rio de Janeiro: Forense, 1998. p. 109-119.

[197] GUERRERO, Luis Fernando, *Convenção de arbitragem e processo arbitral*, cit., p. 20-21.

Na mesma linha, o autor demonstra que houve uma opção na lei brasileira ao: i) condicionar a iniciativa ao aderente; e, ii) a concordância expressa do aderente em cláusula negritada ou em destaque especial, nos termos do artigo 4º, parágrafo 2º.

Ressaltando a negociabilidade da cláusula compromissória, aponta Carlos Alberto Carmona, ao comentar o texto original do artigo 4º, parágrafo 2º, que não se poderia impor a arbitragem ao aderente:

> "Lidava o legislador aí com duas iniciativas diferentes para instauração da arbitragem: a primeira do oblato, vincularia o policitante; a segunda, do policitante, não vincularia o oblato, de tal sorte que este, para que fosse instaurado o juízo arbitral (art. 19) deveria concordar expressamente com o início das atividades do árbitro. Como se vê, não poderia ser imposta concordância prévia quanto à instauração da arbitragem, já que somente com a aceitação dos árbitros é que se dá por instituída a arbitragem, tudo a deixar plenamente protegido o contratante mais fraco."[198]

No que tange ao direito público, os contratos administrativos são contratos de adesão, eis que não se permite a discussão entre as partes das cláusulas, cabendo ao particular aderir aos termos da Administração. Aponta Maria Sylvia Zanella Di Pietro que:

> "Todas as cláusulas dos contratos administrativos são fixadas unilateralmente pela Administração. Costuma-se dizer que, pelo instrumento convocatório da licitação, o poder público faz uma oferta a todos os interessados, fixando a condições em que pretende contratar; a apresentação de propostas pelos licitantes equivale à aceitação da oferta pela Administração."[199]

Apesar de tal posicionamento, aparentemente nem todos contratos que a Administração celebra estão sujeitos ao regime jurídico de direito público, sendo certo que nos casos em que a Administração contrata como particular, haveria espaço para a negociação das cláusulas, e nesse caso

---

[198] CARMONA, Carlos Alberto, *Arbitragem e processo*: um comentário à Lei nº 9.307/96, 2. ed., 2007, cit., p. 108.

[199] DI PIETRO, Maria Sylvia Zanella, *Direito administrativo*, 22. ed., 2009, cit., p. 255. Corroboram tal tese: ALEXANDRINO, Marcelo; PAULO, Vicente. *Resumo de direito administrativo descomplicado*. São Paulo: Método, 2008. p. 203; MEIRELLES, Hely Lopes, *Direito administrativo brasileiro*, 16. ed., cit., p. 222-231.

não estaria na órbita dos contratos de adesão. Por exemplo, em um caso de celebração de contrato de aluguel por parte de Administração, embora o contrato esteja de certo modo sujeito aos princípios do direito público, ele se dá de forma negocial e privada, cabendo até mesmo à Administração negociar o preço, buscando a melhor oferta e atingindo o princípio da eficiência administrativa.

Há corrente no sentido de que a os contratos administrativos não são contratos de adesão[200]. Destacam-se as posições de Aline Lícia Klein[201] e Paulo Osternack Amaral.[202]

Para essa segunda corrente, que afasta contratos administrativos, sobretudo contratos específicos de PPPs e concessões públicas, do regime jurídico de direito público, e do modelo de contrato de adesão, inserindo em novas formas de contratação pública que aproxima do regime privado, o negócio jurídico arbitral se encaixaria perfeitamente nesse "modelo privado" de contratação administrativa. Assim, o mesmo caráter negocial do contrato, também estaria presente no caráter negocial da cláusula arbitral.

Respeitada essa opinião, a forma de conciliar os institutos do regime jurídico adotado no contrato administrativo seja ele de direito público e portando dotado das prerrogativas administrativas e poderes exorbitantes, ou ainda que se suponha que para alguns contratos (como PPPs e concessões) a presença de um maior grau de negociabilidade (ainda que parte da doutrina vislumbre um regime muito próximo do privado), a forma de conciliar os institutos é trata-los de forma distinta, explica-se: pouco importa a natureza jurídica do contrato administrativo, pois a cláusula arbitral será dotada de autonomia e negociabilidade, e não será imiscuído aos demais termos do contrato em que está contido.

---

200 SOIBBELMAN, Leib (Org.). *Enciclopédia Jurídica Soibelman.* [recurso eletrônico]. Rio de Janeiro: Elfez, 2004. CD-ROM. Disponível em: <http://www.elfez.com.br/>. Acesso em: 19 nov. 2004.

201 Para a autora: "Parece-nos que não nos deparamos com contratação por adesão ao tratarmos dos contratos de concessão (e dos contratos administrativos em geral)." (KLEIN, Aline Licia. A arbitragem nas concessões de serviço público. In: PEREIRA, Cesar Augusto Guimarães; TALAMINI, Eduardo (Orgs.). *Arbitragem e poder público*. São Paulo: Saraiva, 2010. p. 96).

202 AMARAL, Paulo Osternac, *Arbitragem e administração pública*: aspectos processuais, medidas de urgência e instrumentos de controle, cit., p. 79.

2.1.3 *Cláusulas exorbitantes do contrato administrativo*

As cláusulas exorbitantes, conforme a própria nomenclatura já informa, são aquelas incomuns, que exorbitam o equilíbrio das partes no contrato e seriam consideradas abusivas e ilegais, se o contrato fosse elaborado entre particulares. A sua permissão decorre da supremacia do interesse público sobre o particular.

A sua adoção no direito brasileiro decorre do modelo francês de contratação.[203]

---

[203] Aponta Eugênia Cristina Cleto Marolla: "Maria Sylvia Zanella di Pietro relaciona três sistemas contratuais para a Administração Pública: o francês (seguido no Brasil), o adotado no direito alemão e no italiano (entre outros) e o sistema da *common law*. O modelo francês admite a existência de contratos administrativos regidos pelo direito público. Esses contratos diferem dos contratos de direito comum por possuírem cláusulas exorbitantes, que reconhecem prerrogativas públicas, deixando a administração em posição de supremacia em relação ao particular. Daí porque se dizer que a relação entre a Administração Pública e o contratado é vertical. Esse modelo também adota as teorias ligadas ao equilíbrio econômico-financeiro do contrato (teoria da imprevisão, do fato do príncipe) reconhecendo o *ius variandi* e o direito do particular a recomposição do equilíbrio econômico-financeiro rompido com suas características. As cláusulas desse tipo de contrato podem ser regulamentares (fixadas unilateralmente pela Administração, disciplinam o objeto do contrato definindo, entre outros, a forma de execução fiscalização, os direitos e deveres das partes, as hipóteses de rescisão, as penalidades, os direitos e deveres dos usuários) ou econômicas (com natureza contratual, garantem o equilíbrio econômico-financeiro estipulando prazo, a remuneração, os casos de rescisão , ou outras condições que não estejam predeterminadas em lei). O segundo sistema poder ser observado, entre outros, na Alemanha e na Itália, onde há um apego ao modelo de contrato típico de direito privado, baseado na igualdade entre as partes, característica essencial do instituto, negando-se, assim a possibilidade de sempre celebrados contratos em que a Administração tenha que exercer prerrogativas que infrinjam esse princípio. A existência de contratos públicos é admitida, mas em hipóteses restritas, em que se verifique a igualdade entre as partes. Invertendo o raciocínio: os contratos públicos somente poder ser utilizados quando a Administração Públicas puder atuar em igualdade com o particular. [...] Outro sistema, no que tange aos contratos celebrados entre a Administração Pública e o particular, é o dos países da *common law*. Nestes rejeita-se a existência de contratos administrativos regidos pelo direito público; todos os contratos são regidos pelo direito privado." (MAROLLA, Eugenia Cristina Cleto. *A arbitragem*

As principais cláusulas exorbitantes presentes no direito brasileiro são: exigência de garantia; alteração e rescisão unilateral; fiscalização; aplicação de penalidades; anulação; retomada do objeto; restrições ao uso do princípio da *exceptio non adimpleti contractus* (exceção do contrato não cumprido); e mutabilidade.

Quanto à exigência de garantia, trata-se de previsão legal da Lei n. 8.666/93, que poderá ser caução em dinheiro ou títulos da dívida pública, seguro-garantia e fiança bancária. Numa relação privada, jamais uma das partes pode impor a garantia à outra unilateralmente.

Outra cláusula exorbitante que chama a atenção diz respeito à possibilidade de alteração unilateral do contrato, prevista na Lei 8.666/93, artigo 65, I, nos casos de modificação do projeto ou das especificações, para melhor adequação técnica aos seus objetivos, bem como quando necessária a modificação do valor contratual, em decorrência de acréscimo ou diminuição quantitativa de seu objeto, nos limites na lei.

A doutrina aponta que se trata de possibilidade de modificações qualitativas[204] e quantitativas[205]. De certo, a Lei de Licitações, nesse ponto, embora preveja as alterações unilaterais decorrentes de poderes contratuais exorbitantes, não descarta a alteração contratual consensual[206], por

---

e os contratos da administração pública. 2015. Tese (Doutorado) – Pontifícia Universidade Católica de São Paulo (PUC), São Paulo, 2015. p. 98-99).

204 JUSTEN FILHO, Marçal, *Comentários à Lei de Licitações e Contratos Administrativos*, cit., p. 514.

205 Ibidem, p. 514

206 São apontados como requisitos para a alteração unilateral: a existência de uma adequada motivação, baseada no interesse público que autorize tal medida; o respeito ao objeto do contrato, ou seja, não pode transmutar um tipo contratual em outro, como uma compra e venda em mútuo; o respeito às condições de equilíbrio econômico financeiro contratual; e, por fim, limites legais de acréscimos e supressões do contrato previstos no artigo 65, parágrafo 1º. Em todos esses casos, a Administração vale-se de sua superioridade para a alteração do contrato. No que tange à cláusula arbitral, calcado sobretudo na autonomia desta em relação ao contrato administrativo, jamais a Administração teria qualquer poder ascendente sobre a outra parte, eis que o princípio da autonomia da cláusula arbitral ou *separability* garante que essa cláusula, que é privada e negocial, não se contamina pelas demais cláusulas exorbitantes, para ficar imune aos poderes ascendentes da Administração. Dessa forma, uma vez firmada a cláusula, somente por acordo

acordo entre as partes, quando conveniente a substituição da garantia de execução, quando necessária a modificação do regime de execução da obra ou serviço, bem como do modo de fornecimento, em face de verificação técnica da inaplicabilidade dos termos contratuais originários.

Pois bem, da mesma forma como o ingresso no mundo arbitral se dá pela consensualidade, somente pela forma arbitral se pode deixá-lo.

Desse exemplo se conclui que há hipóteses em que mesmo as cláusulas exorbitantes se sujeitam a um grau de consensualidade, podendo por essa via serem alteradas. Assim, a cláusula compromissória, que é negócio jurídico privado e separado das demais cláusulas contratuais exorbitantes, também pode ser alterada pela vontade das partes, inclusive para que a via arbitral seja deixada de lado.

Há ainda a possibilidade da rescisão unilateral do contrato, que está prevista basicamente nos artigos 58, II, 79, I, e 78, I a XII e XVII. Tais hipóteses, em suma, contemplam a possibilidade de a Administração rescindir o contrato, seja por culpa do contratado, como nas hipóteses dos incisos I a VIII do artigo78, que trata do inadimplemento com culpa, e sem culpa, gerados pela perda do sujeito ou objeto do contrato.

Chama atenção, contudo, a possibilidade da rescisão unilateral por conta de razões de interesse público. Nesses casos, a Administração fica obrigada a indenizar o particular de todos os prejuízos que forem demonstrados. Trata-se, portanto, da indenização calcada nos lucros cessantes e nos danos emergentes, e que deve ainda contemplar o equilíbrio econômico-financeiro da operação.

Ocorre que, pela autonomia da cláusula arbitral[207], jamais a Administração poderia unilateralmente rescindir o contrato no ponto referente à cláusula compromissória, retornando à jurisdição, ou mesmo rescindir ou alterar partes da cláusula, ainda que possa eventualmente pretender ressarcir o particular. Novamente, a independência e autonomia da cláusula

---

entre as partes é que ela pode ser alterada, tratando-se, portanto, de verdadeira garantia do particular face à Administração.

[207] Nesse sentido: MAGALHÃES, José Carlos de. *Do Estado na arbitragem privada*. São Paulo: Max Limonad, 1988. p. 132; MARTINS, Pedro Antônio Batista. Normas e princípios aplicáveis aos árbitros. In: MARTINS, Pedro Antônio Batista; LEMES, Selma Ferreira; CARMONA, Carlos Alberto (Coords.). *Aspectos fundamentais da Lei de Arbitragem*. Rio de Janeiro: Forense, 1999. p. 218.

arbitral mostra-se como uma verdadeira garantia do particular em face da Administração, quanto aos poderes exorbitantes da Administração.

Cabe ainda à Administração o poder fiscalizatório, nos termos do artigo 67 da Lei de Licitações, que enseja a possibilidade de rescisão unilateral do contrato, conforme previsto no artigo 78, VII, e ainda a aplicação de penalidade.

Embora o dever de fiscalizar apareça como um poder exorbitante da Administração, em qualquer contrato de trato sucessivo cabe às partes verificar a sua execução. Ocorre que, em se tratando da Administração Pública, esse poder ganha contornos ampliados, pois, seja pela continuidade do serviço, que impõe a não interrupção do serviço, seja pelo dever de qualidade da prestação, surge a obrigação de a Administração fiscalizar e controlar a contraprestação, podendo assim solicitar documentos, realizar visitas *in loco* e solicitar as devidas correções.

Por conta desses defeitos nas prestações, surge o poder exorbitante de aplicar penalidades por parte da Administração, sem a necessidade de buscar o Judiciário para fazê-lo. Dentre elas, temos a advertência, a multa, a suspensão temporária para contratar com a Administração e a declaração de inidoneidade para licitar e contratar com a Administração. Tal possibilidade unilateral não exime, contudo, de prévio procedimento administrativo.

Diogo de Figueiredo Moreira Neto e Marcos Juruena Villela Souto[208] não veem o mesmo problema que é apresentado, pois têm uma visão distinta do fenômeno ao apresentar certos contratos administrativos como regidos pelo regime jurídico privado, *v.g.* no contrato de compra e venda de potência assegurada (contrato de compra de energia elétrica)

Nestes casos, como o regime é privado, não haveria que se falar em sua inserção em um contrato onde estariam presentes cláusulas exorbitantes:

> "Com efeito, quando a Administração Pública figura em um dos polos de uma relação contratual, não necessariamente está-se diante de um contrato administrativo. Conquanto a mera presença da Administração como parte caracterize o contrato da Administração, a carac-

[208] MOREIRA NETO, Diogo Figueiredo; SOUTO, Marcos Juruena Villela, Arbitragem em contratos firmados por empresas estatais. *Revista de Direito Administrativo*, Rio de Janeiro, n. 236, p. 215-216, abr./jun. 2004.

terística diferenciadora entre ambos os institutos está na existência das chamadas cláusulas exorbitante, que outorgam poderes e prerrogativas de Direito Público, inadmissíveis em um contrato exclusivamente regido pelo Direito Privado. Nestes, o regime jurídico é, por isso e em regra, de Direito Público, aplicando-se supletivamente os princípios da Teoria Geral dos Contratos e as disposições do Direito Privado, tal qual hoje disciplina, na ordem jurídica brasileira, o art. 54, da Lei n° 8.666/93. Mas, distintamente, é sempre possível que em certos contratos a Administração Pública ostente posição jurídica de igualdade em relação à contraparte privada, despida das prerrogativas inerentes aos referidos contratos administrativos, daí serem assim chamados de contratos privados da Administração. Para esses, aplica-se, portanto, ao revés, o regime jurídico dos contratos privados, não obstante imponha-se a observância de algumas formalidades indispensáveis e inerentes a qualquer contrato que envolva a Administração Pública. Tanto é assim, que a norma explícita quais são os dispositivos da Lei n° 8.666/93 que se aplicam" 110 que couber" a estes contratos, o que vale dizer que somente incidem regras que não lhes desnaturem a essência dos ajustes privados. Esta premissa é fundamental, especialmente, em relação à aplicação do art. 58, que trata das cláusulas exorbitantes; este é incompatível, frise-se, quase sempre, com a natureza predominantemente privada dos contratos nos quais a alteração unilateral, por exemplo, pode ensejar o total rompimento do equilíbrio contratual, a ponto de inviabilizá-lo e, com isso, afastando a incidência do art. 54 da Lei n. 8.666/93 que remete a matéria à teoria geral dos contratos."

Analisando o fenômeno sob este viés, o problema que se apresentou passa a ser um falso problema. Ocorre que, se o regime adotado no contrato é o de regime de direito público e portando, classificado como um contrato administrativo, de fato, a regra da separação (*separability*) da cláusula arbitral traz segurança jurídica afastando a contaminação causada pelas demais cláusulas exorbitantes.

2.1.4 Anulação da cláusula compromissória fundada no princípio administrativo da autotutela

Não se nega o poder da Administração Pública de rever seus próprios atos e exercer o controle por meio do poder de autotutela, já consagrado nas Sumulas do STF. 346 ("A Administração Pública pode declarar a nulidade dos seus próprios atos") e 473 ("A administração pode anular seus próprios atos, quando eivados de vícios que os tornam ilegais, porque deles não se originam direitos; ou revogá-los, por motivo de conveniência ou oportunidade, respeitados os direitos adquiridos, e ressalvada, em todos os casos, a apreciação judicial").

O comumente chamado poder de autotutela é definido como um princípio da Administração Pública. Diferenciando-o do princípio da tutela, define Maria Sylvia Zanella Di Pietro:

> "Enquanto pela tutela a Administração exerce controle sobre outra pessoa jurídica por ela mesma instituída, pela autotutela o controle se exerce sobre os próprios atos, com a possibilidade de anular os ilegais e revogar os inconvenientes ou inoportunos, independente de recurso ao Poder Judiciário. É uma decorrência do princípio da legalidade; se a Administração Pública está sujeita à lei, cabe-lhe, evidentemente, o controle de legalidade."[209]

Para Odete Medauar, pelo conteúdo do princípio da autotutela, a Administração, ao "verificar que atos e medidas contêm ilegalidades, poderá anulá-los por si própria; se concluir no sentido da inoportunidade e inconveniência, poderá revogá-los"[210]

Ocorre que, em se tratando de contrato administrativo, não se nega tal poder à Administração. É o que conclui a mesma autora:

> "Em se tratando de ilegalidade verificada nos contratos de que é parte, a Administração tem também o poder de declarar a sua nulidade, com efeito retroativo, impedindo os efeitos jurídicos que elas ordinariamente deveriam produzir, além de desconstituir os já produzidos. É o que consta do art. 59 da Lei nº 8666/93. Se a ilegalidade for imputável apenas à própria Administração, não tendo a ela contribuído o contratado, este terá que ser indenizado pelos prejuízos sofridos. Há que se observar que a ilegalidade no procedimento da licitação vicia também o próprio contrato, já que aquele procedimento é condição de validade deste; de modo que, ainda que a ilega-

---

209 DI PIETRO, Maria Sylvia Zanella, *Direito administrativo*, 22. ed., 2009, cit., p. 73.

210 MEDAUAR, Odete. *Direito administrativo moderno*. 12. ed. rev. e atual. São Paulo: Revista dos Tribunais, 2008. p. 130.

lidade da licitação seja apurada depois de celebrado o contrato, este terá que ser anulado."[211]

Tal posicionamento, da possibilidade de autotutela e correção por parte da Administração, no âmbito dos contratos administrativos, é visto com certa restrição.

Um dos problemas dessa revisão administrativa dos seus próprios atos e contratos está na insegurança jurídica que isso pode causar. Segurança jurídica, nas palavras de Gomes Canotilho, é "a durabilidade e permanência da própria ordem jurídica, da paz jurídico-social e das situações jurídicas"[212]. Para o autor:

> "Os princípios da protecção da confiança e da segurança jurídica podem formular-se assim: o cidadão deve poder confiar em que aos seus actos ou às decisões públicas incidentes sobre os seus direitos, posições jurídicas e relações, praticados ou tomadas de acordo com as normas jurídicas vigentes, se ligam os efeitos jurídicos duradouros, previstos ou calculados com base nessas mesmas normas. Estes princípios apontam basicamente para: (1) a proibição de leis retroactivas; (2) a inalterabilidade do caso julgado; (3) a tendencial irrevogabilidade de actos administrativos constitutivos de direitos."[213]

Dessa forma, todas as vezes que a Administração se põe nessa posição de superioridade de rever atos, a tendência natural é o abalo do princípio da segurança jurídica. Não se nega que eventuais direitos ressarcitórios acabam por recompensar as perdas decorrentes da revisão dos atos da Administração. Porém, a demora nesse ressarcimento acaba da mesma maneira por abalar o referido princípio.

Aponta a doutrina outra forma de inibir tal poder administrativo, qual seja a proteção da confiança legítima. Segundo Heleno Taveira Torres:

> "O princípio da proteção da confiança legítima garante o cidadão contra modificações substanciais inesperadas, mas também daqueles casos cuja permanência de certas situações jurídicas, pelo decurso do tempo ou pela prática continuada da Administração, já não au-

---

[211] MEDAUAR, Odete, *Direito administrativo moderno*, 12. ed., 2008, cit., p. 262.

[212] CANOTILHO, José Joaquim Gomes. *Direito constitucional*. 6. ed. Coimbra: Almedina, 1995. p. 374.

[213] Ibidem, p. 373.

toriza a revogação ou a anulação do ato administrativo, para fazer valer uma legalidade incongruente com a confiabilidade adquirida. A Administração deve respeitar esse 'estado de confiança legítima' e, ao mesmo tempo, controlar os seus atos em conformidade com o respeito à confiança dos indivíduos na ação dos órgãos estatais."[214]

A revisão dos atos e contratos administrativos por meio do princípio da autotutela parece sofrer as limitações apresentadas. Por sua vez, tal princípio parece de difícil aplicação quanto à cláusula compromissória.

---

[214] Para o autor: "Por conta disso, a despeito a existência do princípio da autotutela que a princípio daria poderes revisionais de atos e contratos sucessivos à Administração temos limites impostos pela segurança jurídica, pela confiança legítima e pelo controle judicial dos atos administrativos. Por fim, eventual revisão que gere lesão ao particular e a recomposição de dano deve ser precedida de processo administrativo assegurada ampla defesa. A boa-fé objetiva (*bona fides*) mantém íntima relação com a confiança (*fides*) e, por conseguinte, interagem intensamente, ainda que juridicamente possam comportar, em casos específicos, diferenciações eloquentes. Deveras, a boa-fé, ao longo dos séculos, assumiu uma presença constante nas relações contratuais e daí sua expressiva aplicação, preferencialmente à confiança. Esta, porém, tal como a boa-fé objetiva, não se circunscreve aos limites do 'Direito Privado', mas assume a condição de verdadeiro princípio geral, aplicável a todos os ramos jurídicos. Somente pode externar confiança quem age conforme a legalidade ou vê-se afetado por modificação inopinada ou incoerente com a funcionalidade sistêmica do ordenamento jurídico. Por conseguinte, só há que se falar em 'confiança' passível de proteção quando a credulidade do jurisdicionado confirma-se pela estabilidade, previsibilidade ou certeza da situação que julga legítima. Afora isso, a conduta contrária da Administração deve ser objetivamente demonstrada". Aponta Heleno Tavieira Torres que outra forma de controle diz respeito à própria função jurisdicional, ao limitar o poder de autotutela administrativa, citando precedente do STF: "Não é novidade que foi exatamente no campo da tutela dos atos administrativos, do controle de nulidade, que vicejou o seu oposto, o da impossibilidade de anulação de certos atos administrativos, quando o louvor à boa-fé e à segurança jurídica preponderam na situação concreta. No modelo de 'estado da confiança', a legalidade deve conviver ao lado da proteção à confiança. Cf. STF, QO Pet (MC) 2.900-RS, 2.ª T., rel. Min. Gilmar Mendes, DJ 01.08.2003, p. 142." (TORRES, Heleno Taveira. *Boa-fé e confiança são elementares no direito tributário*. 24 de abril de 2013. Disponível em: <http://www.conjur.com.br/2013-abr-24/consultor-tributario-boa-fe-confianca-sao-elementares-direito-tributario>. Acesso em: 20 nov. 2015.

Por primeiro, a cláusula arbitral é um negócio jurídico privado, inserido dentro de um contrato administrativo. Nela, portanto, não incidem os poderes exorbitantes da Administração.

Segundo, trata-se de cláusula negocial, portanto a Administração Pública deve agir, como em qualquer contrato com a boa-fé ao entabular negócio com o particular, partindo inclusive de um plano de igualdade. No mesmo sentido da proibição do *venire contra factum proprium* e a postura da Administração Pública é a posição de Lucio Picanço Facci.[215]

Terceiro, a cláusula compromissória é separada, autônoma e independente do restante do contrato administrativo.

Por fim, caso algum ponto da cláusula compromissória seja nulo ou anulável, depende de alegação das partes e o controle dessa cláusula deve ser feito pelo árbitro, não podendo a Administração, baseando-se no seu poder de autotutela, rever a cláusula compromissória.

Além disso, a assinatura da cláusula compromissória, que foi negociada entre as partes, tem o condão de afastar a jurisdição, pelo mecanismo de *opt-out*. Dessa forma, se eventual parte da cláusula for anulada pelo árbitro, o servidor público que deu causa a essa anulação responderá administrativamente. Não pode, com base na alegação de autotutela, querer a Administração rever a cláusula arbitral, para evitar a arbitragem. Da mesma forma que houve a negociação e, por fim a consensualidade na opção pela arbitragem, somente por essa mesma consensualidade as partes podem optar por afastar a arbitragem.

A alegação de erro ou inépcia do servidor que negociou tal cláusula somente terá efeitos na esfera administrativa, mas não será argumento apto para o uso do poder de autotutela visando a rever o seu conteúdo.

2.2 *Separability* – Autonomia da cláusula compromissória em relação às demais cláusulas do contrato administrativo exorbitantes do direito comum

Importante questão diz respeito à autonomia e à *separação* da cláusula compromissória das demais cláusulas do contrato administrativo tidas como derrogatórias do direito comum.

---

[215] FACCI, Lucio Picanço. A proibição de comportamento contraditório no âmbito da administração pública: a tutela da confiança nas relações jurídico-administrativas. *Revista Forense*, Rio de Janeiro, v. 106, n. 411, p. 157-188, set./out. 2010.

É nesse sentido que podemos visualizar o fenômeno da cláusula arbitral como uma cláusula negocial dentro de um contrato administrativo. Essa cláusula negocial, que dá origem ao negócio jurídico processual arbitral, não se confunde com as cláusulas do contrato administrativo, e muito menos com as cláusulas exorbitantes características daquele contrato. É, portanto, um verdadeiro "contrato" dentro do contrato administrativo.

Defende-se que a cláusula compromissória é eminentemente processual, tendo como natureza jurídica um negócio jurídico processual. Ocorre que os contratos administrativos possuem cláusulas especiais, tais como garantias, possibilidade de anulação unilateral e não aplicabilidade da exceção de contrato não cumprido, tidas como *exorbitantes do direito comum.*

Por sua vez as cláusulas exorbitantes, segundo Maria Sylvia Zanella Di Pietro, são "aquelas que não seriam comuns ou que seriam ilícitas em contrato celebrado entre particulares, por conferirem prerrogativas a uma das partes (a Administração) em relação à outra; elas colocam a Administração em posição de supremacia sobre o contratado".[216]

Importa, portanto, discutir se é possível a contaminação das cláusulas exorbitantes do direito administrativo com a cláusula compromissória.

Ademais, neste item pretende-se avaliar a possibilidade existir elementos exorbitantes ao direito comum no bojo de uma cláusula compromissória, impondo sua invalidade.

---

[216] DI PIETRO, Mara Sylvia Zanella. *Direito administrativo*. 18. ed. São Paulo: Atlas, 2005. p. 256. Para Hely Lopes Meirelles: "Cláusulas exorbitantes são, pois, as que excedem do Direito Comum para consignar uma vantagem ou uma restrição à Administração ou ao contratado. As cláusulas exorbitantes não seriam lícitas num contrato privado, porque desigualariam as partes na execução do avençado; mas são absolutamente válidas no contrato administrativo, uma vez que decorrem da lei ou dos princípios que regem a atividade administrativa e visam a estabelecer prerrogativas em favor de uma das partes, para o perfeito atendimento do interesse público, que se sobrepõe sempre aos interesses particulares. É, portanto a presença dessas cláusulas exorbitantes no contrato administrativo que lhe imprime o que os franceses denominam *la marque du Droit Public* pois, como observa Laubadère: '*C'est en effet la présence de Telles clauses dans um contrat que est le critère par excellence son caractère administratif*.'" (MEIRELLES, Hely Lopes. *Direito administrativo brasileiro*. 21. ed. atual. por Eurico de Andrade Azevedo, Delcio Balestero Aleixo e José Emmanuel Burle Filho. São Paulo: Malheiros, 1996. p. 208).

Assim, seria possível à Administração inserir na cláusula arbitral prerrogativas exorbitantes do direito comum, tais como escolher unilateralmente câmaras e árbitros, determinar prazos processuais maiores, ou excluir unilateralmente a arbitragem para alguma matéria, sem consensualidade, valendo-se de sua supremacia sobre o contratado?

Nosso estudo tende a demonstrar que elementos exorbitantes típicos do direito administrativo não podem existir na cláusula compromissória. Primeiro, pelo fato da cláusula arbitral ser autônoma do contrato. Segundo, por se tratar de cláusula decorrente do direito processual, caracterizando um negócio jurídico processual, e não parte do contrato administrativo. Assim, eventual nulidade da cláusula compromissória valeria para afastar a jurisdição estatal.

A ideia da cláusula compromissória autônoma e separada das demais cláusulas do contrato é conhecida e discutida de longa data nos ordenamentos jurídicos internacionais.[217]

No direito brasileiro, ela surgiu na Lei de Arbitragem, que prevê:

> "Art. 8º. A cláusula compromissória é autônoma em relação ao contrato em que estiver inserta, de tal sorte que a nulidade deste não implica, necessariamente, a nulidade da cláusula compromissória.
>
> Parágrafo único. Caberá ao árbitro decidir de ofício, ou por provocação das partes, as questões acerca da existência, validade e eficácia da convenção de arbitragem e do contrato que contenha a cláusula compromissória."

Dessa forma, são positivados no direito brasileiro dois fenômenos já conhecidos da doutrina internacional, a separação ou *separability* e o princípio da *kompetenz-kompetenz*, que têm por objetivo evitar contaminações decorrentes do contrato ou de eventuais nulidades e anulabilidades que possam intervir na cláusula compromissória.

Transportando para os contratos administrativos, permite concluir que o poder exorbitante da Administração e a exorbitância das demais cláusulas não podem de forma alguma influir na cláusula compromissória.

---

[217] Houve inserção de normas dando a autonomia da cláusula arbitral: Bélgica (1972); Países Baixos (1986); Espanha (1988); Japão (1979); Suíça (1987); Alemanha (1998); Itália (1994); Argélia (1993); Tunísia (1993); Egito (1994); Inglaterra (1996); e Suécia (1999). (GAILLARD, Emmanuel; SAVAGE, John (Eds.), *Fouchard Gaillard Goldman on international commercial arbitration*, cit., p. 203-204).

Com isso, a teoria arbitral permite afastar teses que procuravam nulidade nos contratos para tentar de alguma forma anular ou delongar a instauração ou o curso da arbitragem. Caso contrário, ante a ausência dessa autonomia e separação, bastaria a uma das partes buscar um vício contratual, para, a partir dessa mácula, buscar a anulação de todo contrato ou impedir o início da arbitragem.

Trazendo para o direito público, a Administração, com os poderes exorbitantes que possui na imposição das demais cláusulas contratuais, ou mesmo com seu poder de revisão dessas cláusulas, não poderia unilateralmente alterar a cláusula arbitral, deixando-a de maneira favorável à Administração, retirando a sua negociabilidade, ou mesmo a desconfigurando, a ponto de tornar a arbitragem inviável. Os poderes exorbitantes não podem ser exercidos no negócio jurídico processual da arbitragem pois não se contaminam com o tipo de contrato, no qual estão inseridos.

Para Carlos Alberto Carmona:

> "As partes ao encartarem em determinado contrato uma cláusula arbitral, inserem nele relação jurídica diferente, manifestando vontade apenas no que se refere à solução de eventuais litígios pela via arbitral; esta vontade, portanto não tem ligação (senão instrumental) com o objeto principal do negócio jurídico [...] de tal sorte que eventual falha que importe a nulidade da avença principal não afetará a eficácia da vontade das partes que permanecerá válida para todos os efeitos) de ver resolvidas suas controvérsias (inclusive aquela relacionada à eventual nulidade do contrato e seus efeitos) pela via arbitral. [...] Isto não bastasse, nada impede que a cláusula arbitral esteja submetida a condições de validade diferentes daquelas do contrato principal (basta pensar na forma, podendo ser exigidos certos requisitos para o contrato principal, enquanto nada se prevê na Lei de Arbitragem para a cláusula, exceto sua estipulação por escrito)."[218]

Essa posição reforça a ideia de que, ainda que o contrato administrativo preveja formas especiais, ou imponha cláusulas calcadas em princípios e normas jurídicas distintas do negócio jurídico arbitral, este se mantém de forma absoluta e independente das regras do contrato.

---

[218] CARMONA, Carlos Alberto, *Arbitragem e processo*: um comentário à Lei nº 9.307/96, 2. ed., 2007, cit., p. 158-159.

Assim, pode-se concluir por uma verdadeira autonomia jurídica da cláusula arbitral em relação às demais cláusulas contratuais e ao próprio contrato administrativo. Isso impõe que, mesmo que o contrato administrativo esteja regulado pelo chamado regime jurídico de direito público, a cláusula compromissória e o compromisso arbitral estarão sujeitos a regras próprias, autônomas e separadas daquelas, sujeitando-se à autonomia da vontade e à negociabilidade, inclusive quanto às regras de direito a serem aplicadas. Por conta disso, essa cláusula jamais poderá ser contagiada pelo poder exorbitante das demais cláusulas do contrato administrativo.

Por conta disso, a separação e a autonomia da cláusula arbitral representam uma verdadeira garantia das partes na opção pela arbitragem, e ao mesmo tempo ressaltam a autonomia da vontade contratual, a negociabilidade e a boa-fé que devem prevalecer nas relações jurídicas.

Para Fouchard, Gaillard e Goldman tais princípios são sólidos no direito francês consagrados no *arrêt Gosset* (7 de maio de 1963), reafirmados constantemente na jurisprudência gaulesa e previstos nos mais importantes regulamentos como CCI e UNCITRAL.[219]

Não apenas a doutrina e legislação internacional[220], mas a prática arbitral também, adota o princípio da *separability*. Reafirmando o princípio da autonomia da cláusula arbitral, prevê o regulamento da CCI:

---

[219] GAILLARD, Emmanuel; SAVAGE, John (Eds.), *Fouchard Gaillard Goldman on international commercial arbitration*, cit., p. 198-210.

[220] Um exemplo é a Convenção de Nova Iorque, ratificada pelo Brasil pelo Decreto Legislativo n. 52/2002 e promulgada pelo Decreto Presidencial n. 4.311/2002: "Artigo II 1. Cada Estado signatário deverá reconhecer o acordo escrito pelo qual as partes se comprometem a submeter à arbitragem todas as divergências que tenham surgido ou que possam vir a surgir entre si no que diz respeito a um relacionamento jurídico definido, seja ele contratual ou não, com relação a uma matéria passível de solução mediante arbitragem.2. Entender-se-á por 'acordo escrito' uma cláusula arbitral inserida em contrato ou acordo de arbitragem, firmado pelas partes ou contido em troca de cartas ou telegramas. 3. O tribunal de um Estado signatário, quando de posse de ação sobre matéria com relação à qual as partes tenham estabelecido acordo nos termos do presente artigo, a pedido de uma delas, encaminhará as partes à arbitragem, a menos que constate que tal acordo é nulo e sem efeitos, inoperante ou inexequível". No mesmo sentido, o artigo IX da Convenção de Genebra (Convenção Europeia sobre Arbitragem Comercial Internacional, de 10.04.1961).

> "Art. 6º. 9: Efeitos da convenção de arbitragem: Salvo estipulação em contrário, a pretensa nulidade ou alegada inexistência do contrato não implicará a incompetência do tribunal arbitral, caso este entenda que a convenção de arbitragem é válida. O tribunal arbitral continuará sendo competente para determinar os respectivos direitos das partes e para decidir as suas demandas e pleitos, mesmo em caso de inexistência ou nulidade do contrato."[221]

Por conta disso, deve-se preservar o princípio da separação e autonomia da cláusula arbitral, tradicionalmente reconhecida na doutrina arbitral, bem como nos regulamentos das câmaras de reconhecida credibilidade.

2.3 Princípio kompetenz-kompetenz

O *princípio da competência-competência* é de suma importância na análise da participação da Fazenda Pública no processo arbitral, eis que versa sobre o aspecto fundamental da exclusão da jurisdição estatal e isolamento do processo arbitral em relação ao processo estatal.

Por tal princípio, cuja designação parte da fórmula alemã *kompetenz-kompetez*, tem-se que o árbitro ou respectivo painel, conforme escolha das partes, é a autoridade competente para decidir sobre a própria competência. Trata-se ainda de elemento central do pacto arbitral que gera a extinção de qualquer processo judicial iniciado a despeito de convenção de arbitragem.

---

221 Analisando medidas antiarbitragem, aponta Rafael Alves os seguintes casos paradigmáticos que mostram essa autonomia da cláusula corolário do princípio da competência-competência: KBC *vs.* Pertamnia, Himpurna *vs.* República da Indonédia, HUBCO *vs.* WAPDA, SGS *vs.* Estado do Paquistão, Salini Costruttori S.P.A. *vs.* República da Etiópia (ALVES, Rafael Francisco, *A inadmissibilidade das medidas antiarbitragem no direito brasileiro*, cit., p. 119-132). No mesmo sentido, Pedro Batista Martins aponta que no direito francês o caso paradigmático que demonstra a validade da cláusula compromissória autônoma e separada é Gosset *vs.* Caparelli: "*En matière d'arbitrage international, d'accord compromissoire, qu'il soit conclu séparément ou inclus dans l'acte juridique auquel il a trait, présente toujours, sauf circonstances exceptionelles [...] une compléte autonomie juridique, excluant qu'il puisse être affecté par une éventuelle invalidité de cet acte.*" (MARTINS, Pedro Antônio Batista, Normas e princípios aplicáveis aos árbitros, in *Aspectos fundamentais da Lei de Arbitragem*, cit., p. 218).

Por sua vez, deve-se analisar a relação entre a Fazenda Pública e a exclusão da jurisdição estatal, eis que há um aparente conflito entre o princípio da inafastabilidade da jurisdição e opção estatal de exclusão da jurisdição.

Da mesma maneira que é lícito e legítimo ao particular excluir a jurisdição estatal, também poderia ser validamente permitida essa possibilidade à Fazenda Pública, desde que respeitados os limites e procedimentos próprios ao seu modo de atuação.

Não existiria, a esse propósito, uma reserva de jurisdição, impondo que os litígios envolvendo a Administração devam ser necessariamente objeto de processo judicial.

Pois bem, esse isolamento da cláusula arbitral tem como corolário o princípio da *kompetenz-kompetenz*, que foi positivado no parágrafo único do artigo 8º da Lei de Arbitragem, eis que caberá ao árbitro decidir de ofício, ou por provocação das partes, as questões acerca da existência, validade e eficácia da convenção de arbitragem e do contrato que contenha a cláusula compromissória.

Dessa forma, cabe ao árbitro decidir tais questões de validade e eficácia da cláusula compromissória, que está hermeticamente afastada das demais cláusulas do contrato. Por isso que os princípios da autonomia da cláusula e da competência-competência estão intimamente ligados e não podem ser separados.

Diretamente ligado ao princípio da *kompetenz-kompetenz* está o princípio do *favor arbitral*, importante regra (*bias*) internacional, pelo qual havendo dúvida interpretativa, deve prevalecer aquela mais favorável à existência e validade da arbitragem.[222]

2.3.1 Efeito positivo da convenção de arbitragem

Tal qual nas arbitragens entre entes privados, o efeito positivo da convenção de arbitragem envolvendo a Fazenda Pública está na obrigatoriedade de as partes envolvidas solucionarem o litígio por meio da arbitragem. Nesse aspecto, a regra é exatamente igual, eis que tanto pode haver

---

[222] BORN, Gary B. *International commercial arbitration*: international and USA spects commentary and materials. Alphen aan den Rijn, Netherlands: Kluwer Law International, 2001. p. 372.

a previsão da cláusula compromissória, quanto por meio do compromisso arbitral.

Isso porque não pode a Fazenda Pública alegar qualquer das hipóteses autorizadoras da alteração unilateral do contrato, a fim de tentar uma alteração inviabilizando a arbitragem.

Vigora nesse momento a executividade imediata, bem como o efeito vinculante da cláusula arbitral, independentemente de ação de obrigação de fazer, que somente será necessária no caso de resistência da parte *ex adverso*[223]. Nesse aspecto, aplicáveis os princípios da boa-fé contratual e da força vinculante dos contratos, eis que as partes, de forma livre e autônoma, optaram pela arbitragem.

Embora verse sobre empresa pública, o caso Compagás traz nítida experiência de *venire contra factum proprio*, eis que a referida empresa, optando pela arbitragem, ao receber sentença arbitral desfavorável, buscou a anulação dela, que veio a ser mantida pelo Tribunal de Justiça do Paraná.

Em sede de recurso especial, o voto condutor da ministra relatora Nancy Andrighi, da 3ª Turma, pacificou a questão, afirmando que "o fato de não haver previsão da arbitragem no edital de licitação ou no contrato celebrado entre as partes, não invalida o compromisso arbitral firmado posteriormente".[224]

Dessa forma, não cabe às partes, uma vez firmada a convenção de arbitragem, a tentativa de esvaziá-la pelo não cumprimento da regra processual, o que ensejaria, portanto, a ação do referido artigo 7º.

Aponta ainda Fouchard, Gaillard e Goldman que uma convenção de arbitragem que não pudesse ser exigida não serviria de nada.[225]

Corrobora ainda a eficácia vinculante da cláusula arbitral, com o efeito de afastar a jurisdição estatal, o princípio da competência-competência, que permite ao árbitro, e não ao juiz estatal, o controle da validade e eficácia da cláusula.

---

[223] Lei de Arbitragem: "Art. 7º. Existindo cláusula compromissória e havendo resistência quanto à instituição da arbitragem, poderá a parte interessada requerer a citação da outra parte para comparecer em juízo a fim de lavrar-se o compromisso, designando o juiz audiência especial para tal fim."

[224] REsp n. 904.813/PR.

[225] GAILLARD, Emmanuel; SAVAGE, John (Eds.), *Fouchard Gaillard Goldman on international commercial arbitration*, cit., p. 399-400.

2.3.2 Efeito negativo da convenção de arbitragem

Da mesma forma que nas arbitragens privadas, o efeito negativo da convenção aparece nas arbitragens envolvendo a Fazenda Pública. Ao contrário da eficácia positiva, o efeito negativo visa a afastar medidas antiarbitragem que busquem a judicialização.

Trata-se de conceito pelo qual o árbitro deve ser o primeiro juiz a analisar a validade e eficácia da convenção de arbitragem, afastando portando a jurisdição estatal, num sistema de *opt-out*.

O efeito negativo da convenção de arbitragem está alinhado aos outros dois efeitos, no sentido de evitar a rediscussão da cláusula arbitral no Poder Judiciário, garantindo assim uma certa proteção do sistema. Por conta disso, um dos primeiros elementos que se extrai é o prazo exíguo de manejo da ação anulatória, uma vez que prevê a lei que será nula a sentença arbitral, se for proferida com base numa convenção de arbitragem nula.

Um outro exemplo é a possibilidade do manejo da ação de execução específica prevista no artigo 7º. Quanto tal execução especifica o juiz togado, antes da formação do painel, terá a função de analisar o negócio jurídico arbitral, seja prevista por cláusula compromissória, seja por compromisso, quanto à existência, validade e eficácia.

Dessa forma, ainda que se propale a existência do efeito negativo da convenção de arbitragem, o juiz togado, quando do manejo da ação de obrigação de fazer e concessão de tutela específica, deverá analisar a cláusula em sua totalidade, sobretudo levando em conta os três planos (existência, validade e eficácia) do negócio jurídico, bem como a existência de vícios, sejam de consentimento, sejam sociais.

Quanto à análise da nulidade ou da anulabilidade da convenção, aplica-se a teoria civilista dos negócios jurídicos.

Por outro lado, a nulidade absoluta é conhecida de ofício pelo magistrado e pode ser ainda alegada por qualquer das partes e pelo Ministério Público, não se sujeitando ainda a qualquer convalidação.

Nesse aspecto, no negócio jurídico arbitral celebrado pela Fazenda Pública, são preocupantes possíveis alegações de convenção arbitral nula, quando for ilícito, impossível ou indeterminável o seu objeto. Nesse caso, pode-se especular quanto a possíveis alegações de inarbitrabilidade objetiva.

Outra preocupação diz respeito ao negócio nulo, quando a convenção não se revestir da forma prescrita em lei ou ainda for preterida alguma solenidade que a lei considere essencial para a sua validade. Isso porque, conforme a recente reforma promovida pela Lei de Arbitragem, impõe-se à autoridade administrativa competente para transações e acordos o mesmo requisito formal para celebrar o negócio jurídico arbitral. Embora se defenda que tal requisito de forma está circunscrito à teoria dos atos administrativos e, portanto, sujeito a convalidação[226], não se nega a possibilidade de se arguir em possível ação declaratória de nulidade da convenção arbitral a situação de negócio celebrado por autoridade incapaz para tanto.

O efeito prático da alegação do defeito do negócio jurídico, qualificado como nulidade absoluta, é a de que o juiz togado estaria obrigado a conhecê-lo *ex officio*. Graças ao grau de defeito do negócio jurídico, a arbitragem estaria, portanto, impedida de ser instituída.

As anulabilidades decorrentes de incapacidade relativa do agente ou de vícios resultantes de erro, dolo, coação, estado de perigo, lesão ou fraude contra credores são hipóteses de difícil previsão nos negócios jurídicos arbitrais. Dependem ainda da alegação da parte e se sujeitam a convalidação.

Por conta disso, em sentido totalmente oposto à nulidade absoluta, na nulidade relativa não haveria problemas na instalação do tribunal arbitral, sendo que o manejo da ação anulatória não impediria e não suspenderia o processo arbitral.

Nesse caso, como há um abrandamento do defeito do negócio jurídico, a alegação das hipóteses de anulabilidade da convenção de arbitragem como defesa, em eventual ação de execução específica para a instituição de arbitragem, não impediria de per si o transcurso da ação e, após a instituição do painel, o transcurso da arbitragem.

Disso se extrai que a partir do princípio da competência-competência, não se tratando de uma nulidade absoluta, e instituído o tribunal arbitral, caberia aos árbitros a análise de eventual anulabilidade da convenção quanto a algum ponto. Ou seja, diferente da nulidade absoluta, na nuli-

---

[226] Para Carlos Ary Sundfeld, haveria duas possibilidades de convalidação; na primeira, o ato deveria ser repetido sem vícios e assim a convalidação lhe daria uma nova vida. A segunda forma seria pela retroação do ato, sem os vícios do ato anterior. (SUNDFELD, Carlos Ari. *Ato administrativo inválido*. São Paulo: Revista dos Tribunais, 1990).

dade relativa não só é perfeitamente possível a instauração do painel, como reforça-se a competência dos árbitros para a análise dos vícios de vontade.

Dessa forma, uma vez prevista a cláusula compromissória, caso eventualmente se aleguem vícios típicos dos negócios jurídicos, tais como erro, dolo, coação, fraude e simulação, caberá aos árbitros, ou seja, ao juízo arbitral, o conhecimento de tal alegação e a imposição de uma decisão.

Ressalta-se que para forçar a instalação do painel arbitral, seria perfeitamente possível o manejo da ação do artigo 7º da Lei de Arbitragem, ainda que a parte resistente alegue a existência da nulidade. Aqui, a ação do artigo. 7º garante o *enforcement*, e os princípios da *kompetenz-kompetenze* da *separability* garantem ao árbitro a análise da existência ou não da nulidade. O árbitro é, portanto, o primeiro juiz, que reconhece sua jurisdição sobre o caso.

O caso Prima Paint. Corp. *v.* Flood & Conklin Mfg. Co.[227] foi o *leading case* do direito norte-americano, pelo qual se reconheceu o princípio da separação da cláusula arbitral em relação ao próprio contrato. O

---

[227] O *leading case* sobre essa matéria é o seguinte: "*Prima Paint Corp. v. Flood & Conklin Mfg. Co. (388 U.S. 395 (1967), is a United States Supreme Court decision that established what has become known as the 'separability principle' in contracts with arbitration clauses. Following an appellate court ruling a decade earlier, it reads the 1925 Federal Arbitration Act (FAA) to require that any challenges to the enforceability of such a contract first be heard by an arbitrator, not a court, unless the claim is that the clause itself is unenforceable. The case arose from a claim by a New Jersey manufacturer that a Maryland firm had misrepresented itself in a transaction and thus the contract between the two was unenforceable, precluding the arbitration agreed upon in the event of a dispute. Abe Fortas wrote for a 6-3 majority that the FAA was broad enough to require arbitration of all issues save the arbitration clause itself. Hugo Black's dissent called the majority's interpretation overbroad and at odds with Congressional intent in passing the law. He feared it would put legal matters in the hands of arbitrators with little or no legal understanding of it nor duty to follow the law. In subsequent cases concerning the FAA, the Court has reaffirmed the separability principle and held that the FAA and this reading of it apply to arbitrable contracts under state law, even in cases where the contract is alleged to be illegal or state law provides for administrative dispute resolution. This has been seen as expanding the use of arbitration in contracts in the later 20th century, not only those between businesses but between businesses and consumers as well.*" (Disponível em: <https://en.wikipedia.org/wiki/Prima_Paint_Corp._v._Flood_%26_Conklin_Manufacturing_Co.>. Acesso em: 23 nov. 2015. Mais informações e a completa bibliografia do caso estão disponíveis em: <https://

julgado interpretou a lei de arbitragem americana, o *Federal Arbitration Act* de 1925, de maneira que o primeiro julgador a analisar a aplicabilidade/validade da cláusula arbitral deve ser o árbitro, e não o juiz togado.

A consequência prática desse julgado, não somente para o direito americano, mas para o direito internacional, sobretudo a doutrina arbitral, diz respeito o fato de que eventuais alegações de nulidades dos contratos não impõem de per si a nulidade da cláusula arbitral, eis que esta é separada daqueles, sendo que cabe ao árbitro a análise da validade da cláusula arbitral.

Por esse mesmo fato, se a Fazenda Pública impuser unilateralmente elementos potestativos e tipicamente exorbitantes ao negócio jurídico arbitral, caberá à parte *ex adversus*, demonstrar que tais elementos não são negociais, ou seja, carregam um vício no negócio jurídico, eis que, pelo princípio da *separação* o negócio jurídico arbitral não se confunde com as demais cláusulas exorbitantes do restante do contrato.

Essa discussão deve se dar no ambiente do processo arbitral, e não no processo judicial. Não haveria espaço, portanto, para que a Fazenda Pública tentasse valer-se de eventual medida antiarbitragem para impor, perante o Poder Judiciário, eventual elemento potestativo e não negocial, inserido no bojo da cláusula compromissória, tudo por conta da autonomia da cláusula arbitral e da competência-competência. Da mesma forma, caberá ao aderente da cláusula arbitral potestativa levar ao painel arbitral o reclamo quanto aos vícios do negócio jurídico, e não tentar tal anulação perante o Judiciário.

2.3.2.1 Possibilidade do árbitro fazer a análise de elementos potestativos da cláusula arbitral envolvendo a Fazenda Pública

Pois bem, embora a Fazenda Pública venha sucessivamente colocando elementos potestativos nas cláusulas compromissórias, isso de per si não significa uma impossibilidade de os árbitros analisarem a validade de tais elementos e sua inserção unilateral.

Um primeiro elemento a ser analisado diz respeito à indicação unilateral da câmara arbitral. Haveria o dever de essa câmara aceitar a

---

www.law.cornell.edu/supremecourt/text/388/395> e <https://supreme.justia.com/cases/federal/us/388/395/case.html>.

arbitragem envolvendo a Fazenda Pública, se a cláusula não se encaixa perfeitamente no regulamento?

A resposta deve ser negativa. Por primeiro, se a cláusula compromissória não se encaixa no regulamento da câmara e uma das partes se reserva o direito de unilateralmente e de forma impositiva escolher a câmara, nem por isso surge o dever da câmara arbitral aceitar o litígio.

Analisando *v.g.* o Regulamento CCI, no artigo 6º (3) nasce a hipótese de a Corte entender que, embora a Fazenda indique a CCI como tribunal, a cláusula não se trata de uma "cláusula CCI", e a arbitragem pode ser recusada:

> "Caso alguma das partes contra a qual uma demanda é formulada não apresente uma resposta, ou formule uma ou mais objeções quanto à existência, validade ou escopo da convenção de arbitragem ou quanto à possibilidade de todas as demandas apresentadas serem decididas em uma única arbitragem, a arbitragem deverá prosseguir e toda e qualquer questão relativa à jurisdição ou à possibilidade de as demandas serem decididas em conjunto em uma única arbitragem deverá ser decidida diretamente pelo tribunal arbitral, a menos que o Secretário Geral submeta tal questão à decisão da Corte de acordo com o artigo 6°(4)."

Dessa forma, a mera indicação unilateral de uma das partes não significa de per si o aceite por parte do tribunal indicado. Uma segunda situação diz respeito à possibilidade do painel formado acolher a alegação de nulidade parcial da cláusula, no que diz respeito a elementos potestativos e não negociais, inseridos unilateralmente pela Fazenda.

Essa segunda situação é distinta, pois parte do pressuposto de que o tribunal aceitou a arbitragem institucional, e uma vez escolhidos os árbitros, estes passem a fazer o controle da validade da cláusula arbitral.[228]

---

[228] Embora se tratando de arbitragem internacional, a CCI já afastou a aplicação do direito nacional e das consequentes prerrogativas do Estado decorrentes do direito nacional, quando não houve estipulação prévia contratual da aplicação deste direito. "En un laudo CCI de 1992 donde las partes non habían especificado el derecho aplicable al contrato estatal que constituía el objeto de la controversia (un contrato del exploración petrolífera), el Estado, parte demandada, sostenía entonces sólo podía estar sujeto al derecho público del Estato. El laudo ha rechazado la posición del Estado y ha decidido que – a falta de acuerdo entre las partes sobre un derecho nacional – un contrato de Estado sería sometido a las disposiciones del

Essa situação também é prevista em regulamentos, tal qual o da CCI. Neste, o artigo 6º (4) prevê: “Em todos os casos submetidos a Corte, de acordo com o artigo 6° item 3, esta deverá decidir se, e em que medida, a arbitragem deverá prosseguir. A arbitragem deverá prosseguir se, e na medida em que, a Corte esteja *prima facie* convencida da possível existência de uma convenção de arbitragem de acordo com o Regulamento”. E, por fim, o artigo 6º (5) diz: “Em todos os casos decididos pela Corte de acordo com o artigo 6° item 4, qualquer decisão relativa à competência do tribunal arbitral, exceto com relação a partes ou demandas a respeito das quais a Corte decida que a arbitragem não deve prosseguir, será tomada pelo próprio tribunal arbitral.”

Assim, regulamentos altamente evoluídos, como o da CCI, caso seja necessário, já possuem duas fases de análise da cláusula compromissória, de admissibilidade da arbitragem, que pode ser feita pela Corte, e uma segunda, de análise e validade da cláusula compromissória, a ser realizada pelo tribunal arbitral.

2.3.2.2 Os árbitros e o controle do mérito administrativo

Assim como os magistrados podem rever o mérito administrativo, ou seja, proceder à análise judicial dos critérios de conveniência e oportunidade da Administração, surge o questionamento quanto à possibilidade dessa análise por parte dos árbitros.

A conceituação do mérito administrativo remonta aos atos administrativos discricionários, nos quais a Administração Pública, no alcance do interesse ou finalidade públicos, pode praticar atos discricionários e, a partir desse juízo de conveniência e oportunidade, adequar sua atuação administrativa. Tal perspectiva contrapõe-se aos atos administrativos vinculados, nos quais o conteúdo do ato é restrito, via de regra por lei, impondo uma alternativa fechada para ser praticado.

---

contrato y a los usos del comercio internacional y los contratos internacionales. La novedad de este laudo está en el hecho de que se desestiman completamente las prerrogativas del Estado y el convenio celebrado por el Estado con una parte privada es sometido a los principio que gobiernan el derecho comercial ordinário” (MALINTOPPI, Loretta. La jurisprudencia arbitral de la CCI relativa a los contratos de Estado. *Revista de Arbitragem e Mediação*, São Paulo, Revista dos Tribunais, v. 1, n. 2, p. 188, maio/ago. 2004).

Historicamente a doutrina refutou a possibilidade de o Poder Judiciário invadir a seara administrativa, coibindo assim o controle judicial do mérito administrativo.[229]

Com o advento da Constituição de 1988 e o princípio da inafastabilidade da jurisdição, bem como de sucessivas correntes que privilegiam o ativismo judicial[230], passou-se a um movimento de interpretação dos atos administrativos à luz dos princípios constitucionais, associado a uma ocupação de espaço do Poder Executivo por parte do Poder Judiciário.

Esse movimento encontra hoje profunda simpatia tanto da doutrina[231] quanto da jurisprudência, sobretudo em questões afetas a direitos sociais.

---

[229] Nesse sentido, toda a doutrina clássica caminha em negar o controle judicial do mérito administrativo: CRETELLA JÚNIOR, José. *Dos atos administrativos especiais*. 2. ed. Rio de Janeiro: Forense, 1995; MEDAUAR, Odete. *Direito administrativo moderno*. 14. ed. rev., atual. e ampl. São Paulo: Revista dos Tribunais, 2010; FREITAS, Juarez. *O controle dos atos administrativos e os princípios fundamentais*. 4. ed. refund. e amp. São Paulo: Malheiros, 2009; MEIRELLES, Hely Lopes. *Direito administrativo brasileiro*. 36. ed., atual. São Paulo: Malheiros, 2010); DI PIETRO, Maria Sylvia Zanella, *Direito administrativo*, 22. ed., 2009, cit.); MELLO, Celso Antônio Bandeira de. *Curso de direito administrativo*. 29. ed. rev. e atual. até a Emenda Constitucional 68, de 21.12.2011. São Paulo: Malheiros, 2012.

[230] Para Elival Ramos, o ativismo judicial se consubstancia no "exercício da função jurisdicional para além dos limites impostos pelo próprio ordenamento que incumbe, institucionalmente, ao Poder Judiciário fazer atuar, resolvendo litígios de feições subjetivas (conflitos de interesse) e controvérsias jurídicas de natureza objetiva (conflitos normativos)". O autor, por sua vez posiciona-se contrário a tal movimento (RAMOS, Elival da Silva. *Ativismo judicial*: parâmetros dogmáticos. São Paulo: Saraiva, 2010. p. 129).

[231] Dentre os autores que ressaltam a importância do ativismo judicial, destacamos: BARROSO, Luis Roberto. *Curso de direito constitucional contemporâneo*: os conceitos fundamentais e a construção do novo modelo. São Paulo: Saraiva, 2009; TAVARES, André Ramos. *Curso de direito constitucional*. 6. ed. rev. e atual. São Paulo: Saraiva, 2008; e SARMENTO, Daniel. O neoconstitucionalismo no Brasil: riscos e possibilidades. In: FELLET, André Luiz Fernandes; PAULA, Daniel Giotti de; NOVELINO, Marcelo (Orgs.). *As novas faces do ativismo judicial*. Salvador: JusPodivm, 2011. p. 73-114.

No que tange a uma suposta possibilidade de o árbitro avaliar o mérito administrativo da opção pela arbitragem feita pelo administrador, aparentemente isso se encontra fora dos limites de sua atuação.

Por primeiro, o mérito administrativo, ou seja, o juízo de valor na opção pela arbitragem, seria uma questão antecedente à própria arbitragem, ou seja, o árbitro estaria limitado a resolver o conflito a partir da escolha pela arbitragem. O administrador, ao afastar a jurisdição voluntariamente, não deu poderes para o árbitro analisar a sua opção. Segundo, o mérito administrativo é inarbitrável objetivamente, eis que não se trata de um direito patrimonial disponível que possa ser transferido para o árbitro.

O terceiro argumento diz respeito à comparação da impossibilidade de controle judicial de atos discricionários administrativos com a mesma impossibilidade em relação aos árbitros.

2.3.3 Efeito delimitador da convenção de arbitragem

Tal qual nas partes privadas, a convenção de arbitragem envolvendo o Poder Público também está submetida ao efeito delimitador. Nesse sentido, podemos observar que a convenção de arbitragem possui uma extensão objetiva, qual seja o litígio posto na arbitragem, e uma extensão subjetiva, demonstrando quem são as partes em litígio.[232]

Quanto à extensão objetiva, a convenção de arbitragem deve trazer com clareza tudo aquilo que deve ser decidido pelo juízo arbitral. O problema ocorre, via de regra, pela opção de uso de cláusulas genérica, impondo que todos os litígios de determinado contrato venham a ser resolvidos pela arbitragem[233]. A partir disso, a controvérsia se instaura muitas

---

[232] Para Luiz Fernando Guerrero, a matéria seve ser analisada em três pontos: i) as partes; ii) o objeto da arbitragem; iii) e direitos e deveres decorrentes da convenção de arbitragem no processo arbitral (GUERRERO, Luis Fernando, *Convenção de arbitragem e processo arbitral*, cit., p. 138-146).

[233] Nesse sentido, aponta Dinamarco: "Nesse contexto figuram as chamadas *fórmulas amplas* da cláusula compromissória, nas quais se faz alusão a todas as controvérsias *arisin out or for in connection with the presente contract.* Cláusulas como essa, estimuladas pelo regulamento da Comissão Internacional de Comércio (CCI), produzem o efeito de evitar 'fórmulas que se tenham preferencialmente em um rol de tipo de controvérsia (validade, interpretação, execução do contrato)' – salientando o articulista Piero Bernardini que um rol como esse 'pode, quando chegar a hora,

vezes e as partes optam por não se valer da arbitragem em casos economicamente inviáveis, tais como obrigações contratuais acessórias.

Nesses casos de dúvida é que o *favor arbitral* aparece, sendo ele uma regra de interpretação, impondo ao árbitro que, na hipótese de dúvida razoável quanto aos limites da convenção arbitral, deve prevalecer a situação de maior amplitude e abrangência, valorizando assim o instituto da arbitragem sobre a jurisdição clássica. Isso pode levar as partes a situações indesejáveis, sendo que a boa técnica de redação de cláusulas contratuais deve prevalecer, em detrimento daquela em que o terceiro impõe a decisão.

Por conta disso, uma cláusula excessivamente genérica pode não ser de grande valia para as partes e, da mesma forma, para a Fazenda Pública, que acaba por perder a grande vantagem da especificidade de cláusulas arbitrais em atender a qualidade do contrato, o que ficou conhecido como *taylor made*. Daí nasce a importância de bem elaborar a cláusula arbitral, evitando que contratos complexos, comuns na Administração Pública, e com prazos de longa duração, com inúmeras obrigações principais e acessórias, utilize uma fórmula que venha a abarcar litígios que possam surgir, e que possam desinteressar uma das partes à submissão ao processo arbitral.[234-235]

---

reservar alguma *surpresa*' para os litigantes. Valer-se de cláusulas assim amplas que evitam confinamentos do objeto da arbitragem, não será estender objetivamente a convenção, mas somente ir pelo caminhos autorizados por ela própria, segundo os limites da vontade expressa pelos próprios comprometentes." (DINAMARCO, Cândido Rangel, *A arbitragem na teoria geral do processo*, cit., p. 98-99).

[234] Carlos Alberto Carmona vai no mesmo sentido, apontando que "na dúvida a convenção de arbitragem se interpreta no sentido de que a competência arbitral se estende a todas as controvérsias que derivem do contrato ou da relação a que a convenção se refere" (CARMONA, Carlos Alberto, *Arbitragem e processo*: um comentário à Lei nº 9.307/96, 2. ed., 2007, cit., p. 99).

[235] Vejamos que o regulamento da CCI a parte ao requerer a instauração da arbitragem deve: "Art. 4º. A parte que desejar recorrer à arbitragem segundo o Regulamento deverá apresentar o seu Requerimento de Arbitragem (o 'Requerimento') à Secretaria em qualquer de seus escritórios especificados no Regulamento Interno. A Secretaria notificará o requerente e o requerido do recebimento do Requerimento e da data de tal recebimento". Além disso, esse requerimento deve conter a seguinte informação: "Art. 4º, 3, 'c'. Descrição da natureza e das circunstâncias do litígio que deu origem às demandas e os fundamentos sob os quais tais demandas são formuladas."

Quanto à extensão subjetiva, vigora o princípio da *pacta sunt servanda*, em que o negócio jurídico arbitral vincula os signatários da cláusula arbitral.

No que tange à Fazenda Pública, há os casos em que o Estado é controlador de sociedades de economia mista[236] que assinam cláusulas compromissórias. São de sociedades de economia mista o Metrô e a Sabesp, que possuem o regime jurídico privado, sendo o Estado de São Paulo controlador ou acionista controlador.

Embora as companhias prestadoras de serviço público possuam regime jurídico privado e não estejam sujeitas a falência, eventuais condenações em sede de arbitragem podem causar grandes prejuízos ao erário, que efetivamente terá que integralizar o dano patrimonial causado pela sentença arbitral condenatória.

Nessa posição de garante da obrigação alheia, e não signatário da convenção arbitral, questiona-se a posição que deve tomar o erário.

Em princípio, o Estado, ao criar esse tipo de empresa para a prática de atividade pública, visa a unir dois princípios, o da eficiência do serviço público com a dinâmica da iniciativa privada. Embora o regime jurídico seja privado, não se pode afastar a finalidade pública, e qualquer tipo de desvirtuação dos estatutos sociais deve ser tratada como "forma anômala de privatização".[237]

---

[236] A situação do Estado é diferente das dos grupos societários em que a expansão subjetiva da demanda aparece de forma mais agressiva e corriqueira. Conforme aponta Dinamarco: "Isso ocorre com boa frequência em *matéria societária*, vendo-se uma tendência dos painéis arbitrais a atrair à arbitragem sociedades integrantes do mesmo *grupo econômico* do qual participa uma das signatárias. A *confusão patrimonial* eventualmente existente nesses casos seria fator legitimante da *desconsideração da personalidade jurídica*, legitimando a extensão subjetiva da convenção. Embora em tais hipóteses a ampliação seja em tese admissível, sua imposição em casos concretos condiciona-se aos pressupostos da própria *desconsideração*, a qual é em si mesma excepcional no sistema jurídico e não deve ser prodigalizada obsessivamente." (DINAMARCO, Cândido Rangel, *A arbitragem na teoria geral do processo*, cit., p. 102).

[237] PINTO JUNIOR, Mario Engler. *O Estado como acionista controlador*. 2009. 516 p. Tese (Doutorado) – Faculdade de Direito da Universidade de São Paulo, São Paulo, 2009. p. 482.

Por conta disso, embora o Estado venha a buscar a finalidade pública, há uma sujeição às regras de mercado, que podem levar tanto ao sucesso da empreitada, como eventualmente ao fracasso. O mesmo ocorre nos litígios em que a companhia se submete.

Entretanto, não parece adequado que, uma vez que o Estado não participou da assinatura da convenção arbitral, venha a comparecer nas arbitragens em que a sociedade de economia mista é ré, numa situação de garante da obrigação. Por conta disso, as arbitragens em que a sociedade de economia mista é parte na convenção de arbitragem, embora tenha o Estado como controlador, não devem obrigatoriamente contar com a participação deste; embora o Estado controle os destinos da empresa, ela deve ser autônoma, não se sujeitando nem a um *sacrifício*[238] pelo Estado, e nem à ambição lucrativa dos acionistas[239]. O modelo de cogestão, em que há a convivência entre Estado e investidores, é o menos conflituoso[240] e, portanto, deve ser adotado.

---

[238] "Entretanto, o Estado não está legalmente autorizado a impor qualquer tipo de sacrifício patrimonial à companhia controlada em prol do interesse público. O exercício qualificado do poder de controle acionário não pode chegar ao ponto de subverter o tipo societário e violar o direito essencial de participar dos lucros sociais (cf. art. 109 da Lei 6404/76), nem tampouco fazer tábula rasa do direito de propriedade assegurado constitucionalmente." (PINTO JUNIOR, Mario Engler, *O Estado como acionista controlador*, cit., p. 482).

[239] "Não faz sentido porém a empresa estatal adotar política agressiva de distribuição de dividendos (ou pagamento de juros sobre o capital próprio), sob pena de limitar sua capacidade de autofinanciamento. A empresa estatal não deve ser vista exclusivamente como instrumento de geração de receitas para reforçar o caixa do tesouro (enquanto único acionista ou acionista majoritário), nem tampouco para enriquecer acionistas privados além da taxa de retorno considerada razoável para remunerar o custo do capital próprio segundo padrões usuais de mercado." (PINTO JUNIOR, Mario Engler, *O Estado como acionista controlador*, cit., p. 482).

[240] "A convivência do Estado com investidores privados no âmbito da sociedade de economia mista representa um modelo de governança menos conflituoso, dotado de condições e adaptabilidade a vicissitudes futuras e portanto, mais cooperativo." (PINTO JUNIOR, Mario Engler, *O Estado como acionista controlador*, cit., p. 482).

Por conta disso, não se vislumbra um dever na participação do Estado como parte nas arbitragens em que uma sociedade de economia mista figura como litigante.[241]

Dessa forma, o Estado, que já não era parte, por não integrar a convenção, não deve ser compelido a participar da arbitragem[242]. E, se convidado, por se tratar de controlador da sociedade de economia mista, não tem a princípio qualquer dever de participação, sobretudo na condição de garante da companhia, deixando ela livre para seguir seu próprio destino.

2.4 Análise da proposta de cláusula padrão do Estado de São Paulo

Tal qual o Decreto n. 8.465/2015, que regula a arbitragem nos litígios decorrentes das relações jurídicas das concessões de portos, é natural que a Administração Pública, ainda de certa forma desconfiada e insegura na utilização da arbitragem, procure instrumentos jurídicos protetivos.

Como de costume, o Decreto n. 8.465/2015 não fez outra coisa senão procurar tornar a arbitragem um simulacro do processo judicial em que a Fazenda Pública é parte, importando diversas das prerrogativas processuais da Fazenda, bem como impondo elementos potestativos à convenção de arbitragem.

Não se deu conta que o processo arbitral parte de pressupostos absolutamente distintos, como a negociação entre partes, calcada na autonomia da vontade e na disponibilidade de bens. Não há que se falar em

---

[241] O artigo 7º do Regulamento da CCI, assim como outros, permite a integração de acionistas: "Art. 7º. A parte que desejar integrar uma parte adicional à arbitragem deverá apresentar à Secretaria requerimento de arbitragem contra a parte adicional ('Requerimento de Integração'). A data na qual o Requerimento de Integração for recebido pela Secretaria deverá, para todos os fins, ser considerada como a data de início da arbitragem em relação à parte adicional. Qualquer integração estará sujeita ao disposto nos artigos 6°(3), 6°(7) e 9°. Nenhuma parte adicional será integrada após a confirmação ou nomeação de qualquer árbitro, a menos que todas as partes, inclusive a parte adicional, estejam de acordo. A Secretaria poderá fixar prazo para a submissão do Requerimento de Integração."

[242] No mesmo sentido de que o elemento vontade é essencial para participação de arbitragens e mostrando-se contrário a ampliações subjetivas da demanda, encontra-se: CARMONA, Carlos Alberto, *Arbitragem e processo*: um comentário à Lei nº 9.307/96, 2. ed., 2007, cit., p. 82-83; e GUERRERO, Luis Fernando, *Convenção de arbitragem e processo arbitral*, cit., p. 138-146.

negociação em posições distintas, quando as partes estão em desigualdade de plano. Não há acordo sem conjunção de vontades. Daí se extrai que não há acordo de vontades quando uma das partes não desce do pedestal dourado, permitindo assim a confluência de desígnios.

Pois bem, o Estado de São Paulo, tal qual a União[243], seguindo a linha da busca de uma regulamentação para o uso de arbitragem em parcerias público privadas, veiculou o produto de um grupo de trabalho que procurou formular cláusula padrão a ser inserida nos contratos daquele tipo[244]. O assunto inclusive repercutiu na mídia especializada no tema.[245]

O estudo partiu da premissa de uma Administração moderna e preocupada com os interesses do cidadão, e que, diante da complexidade das relações jurídicas postas, busca conciliar mecanismos de solução consensual, despindo-se de sua supremacia e "admitindo sua proximidade

---

[243] A Procuradoria Geral Federal, por meio da Portaria nº 1, de 15 de julho de 2010, instituiu grupo de trabalho visando à elaboração de uma proposta de regulamentação da câmara de arbitramento. Segundo Bruno Andrade Costa, demonstrando as conclusões do grupo: "Recomenda-se a utilização apenas da arbitragem de direito, sem restrição da aplicação da legislação vigente [...] não se pode admitir também instituição da arbitragem sobre fatos que possam ensejar o exercício de poder de polícia." (COSTA, Bruno Andrade; MARTINS, Danilo Ribeiro Miranda. Arbitragem exercida por entes públicos: uma proposta de regulamentação. *Fórum Administrativo*, v. 11, n. 122, p. 41, abr. 2011). No mesmo sentido Flavio Kubota, na qualidade de membro do grupo de trabalho que avaliou os impactos da reforma do Judiciário no âmbito da AGU e PGFN (KUBOTA, Flavio Hiroshi. Análise acerca da utilização do instituto da arbitragem pela administração pública e em parcerias público-privadas. *Boletim de Licitações e Contratos*, São Paulo, v. 19, n. 5, p. 445-451, maio 2006).

[244] São autores da proposta André Rodrigues Junqueira, Maria Beatriz de Oliveira e Michelle Manaia Santos (JUNQUEIRA, André Rodrigues; OLIVEIRA, Mariana Beatriz Tadeu de; SANTOS, Michelle Manaia. Cláusula de solução de controvérsias em contratos de parcerias público-privadas: estudo de casos e propostas de redação. *Revista da Procuradoria Geral do Estado de São Paulo*, São Paulo, n. 77/78, p. 285-314, jan./dez. 2013).

[245] MARTINES, Fernando. São Paulo padroniza cláusula arbitral em contratos de PPPs e gera polêmica. *Revista Consultor Jurídico*, 11 de agosto de 2015. Disponível em: <http://www.conjur.com.br/2015-ago-11/sp-padroniza-clausula-arbitral-contratos-gera-polemica>. Acesso em: 20 nov. 2015.

com os cidadãos e a necessidade de reconhecer eventuais deveres perante os mesmos".[246]

No que tange aos pressupostos necessários da cláusula arbitral, nenhum reparo há que ser feito, eis que aquele grupo de autores partiu dos seguintes conceitos: o idioma a ser utilizado nas arbitragens envolvendo o Estado de São Paulo deve ser o português; a arbitragem deve realizada no Brasil; o direito deve ser nacional; o uso da equidade é vedado; o princípio da publicidade deve ser atendido.

A opção dos autores foi a de positivar tais matérias nos itens 1, 2, 3 e 4 da proposta[247]. Esses pressupostos decorrem do princípio da legalidade, insculpido no texto constitucional, sobretudo nos princípios da Administração Pública, sendo desnecessária a formulação. Por sua vez, a vedação do uso da equidade também foi positivada pela reforma da Lei n. 13.129/2015.

Os autores do referido estudo preferiram a adoção da sede da arbitragem, matéria não prevista na Lei de Arbitragem brasileira, que somente trata da arbitragem nacional quando a sentença for proferida no Brasil (critério de estraneidade da sentença).

Nesse ponto, também se mostra impositivo por parte do Estado um critério não previsto pela legislação. No modelo da CCI, por exemplo, impõe-se que a sede seja convencionada pelas partes:

> Art. 18. Sede da arbitragem. 1. A sede da arbitragem será fixada pela Corte, salvo se já convencionada entre as partes. 2. A menos que

---

[246] JUNQUEIRA, André Rodrigues; OLIVEIRA, Mariana Beatriz Tadeu de; SANTOS, Michelle Manaia, Cláusula de solução de controvérsias em contratos de parcerias público-privadas: estudo de casos e propostas de redação, cit., p. 288.

[247] A proposta de cláusula padrão nesses itens são: "1. Qualquer disputa ou controvérsia entre as partes contratantes que não seja dirimida de forma consensual ou pela Comissão Técnica será submetida à Arbitragem, de acordo com Lei federal nº 9.307/96. 2. A arbitragem será institucional e realizada em língua portuguesa, com sede no Brasil e utilização da legislação de direito material nacional. 3. Os atos do processo arbitral serão públicos, ressalvadas as hipóteses de sigilo decorrentes da lei, de segredo de justiça, de segredo industrial ou quando imprescindível à segurança da sociedade e do Estado. 4. Os árbitros não poderão proferir juízo de equidade." (JUNQUEIRA, André Rodrigues; OLIVEIRA, Mariana Beatriz Tadeu de; SANTOS, Michelle Manaia, Cláusula de solução de controvérsias em contratos de parcerias público-privadas: estudo de casos e propostas de redação, cit., p. 310).

tenha sido convencionado de outra forma pelas partes, o tribunal arbitral poderá, após tê-las consultado, realizar audiências e reuniões em qualquer outro local que considerar apropriado. 3. O tribunal arbitral poderá deliberar em qualquer local que julgue apropriado.

No que tange à compulsoriedade da arbitragem institucional, embora seja reconhecidamente mais vantajosa[248] para ambas as partes, conforme a doutrina vem demonstrando, a sua imposição por parte do Estado traz um viés potestativo à clausula.

Da mesma forma, o grupo de autores formulou proposta impondo a limitação da publicidade da arbitragem, quando imprescindível à segurança da sociedade e do Estado.

Ambos são critérios subjetivos que não podem constar numa cláusula arbitral. Nesse sentido, a proposta de cláusula padrão encontra-se em desacordo com o artigo 2º, parágrafo 3º, da Lei de Arbitragem, que prevê: "A arbitragem que envolva a administração pública será sempre de direito e respeitará o princípio da publicidade". Nesse sentido, qualquer limitação, sobretudo imposta por uma das partes em relação à outra, viola dois princípios: o primeiro, como já ressaltado, da autonomia da vontade e negociabilidade; e o segundo, o direito à informação de terceiros, que podem não concordar com a imposição de sigilo do Estado quanto ao procedimento arbitral.

Quanto à arbitrabilidade objetiva, a proposta de cláusula padrão enveredou por eleger matérias arbitráveis em sete hipóteses[249]. Existe ainda uma cláusula de escape, pois caso as partes não se conformem com apenas

---

[248] CARMONA, Carlos Alberto, *Arbitragem e processo*: um comentário à Lei nº 9.307/96, 2. ed., cit., p. 118-130.

[249] "Item 5. As partes contratantes poderão submeter à arbitragem os seguintes conflitos:(i) reconhecimento do direito e determinação do montante respectivo da recomposição do equilíbrio econômico-financeiro, em favor de qualquer das partes, em todas as situações previstas no Contrato de Concessão; (ii) reconhecimento de hipóteses de inadimplemento contratual de qualquer das partes ou anuentes; (iii) cálculo e aplicação de reajuste previsto no Contrato de Concessão; (iv) acionamento dos mecanismos de garantia estipulados no Contrato de Concessão; (v) valor da indenização no caso de extinção do Contrato de Concessão; (vi) inconformismo de qualquer das partes com a decisão da Comissão Técnica."

essas sete, podem de comum acordo eleger outras matérias relacionadas à interpretação e execução do contrato de concessão.[250]

Ocorre que novamente a Lei de Arbitragem não previu essa limitação da arbitrabilidade objetiva, sobretudo quando imposta por uma das partes em relação à outra. No momento em que o Estado passa a imprimir sua vontade, limitando a um pequeno rol as matérias arbitráveis, comete novamente um duplo vício. O primeiro novamente é o de tornar a cláusula compromissória potestativa. A segunda é cometer uma ilegalidade frente ao previsto na Lei de Arbitragem, eis que a Administração Pública direta e indireta poderá utilizar a arbitragem sem qualquer limitação contida na lei geral, para dirimir conflitos relativos a direitos patrimoniais disponíveis.

Por sua vez, o item 6 da cláusula padrão é desnecessário, pois se as partes podem se valer da arbitragem para direitos patrimoniais indisponíveis, e durante a execução do contrato ou na interpretação de suas obrigações surgir algum conflito que entendam necessária e vantajosa a submissão ao procedimento arbitral, basta a estipulação do compromisso.

A opção do grupo de autores foi de que Fazenda Pública deveria explicitar as situações arbitráveis. Na verdade, a arbitragem é mais um mecanismo de solução de controvérsias à disposição das partes. Se, durante a execução do contrato, as partes entenderem necessário socorrerem-se de algum mecanismo, tal qual a peritagem, o *dispute board* ou a mediação, basta que elas convencionem a esse respeito, buscando uma solução adequada para o litígio. Criam-se falsos monstros na solução adequada de litígios. Se não houver convenção entre as partes para a identificação do litígio e da forma mais adequada de solução, realmente é necessário que as partes optem pela jurisdição.

A fim de evitar provavelmente a paralisação de obras, o item 7 prevê que "a instauração do procedimento arbitral não desonera as partes de cumprirem suas obrigações contratuais". Tal norma configura uma limitação de poderes do árbitro e das hipóteses em que se pode alegar a exceção de contrato não cumprido, autorizando a parte a deixar de prestar serviços públicos de forma contínua.

---

250 "Item 6. As partes poderão, ainda, submeter à arbitragem, de comum acordo, outras controvérsias relacionadas com a interpretação ou execução do Contrato de Concessão, delimitando claramente o seu objeto no compromisso arbitral."

A Constituição Federal prevê o princípio da continuidade do serviço público, mas não limita os juízes quanto à sua aplicação, deixando, portanto, que a decisão seja tomada no caso concreto. Da mesma forma, aplicando-se o direito nacional, os árbitros devem observar o princípio da continuidade do serviço público e, no caso litigioso, avaliar o caso concreto.

Outro ponto que chama atenção é a "escolha unilateral da câmara" por parte da Fazenda Pública, cláusula cuja redação forma impede qualquer exercício de negociabilidade entre as partes, podendo ser considerada potestativa[251]. Assim, a Fazenda, ao impor determinada câmara, ainda que possua vasta experiência, pode optar por aquele que atende somente a possíveis interesses procedimentais do Estado. Porém, tal redação não atenta ao fato de que a parte que se viu tolhida da escolha pode pedir ao painel, uma vez instituído, a anulação parcial da cláusula nesse ponto, que é potestativo.

Uma vez anulada a cláusula no ponto referente à "escolha unilateral" da câmara, duas saídas restam: a primeira é as partes decidirem de forma consensual e negocial por uma câmara; ou as partes não chegarem a um acordo, restando ao árbitro remeter as partes a juízo, para que o haja uma decisão quanto à escolha da câmara. A anulação da cláusula compromissória nesse ponto faz com que a cláusula se torne vazia, abrindo espaço para a ação judicial prevista no artigo 7º da Lei de Arbitragem.

A simples exigência de "câmara de notório reconhecimento' passa a ser uma expressão vaga nas arbitragens envolvendo a Fazenda Pública, eis que não se tem notícias de um grande número de processos arbitrais envolvendo a Administração direta. Nem se diga quanto a "regulamento adaptado". Por essa expressão, a CCI, que é a câmara de maior reconhecimento e volume de negócios globais, estaria afastada, pois não possui um

---

251 "Item 8 A escolha da câmara arbitral será exercida pela contratante, dentre as instituições de notório reconhecimento, com regulamento adaptado as arbitragens estatais e que possuam profissionais com experiência na matéria em litígio, em até 30 dias (trinta) dias contados da apresentação da controvérsia por qualquer das Partes, via comunicação formal à outra parte. O procedimento arbitral observará o Regulamento da Câmara de Arbitragem adotada, bem como o disposto na Lei nº 9.307/96 e subsequentes alterações, assim como com as disposições constantes deste Contrato. Caso o Poder concedente não indique a Câmara de Arbitragem no prazo acima indicado, caberá ao Parceiro Privado fazê-lo, no mesmo prazo, com base nos mesmos critérios."

regulamento distinto e adaptado para as arbitragens envolvendo a Fazenda Pública. Aliás até hoje foi a única câmara utilizada pela Fazenda do Estado de São Paulo.

Por outro lado, ao excluir a negociabilidade, as partes poderiam optar por uma customização do procedimento, e dessa forma, o tribunal arbitral, sem o devido regulamento adaptado, poderia atender ao pedido consensual das partes.

Quanto à escolha dos árbitros, a proposta de cláusula padrão optou pela adoção de painel de três árbitros, com a presidência de comum acordo[252]. Segundo a proposta de cláusula padrão, os árbitros devem ser cumulativamente profissionais vinculados a instituições especializadas em arbitragem e devem ser possuir comprovada experiência na questão que será discutida no processo arbitral. Nesse ponto, novamente se optou por um modelo de "lista fechada" de árbitros, que não é adotado, *v.g.*, pela CCI. Nesse caso, tal instituição consagrada já estaria afastada. Quanto à comprovação de experiência, é de se estranhar que a parte envolvida no litígio opte por nomear profissionais sem o devido preparo técnico para exercê-lo. Por fim, trata-se de dois requisitos cumulativos que não estão previstos na Lei de Arbitragem.

Quanto às custas, a proposta de cláusula padrão impõe que a parte vencida arcará com todas aos custos do procedimento, bem como o adiantamento pela parte que suscitar a instauração do procedimento arbitral.[253]

---

[252] "Item 9. O Tribunal Arbitral será composto de 03 (três) árbitros, sendo que o Parceiro Privado e o Poder Concedente poderão indicar 01 (um) árbitro cada, os quais, conjuntamente, indicarão o terceiro árbitro, que atuará como presidente do Tribunal Arbitral. Caso os árbitros nomeados pelas Partes não cheguem a uma decisão consensual sobre o nome do terceiro árbitro, este será nomeado pelo Presidente da Câmara de Arbitragem adotada."

[253] Tal modelo engessado foge dos padrões de liberdade na fixação de custas. Vejam que o artigo 37 do Regulamento CCI, que trata da decisão quanto aos custos da arbitragem, prevê que "a sentença arbitral final fixará os custos da arbitragem e decidirá qual das partes arcará com o seu pagamento, ou em que proporção serão repartidos entre as partes". Da mesma forma, a Lei de Arbitragem: "Art. 27. A sentença arbitral decidirá sobre a responsabilidade das partes acerca das custas e despesas com a arbitragem, bem como sobre verba decorrente de litigância de má-fé, se for o caso, respeitadas as disposições da convenção de arbitragem, se houver."

Por fim, no item 12 prevê que "a sentença arbitral será considerada como decisão final em relação à controvérsia entre as Partes, irrecorrível e vinculante entre elas". Pois bem, o artigo não somente é despiciendo, como pode gerar dúvidas interpretativas, desde o cabimento dos embargos de declaração previstos na Lei de Arbitragem, quanto a possibilidade de manejo da ação anulatória, eis que recurso pode ser interpretado como recurso à via judicial. Da mesma forma, a Lei de Arbitragem tratou dos limites em relação às partes e seus sucessores, bem como a equiparação a título executivo.

Dessa forma, por esses fundamentos, considera-se que a proposta de cláusula padrão exposta no referido artigo merece profundas alterações.

2.5 Elementos essenciais à convenção de arbitragem envolvendo o Poder Público

No que tange aos elementos obrigatórios da convenção de arbitragem envolvendo a Fazenda Pública, deve-se dar especial atenção à cumulação de dois requisitos constantes no artigo 10[254] c/c o artigo 1º, parágrafos 1º e 2º[255], da Lei de Arbitragem.

No que tange ao primeiro, não basta constar o nome, profissão, estado civil e domicílio da parte privada de um lado, e da parte pública de outro (lembrando ainda que pode haver duas partes públicas). Isso porque deverá estar presente um requisito especial, qual seja, que a *competência* da autoridade ou do órgão da Administração Pública direta para a celebração de convenção de arbitragem *seja a mesma para a realização de acordos ou transações*.

A regra de competência da autoridade é essencialmente material, de direito administrativo, para a celebração da convenção arbitral. Isso

[254] "Art. 10. Constará, obrigatoriamente, do compromisso arbitral: I - o nome, profissão, estado civil e domicílio das partes; II - o nome, profissão e domicílio do árbitro, ou dos árbitros, ou, se for o caso, a identificação da entidade à qual as partes delegaram a indicação de árbitros; III - a matéria que será objeto da arbitragem; e IV - o lugar em que será proferida a sentença arbitral."

[255] "§ 1º A administração pública direta e indireta poderá utilizar-se da arbitragem para dirimir conflitos relativos a direitos patrimoniais disponíveis. § 2º A autoridade ou o órgão competente da administração pública direta para a celebração de convenção de arbitragem é a mesma para a realização de acordos ou transações."

porque a autoridade celebrante da convenção é norma político-organizacional da Administração Pública que nada tem a ver com a legitimidade para ser parte na arbitragem. Essa legitimidade se extrai da projeção do direito e não se confunde com a regra de direito administrativo. A "legitimidade *ad causam* é a qualidade para estar em juízo, como demandante ou demandado, em relação a determinado conflito trazido ao exame do juiz. Ela depende sempre de uma necessária relação entre o sujeito e a causa e traduz-se na relevância que o resultado desta virá a ter sobre sua esfera de direitos, seja para favorecê-la ou restringi-la".[256]

Por sua vez, o artigo impõe uma regra material, pois se trata de um requisito de forma do ato administrativo a ser praticado por uma autoridade com a competência especial para transigir e celebrar acordos[257]. Dessa forma, seguindo a tradicional posição de Maria Sylvia Zanella Di Pietro, o ato administrativo celebrado pela autoridade administrativa com uma especial competência segue uma forma prescrita por lei, ou seja, deve ser praticado pela autoridade com poderes para transigir.

Assim, caso a convenção seja celebrada por autoridade incompetente, teremos um duplo vício: de forma, ou seja, a ilegalidade do ato administrativo, e de incompetência.

Quanto a esse vício, deve-se observar com certa parcimônia porque, dentro da estrutura burocrática dos órgãos da Administração podem ocorrer hipóteses em que diversas autoridades podem transigir e celebrar os acordos administrativos.

---

[256] DINAMARCO, Cândido Rangel, *Instituições de direito processual civil*, cit., v. 2, p. 306.

[257] Celso Antônio Bandeira de Mello foi quem idealizou a teoria dos atos administrativos como a "declaração do Estado (ou quem lhe faça as vezes – como exemplo um concessionário de serviço público) no exercício de prerrogativas públicas, manifestada mediante providências jurídicas complementares a título de lhe dar cumprimento e sujeitos a controle de legitimidade por órgão jurisdicional" (MELLO, Celso Antônio Bandeira de, *Curso de direito administrativo*, 29. ed., 2012, cit., p. 389). Para Maria Sylvia Zanella Di Pietro, "é a declaração do Estado ou de quem o represente, que produz efeitos jurídicos imediatos, com observância da lei, sob o regime jurídico de direito público e sujeita ao controle pelo Poder Judiciário" (DI PIETRO, Mara Sylvia Zanella. *Direito administrativo*. 25. ed. São Paulo: Atlas, 2011. p. 203.

Se a vontade da Administração[258] ficar clara, no sentido de que houve a opção pela arbitragem, e se for possível a convalidação[259] desse vício, não se pode alegar a nulidade da convenção arbitral. Diversos autores buscam uma moderna concepção de aproveitamento dos atos administrativos, entre eles Carlos Ary Sundfeld[260] e Weida Zancaner[261], entre outros.

Por sua vez, outro elemento obrigatório diz respeito ao nome, profissão e domicílio do árbitro, ou dos árbitros, ou, se for o caso, a identificação da entidade à qual as partes delegaram a indicação de árbitros. Ademais, conforme destacado, é obrigatória a matéria que será objeto da arbitragem.

Por fim, vale lembra que a lei brasileira não trata da sede da arbitragem, mas sim do lugar em que será proferida a sentença arbitral. Dessa forma, eventual menção à sede da arbitragem, embora salutar, é absolutamente despicienda no direito brasileiro, se tomarmos como paradigma a Lei de Arbitragem e não a prática arbitral.[262]

2.6 Direito aplicável: princípio da legalidade e vedação do uso da equidade

É de crucial importância analisar a hipótese, dentro dos limites impostos no presente trabalho, quanto ao uso do direito nacional e à vedação da equidade nas arbitragens envolvendo a Fazenda Pública.

Isso porque o princípio da legalidade previsto no artigo, 37 da Constituição Federal *ab initio* limitaria a possibilidade *de escolha de direito aplicável* pela Administração Pública, obrigando assim, a valer-se estritamente do direito nacional nas arbitragens em que for parte.

---

[258] Aqui nada impede que se fale em finalidade do ato administrativo.

[259] Nada impede que o ato praticado originalmente por autoridade incompetente venha a ser convalidado por autoridade competente, demonstrando de forma inequívoca a vontade da Administração de participar da arbitragem.

[260] SUNDFELD, Carlos Ari, *Ato administrativo inválido*, cit., 1990. p. 51.

[261] ZANCANER, Weida. *Da convalidação e da invalidação dos atos administrativos*. 3. ed. São Paulo: Malheiros, 2008. p. 68-73.

[262] O Decreto n. 8.465/2015 tentou delimitar os requisitos essenciais da cláusula compromissória, bem como o uso de cláusula cheia. Pelo texto normativo, os árbitros e entidades devem ser aqueles previstos nos artigos 4º e 5º. O artigo 4º, parágrafo 2º, inciso I, estabelece que a instituição arbitral escolhida para compor o litígio deverá, entre outros requisitos, ter sede no Brasil.

Tal análise decorre da faculdade das partes privadas que podem, *a contrario sensu*, sempre optar pelo direito a ser utilizado na arbitragem. Da mesma forma, podem optar pela equidade como regra de julgamento. Talvez a melhor análise decorra da obrigatoriedade do uso do arcabouço jurídico brasileiro e demais legislações incorporadas por tratados internacionais, nos termos da Constituição.

Nesse sentido, corolário do princípio da legalidade diz respeito à vedação do uso da equidade como regra de julgamento, sempre que a Administração for parte da arbitragem. Isso porque a Administração Pública, no trato com os cidadãos, ao contrário do particular, que pode fazer tudo que não seja proibido em lei, só poderá agir segundo as determinações legais.[263]

Dessa forma, a liberdade para um julgamento conforme a "justiça do árbitro" não tira seu fundamento do ordenamento jurídico, que não dá tal possibilidade ao juiz, quando do julgamento de processos em que a Administração é parte.

A fim de afastar a aplicação, ou mesmo uma eventual opção pelo uso da equidade, a Lei n. 13.129/2015, que reformou a Lei de Arbitragem, trouxe novel redação ao artigo 2º, parágrafo 3º ("A arbitragem que envolva a administração pública será sempre de direito e respeitará o princípio da publicidade").

Note-se que embora tal redação esteja contida em norma legal ordinária, defende-se ser desnecessária, eis que o princípio da legalidade

---

[263] MEIRELLES, Hely Lopes, *Direito administrativo brasileiro.* 39. ed. atual. até a Emenda Constitucional 71, de 29.11.2012. São Paulo: Malheiros, 2013. p. 90-91. Para Carlos Ari Sundfeld: "A atividade administrativa deve ser desenvolvida nos termos da lei. A Administração só pode fazer o que a lei autoriza: todo ato seu há de ter base em lei, sob pena de invalidade. Resulta daí uma clara hierarquia entre a lei e o ato da Administração Pública que não seja concedido pela lei: o que a lei não lhe concede expressamente, nega-lhe implicitamente. Todo poder é da lei; apenas em nome da lei se pode impor obediência. Por isso, os agentes administrativos não dispõem de liberdade – existente somente para os indivíduos considerados como tais –, mas de competências, hauridas e limitadas na lei." (SUNDFELD, Carlos Ari. *Fundamentos de direito público*. 3. ed. São Paulo: Malheiros, 1998. p. 138).

desde logo imporia o uso do direito nas arbitragens que envolvessem a Fazenda Pública.[264]

No mesmo sentido, o Decreto 8.465/15 impôs como condições obrigatórias para as arbitragens por ela regidas que seria vedado o uso da equidade, o uso do direito nacional, bem como o respeito aos termos do próprio decreto, ainda que ele seja, em muito, ilegal.[265]

2.6.1 A (des)necessidade de previsão em edital

Impõe-se necessariamente a discussão quanto à necessidade da previsão, no *instrumento convocatório*, ou seja, no edital da licitação, do uso da arbitragem como meio de solução dos conflitos.

Quanto a esse tema existem basicamente duas correntes: uma afirma ser imperiosa a previsão[266] e uma segunda posição que defende a desnecessidade da previsão do uso da arbitragem no edital.

---

[264] No sentido do cabimento do uso, inclusive do direito estrangeiro, para as hipóteses de PPPs e concessões está a posição de Lauro da Gama Souza Júnior. (SOUZA JÚNIOR, Lauro da Gama e. Sinal verde para a arbitragem nas parcerias público-privadas: a construção de um novo paradigma para os contratos entre o estado e o investidor privado. *Revista de Direito Administrativo*, Rio de Janeiro, n. 241, p. 155, jul./set. 2005).

[265] O Decreto n. 8.465/2015 impõe condições obrigatórias, vedando o uso da equidade como regra de julgamento e determinando o uso do ordenamento jurídico brasileiro: "Art. 3º A arbitragem de que trata este Decreto observará as seguintes condições: I - será admitida exclusivamente a arbitragem de direito, sendo vedada a arbitragem por equidade; II - as regras de direito em que se baseará a decisão arbitral serão as da legislação brasileira, sem prejuízo da adoção de normas processuais especiais para o procedimento arbitral". Não bastasse isso, o artigo 8º repete tal regramento, impondo ainda a vinculação obrigatória aos termos do próprio decreto como regra de legalidade: "Art. 8º. São cláusulas obrigatórias do compromisso arbitral, além das cláusulas indicadas no art. 10 da Lei nº 9.307, de 23 de setembro de 1996: II - a obrigatoriedade de que o árbitro ou os árbitros decidam a questão segundo as normas de direito material estabelecidas pela legislação brasileira aplicável; III - a obrigatoriedade de cumprimento das normas deste Decreto."

[266] A título de exemplo, o Decreto n. 8.465/2015 impõe a previsão do uso da arbitragem no edital de forma destacada, prescrevendo o artigo 6º, parágrafo 2º: "A cláusula compromissória de arbitragem, quando estipulada: I - constará de forma destacada no edital de licitação e no instrumento de contrato."

Quanto a primeira corrente, aponta Carlos Alberto de Salles:

> "Como a validade da cláusula compromissória depende de sua referência já no edital da licitação do respectivo contrato, é razoável supor a aplicação daquele princípio, também. No que se refere à arbitragem. Para que essa norma gere o efeito de extinção de processo judicial versando sobre o contrato administrativo constando cláusula arbitral, no entanto, é preciso saber se ela pode ser conhecida de ofício pelo juiz" E continua: " Em suma, no contato entre particulares, admite-se a renúncia tácita- pela não alegação – da convenção arbitral, contrariamente do que ocorre no contrato administrativo, em relação ao qual há vinculação ao edital de convocação da licitação, tornando obrigatória a observância da convenção arbitral nele contida. Essa obrigatoriedade, que pode inclusive gerar repercussão para terceiros, participantes ou interessados no processo licitatório, deve ser objeto de consideração judicial, permitindo ao juiz conhecer de oficio a clausula arbitral. Se, em um regime estritamente privado, as partes podem renunciar à convenção de arbitragem, o mesmo não ocorre em relação à Arbitragem, tendo em vista a regra de vinculação ao instrumento convocatório."[267]

Por esta corrente[268] destacam-se fatores como o princípio da legalidade, bem como o da igualdade entre os licitantes, ou seja, aqueles que pretendem participar de licitação devem ter a plena consciência que os conflitos decorrentes daquele contrato podem ser resolvidos por meio da arbitragem.

Dessa concepção exsurge que a arbitragem como meio mais célere de solução de controvérsias pode ser um mecanismo apto a dar agilidade na solução da lide, e dessa forma afetar de alguma forma o preço do

267 SALLES, Carlos Alberto de, *A arbitragem em contratos administrativos*, cit., p. 45-46.

268 No mesmo sentido a posição de Lauro da Gama Souza Junior: "Desse modo a celebração *a posteriori* de convenção arbitral, não prevista na minuta de contrato anexada ao edital de licitação pode vir de encontro a tais princípios, sendo passível de nulidade nos termos do art. 41 da Lei 8666/93." (SOUZA JÚNIOR, Lauro da Gama e, Sinal verde para a arbitragem nas parcerias público-privadas: a construção de um novo paradigma para os contratos entre o estado e o investidor privado, cit., p. 146).

contrato. Trata-se, portanto, de mais um elemento que pode afetar o preço e assim deve ser conhecido de antemão pelos candidatos.

No mesmo sentido da necessidade da previsão em edital se posiciona Heitor Sica:

> "O STJ, firme na ideia de que o ente público pode se submeter à arbitragem por meio tanto da cláusula compromissória quanto do compromisso arbitral, pontuou corretamente que a omissão do edital e do contrato em instituir a primeira forma de convenção arbitral não representaria óbice para celebração da segunda31. Contudo, parece razoável entender que a inclusão posterior de cláusula compromissória em contrato administrativo já celebrado esbarraria no entendimento de que as hipóteses de aditamento contratual estão taxativamente previstas no art. 65 da Lei n. 8.666/9332 e que nenhuma delas abriria ensejo para tal alteração."[269-270]

A corrente que aponta a desnecessidade de previsão do uso da arbitragem em sede editalícia afirma que a administração pode optar pela arbitragem, como meio de solução dos conflitos advindos do contrato eis que não há qualquer norma que imponha tal necessidade.

Essa corrente merece ser prestigiada eis que, mudando o foco sobre os instrumentos de solução de conflito, à disposição da sociedade, temos não só a jurisdição estatal, mas sim os meios alternativos já conhecidos. Não apenas a arbitragem está disposta à Fazenda Pública, mas também a medição e a conciliação. Todos os meios são conhecidos e podem ser utilizados.

Nesse sentido posiciona-se Marcelo Bonizzi:

> "Nessa linha de pensamento, parte da doutrina tem afirmado que a arbitragem, nos contratos administrativos em geral, só poderia ser

---

[269] SICA, Heitor Vitor Mendonça. *Arbitragem e Fazenda Pública*. p. 9. Disponível em: <http://www.academia.edu/12883545/2015_-_Arbitragem_e_Fazenda_P%-C3%BAblica>. Acesso em: 10 dez. 2015.

[270] Aponta Marcelo Bonizzi: "Em sentido contrário, com apoio no entendimento do STJ, vide Arnoldo Wald. Licitude de compromisso arbitral em contrato administrativo mesmo quando o edital não previu a arbitragem – comentários ao REsp. 904.813/PR. *Revista de Arbitragem e Mediação*, vol. 33. São Paulo: Ed. RT, 2012, p. 361." (BONIZZI, Marcelo José Magalhães, Arbitragem e Estado: ensaio sobre o litígio adequado, cit., p. 159-160).

realizada se houvesse previsão no edital que abriu a licitação, o que parece ser desejável, mas também não obrigatório, especialmente porque os elementos que justificam a escolha da arbitragem pelo Estado podem aparecer depois da contratação. Assim, por exemplo, se surgir uma questão técnica extremamente complexa, no curso de um contrato administrativo, em que todos os elementos recomendam a escolha da arbitragem, não parece correto dizer que o Estado estaria impedido de se submeter à arbitragem pelo fato de ter deixado de mencionar isso no edital de licitação. O mesmo pode ser dito da mediação e da conciliação, pois o Estado ficaria muito limitado nas suas escolhas de métodos de solução de litígios se fosse sempre obrigatória a menção no edital de tais métodos."[271]

Por tudo isso, o instituto deve ser utilizado de forma plena, ou seja, a qualquer momento que as partes entenderem necessário o uso da arbitragem. Não convence, portanto, a concepção que aponta uma influência no preço do contrato, eis que se as partes já conhecem de forma prévia, todos os instrumentos jurídicos que podem ser utilizados, devem, portanto, levar em conta de forma prévia e antecedente tais fatores no preço do contrato[272]. Trata-se de mais um falso problema que pode ser facilmente afastado com uma mudança de postura das partes em relação ao instituto.

---

[271] BONIZZI, Marcelo José Magalhães, Arbitragem e Estado: ensaio sobre o litígio adequado, cit., p. 159-160. Acrescenta o autor: "Também não há nenhuma pesquisa que comprove que a presença da arbitragem no edital leve, de forma efetiva, à diminuição do preço ofertado pelos concorrentes ou a qualquer outra vantagem para a Administração Pública. O ideal seria publicar sempre dois editais, um com arbitragem e outro sem, para saber em que medida esse fator influencia "de fato" as condições das ofertas." (Ibidem).

[272] Paulo Osternack aponta a desnecessidade da previsão em edital: "Não se vislumbra nenhuma regra que exija que o edital contenha tal previsão. Ao contrário, a Lei de Arbitragem (lei geral acerca do assunto) impõe apenas o preenchimento dos três requisitos para a admissão da arbitragem: capacidade civil para contratar e que os litígios versem sobre direitos patrimoniais e disponíveis (art. 1º). Além disso, o fato de a Administração eleger a arbitragem para resolver eventuais litígio não implica diretamente uma situação de vantagem a quem quer que seja. Não há respaldo jurídico para definir a arbitragem como uma vantagem em relação ao Poder Judiciário. Inclusive, não se pode ignorar a existência de contratantes que não vislumbrem na arbitragem um opção interessante." (AMARAL, Paulo Osternack, *Arbitragem e administração pública*: aspectos processuais, medidas de urgência e instrumentos de controle, cit., p. 78-79).

2.6.2 *Idioma nacional*[273]

A Constituição brasileira determina no artigo 13 que a língua portuguesa é o idioma oficial da República Federativa do Brasil. Corolário do princípio da legalidade, decorrente do uso do idioma oficial, todos os documentos públicos devem ser redigidos em língua portuguesa.[274]

No que tange às relações entre particulares[275] e, portanto, a princípio disponíveis, o artigo 224 do Código Civil prevê que os documentos redigidos em língua estrangeira serão traduzidos para o português para terem efeitos legais no país. O CPC, que rege a relação- jurídica processual de direito público, prescreve no artigo 156 que em todos os atos e termos do processo, é obrigatório o uso do vernáculo.

Porém, nas relações arbitrais e contratos entre particulares não há qualquer restrição quanto à cláusula compromissória ser elaborada em qualquer outro idioma.

Vale ressaltar, porém, que embora a cláusula compromissória seja um negócio jurídico processual, sempre que envolver a parte Admi-

---

[273] PARENTE, Eduardo de Albuquerque, *Processo arbitral e sistema*, cit., p. 107.

[274] Já obrigava o uso da língua portuguesa o Decreto n. 13.609/43: "Art. 18. Nenhum livro, documento ou papel de qualquer natureza, que for exarado em idioma estrangeiro, produzirá efeito em repartições da União, dos Estados ou dos Municípios, em qualquer instância, juízo ou tribunal ou entidades mantidas, fiscalizadas ou orientadas pelos poderes públicos, sem ser acompanhado da respectiva tradução feita na conformidade deste Regulamento". Da mesma forma, o Decreto n. 13.609/41: "Art. 17. Aos tradutores públicos e intérpretes compete: a) passar certidões, fazer traduções em língua vernácula de todos os livros, documentos e mais papéis escritos em qualquer língua estrangeira, que tiverem de ser apresentados em Juízo ou qualquer repartição pública federal, estadual ou municipal ou entidade mantida, orientada ou fiscalizada pelos poderes públicos e que para as mesmas traduções lhes forem confiados judicial ou extrajudicialmente por qualquer interessado."

[275] Prevê a Lei de Registros Públicos: "Art. 148. Os títulos, documentos e papéis escritos em língua estrangeira, uma vez adotados os caracteres comuns, poderão ser registrados no original, para o efeito da sua conservação ou perpetuidade. Para produzirem efeitos legais no País e para valerem contra terceiros, deverão, entretanto, ser vertidos em vernáculo e registrada a tradução, o que, também, se observará em relação às procurações lavradas em língua estrangeira."

nistração Pública, deverá ser escrita em português, por conta do princípio da legalidade e da combinação dos artigos 13 e 37 da Constituição Federal.

Dessa forma, é despicienda a previsão do uso da língua portuguesa constante no artigo 23-A da Lei n. 8.987/95, que prescreve que o contrato de concessão poderá prever o emprego de mecanismos privados para resolução de disputas decorrentes ou relacionadas ao contrato, inclusive a arbitragem, a ser realizada no Brasil e em língua portuguesa, nos termos da Lei n. 9.307/96. E ainda, o artigo 11, inciso III, da Lei n. 11.079/2004 que prevê: "o emprego dos mecanismos privados de resolução de disputas, inclusive a arbitragem, a ser realizada no Brasil e em língua portuguesa, nos termos da Lei no 9.307, de 23 de setembro de 1996, para dirimir conflitos decorrentes ou relacionados ao contrato."

Da mesma forma, também é despicienda a previsão do artigo 3º, III, do Decreto n. 8.465/2015, que impõe sede da arbitragem, trazendo um requisito não previsto na Lei de Arbitragem, bem como o uso do idioma nacional: "a arbitragem será realizada no Brasil e em língua portuguesa."

Porém o uso do português não parece afastar o permissivo do uma segunda língua, com tradução em português.[276]

2.6.3 Publicidade do contrato e da cláusula: vedação da confidencialidade

No que tange ao tratamento facultado aos particulares, embora a Lei de Arbitragem permita às partes a possibilidade de se valerem da confidencialidade, não se trata de uma imposição, mas sim de *opção pela confidencialidade*.[277]

Porém, no caso da Administração Pública, tal princípio é de difícil aplicação, eis que a confidencialidade é reservada aos casos limites de interesse/segurança nacional.

Isso porque os atos administrativos devem conhecidos pelos cidadãos para que passem a gerar efeitos, garantindo ainda o controle da

---

[276] No mesmo sentido: SOUZA JÚNIOR, Lauro da Gama e, Sinal verde para a arbitragem nas parcerias público-privadas: a construção de um novo paradigma para os contratos entre o estado e o investidor privado, cit., p. 149.

[277] Destaca-se posição de Julia Dinamarco. (DINAMARCO, Júlia Raquel de Queiroz. Arbitragem e administração pública. *Revista de Processo*, São Paulo, Revista dos Tribunais, v. 26, n. 101, p. 273-282, jan./mar. 2001).

sociedade. Vale lembrar ainda que se trata de uma garantia do cidadão, esculpida no artigo 5º da Constituição Federal, sobre o qual se manifestou Maria Sylvia Zanella Di Pietro: "O inciso XXXIII estabelece que todos têm direito a receber dos órgãos públicos informações de seu interesse particular, ou de interesse coletivo ou geral, que serão prestadas no prazo da lei, sob pena de responsabilidade, ressalvadas aquelas cujo sigilo seja imprescindível à segurança da sociedade e do Estado."[278]

Segundo Salles, deve-se ter cuidado com a confidencialidade, quando se trata da Administração, por conta da transparência dos atos da Administração Pública e da *responsividade*.[279]

Por tudo isso, como o direito nacional impede atos secretos, disposições quanto à confidencialidade do procedimento não podem ser usadas, quando a Administração Pública é parte em procedimento arbitral.

Baseada em tais premissas, a Lei n. 13.129/2015, que reformou a Lei de Arbitragem, deu importância muito grande para a publicidade, afirmando no artigo 2º, parágrafo 3º, que "a arbitragem que envolva a administração pública será sempre de direito e respeitará o princípio da publicidade".

O respeito ao princípio da publicidade impõe ao administrador público o dever de manter os dados referentes às arbitragens em curso acessíveis a qualquer um que delas queira informações.

Por óbvio, tal como os demais expedientes processuais, não significa divulgar cópias do processo arbitral, mas sim permitir o acesso às informações que detenha, respeitando as estratégias processuais de qualquer litigante em processo, ou indicando a forma pela qual os cidadãos podem ter acesso a tais informações.[280]

Mostra-se imperioso que câmaras arbitrais, ao cuidarem de arbitragens envolvendo a Administração Pública, se adaptem a tal prin-

---

[278] DI PIETRO, Maria Sylvia Zanella, *Direito administrativo*, 25. ed., 2013, cit., 2011, p. 74.

[279] SALLES, Carlos Alberto de, *A arbitragem em contratos administrativos*, cit., p. 79-82, 113-116, 117-138.

[280] No mesmo sentido, demonstrando que a confidencialidade tem dimensões e pode ser flexibilizada: SOUZA JÚNIOR, Lauro da Gama e, Sinal verde para a arbitragem nas parcerias público-privadas: a construção de um novo paradigma para os contratos entre o estado e o investidor privado, cit., p. 149-150.

cípio, prevendo formas de acesso às informações processuais das arbitragens em curso.

No mesmo sentido caminhou bem o Decreto n. 8.465/2015, regulamentando o princípio constitucional da publicidade, já previsto na Lei n. 13.129/2015, ao prever no artigo 3º, inciso. IV, que todas as informações sobre o processo serão tornadas públicas.

2.7 Elementos facultativos

Como elementos facultativos, embora permitidos para partes privadas, o compromisso arbitral envolvendo a Fazenda Pública poderá conter, nos termos do artigo 11 da Lei de Arbitragem:, local ou locais onde se desenvolverá a arbitragem; prazo para apresentação da sentença arbitral; indicação da lei nacional ou das regras corporativas aplicáveis à arbitragem, quando assim convencionarem as partes; declaração da responsabilidade pelo pagamento dos honorários e das despesas com a arbitragem; e fixação dos honorários do árbitro, ou dos árbitros.

Conforme exposto, nas arbitragens envolvendo a Administração Pública não há autorização para que o árbitro ou os árbitros julguem por equidade, mesmo se assim for convencionado pelas partes, bem assim a possibilidade de que seja afastado o direito nacional, ambos por conta do princípio da legalidade.

Assim como em relação aos elementos obrigatórios, os elementos facultativos também devem ser negociados, ou seja, dependem da autonomia da vontade das partes e não podem ser impostos, sobretudo pela Administração, sob pena de serem considerados potestativos e sujeitos a anulação pelo árbitro.

3. Arbitrabilidade dos Litígios Envolvendo a Administração Pública

3.1 Antecedentes históricos envolvendo arbitragem e a Administração Pública[281]

Embora o tema arbitragem e Fazenda Pública venha ganhando intenso debate na doutrina, não se trata de instituto novo no direito brasileiro, sendo que ao menos já havia a previsão normativa de seu uso.[282]

A Constituição de 1824 previa no artigo 160: "Art. 160. Nas cíveis, e nas penaes civilmente intentadas, poderão as Partes nomear Juizes Arbitros. Suas Sentenças serão executadas sem recurso, se assim o convencionarem as mesmas Partes". No âmbito privado havia ainda a previsão da possibilidade de uso da arbitragem em demandas relativas ao comércio, no Regulamento n. 737.[283]

---

[281] Em uma linha evolutiva, Gustavo Justino de Oliveira, Pierre Eid e Caio Figueiroa apresentam como o início de uma primeira onda da arbitragem o caso Lage (STF) e a reabertura democrática e econômica: "A primeira onda contextualiza-se por eventos ocorridos previamente à Constituição de 1988, marcados pela representação do célebre 'caso Lage', vendo-se nele uma postura positiva do STF quanto à aceitação e cabimento da arbitragem envolvendo o Poder Público. É certo que a relevância dada a esse caso, vista até como marco no estudo do tema, não pode deixar de lado o fato de que algumas outras arbitragens envolvendo o Poder Público sequer chegaram ao conhecimento público, embora se tenha notícia de que, em algum momento, realmente existiram. Nesse período ainda, interessante perceber que a agenda de desenvolvimento vai se deslocando de um terreno exclusivamente econômico para ganhar espaço no campo jurídico, sobretudo por meio de arranjos regulatórios. Várias causas explicam este deslocamento, mas a principal delas decorreu da evolução da economia como ciência de mensuração de desenvolvimento." (OLIVEIRA, Gustavo Henrique Justino de; EID, Elie Pierre; FIGUEIROA, Caio Cesar. *Arbitragem com o poder p*úblico no Brasil: ondas evolutivas e prospecção. Disponível em: <http://www.migalhas.com.br/dePeso/16,-MI226858,51045-arbitragem+com+o+Poder+Publico+no+Brasil+Ondas+evolutivas+e+prospeccao>. Acesso em: 17 set. 2015).

[282] Para aprofundamento do tema, sob o ponto de vista histórico: SANTOS, Luciano Alves Rodrigues dos. *A arbitragem no ordenamento jurídico brasileiro*. São Paulo: Biblioteca 24 horas, 2010.

[283] Aponta Pedro Antônio Batista Martins: "Note-se que, em 1831 e 1837, a arbitragem doméstica brasileira foi introduzida e tornada obrigatória às questões

Da mesma forma, foi o Decreto n. 7.959, de 29 de dezembro de 1880, que "Approva as clausulas que devem regular as concessões de estradas de ferro geraes no Imperio", previa na cláusula XXXV: "No caso de desaccôrdo entre o Governo e a companhia, sobre a intelligencia das presentes clausulas, esta será decidida por arbitros nomeados."

Aponta Selma Lemes que a arbitragem foi amplamente utilizada em matéria de contratos de concessões de serviços públicos, até o a Primeira Guerra Mundial. No Pós-guerra, tendo em vista a assunção de um papel centralizador e intervencionista na economia do Poder Público, o uso da arbitragem acabou por entrar em declínio.[284]

No que interessa ao presente estudo, e como sempre mencionado, a primeira grande arbitragem envolvendo a Administração Pública direta e um particular se deu no "Caso Laje".

Como bem resume Selma Lemes, trata-se de um verdadeiro *leading case* que demonstra a constitucionalidade da tese do cabimento da arbitragem em conflitos com particulares.

O caso em si diz respeito ao espólio de Henrique e Renaud Lage:

---

relativas a seguro e locação de serviços. O D. n° 737, de 25.11.1850, estabelecia que os conflitos entre comerciantes fossem levados à decisão arbitral. A L. n° 556 (nosso atual C. Com.) impunha a adoção do Juízo Arbitral a todas as controvérsias oriundas de contratos de locação mercantil, àquelas suscitadas entre os sócios de sociedades comerciais e em várias outras elencadas no Código. É de salientar que, após a Constituição de 1891, vários foram os Estados brasileiros (*v.g.* Rio de Janeiro, São Paulo, Rio Grande do Sul, Minas Gerais) que incluíram, em seus próprios Códigos de Processo Civil, regras específicas sobre o Juízo Arbitral. Ainda hoje, desconsiderando o total desapego da sociedade à arbitragem, a Constituição de 1988, nos parágrafos l° e 2° do art. 114, estabelece a possibilidade de, nos dissídios coletivos, frustrada a negociação, buscar-se a solução no juízo arbitral. Existem, inclusive, projetos de lei que tratam da arbitragem nos dissídios coletivos. Vale salientar que essa mesma Constituição, conforme anotado em seu preâmbulo, está expressamente comprometida com a solução pacífica das controvérsias." (MARTINS, Pedro Antônio Batista. *Anotações sobre a arbitragem no Brasil e o Projeto de Lei do Senado n° 78/92*. p. 20, nota 4. Disponível em: <http://www.tradutoresjuramentados.com/pbm/artigos/anoarbraproleisen.pdf>. Acesso em: 30 set. 2015.

[284] LEMES, Selma Ferreira, *Arbitragem na administração pública*: fundamentos jurídicos e eficiência econômica, cit., p. 68.

> "A solução da controvérsia se arrastou por mais de 30 anos, desde que o Decreto-Lei n. 4.648, de 1942, incorporou ao patrimônio nacional, em decorrência do estado de guerra, os bens e direito das Organizações Lage, empresas privadas que se dedicavam à navegação, estaleiros e portos. Neste precedente, a arbitragem foi processada por sugestão de Themístocles Cavalcanti. O Governo Federal baixou o Decreto-Lei n. 9.521, de 1946, que, entre outras providências, determinou que o valor da indenização seria fixado por juízo arbitral. O tribunal arbitral foi constituído por Antonio Sampaio Dória, Raul Gomes de Matos e pelo Ministro aposentado do STF Manoel da Costa Manso. Após o laudo arbitral ter sido expedido, o Procurador Geral da Fazenda questionou a constitucionalidade do juízo arbitral. Em todas as instâncias a matéria foi considerada constitucional. No STF o Ministro Bilac Pinto, ao confirmar a decisão do Tribunal Federal de Recursos – TRF, pontificou que 'a natureza consensual do pacto de compromisso, sendo de natureza consensual, não constitui foro privilegiado, nem tribunal de exceção ainda que regulado por lei específica'. Foi definido, também que o Estado só não pode dispor da arbitragem para matéria em que age como Poder Público *(ius imperii)* e que a arbitragem é instituto de Direito Privado, regulada, portanto, no Direito Civil e Processual Civil."[285]

Por todos esses motivos, há um verdadeiro histórico garantindo a constitucionalidade da participação da Administração Pública na arbitragem, bem como da consensualidade do instituto, que deve reger a atuação das partes.

3.2 Panorama legislativo brasileiro até o advento da Lei n. 13.129/2015[286]

O advento a Lei n. 13.129/2015, que reformou a Lei de Arbitragem, trouxe grande tranquilidade ao administrador, no sentido de que um

---

[285] Ibidem, p. 87.

[286] Apontam Gustavo Justino de Oliveira, Pierre Eid e Caio Figueiroa tratar-se de um segundo grande momento da arbitragem brasileira: "A segunda onda passa a estar mais delineada a partir da década de 90, principalmente por força da tomada de empréstimos estrangeiros de organismos multilaterais de financiamento, principalmente diante de episódios de um país cuja economia não estava amadurecida o suficiente para viabilizar os grandes projetos de infraestrutura e que, portanto, dependia da tomada de empréstimo do capital estrangeiro por meio dos principais financiadores de projetos. Tais instituições, por sua vez, condicionavam o

permissivo genérico e claro afastou todas as dúvidas que tanto assombravam a doutrina.

O estudo do cenário histórico e do emaranhado de normas esparsas e conflitantes é o objeto do presente item.

Nesse cenário, duas leis eram primordiais: a primeira, a Lei de Arbitragem (Lei n. 9.307/96) e a segunda, a Lei de Licitações (Lei n. 8.666/93). Isso porque foram elaboradas numa primeira fase, num cenário de desestatização, seguido por um modelo de privatização de empresas públicas. A partir daí um novo cenário legislativo veio à tona, com leis setoriais que passaram a prever a possibilidade da arbitragem como meio alternativo para a solução de conflitos.

A *lei de arbitragem tem característica eminentemente processual.* Quanto à natureza jurídica da arbitragem no Brasil, há basicamente

---

financiamento dos projetos à previsão de compromisso arbitral para resolução de eventuais litígios decorrentes destes contratos, como se percebeu com algumas posturas adotadas por organismos como FMI e Banco Mundial. O último deles, a propósito, ganhou destaque quando se visualizou sua transformação de banco financiador de infraestruturas, passando a ser um banco financiador de arranjos institucionais, o que fez com que a arbitragem alcançasse o status de gestão estratégica contratual. Apesar de a pressão internacional ter influenciado a adoção da lei geral de arbitragem (lei 9.307/96) e a previsão da arbitragem nos setores regulados (TELECOM, petróleo e gás) ou nos serviços públicos (leis 8.987/95 e 11.079/04), ainda persistia a insegurança do gestor em sua adoção, não só em razão do posicionamento refratário e divergente dos órgãos de controle (como posicionamentos do próprio TCU, que reconhecia a necessidade de autorização legal expressa), mas, sobretudo, pelas dúvidas com relação a quais matérias poderiam ou não estar submetidas à arbitragem, ou melhor, quais os litígios envolvendo o Poder Público poderiam ser resolvidos por esse meio de solução de conflitos. Em meio a isso, o STJ buscou exercer papel importantíssimo para proporcionar um cenário mais seguro, especialmente na tentativa de reduzir a preocupação dos gestores públicos e ampliar a utilização da arbitragem nos contratos administrativos, pois procurou resguardar a validade e aplicabilidade das convenções arbitrais das quais eram parte a Administração Pública, conferindo o respaldo jurisprudencial necessário para tanto." (OLIVEIRA, Gustavo Henrique Justino de; EID, Elie Pierre; FIGUEIROA, Caio Cesar, *Arbitragem com o poder p*úblico no Brasil: ondas evolutivas e prospecção, cit.).

três correntes: contratual, jurisdicional ou híbrida[287]. Importa reconhecer que a lei é válida e sua constitucionalidade já foi declarada.[288]

Por outro lado, a Lei de Licitações se trata de uma norma geral para contrações por parte do Poder Público. Tal estatuto é anterior à Lei de Arbitragem e previu a cláusula de eleição de foro para fins de litígios decorrentes dos contratos por ele regidos.

Como fruto das desestatizações e da modernização do Estado, leis posteriores que versam sobre contratos administrativos específicos passaram a prever o uso de arbitragem como opção à jurisdição estatal e forma alternativa de solução de controvérsias.[289]

Destacam-se a Lei de Concessões[290] (Lei n. 8.987/95) e a Lei de PPPs (parcerias público-privadas – Lei n. 11.070/2004) que, dentro do espírito de *consensualismo*, remetem as partes à opção pela arbitragem.

Dentro desse panorama legislativo, o uso da arbitragem poderia ter sido coibido pela vontade do legislador. Ocorre que o movimento legislativo foi justamente contrário, e hoje é impossível negar que o fenômeno arbitral somente encontra guarida no ordenamento jurídico pelas sucessivas ondas reformatórias pelas quais o ordenamento jurídico passou, fruto de uma mudança na concepção de Estado e no uso de *alternative dispute resolution.*

---

[287] LEMES, Selma Ferreira, *Arbitragem na administração pública*: fundamentos jurídicos e eficiência econômica, cit., p. 48.

[288] STF – RSE n. 5.206, j. 12.12.2001.

[289] No Brasil há leis específicas: Lei de PPPs (Lei n. 11.079/2004, art. 11, III); Lei do Petróleo e Gás (Lei n. 9.478/97, art. 43, X); Lei de Transporte Aquaviários e Terrestres (Lei n. 10.233/2001, art. 35, XVI); Lei de Concessões (Lei n. 8.987/95, art. 23-A, modificada pela Lei n. 11.196/2005); Lei de Energia Elétrica (Leis ns. 10.438/2002 e 10.848/2004); Lei de Telecomunicações (Lei n. 9.472/97, art. 93, XV); Lei de Franquias Postais (Lei n. 11.668/2008, art. 4º).

[290] Lei de Concessões (Lei n. 8.987/95): "Art. 23-A. O contrato de concessão poderá prever o emprego de mecanismos privados para resolução de disputas decorrentes ou relacionadas ao contrato, inclusive a arbitragem, a ser realizada no Brasil e em língua portuguesa, nos termos da Lei nº 9.307, de 23 de setembro de 1996. (Incluído pela Lei nº 11.196, de 2005)."

3.3 Panorama legislativo brasileiro após o advento da Lei n. 13.129/2015

A Lei n. 13.129/2015, que reformou a Lei de Arbitragem inaugurou uma nova era na matéria envolvendo arbitragem e Fazenda Pública, bem como afastou qualquer dúvida quanto à possibilidade dela tomar parte no processo arbitral.

Tratou-se, porém de uma falsa inovação, sobretudo para grande parte da doutrina, que há reconhecia a possibilidade do uso da arbitragem.[291]

A grande inovação quanto à arbitrabilidade subjetiva[292] não foi à possibilidade do permissivo genérico do uso da arbitragem pela Fazenda Pública, mas sim a regra de direito administrativo material do artigo 1º, parágrafo 2º, afirmando que a autoridade ou o órgão competente da Administração Pública direta para a celebração de convenção de arbitragem é a mesma para a realização de acordos ou transações.

Tal inovação traz pontos positivos e negativos. No que tange aos aspectos positivos, há a possibilidade da indicação da autoridade competente para a chamada "opção pela arbitragem".

---

[291] Já em 2003 Ada Grinover defendia a possibilidade da Administração Pública valer-se da arbitragem, nos termos do texto original da lei de arbitragem: "não deve pairar qualquer dúvida quanto a admissibilidade da arbitragem envolvendo a Administração, e com maior certeza, órgãos da Administração indireta" (GRINOVER, Ada Pelegrini. Arbitragem e prestação de serviços públicos. *Revista de Direito Administrativo*, Rio de Janeiro, n. 233, p. 385, jul./set. 2003). Quanto à questão da arbitrabilidade subjetiva, anterior ao advento da reforma da lei de arbitragem temos também posição de Carmen Tiburcio (TIBURCIO, Carmen. A arbitragem envolvendo a administração pública: RESP n. 606345/RS: jurisprudência comentada. *Revista de Direito do Estado*, Rio de Janeiro, Renovar, v. 2, n. 6, p. 341-350, abr./jun. 2007).

[292] Sobre o tema: KLEIN, Aline Licia, A arbitragem nas concessões de serviço público, in *Arbitragem e poder público*, cit., p. 63-109; PEREIRA, Cesar Augusto Guimarães. Arbitragem e a administração pública na jurisprudência do TCU e do STJ. In: PEREIRA, Cesar Augusto Guimarães; TALAMINI, Eduardo (Orgs.). *Arbitragem e poder público*. São Paulo: Saraiva, 2010. p. 136; TALAMINI, Eduardo. Sociedade de economia mista. Distribuição de gás. Disponibilidade de direitos. Especificidades técnicas do objeto litigioso. Boa-fé e moralidade administrativa. *Revista de Arbitragem e Mediação*, São Paulo, Revista dos Tribunais, v. 2, n. 5, p. 135-154, abr./jun. 2005.

Conforme defendemos, a arbitragem é somente mais um mecanismo de solução de controvérsias colocado à disposição da Fazenda Pública. Podemos citar ainda a jurisdição estatal, a conciliação realizada no bojo do processo civil, a conciliação extraprocessual e a mediação extraprocessual e processual. Todas eles estão à disposição do administrador e de seus advogados públicos, que deverão escolher o mecanismo mais adequado para cada controvérsia, fazendo a opção de forma motivada.

Por outro lado, ao apontar determinada autoridade, surgem aspectos negativos, ligados à ausência de competência, bem como à convalidação de atos administrativos praticados por quem não tem competência, mas aparenta possuir.

Outro fato diz respeito à autoridade administrativa competente para acordos e transações[293]. No âmbito da Administração, via de regra, a competência é por alçada, ou seja, quanto maior o valor do contrato, autoridades de maior escalação são responsáveis por sua assinatura[294]. A

---

[293] O Decreto n. 8.465/2015 vai além, trazendo uma regra de direito material distinta da prevista na Lei de Arbitragem, que cuida da autoridade competente para transações. O decreto opta pela autoridade competente para a realização de "aditivos contratuais", ou seja, não se pode afirmar com certeza que a autoridade que firma os aditivos é a mesma que firma as "transações", como prevê a Lei de Arbitragem. Tal regra está no artigo 2º, parágrafo 2º: "O compromisso arbitral será firmado pelas partes que tenham interesse jurídico no objeto do litígio, observadas as seguintes condições: I - se a União tiver interesse jurídico na questão, a competência para firmar o compromisso arbitral será da autoridade da administração pública direta a quem competir firmar aditivos contratuais, sendo necessária a interveniência da Antaq e da autoridade portuária; e II - nos casos de litígios que não envolvam interesse jurídico da União, os compromissos arbitrais serão firmados pelos dirigentes máximos da Antaq ou da autoridade portuária, conforme o caso." Uma vantagem que deve ser reconhecida diz respeito à aplicação do artigo 132 da Constituição Federal, no que diz respeito à representação jurídica na União e à capacidade postulatória, prevista no artigo 10 do Decreto n. 8.465/2015: "A União e suas entidades autárquicas serão representadas perante o juízo arbitral pela Advocacia-Geral da União e seus órgãos vinculados, conforme as suas competências constitucionais e legais."

[294] Visando ao estímulo dos mecanismos alternativos de solução de controvérsias no âmbito da AGU, foi editada a Portaria n. 2, de 2 de abril de 2014, pela qual ficam delegadas as competências previstas no artigo 2º da Lei n. 9.469/97 e subdelegadas aquelas previstas no artigo 1º da Lei n. 9.469/97, combinado com o artigo 2º da Portaria do Advogado-Geral da União n. 990/2009, aos órgãos de

questão passa a ser o caso de um contrato que foi celebrado por determinada autoridade que era competente em um primeiro momento e previu o uso da arbitragem. Porém, após sucessivos aditamentos, deixou de ser competente, pelo valor exorbitar sua autoridade, mas o referido contrato prevê cláusula compromissória. Ou seja, a autoridade originalmente competente deixa de ser, por conta do valor do contrato.

Da mesma forma, outro problema ligado à autoridade competente diz respeito aos contratos celebrados antes do advento da Lei n. 13.129/2015, que não previam a necessidade de o celebrante ser autoridade competente para "acordos e transações".

No primeiro caso, aparentemente, a autoridade deve ser competente no momento da celebração do contrato, independentemente da superveniente perda de competência por alçada. Fosse assim, as cláusulas compromissórias estariam sempre sujeitas a condição resolutiva, ou seja, sujeitas a perda de eficácia por conta de eventual perda de competência da autoridade.

No segundo caso, os contratos celebrados e em vigor antes da Lei n. 13.129/2015 devem ser interpretados de forma "aperfeiçoada", inde-

execução da PGU, para realizar acordos ou transações, extrajudiciais ou judiciais, para evitar ou terminar o litígio, relativamente a créditos da União, observados os seguintes limites de alçada: "I - até R$ 100.000,00 (cem mil reais), pelos Advogados da União que atuam diretamente na causa; II - até R$ 250.000,00 (duzentos e cinquenta mil reais), mediante prévia e expressa autorização do Chefe de Escritório de Representação, do Procurador Seccional, do Procurador da União no Estado ou do Procurador Regional da União (dito Procurador Chefe do respectivo órgão de execução da PGU), conforme o caso; III - até R$ 500.000,00 (quinhentos mil reais), mediante prévia e expressa autorização do Procurador da União no Estado ou do Procurador Regional da União, conforme o caso; § 1º Inclui-se entre as atribuições autorizadas por esta Portaria aos órgãos de execução da PGU, como fase das tratativas do acordo, deliberar sobre o recebimento parcelado de crédito da União. § 2º Quando a causa envolver valor superior a R$ 500.000,00 (quinhentos mil reais), o acordo ou a transação dependerá de prévia e expressa autorização do Procurador-Geral da União e do Ministro de Estado ou do titular da Secretaria da Presidência da República a cuja área de competência estiver afeto o assunto, ou ainda do Presidente da Câmara dos Deputados, do Senado Federal, do Tribunal de Contas da União, de Tribunal ou Conselho, ou do Procurador-Geral da República, no caso de interesse, respectivamente, dos órgãos dos Poderes Legislativo e Judiciário, ou do Ministério Público da União."

pendentemente da condição posterior. Isso porque: i) a condição, embora cogente, por se tratar de regra de direito administrativo e requisito de forma, foi imposta após a celebração do contrato, que não previa tal condição; ii) o contrato, que pode até ser de trato sucessivo, foi aperfeiçoado sem a existência de tal requisito; iii) a cláusula compromissória é separada do contrato e, uma vez aperfeiçoada em tais condições, permanece válida; iv) o tradicional respeito do direito brasileiro ao ato jurídico perfeito e a vedação da retroação imperfeita de normas.[295]

3.4 Arbitrabilidade subjetiva: sistematização do estudo da legislação

Antes do advento da Lei n. 13.209/2015, dentre a grande quantidade de normas que versavam sobre os contratos administrativos, existiam basicamente duas situações bem distintas: a primeira, dos contratos regidos pela Lei de Licitações, que não previam o uso da arbitragem, mas que podiam se valer da Lei de Arbitragem, para assim utilizarem esse método de solução de litígios. Nesse caso, para se interpretar a possibilidade do uso da arbitragem pela Fazenda Pública, deveria se lançar mão a uma combinação de leis.

Em outro extremo, existia uma segunda situação, mais cômoda, daqueles contratos administrativos regidos por leis específicas e que já previam o uso da arbitragem como método opcional de solução de contro-

---

[295] "DIREITO CIVIL E PROCESSUAL CIVIL. OMISSÃO NÃO CONSTATADA. ARBITRAGEM. CLÁUSULA COMPROMISSÓRIA PACTUADA EM DATA PRETÉRITA AO ADVENTO DA LEI 9.307/1996. INCIDÊNCIA IMEDIATA, MESMO EM CONTRATOS CELEBRADOS ANTES DE SEU ADVENTO, DESDE QUE NELES ESTEJA INSERIDA A CLÁUSULA ARBITRAL. 1. É vedada a esta Corte apreciar violação a dispositivos constitucionais, sob pena de usurpação da competência do Supremo Tribunal Federal. 2. Não há que se falar em violação ao art. 535 do Código de Processo Civil, pois o tribunal de origem dirimiu as questões pertinentes ao litígio, afigurando-se dispensável que venha examinar uma a uma as alegações e fundamentos expendidos pelas partes. 3. Esta Corte pacificou que, tratando-se a arbitragem de instituto eminentemente processual, as disposições da Lei 9.307/96 têm incidência imediata nos contratos celebrados antecedentemente, se neles estiver inserida a cláusula arbitral. 4. No caso ora em análise, o acórdão hostilizado encontra-se em harmonia com a jurisprudência deste egrégio STJ. Incidência da Súmula 83/STJ. 5. Recurso especial a que se nega provimento." (STJ – REsp n. 934.771/SP (2007/0063183-9)).

vérsias. Um ótimo exemplo desse segundo caso era o contrato de parceria público-privada, regido pela Lei n. 11.070/2004, que previa autorização específica.

Nesse emaranhado de normas, do ponto de vista legislativo, Carlos Alberto de Salles propunha interessante forma sistemática de estudo da matéria:

> "1. Contratos sob a regência da Lei de Licitações.
>
> 2. Leis com permissão específica de arbitragem: situação mais cômoda Lei de Concessão – Lei 8987/95 e Lei de PPPs – Lei 11079/04.[296]
>
> 3. Leis com permissão de mecanismos extrajudiciais: arbitragem como meio extrajudicial.
>
> 4. Contratos de empresas públicas e sociedades de economia mista: regime privado quando no exercício de atividade econômica."[297]

3.4.1 Impossibilidade do uso de arbitragem em contratos regidos pela Lei de Licitações: cláusula de eleição de foro

Embora a Lei n. 13.129/2015 tenha trazido o permissivo genérico para o uso da arbitragem por parte da Fazenda Pública, outro ponto levantado pelos detratores da corrente favorável ao cabimento da arbitragem dizia respeito à disponibilidade de direitos pela Administração Pública. Trata-se de matéria a ser enfrentada em item próprio. Partimos, contudo, da seguinte concepção: o que é contratável pela administração, é de certa forma, arbitrável.

Havia a tese pela qual a Lei de Licitações impunha a todos os contratos administrativos a cláusula de eleição de foro. Consequentemente, como era obrigatório um foro eleito, impunha-se uso da jurisdição estatal, coibindo assim o uso da arbitragem.

---

[296] "Art. 11. [...] III - o emprego dos mecanismos privados de resolução de disputas, inclusive a arbitragem, a ser realizada no Brasil e em língua portuguesa, nos termos da Lei nº 9.307, de 23 de setembro de 1996, para dirimir conflitos decorrentes ou relacionados ao contrato."

[297] SALLES, Carlos Alberto de, *A arbitragem em contratos administrativos*, cit., p. 243,248,252,253.

Embora a discussão já pareça vetusta, vale citar que parte da doutrina vislumbrava impedimento no uso da arbitragem pela Administração Pública, no que tange aos contratos sob a regência da Lei de Licitações, ante a existência de uma barreira insuperável, à vista da dicção do artigo 55[298], parágrafo 2º, da Lei n. 8.666/93, que impunha a indisponibilidade da jurisdição estatal.[299]

Na verdade, havia uma errônea compreensão do fenômeno decorrente da cláusula de eleição de foro, pois cabia distinguir a cláusula de eleição de foro da cláusula compromissória, o que, por si, já exclui a jurisdição estatal.

Para se distinguir os fenômenos, devemos lembrar que quanto à natureza jurídica, tanto a Lei de Licitações como a Lei de Arbitragem têm assento constitucional, tendo em vista que ambas são *normas gerais*, nos termos do artigo 22 da Constituição Federal.[300]

Por sua vez, tanto a cláusula de eleição de foro prevista no artigo 55, parágrafo 2º, da Lei n. 8.666/2003, quanto a cláusula compromissória do artigo 3° da Lei n. 9.307/95, têm conteúdo de norma de direito processual civil[301]. Ambas têm a mesma natureza jurídica, não podendo, portanto, uma prevalecer sobre a outra.

---

[298] O artigo 55 traz as cláusulas necessárias de todo contrato administrativo.

[299] Essa tese é defendida, entre outros, por Celso Antônio Bandeira de Mello e Ricardo Martins, que veem o uso da arbitragem pelo Poder Público como uma afronta à indisponibilidade do interesse público. Para essa corrente, a eleição de foro prevista na Lei n. 8.666/2003 impõe uma indisponibilidade da jurisdição estatal (MARTINS, Ricardo Marcondes. Arbitragem e administração pública: contribuição para o sepultamento do tema. *Interesse Público*, Belo Horizonte, Fórum, v. 12, n. 64, p. 85-104, nov./dez. 2010).

[300] "Art. 22. Compete privativamente à União legislar sobre: I - direito civil, comercial, penal, processual, eleitoral, agrário, marítimo, aeronáutico, espacial e do trabalho; [...] XXVII - normas gerais de licitação e contratação, em todas as modalidades, para as administrações públicas diretas, autárquicas e fundacionais da União, Estados, Distrito Federal e Municípios, obedecido o disposto no art. 37, XXI, e para as empresas públicas e sociedades de economia mista, nos termos do art. 173, § 1°, III; (Redação dada pela Emenda Constitucional nº 19, de 1998)."

[301] Mesmo que seja adotada a natureza jurídica contratual da arbitragem, não se pode negar que a arbitragem se desenvolve como um negócio jurídico processual.

Dessa forma, uma vez feita a opção pela arbitragem, prevista em lei específica, afasta-se desde logo a incidência da regra geral de eleição de foro, aplicável quando silentes as disposições contratuais em sentido contrário[302]. Ademais, além de ser norma específica, a Lei de Arbitragem era lei nova, em relação à Lei de Licitações, sucedendo-a no tempo.

3.4.2 Impossibilidade do uso de arbitragem em contratos regidos pela Lei de Licitações: necessidade de regulamentação específica

Não merece também guarida a tese de que os contratos regidos pela Lei n. 8.666/93 não poderiam ter os conflitos resolvidos por meio da arbitragem, ante a ausência de uma disposição normativa permissa específica. Tal tese afirmava que somente diante de um dispositivo permissivo específico da Lei de Licitações autorizando o uso da arbitragem pelo Poder Público, estaria ela autorizada ao uso desse meio de solução de controvérsias.

A tese fundava-se na premissa de que à Administração somente é autorizado fazer o que está na lei[303]. A mesma doutrina clássica, quanto

---

[302] No mesmo sentido: OLIVEIRA, Gustavo Henrique Justino de, A arbitragem e as parcerias público-privadas, in *Parcerias público-privadas*, cit., p. 567-606.

[303] Por todos, Hely Lopes Meirelles: "A legalidade, como princípio de administração (CF, art. 37, *caput*), significa que o administrador público está, em toda a sua atividade funcional, sujeito aos mandamentos da lei e às exigências do bem comum, e deles não se pode afastar ou desviar, sob pena de praticar ato inválido e expor-se a responsabilidade disciplinar, civil e criminal, conforme o caso. A eficácia de toda atividade administrativa está condicionada ao atendimento da Lei e do Direito. É o que diz o inc. I do parágrafo único do art. 2º da Lei 9.784/99. Com isso, fica evidente que, além da atuação conforme à lei, a legalidade significa, igualmente, a observância dos princípios administrativos. Os governantes, nada mais sendo que os representantes da sociedade, ao serem proclamados como detentores do poder, devem exercê-lo obedecendo, cumprindo e colocando em prática um quadro normativo, que busca embargar quaisquer tipos de favoritismos, perseguições ou desmandos, enfim opondo-se a todas as formas de poder autoritário. Na Administração Pública, não há espaço para liberdades e vontades particulares, deve, o agente público, sempre agir com a finalidade de atingir o bem comum, os interesses públicos, e sempre segundo àquilo que a lei lhe impõe, só podendo agir *secundum legem*. Enquanto no campo das relações entre particulares é lícito fazer tudo o que a lei não proíbe (princípio da autonomia da vontade), na Administração Pública só é permitido fazer o que a lei autoriza. A lei, define até onde o administrador público poderá atuar de forma lícita, sem cometer ilegalida-

à dimensão do princípio da legalidade, é encontrada nas obras de Maria Sylvia Zanella Di Pietro[304] e Celso Antônio Bandeira de Mello.[305]

Novamente, ao se analisar o texto original da Lei de Arbitragem, percebia-se nitidamente que não havia nenhuma distinção quanto à sua utilização por parte da Administração Pública ou do particular. Assim, o texto original da lei já igualava as partes que podiam contratar a utilização da arbitragem.[306]

Nesse sentido, é basilar a posição de Selma Maria Lemes, de que "a existência de lei específica dispondo sobre a eleição da arbitragem em contratos administrativos não é necessária, pois a ela se aplica a Lei 9.307,

---

des, define como ele deve agir." (MEIRELLES, Hely Lopes. *Direito administrativo brasileiro*. 26. ed., atual. por Eurico de Andrade Azevedo, Délcio Balestero Aleixo, José Emmanuel Burle Filho. São Paulo: Malheiros, 2001. p. 86-87.

304 "A observância do referido preceito constitucional [art. 5º, inc. II, da CF] é garantida por meio de outro direito assegurado pelo mesmo dispositivo, em seu inciso XXXV, em decorrência do qual 'a lei não excluirá da apreciação do Poder Judiciário lesão ou ameaça de lesão', ainda que a mesma decorra de ato da Administração. E a Constituição ainda prevê outros remédios específicos contra a ilegalidade administrativa, como a ação popular, o *habeas corpus*, o *habeas data*, o mandado de segurança e o mandado de injunção; tudo isto sem falar no controle pelo Legislativo, diretamente ou com auxílio do Tribunal de Contas, e no controle da própria Administração." (DI PIETRO, Maria Sylvia Zanella, *Direito administrativo*, 18. ed., 2005, cit., p. 68.

305 "É, por definição, mandamento nuclear de um sistema, verdadeiro alicerce dele, disposição fundamental que se irradia sobre diferentes normas compondo-lhes o espírito e servindo de critério para sua exata compreensão e inteligência, exatamente por definir a lógica e a racionalidade do sistema normativo, no que lhe confere a tônica e lhe dá sentido humano. É o conhecimento dos princípios que preside a intelecção das diferentes partes componentes do todo unitário que há por nome sistema jurídico positivo. Violar um princípio é muito mais grave que transgredir uma norma. É a mais grave forma de ilegalidade ou inconstitucionalidade, conforme o escalão do princípio atingido, porque representa insurgência contra todo o sistema, subversão de seus valores fundamentais, contumélia irremissível a seu arcabouço e corrosão de sua estrutura mestra." (MELLO, Celso Antônio Bandeira de. *Curso de direito administrativo*. 17. ed. rev. e atual. São Paulo: Malheiros, 2004. p. 450-451).

306 Lei n. 9.307/93: "Art. 1º. As pessoas capazes de contratar poderão valer-se da arbitragem para dirimir litígios relativos a direitos patrimoniais disponíveis."

de 1996, estatuto arbitral brasileiro que não distingue pessoas jurídicas, as de direito público ou as de direito privado".[307]

Assim, parece que a questão já podia ser resolvida utilizando as regras de hermenêutica, ainda que não exista aqui um conflito aparente de normas. Havia ainda uma nítida especialidade da Lei de Arbitragem, em relação à Lei de Licitações, nas disposições processuais referentes à resolução de conflitos.

Por fim, conclui Selma Lemes, no cenário do texto original da Lei de Arbitragem, e citando o escólio de Pedro Batista Martins, que leis específicas regulamentando o uso da arbitragem por parte da Administração Pública, "apesar de transmitirem segurança são dispensáveis".[308]

Ante o exposto, pelos argumentos apresentados, ainda que existisse forte oposição doutrinária, entendia-se que o arcabouço jurídico existente anteriormente à Lei n. 13.129/2015 constituía um permissivo legislativo apto a deferir à Administração Pública a opção pela arbitragem, ainda que nos contratos regidos pela Lei de Licitações.

3.4.3 Contratos regidos pela Lei de Licitações e Lei de Arbitragem

Embora já se defendesse a possibilidade do uso da arbitragem nos contratos administrativos anteriormente à novel reforma promovida pela Lei n. 13.129/2015, pelo simples fato de existir uma lei geral de arbi-

---

[307] LEMES, Selma Ferreira, *Arbitragem na administração pública*: fundamentos jurídicos e eficiência econômica, cit., p. 83.

[308] A autora opõe-se à posição restritiva de parte da doutrina quanto à impossibilidade da arbitragem por parte do Poder Público (de Lúcia Vale Figueiredo). Cita as origens históricas, discorrendo sobre a doutrina de Castro Nunes (1950) e o célebre Caso Lage como casos emblemáticos de possibilidade: "1. arbitragem era regida pelo processo civil e direito civil; 2. não havia vedação expressa da Fazenda participar da arbitragem; 3. questões referentes a direitos patrimoniais disponíveis nos contratos administrativos são arbitráveis". Para Themistocles Brandão Cavalcanti (1955), havia necessidade de lei específica para disputas imobiliárias entre Estado e União, dispensável, no entanto, para questões contratuais. Conclui sobre a Lei de Arbitragem: 1. Mesmo tratamento quanto ao ente público e particular. 2. A Lei de Arbitragem é lei geral e é dispensável lei específica. 3. Leis específicas, apesar de transmitirem segurança, são dispensáveis (LEMES, Selma Ferreira, *Arbitragem na administração pública*: fundamentos jurídicos e eficiência econômica, cit., p. 78).

tragem, questões como a contratação de árbitros, câmaras arbitrais, regulamentos, pagamentos de custas e distribuição de sucumbência, execução da sentença, vedação do uso da equidade e procedimentos administrativos internos poderiam sofrer algum grau de regulamentação.

Tal regulamentação não poderia retirar de forma alguma a capacidade negocial das partes, ainda que uma delas fosse a Administração, e nem impor termos ou condicionantes unilaterais de uma parte, sobretudo da Administração ao particular, como condição para a utilização da arbitragem, sob pena dessa cláusula ser considerada potestativa. Novamente, ressalta-se que a cláusula compromissória, como negócio jurídico processual, depende de um cenário de *negocialibilidade*, jamais se confundindo com as demais *cláusulas exorbitantes* presentes no contrato administrativo.

O direito administrativo brasileiro é fortemente ligado ao princípio da legalidade e, embora defendamos uma postura *consensualista*, temos que *certo grau de regulamentação advinda do próprio Executivo poderia garantir uma maior eficácia da legislação existente.*

O artigo 5º, inciso II, da Constituição Federal afirma que ninguém será obrigado a fazer ou deixar de fazer alguma coisa senão em virtude de lei, o que novamente aparecerá sobre o formato da legalidade administrativa no artigo 37, corolário do Estado de Direito, o que, na visão tradicional, significa que ao Estado só é permitido fazer o que a lei permite.[309]

Tal princípio, no que tange à Administração Pública ganha relevo, eis que se trata de um verdadeiro limitador do poder estatal frente ao cidadão e uma ordem direta ao administrador público, que deve obediência ao princípio da legalidade: "Art. 37. A administração pública direta

---

[309] Conforme tradicional lição de Maria Sylvia Zanella Di Pietro: "Segundo o princípio da legalidade, a Administração Pública só pode fazer o que a lei permite. No âmbito das relações entre particulares, o princípio aplicável é o da autonomia da vontade, que lhe permite fazer tudo o que a lei não proíbe. Essa é a idéia expressa de forma lapidar por Hely Lopes Meirelles e corresponde ao que já vinha explícito no art. 4 da declaração de Direitos do Homem e do Cidadão, de 1789 [...] No direito positivo brasileiro, esse postulado, além de referido no art. 37, está contido no art. 5º, inc. II, da Constituição Federal que, repetindo preceito de Constituições anteriores, estabelece que 'ninguém será obrigado a fazer ou deixar de fazer alguma coisa senão em virtude de Lei'." (DI PIETRO, Maria Sylvia Zanella, *Direito administrativo*, 18. ed., 2005, cit., p. 68).

e indireta de qualquer dos Poderes da União, dos Estados, do Distrito Federal e dos Municípios obedecerá aos princípios de legalidade, impessoalidade, moralidade, publicidade e eficiência."

Pois bem, as espécies normativas primárias estão previstas no artigo 59 da Constituição Federal: "O processo legislativo compreende a elaboração de: I - emendas à Constituição; II - leis complementares; III - leis ordinárias; IV - leis delegadas; V - medidas provisórias; VI - decretos legislativos; VII - resoluções. Parágrafo único. Lei complementar disporá sobre a elaboração, redação, alteração e consolidação das leis."

Quanto às leis, conforme o artigo 84: "Compete privativamente ao Presidente da República: [...] IV - sancionar, promulgar e fazer publicar as leis, bem como expedir decretos e regulamentos[310] para sua fiel execução."

Trata-se da previsão constitucional do que vem a ser chamado de decreto de fiel execução. Embora a forma da regulamentação[311] da ar-

---

[310] Sobre o poder regulamentar, Clèmerson Merlin Clève define os limites do poder regulamentar, bem como seu uso por parte de Administração Pública (CLÈVE, Clèmerson Merlin. *Atividade legislativa do poder executivo*. 3. ed. rev., atual. e ampl. São Paulo: Revista dos Tribunais, 2011).

[311] "Nesse sentido, a legalidade administrativa não pode ser entendida como simples exigência de regulamentação legal, de normas de aplicação geral. Nem tudo que está disciplinado em lei e que pode ser utilizado pelo particular aplica-se também ao Poder Público. O princípio da legalidade, previsto constitucionalmente não pode ser encarado como norma indicativa da necessidade de simples conformidade dos atos da Administração à lei. Ao contrário, tal princípio aponta a obrigatoriedade de a ação administrativa estar fundada em comandos normativos específicos que lhe emprestem fundamento. Nesse sentido, a ação administrativa está condicionada à existência de permissivos legais específicos, não se reconhecendo a ela o mesmo espaço de liberdade reconhecida ao particular. Nesse sentido, a exigência de autorização legislativa específica de arbitragem indica, tão somente a necessidade de um comando legal dirigido especificamente à Administração Pública. Não significa, entretanto, a obrigatoriedade de regulamentação, igualmente específica, exclusiva para utilização dessa prática no âmbito do poder público. Existente o permissivo legal direcionado à Administração Pública, para esse fim, é suficiente a regulamentação legal da lei de arbitragem. [...] Em suma, a utilização da arbitragem em relação a contratos administrativos não depende de regulamentação legal específica, mas apenas de autorização legislativa, indicativa da possibilidade de sua adoção no âmbito da Administração Pública, não mais do que isso. Essa autorização, por sinal, não precisa indicar expressamente a arbitragem, bastando indicar

bitragem não seja o objeto do presente estudo, dentro do atual cenário legislativo do país, trata-se de alternativa que, bem empregada, pode afastar dúvidas quanto à aplicação da legislação pátria.

No Brasil, embora já existissem leis específicas[312] referentes a determinados tipos de contratos, tal qual concessões públicas e PPPs, que previam a arbitragem ou uso de meios alternativos de solução de controvérsias, todas elas seriam beneficiadas, no que tange à sua aplicação, com um maior grau de explicitação quanto à sua aplicabilidade. Nesses casos, a situação era mais tranquila, pois envolvia contratos administrativos com previsão específica do uso da arbitragem como meio de solução de litígios, em detrimento daqueles que se socorriam da Lei de Licitações cumulada com a Lei de Arbitragem.

Obviamente, essa situação era anterior ao permissivo genérico presente na Lei n. 13.129/2015, preparada por uma comissão[313] formada por juristas, que inclusive discutiram uma melhor adaptação da Lei de Arbitragem às peculiaridades do Poder Público.

---

mecanismos privados ou extrajudiciais de solução de controvérsias, como estava presente na redação original de Lei de Concessões." (SALLES, Carlos Alberto de, *A arbitragem em contratos administrativos*, cit., p. 139-140).

[312] Lei de PPPs (Lei n. 11.079/2004, art. 11, III); Lei do Petróleo e Gás (Lei n. 9.478/97, art. 43, X); Lei de Transporte Aquaviários e Terrestres (Lei n. 10.233/2001, art. 35, XVI); Lei de Concessões (Lei n. 8.987/95, art. 23-A, modificada pela Lei n. 11.196/2005); Lei de Energia Elétrica (Leis ns. 10.438/2002 e 10.848/2004); Lei de Telecomunicações (Lei n. 9.472/97, art. 93, XV); Lei de Franquias Postais (Lei n. 11.668/2008, art. 4º).

[313] Integraram o colegiado os advogados José Antônio Fichtner, Caio César Rocha, José Rogério Cruz e Tucci, Marcelo Rossi Nobre, Francisco Antunes Maciel Müssnich, Tatiana Lacerda Prazeres, Adriana Braghetta, Carlos Alberto Carmona, Eleonora Coelho, Pedro Paulo Guerra Medeiros, Sílvia Rodrigues Pachikoski, Francisco Maia Neto, André Chateaubriand Martins, José Roberto Neves, Marcelo Henriques de Oliveira e Roberta Rangel (Disponível em: <http://www12.senado.gov.br/noticias/materias/2013/04/26/comissao-busca-texto-consensual-antes-de-abrir-audiencias-sobre-nova-lei-de-arbitragem>. Acesso em: 24 jul. 2013).

3.4.4 *Contratos regidos por leis específicas que permitem o uso de arbitragem: a Lei de PPPs*

Na disciplina anterior ao advento da Lei n. 13.129/2015, já existiam leis específicas que traziam em seu bojo o permissivo específico do uso da arbitragem como mecanismo alternativo de solução de controvérsias.

Dois desses diplomas são os mais analisados em termos doutrinários: a Lei de Concessões (Lei n. 8.987/95)[314] e a Lei de Parcerias Público-Privadas (Lei n. 11.079/2004).[315]

Diante do texto permissivo, até mesmo o Tribunal de Contas da União, que possuía uma posição restritiva quanto ao uso da arbitragem nos contratos regidos pela Lei de Licitações, passou a ter uma posição mais flexível.[316]

Vale lembrar que historicamente o Tribunal de Contas da União manteve uma linha de vedação ao uso da arbitragem pela Administração Pública, calcada no conceito de indisponibilidade dos interesses públicos[317]. Por sua vez, o posicionamento do STJ vinha sendo francamente favorável à arbitragem, inclusive decidindo a mesma matéria em sentido oposto ao TCU.[318]

---

314 Para Arnoldo Wald, destaca-se na arbitragem envolvendo as concessões públicas um espírito de colaboração e parceria, por conta disso a aplicação do instituto, associado à eficiência, agilidade, celeridade especialidade que proporciona, ganha tanta relevância. (WALD, Arnoldo. As concessões e a arbitragem. *Revista do Advogado*, São Paulo, v. 29, n. 107, p. 33-43, dez. 2009).

315 Para Luiz Fernando Almeida Guilherme, no que tange a lei de PPPs, a arbitragem veio da maior transparência para o investidor. (GUILHERME, Luiz Fernando do Vale de Almeida. Uma análise do instituto da arbitragem no Brasil à luz da reforma do Judiciário e da lei das parcerias público-privadas. *Revista da* Esmape, Recife, Escola Superior da Magistratura de Pernambuco, v. 11, n. 23, p. 215-230, jan./jun. 2006).

316 Instrução Normativa TCU n. 52/2007.

317 TCU – Decisão n. 286/93, Acordão n. 584/2003. Ilegalidade da cláusula em nos contratos de energia elétrica. Embora não seja objeto do presente estudo, o posicionamento do STF quanto a essa matéria é mais liberal, em vista da declaração de constitucionalidade da Lei de Arbitragem e o Caso Laje.

318 A decisão no REsp n. 612.439, referente a contrato de energia elétrica, é em sentido diametralmente oposto ao do TCU. Segundo o STJ: "São válidos e eficazes os contratos firmados pelas sociedades de economia mista exploradoras de

Nos contratos regidos por essas leis, há uma nítida evolução da jurisprudência quanto ao uso permitido da arbitragem pela Administração Pública, ainda que utilizando a legislação atual, sem qualquer modificação. Cita-se como exemplos os casos Compagás[319], NUCLEP[320] e PPP Metrô/SP.[321]

Nesse caso, segundo a jurisprudência[322], tal qual o TCU, os tribunais são mais favoráveis ao uso da arbitragem pela Administração Pública.

---

atividade econômica de produção ou comercialização de bens ou de prestação de serviços (CF, art. 173, § 1º) que estipulem cláusula compromissória submetendo à arbitragem eventuais litígios decorrentes do ajuste". Em relação especificamente ao TCU, Juliana Bonarcorsi Palma afirma: "Depreende-se uma visão bastante hostil à consensualidade pelo TCU, conforme aponta a reconstrução jurisprudencial. No entanto, deve-se salientar o abrandamento do discurso de resistência à atividade negociada da Administração nos últimos acórdãos, passando o órgão de controle a considerar a arbitragem como legítimo instrumento de gestão administrativa nas hipóteses previstas em lei. Permanece, porém, a compreensão da reserva de lei no tema da consensualidade e a restrita visão sobre os casos de transação administrativa, esta evidenciada no trabalho com os direitos patrimoniais disponíveis. Quanto à primeira característica da jurisprudência do TCU sobre arbitragem – legalidade estrita e consensualidade – o órgão de controle externo determina que a atuação administrativa consensual apenas caberia nas hipóteses expressamente previstas em lei. O raciocínio é extraído a partir da *ratio decidendi* segundo a qual não caberia o juízo arbitral nos contratos administrativos por ausência de previsão legal para tanto, como se evidencia na Lei 8.987/95 (art. 23-A) e na Lei 10.433/02. Dessa forma, o Tribunal desconsidera qualquer forma de permissivo genérico para a adoção de instrumentos negociados (no caso, a arbitragem), restando a atuação administrativa consensual vinculada à expressa determinação legal." (PALMA, Juliana Bonacorsi de, *Atuação administrativa consensual*: estudos dos acordos substitutivos no processo administrativo sancionador, cit., p. 148). Analisando a arbitrabilidade subjetiva sob a luz das cortes de contas e jurisprudência: TIBURCIO, Carmen, A arbitragem envolvendo a administração pública: RESP n. 606345/RS: jurisprudência comentada, cit., p. 341-350.

[319] STJ – REsp n. 904.813/PR, rel. Min. Nancy Andrighi.

[320] STJ – MS n. 11.308/DF, rel. Min. Luiz Fux.

[321] Proc. n. 053.10.017261-2; AI n. 0284191-48.2010.8.26.0000.

[322] STJ – REsp n. 954.065/MS, rel. Min. Ari Pargendler, 2008; STJ – MS n. 11.308/DF. rel. Min. Luiz Fux, 2008; STJ – REsp n. 606.345/RS, rel. Min. João Otávio de Noronha, 2007. Juliana Palma aponta uma discutível pacificação no

3.5 Arbitragem no Poder Público estadual

Assim como a União, diversos diplomas estaduais também previram o uso da arbitragem em suas leis locais, fazendo-o de forma específica, ou seja, setorial, para determinados contratos administrativos. Essa foi a forma de contornar a ausência de um permissivo genérico como o previsto na Lei n. 13.129/2015.

3.5.1 Leis estaduais e a arbitragem: leis procedimentais

Na análise de eventual competência legislativa estadual sobre a arbitragem, conforme o artigo 22, I, da Constituição Federal. "compete privativamente à União legislar sobre direito processual". Dessa forma, lei estadual que legislasse sobre processo civil seria inconstitucional.

Porém, a despeito do que trata o esse artigo, a Constituição da República, no artigo 24, inciso XI, outorga *competência legislativa concorrente* aos Estados-membros e ao Distrito Federal para legislar sobre *procedimentos em matéria processual.*

A diferença entre processo e procedimento não é clara, sendo muitas vezes conceitos interpenetráveis, e de difícil separação, eis que procedimento é justamente um dos ramos estudados pela disciplina processual, ao lado da relação jurídica processual e da jurisdição, constituindo assim um dos pilares do processo civil, conforme ensina a *teoria geral do processo*[323]. Ademais, a própria jurisprudência do STF mostra-se ca-

tema: "O tema da arbitragem envolvendo a Administração Pública já é pacificado na jurisprudência dos Tribunais Superiores (STJ e STF), que entende pelo cabimento do instituto desde o caso Lage (Agravo de Instrumento 52.181/STF), considerado o *leading case* no qual se reconhece a possibilidade de a Administração Pública submeter-se a cláusula compromissória de arbitragem. Nessa medida, o TCU passou a não mais restringir a aplicabilidade no instituto no âmbito do Poder Público tendo em vista o posicionamento favorável dos Tribunais Superiores à resolução amigável de controvérsias administrativas." (PALMA, Juliana Bonacorsi de, *Atuação administrativa consensual*: estudos dos acordos substitutivos no processo administrativo sancionador, cit., p. 146).

[323] Segundo a escola processual paulista, "o procedimento é, nesse quadro, apenas o meio extrínseco pelo qual se instaura, desenvolve-se e termina o processo; é a manifestação extrínseca deste, a sua realidade fenomenológica perceptível. A noção de processo é essencialmente teleológica, porque ele se caracteriza por sua

suística, no que tange a impor limites entre processo e procedimento[324]. Na prática, porém, a legislação estadual por vezes está restrita a questões referentes a práticas de tribunais locais e intimações pessoais de procuradores[325] do Estado e serviços para advogados.

Antes do permissivo decorrente da Lei n. 13.129/2015, o Estado de Minas Gerais optou por legislar sobre o procedimento arbitral[326], dispondo sobre a matéria na Lei n. 19.477/2011. Sem entrar em maiores discussões, e partindo da constitucionalidade da previsão dos Estados membros legislarem sobre procedimento, a medida se mostra de grande utilidade, eis que nos contratos regidos pela Lei de Licitações e pela Lei de Arbitragem, a norma estadual procedimental põe fim a questões de extrema controvérsia doutrinária, tais como uso da arbitragem institucional[327],

---

finalidade de exercício do poder (no caso, jurisdicional). A noção de procedimento é puramente formal, não passando da coordenação de atos que se sucedem. Conclui-se, portanto, que o procedimento (aspecto formal do processo) é o meio pelo qual a lei estampa os atos e fórmulas da ordem legal do processo" (CINTRA, Antônio Carlos de Araújo; GRINOVER, Ada Pellegrini; DINAMARCO, Cândido Rangel. *Teoria geral do processo*. 17. ed. São Paulo: Malheiros, 2001. p. 277).

324 STF – MC ADI n. 1.285/SP, Pleno, rel. Min. Moreira Alves, j. 25.10.1995, *DJ*, de 23.03.2001; STF – MC ADI n. 1.916/SC, Pleno, rel. Min. Nelson Jobim, j. 11.02.1999, *DJ*, de 26.10.2001; STF – AgR AI n. 210.268/SC, 2ª Turma, rel. Min. Marco Aurélio, j. 28.08.1998, *DJ*, de 30.10.1998; STF – ADI n. 2.257/SP, Pleno, rel. Min. Eros Grau, j. 06.04.2005, *DJ*, de 26.08.2005; STF – MC ADI n. 4.161/AL, Pleno, rel. Min. Menezes Direito, j. 29.10.2008, *DJ*, de 16.04.2009. Na ADI n. 2.257, o Ministro Eros Grau trouxe definição da diferença entre processo e procedimento: "Assim, a competência legislativa concorrente dos Estados-Membros deve se restringir à edição de leis que disponham sobre matéria procedimental, isto é, sobre a sucessão coordenada dos atos processuais, no que se refere à forma, ao tempo e ao lugar de sua realização, e com o cuidado de não usurpar a competência da União para legislar sobre normas de caráter geral."

325 Lei Complementar n. 27/96 do Estado de Sergipe, artigo 88, VI; Lei Complementar n. 15/80 do Estado do Rio de Janeiro, artigo 44, IV; Lei n. 8.207/2002 do Estado da Bahia, artigo 58, III; Lei Complementar n. 7/91 do Estado de Alagoas, artigo 81, VI.

326 "Art. 1°. O juízo arbitral, instituído pela Lei Federal n° 9.307, de 23 de setembro de 1996, para a solução de litígio em que o Estado seja parte, será efetivado conforme os procedimentos estabelecidos nesta Lei."

327 "Art. 4°. O juízo arbitral, para os fins desta Lei, instituir-se-á exclusivamente por meio de órgão arbitral institucional."

competência para ser *á*rbitro[328], regularidade fiscal da contratação, escolha de câmara arbitral, custas e despesas.[329]

Para o bem ou para o mal, a questão passou a ter uma solução legislativa que se mostrou, ante o dogma da legalidade que vigora na mentalidade administrativa, extremamente salutar. Por outro lado, a pecha administrativa de impor sua vontade numa situação de negociabilidade acaba muitas vezes por desvirtuar o instituto da arbitragem, sobretudo no que tange à *negociabilidade* e à *autonomia da vontade,* pendendo sempre para uma reserva de poderes superiores da Administração em relação ao particular.

3.5.2 Competência legislativa estadual: modelo paulista

Assim, como a União, os Estados têm capacidade de auto-organização, sobretudo quanto à legislação. O princípio da simetria[330] é aquele pelo qual[331] os Estados e os Municípios devem se organizar seguindo o mo-

---

[328] "Art. 5°. São requisitos para o exercício da função de árbitro: I - ser brasileiro, maior e capaz; II - deter conhecimento técnico compatível com a natureza do contrato; III - não ter, com as partes nem com o litígio que lhe for submetido, relações que caracterizem os casos de impedimento ou suspeição de Juízes, conforme previsto no Código de Processo Civil; IV - ser membro de câmara arbitral inscrita no Cadastro Geral de Fornecedores de Serviços do Estado."

[329] "Art. 11. No edital de licitação de obra e no contrato público constará a previsão das despesas com arbitragem, taxa de administração da instituição arbitral, honorários de árbitros e peritos e outros custos administrativos. Parágrafo único. As despesas a que se refere o *caput* deste artigo serão adiantadas pelo contratado quando da instauração do procedimento arbitral."

[330] Analisando o princípio da simetria, Léo Ferreira Leoncy demonstra a inconsistência do termo, segundo a jurisprudência do STF: "Sem explicitar a origem a natureza ou mesmo o significado de tal princípio, aquele tribunal aproveitou-se reiteradamente desse fundamento para tornar sem efeito uma série de leis e atos normativos do poderes públicos locais, sem falar em incontáveis atos concretos das mesmas autoridades igualmente nulificados por desconformidade ao referido postulado." (LEONCY, Léo Ferreira. *Princípio da simetria e argumento analógico*: o uso da analogia na resolução de questões federativas sem solução constitucional evidente. Tese (Doutorado) – Faculdade de Direito da Universidade de São Paulo, São Paulo, 2011. p. 4).

[331] Os princípios da administração esculpidos no artigo 37 da Constituição Federal assim aparecem na Constituição do Estado de São Paulo: "Art. 111. A adminis-

delo federativo. Dentre o conteúdo do princípio da simetria e, portanto, dos princípios constitucionais decorrentes e derivados, extrai-se o dever de obediência ao modelo de processo legislativo previsto na Constituição Federal.

Dentro das competências previstas no artigo 22 da Constituição Federal, pouco espaço restou para que os Estados legislassem. Nessa relação, coube à União a edição das chamadas *normas gerais* e aos Estados as *especificidades*.

Assim, quando a União passa a legislar privativamente sobre normas gerais de licitação e contratação[332], bem como sobre processo civil[333], pouco ou nenhuma competência legislativa resta aos Estados sobre a arbitragem.

A experiência paulista, no entanto, traz dois exemplos: o primeiro é a Lei de Licitações estadual; o segundo, a Lei de Parcerias Público-Privadas estadual.

A lei estadual de São Paulo n. 6.544/89 dispõe sobre o estatuto jurídico das licitações e contratos pertinentes a obras, serviços, compras, alienações, concessões e locações no âmbito da Administração centralizada e autárquica. É a chamada Lei Paulista de Licitações e Contratos.

Embora publicada sob a égide da Constituição de 1988, sua elaboração é anterior à atual Lei de Licitações nacional, ou seja, anterior à Lei n. 8.666/93 e à Lei de Arbitragem.

A despeito disso, assim como a previsão do foro de eleição do artigo 55 da Lei n. 8.666/93, a lei paulista previu a existências das chamadas cláusulas necessárias.[334]

---

tração pública direta, indireta ou fundacional, de qualquer dos Poderes do Estado, obedecerá aos princípios de legalidade, impessoalidade, moralidade, publicidade, razoabilidade, finalidade, motivação, interesse público e eficiência."

332 "XXVII - normas gerais de licitação e contratação, em todas as modalidades, para as administrações públicas diretas, autárquicas e fundacionais da União, Estados, Distrito Federal e Municípios, obedecido o disposto no art. 37, XXI, e para as empresas públicas e sociedades de economia mista, nos termos do art. 173, § 1º, III;"

333 "I - direito civil, comercial, penal, processual, eleitoral, agrário, marítimo, aeronáutico, espacial e do trabalho."

334 "Art. 50. São cláusulas necessárias em todo contrato as que estabeleçam [...]."

Da mesma forma que a legislação federal, a legislação paulista também previu a cláusula de eleição de foro, no parágrafo único do artigo 50.[335]

Assim, a mesma celeuma de âmbito nacional poderia ser invocada para justificar o não cabimento da arbitragem por parte do governo paulista. Ocorre que os Estados não têm competência para legislar sobre direito processual, e apenas sobre procedimento, devendo, contudo, obedecer às normas gerais.

Aqui nos parece que a mesma discussão aventada sobre a aplicação da Lei de Arbitragem geral e a existência de um permissivo genérico anterior à reforma da Lei n. 13.129/2015 pode ser transplantada para o âmbito estadual. A questão da eleição de foro pode ser superada tanto pelo conceito da especificidade, quanto pelo de sucessão de normas no tempo.

No cotejo com a Lei de Arbitragem nacional, aos Estados, assim como demonstra a experiência mineira, somente caberia a competência para legislar sobre *procedimento*.

Vale ainda lembrar que não seria possível ao Estado valer-se de um decreto regulamentar de lei federal, tal qual o Decreto n. 8.465/2015, que regulamenta a arbitragem em atividade portuária, para uso no âmbito estadual. Ocorre que com o advento do permissivo genérico da Lei n. 13.129/2015, a possibilidade do uso da arbitragem pelo Estados também restou superada. Não se nega a possibilidade da existência de uma lei local que cuide de aspectos procedimentais envolvendo a Fazenda Pública paulista, bem como a possibilidade de um decreto regulamentar dessa lei.

3.5.2.1 Competência legislativa estadual: Lei paulista de PPPs

No âmbito da União, o uso da arbitragem nos contratos de PPPs está previsto no artigo 11, inciso III, da Lei n. 11.079/2004.[336]

[335] "Art. 50 [...] Parágrafo único. Nos contratos com pessoas físicas ou jurídicas domiciliadas no estrangeiro deverá constar, também, cláusula que declare competente o foro da Capital do Estado para dirimir qualquer questão contratual."

[336] "Art. 11. O instrumento convocatório conterá minuta do contrato, indicará expressamente a submissão da licitação às normas desta Lei e observará, no que couber, os §§ 3º e 4º do art. 15, os arts. 18, 19 e 21 da Lei nº 8.987, de 13 de fevereiro de 1995, podendo ainda prever: [...] III - o emprego dos mecanismos privados de resolução de disputas, inclusive a arbitragem, a ser realizada no Brasil

Por sua vez, a lei paulista de PPPs, Lei n. 11.688/2004[337], em seu artigo 11, criou a possibilidade de a Fazenda Pública valer-se da arbitragem como mecanismo de solução de controvérsia dos contratos ali previstos.

Embora a lei traga maiores especificidades em relação à norma da União, os procedimentos internos para viabilizar a contratação de árbitros, instituições, pagamentos de custas e sucumbência não foram previstos.

Por certo, tal regulamentação somente poderia se voltar para a própria Administração, como uma regra interna, tal qual a inexigibilidade de processo licitatório para contratação de câmaras ou árbitros.

Assim, da mesma forma como foi defendida a necessidade de norma expedida pelo chefe do Executivo da União para a regulamentação das arbitragens envolvendo o Poder Público na esfera da União, os Estados, especificamente o Estado de São Paulo, poderia ter regulamentado a matéria por meio de decreto regulamentar estadual. De certo, o modelo paulista deveria se afastar do previsto no Decreto federal n. 8.465/2015.

Nesse caso, diferentemente da Lei de Licitação paulista, que não previu o uso de arbitragem e dependeria assim de uma lei procedimental de arbitragem, a lei paulista referente às PPPs aproximou-se da lei mineira, já prevendo o uso desse instrumento, e bastaria uma normatização interna, *v.g.*, um decreto regulamentar, trazendo maior segurança jurídica e espancando dúvidas, sobretudo em pontos nevrálgicos como contratação de câmaras arbitrais, afastando a exigibilidade da licitação.

3.5.2.2 Competência legislativa estadual: Lei mineira de PPPs

A par da Lei n. 11.477/2011, a chamada "Lei Mineira de Arbitragem", o Estado de Minas Gerais editou, antes mesmo da União[338], a Lei estadual n. 14.868/2003, que criou o programa e plano estadual de PPPs, es-

---

e em língua portuguesa, nos termos da Lei nº 9.307, de 23 de setembro de 1996, para dirimir conflitos decorrentes ou relacionados ao contrato."

[337] "Art. 11. Os instrumentos de parceria público-privada poderão prever mecanismos amigáveis de solução das divergências contratuais, inclusive por meio de arbitragem, nos termos da legislação em vigor. Parágrafo único. Na hipótese de arbitramento, os árbitros deverão ser escolhidos dentre os vinculados a instituições especializadas na matéria e de reconhecida idoneidade."

[338] O Estado de Minas Gerais foi um dos primeiros entes federativos a tratar do contrato de PPPs, por meio da Lei n. 14.868/13. Nessa esteira, seguiram-se os

tabelecendo assim pré-requisitos, formas de contratação, obrigações, execução contratual, remuneração do parceiro privado e solução pela via arbitral.

Com efeito, a Lei mineira de PPPs deve ser lida em conjunto com a lei mineira de arbitragem em um microssistema, ainda que, essa segunda lei seja violadora de diversos postulados da arbitragem, no que tange a igualdade entre as partes, bem como regras de competência da processual, previstas na Constituição Federal.

Pois bem, por se tratar de estatuto anterior a legislação mineira de arbitragem, a Lei Mineira de PPPs não trouxe normas tão específicas, limitando-se a remeter as partes à via arbitral.

Tratou-se, portanto, de mera autorização específica para o uso da arbitragem, antes da Lei federal de PPPs, e muito antes da autorização genérica, propiciada pela reforma da Lei de Arbitragem, decorrente da Lei n. 13.129/2015.

A previsão do artigo 13 da lei estadual continha a possibilidade de estabelecer mecanismos amigáveis de solução de divergências contratuais, inclusive por meio de arbitragem.[339]

Nesse sentido, tal qual o estatuto paulista de PPPs, não se tinha ainda a inclinação que se revelou anos depois com o Decreto n. 8465/2015, que em muito violou o direito de igualdade de partes na arbitragem envolvendo a União nos litígios envolvendo questões portuárias.

3.6 Decreto federal n. 8.465/2015

Conforme já foi demonstrado recentemente, a Presidência da República, no uso do poder regulamentar previsto no artigo 84 da Constituição Federal, expediu o Decreto n. 8.465/2015, para regulamentar o pará-

---

Estados de Santa Catarina, com a Lei n. 12.930/2004, São Paulo, por meio da Lei n. 11.688/2004, e ainda, no mesmo ano, Goiás, com a Lei n. 14.910/2004.

[339] "Art. 13. Na hipótese de arbitragem, os árbitros deverão ser escolhidos dentre pessoas naturais de reconhecida idoneidade e conhecimento da matéria, devendo o procedimento ser realizado de conformidade com regras de arbitragem de órgão arbitral institucional ou entidade especializada. A arbitragem deverá ser na Capital do Estado, em cujo foro serão ajuizadas, se for o caso, as ações necessárias para assegurar a sua realização e a execução da sentença arbitral."

grafo 1º do artigo 62[340] da Lei n. 12.815, de 5 de junho de 2013, que regula a exploração pela União, direta ou indiretamente, dos portos e instalações portuárias, e as atividades desempenhadas pelos operadores portuários.

O objeto do Decreto n. 8.465/2015 diz respeito a um conjunto de normas para a realização de arbitragem para dirimir litígios que envolvam a União ou as entidades da Administração Pública federal indireta e as concessionárias, arrendatárias, autorizatárias ou os operadores portuários, relativos ao inadimplemento no recolhimento de tarifas portuárias ou outras obrigações financeiras perante a administração do porto e a Agência Nacional de Transportes Aquaviários (Antaq).

No que tange à arbitrabilidade subjetiva[341], a legislação apresenta diversos problemas, sendo certo que um deles é vincular, no caso da opção pela arbitragem, obrigatoriamente a todos os termos previstos no Decreto n. 8.465/2015. Assim, demonstrado que a norma possui diversos problemas, ela retira qualquer possibilidade de negociabilidade entre as partes. Trata-se de uma verdadeira "compra com porteira fechada", pois a parte que concordar com a arbitragem deve aderir a todos os termos dessa norma.

Vale lembrar que a Lei n. 13.129/2015 afastou qualquer dúvida quanto à possibilidade de a Fazenda Pública ser parte na arbitragem. O condicionamento ao Decreto que trata dos portos, no fundo, é uma tentativa de transformar tal norma no regulamento interno administrativo das arbitragens a serem praticadas pela União.

3.4 Análise crítica da legislação específica sobre arbitrabilidade subjetiva

Segundo a visão defendida no presente trabalho, o uso da arbitragem pelo Poder Público já era plenamente possível, em face da declaração de constitucionalidade da Lei de Arbitragem, bem como a superação de uma visão restritiva de indisponibilidade de bens e direi-

---

340 O artigo 62, parágrafo 1º, permite o uso da arbitragem para dirimir litígios no âmbito do setor portuário.

341 O Decreto n. 8.465/2015 prevê em seu artigo 6º que os contratos de concessão, arrendamento e autorização de que trata a Lei n. 12.815/2013 poderão conter cláusula compromissória de arbitragem, desde que observadas às normas do Decreto. E no parágrafo 1º, que em caso de opção pela inclusão de cláusula compromissória de arbitragem, o edital de licitação e o instrumento de contrato farão remissão à obrigatoriedade de cumprimento das normas do Decreto.

tos da Administração Pública. Com o advento da Lei n. 13.129/2015, que reformou a Lei de Arbitragem, houve avanços, no sentido de se esclarecer uma situação que dividia a doutrina, que trouxe a vantagem de indicar a autoridade responsável pela celebração do negócio jurídico arbitral. Por outro lado, trouxe novos desafios para a implantação desse mecanismo de solução de controvérsias.

A arbitragem, como negócio jurídico processual, pode ser entabulada por aquele que pode contratar. Seguindo a já citada lição de Eros Graus, no âmbito da Administração, se a matéria pode ser objeto de contrato, ou seja, se é *contratável*, então é matéria *arbitrável*.

Conclui-se que a existência de um diploma legal que verse sobre arbitragem de forma geral e que não faz qualquer distinção entre as arbitragens manejadas por particulares ou pelo Poder Público deve ser encarada como norma geral e de aplicação indistinta.

Defende-se, assim, a desnecessidade de leis específicas, ante a existência da Lei de Arbitragem e sua atual reforma.

Embora já se defendesse a possibilidade do uso da Lei de Arbitragem como lei geral pelo Poder Público, sobretudo em contratos que não remetam a leis específicas, tal qual o contrato de PPP, a doutrina apontava a existência de um vácuo normativo, que deveria ser preenchido pela dogmática legislativa, interpretando a legislação vigente, sobretudo a Lei de Licitações.

Porém, a par do uso da dogmática e da interpretação, aparentemente as cortes de contas, e sua interpretação extremamente restritiva do direito administrativo positivo, sobretudo no Estado de São Paulo, mantiveram-se fortemente vinculadas ao princípio da legalidade.

Fazendo o contraponto, havia certos pontos que podiam ser alvo de críticas, na tese que afirmava a suficiência da Lei de Arbitragem para uso por parte da Administração Pública.

Mesmo para os contratos com legislação específica, que já previam o uso de arbitragem, existiam lacunas que podem supridas, sobretudo no que tange à contratação de árbitros, câmaras arbitrais, execução de sentença, direito aplicável, regulamento aplicável, idioma a ser utilizado e vedação do julgamento por equidade.

No âmbito da União, graças à existência da lei geral de arbitragem, bem como da lei geral de licitações, um decreto regulamentador seria apto, em tese, para suprir algumas dessas lacunas, viabilizando e padronizando o uso da arbitragem.

Nesse sentido, sobreveio a reforma da Lei de Arbitragem, conferindo a autorização genérica do uso da arbitragem pelo Poder Público. Porém no âmbito federal, o primeiro decreto que regulamentou o uso da arbitragem nos litígios envolvendo portos, qual seja o Decreto n. 8.465/2015, aparentemente não abraçou a tese da igualdade das partes na arbitragem, padecendo de uma série de ilegalidades, e até mesmo inconstitucionalidades. O advento do Decreto n. 8.465/2015 foi uma má experiência, eis que tornou a arbitragem um execrável simulacro do processo judicial.

Antes da reforma da Lei n. 13.129/2015 no âmbito estadual, a problemática ganhava contornos mais difíceis de serem superados, no que tange aos contratos regidos pela Lei de licitações e a Lei de Arbitragem. As questões mais simples de serem enfrentadas diziam respeito a contratos regidos por leis específicas paulistas, como o contrato de PPP, que já prevê o uso da arbitragem como mecanismo alternativo de solução de controvérsias.

No Estado de São Paulo, a par da lei geral de PPPs, existia a Lei n. 11.688/2004, cujo artigo 11 previa o uso da arbitragem para solução de conflitos decorrentes de tal modalidade de contratação. Essa é a situação mais confortável, quando da existência de lei específica.

Quanto aos contratos regidos pela Lei de Licitações, fazia-se a combinação da previsão genérica da arbitragem permitida pela Lei de Arbitragem, mas alguns problemas deviam ser superados, para a aplicação no âmbito estadual.

O primeiro era a ausência de um decreto regulamentar da União, que serviria de modelo a ser utilizado. Ocorre que esse problema, mesmo com a edição da Lei n. 13.129/2015, ainda existe, eis que o Decreto n. 8.465/2015 não é um modelo apto a ser utilizado pelo Estado de São Paulo, ante as inúmeras ilegalidades já apontadas, sobretudo as decorrentes da violação da igualdade entre os litigantes.

O segundo era a ausência de lei estadual. Pelo princípio da simetria, os Estados poderiam legislar somente sobre a matéria procedimental de arbitragem, assim como o fazem nas normas complementares de licitações.

Esse modelo foi adotado pelo Estado de Minas Gerais, com a chamada Lei Mineira de Arbitragem, que está em pleno vigor e não teve sua inconstitucionalidade declarada. Tal lei deve ser encarada como procedimental, e não processual.

Veja-se que no exercício das competências, é normal que os Estados possuam leis estaduais de licitação, tal qual o Estado de São Paulo, cujo estatuto é de 1989, e, assim como a Lei de licitações nacional, Lei n. 8.666/93, também não prevê o uso de arbitragem, possuindo dispositivo semelhante quanto ao foro de eleição para a solução de litígios.

Pois bem, por simetria, os Estados poderiam legislar sobre o procedimento de arbitragem, e assim solucionar aqueles pontos nevrálgicos já apontados. A lei mineira pode ser criticada, mas é um marco legislativo. Seus principais pontos negativos decorrem da invasão de competência legislativa federal, ao legislar sobre processo civil, bem como violar o princípio da igualdade entre os litigantes.

No âmbito estadual, sobrevindo uma legislação estadual procedimental sobre arbitragem que respeitasse o direito das partes e versasse somente sobre procedimentos, seria possível algum avanço na legislação arbitral.

Novamente, quanto ao Estado de São Paulo, a situação mais confortável dizia respeito aos contratos de PPPs, cuja legislação estadual, assim como a nacional, prevê o uso da arbitragem para a solução dos conflitos decorrentes desse tipo de contrato.

Ademais, o Estado de São Paulo, por simetria, possui a Lei estadual de Licitações, qual seja, a Lei estadual n. 6.544/89, que deve ser encarada como normal complementar, nos termos do artigo 22, parágrafo único, da Constituição Federal: "Lei complementar poderá autorizar os Estados a legislar sobre questões específicas das matérias relacionadas neste artigo."

No que tange às PPPs, para regulamentar a forma de contratação de árbitros, câmaras, regulamentos e o direito aplicável, um decreto regulamentar estadual proferido pelo chefe do Executivo viria a suprir eventuais lacunas.

Para os demais contratos, regidos pela Lei de Licitações estadual n. 6.544/89, e subsidiariamente pela nacional, Lei n. 8.666/93, bem como pela Lei de Arbitragem nacional n. 9.307/96, o ideal seria a elaboração de um texto legal estadual, assim com o fez o Estado de Minas Gerais na Lei n. 19.477/2011, versando sobre procedimento, e a subsequente regulamentação da lei, por meio de decreto estadual[342]. Novamente, tal norma não

342 "Artigo 47 - Compete privativamente ao Governador, além de outras atribuições previstas nesta Constituição: [...] III - sancionar, promulgar e fazer publicar as leis, bem como, no prazo nelas estabelecido, não inferior a trinta nem superior a cento e oitenta dias, expedir decretos e regulamentos para sua fiel execução,

poderia violar o princípio da igualdade entre as partes, nem mesmo invadir a esfera de competência da União.

3.7 Arbitrabilidade objetiva

No que tange à arbitrabilidade objetiva, a Lei n. 9.307/96 prevê que a Administração Pública direta e indireta poderá utilizar a arbitragem para dirimir conflitos relativos a direitos patrimoniais disponíveis.

Note-se que a matéria objeto do conflito tem apenas dois pressupostos: a *patrimonialidade do direito* e a *disponibilidade do direito.*

Em matéria de direito privado, ambos os conceitos são mais facilmente visíveis, até porque são conceitos clássicos do direito civil. Ocorre que a Lei de Arbitragem tratou da mesma forma as pessoas capazes e a Administração Pública direta e indireta nesse ponto.

No que tange aos direitos patrimoniais, de regra eles se opõem aos direitos extrapatrimoniais. Interessa-nos neste ponto admitir que tal qual as partes privadas, a Fazenda Pública também possui direitos patrimoniais, ou seja, aquilo que pode ser expresso de forma monetária.

Tais direitos patrimoniais devem ser situados dentro de uma esfera jurídica mais abrangente, que corresponde ao plexo de direitos subjetivos de um sujeito de direitos, no qual se compreende. É, portanto, uma relação de contenção, ou seja, o direito patrimonial está contido dentro dos direitos subjetivos, tanto da pessoa física, quanto da jurídica (de direito público e de direito privado). Dessa forma, o direito patrimonial diz respeito a um círculo menor que contém uma parte disponível e uma parte indisponível.[343]

---

ressalvados os casos em que, nesse prazo, houver interposição de ação direta de inconstitucionalidade contra a lei publicada; (NR) - Redação dada pela Emenda Constitucional nº 24, de 23/01/2008."

[343] No sentido da desvinculação do conceito de disponibilidade do direito para a adoção de critério da patrimonialidade do direito envolvido na arbitragem: RICCI, Edoardo F. Desnecessária conexão entre disponibilidade do objeto da lide e admissibilidade da arbitragem: reflexões evolutivas. In: LEMES, Selma Ferreira; CARMONA, Carlos Alberto; MARTINS, Pedro Batista (Coords.). *Arbitragem*: estudos em homenagem ao prof. Guido Fernando da Silva Soares, in memoriam. São Paulo: Atlas, 2007. p. 404).

De certo, todos os sujeitos de direitos possuem um conjunto de direitos: parte patrimonial e parte extrapatrimonial. Por sua vez, numa esfera menor há os direitos patrimoniais que podem, portanto, desde logo serem avaliados em pecúnia, ou seja, em dinheiro.

Nesse sentido, aponta Silvio de Salvo Venosa:

> "No sentido técnico, temos que admitir sempre, como faz a doutrina tradicional, que a obrigação deve conter uma prestação de conteúdo direta ou indiretamente patrimonial. O direito não pode agira sobre realidade puramente abstrata. Uma obrigação que não possa resumir-se, em síntese a apreciação pecuniária, ainda que sob o prisma da execução forçada, ficará no campo da Moral, não será jurídica. Sob esse aspecto, vale lembrar que, embora a maioria das obrigações possua conteúdo imediatamente patrimonial, como comprar e vender, alugar, doar etc., há prestações em que esse conteúdo não é facilmente perceptível ou mesmo não existe. Não confundamos, porém, a obrigação, no sentido essencialmente técnico, com certos deveres que escapam a tal conceito, como a obrigação de servir às Forças Armadas, por exemplo. Aqui a sanção não será pecuniária pois se está no campo do Direito obrigacional oral examinado. Se a obrigação no sentido estrito, porém, apresentar tão-só conteúdo de ordem moral, se a efetivação da prestação for coercitível (e aí a obrigação jurídica distingue-se das demais), não resta dúvida que nessa coercitibilidade residirá o caráter patrimonial do instituto, ainda que de forma indireta. Desse modo, a prestação deve ser suscetível de ser avaliada em dinheiro. Nosso Código Civil não dispõe expressamente sobre a matéria. O código italiano de 1942 toma posição sobre o problema no art. 1.174: 'a prestação que constitui objeto da obrigação deve ser suscetível de avaliação econômica e deve corresponder a um interesse, ainda que não patrimonial do credor'."[344]

No direito civil, pode-se identificar que o direito das coisas, das obrigações e das empresas caracterizam um campo no qual prevalecem relações jurídicas patrimoniais. Por sua vez, os direitos da personalidade,

---

[344] VENOSA, Silvio de Salvo. *Direito civil*: teoria geral das obrigações e teoria geral dos contratos. 5. ed. São Paulo: Atlas, 2005. v. 2, p. 41-42.

família e sucessões são caracterizados pela prevalência de direitos extrapatrimoniais, mas também não de forma exclusiva.[345]

De regra permeia o direito público o conceito da indisponibilidade. A princípio, por si só podem ser classificados como indisponíveis o direito ambiental[346], o direito eleitoral, o direito penal[347] e o direito tributário[348]. Analisando friamente, e sem qualquer cotejo com as relações

---

[345] CC: "Art. 852. É vedado compromisso para solução de questões de estado, de direito pessoal de família e de outras que não tenham caráter estritamente patrimonial."

[346] No sentido da arbitrabilidade das consequências patrimoniais advindas do exercício ou lesão ao direito ambiental: GRINOVER, Ada Pelegrini. Conferência sobre arbitragem na tutela dos interesses difusos e coletivos. *Revista de Processo*, São Paulo, v. 31, n. 136, p. 249-267, jun. 2006; MARIANI, Rômulo Greff. *Arbitragens coletivas no brasil*. São Paulo: Atlas, 2015; SCAVONE JÚNIOR, Luiz Antonio, *Manual de arbitragem*. 4. ed., rev. atual. e ampl. São Paulo: Revista dos Tribunais, 2010; MATTOS NETO, Antônio José de. Direitos patrimoniais disponíveis e indisponíveis à luz da lei de arbitragem. *Revista de Processo*, São Paulo, v. 30, n. 122, p. 151-166, abr. 2005.

[347] Fica patente o não cabimento e causas penais, matéria essa que já foi enfrentada pela jurisprudência, ainda que antiga, conforme aponta Erico Ferrari Nogueira: "Não se tem admitido arbitragem nas causas penais. Agravo de instrumento 52.181 GB, Relator Bilac Pinto. RTJ 68/382." (NOGUEIRA, Erico Ferrari. A arbitragem e sua utilização na administração pública. *Revista da AGU*, v. 8, n. 21, p. 129, jul./set. 2009).

[348] Heleno Taveira Torres defende a utilização dos meios alternativos de solução de controvérsias nas questões fiscais e tributárias, deparando-se com os mesmos problemas decorrentes do conceito de direito indisponível: " o que vem a ser especificamente a indisponibilidade do crédito tributário?(...) E como o conceito de tributo, até hoje não definido satisfatoriamente, acompanha também essa indeterminação conceitual de sua indisponibilidade, avolumam-se as dificuldade para que a doutrina encontre rumo seguro na discussão do problema. Porquanto " tributo" e " indisponibilidade" não sejam conceitos lógicos, mas sim, conceitos do direito positivo, variáveis segundo cultura de cada nação, próprios de cada ordenamento, será o direito positivo a dar os contornos do que queira denominar de "direito indisponível", inclusive suas exceções (direito inalienável *inter vivos*, direito intransmissível *mortis causa*, direito irrenunciável, direito não penhorável etc)." (TORRES, Heleno Taveira. Transação, arbitragem e conciliação judicial como medidas alternativas para resolução de conflitos entre administração e contribuintes: simplificação e eficiência administrativa. *Revista de Direito Tributário*, n. 86, p. 40-64, 2003. No mesmo sentido Alexandre Monteiro defendendo o cabimento da arbitragem em matéria

jurídicas que advêm desses direitos, *ab initio* são indisponíveis por serem ramos do direito público. Porém, as consequências derivadas do exercício desses direitos podem ser patrimoniais e disponíveis.

A análise realizada dessa forma simplista importaria na errada conclusão de que todas as relações decorrentes desses ramos do direito público seriam também inarbitráveis.

No direito público e nas relações jurídicas que envolvem a Fazenda Pública também podemos identificar um campo onde prevalecem as relações patrimoniais disponíveis, como os contratos administrativos. Há campos que embora não sejam patrimoniais e disponíveis *ab initio*, como dano moral em face do Estado, podem se tornar patrimoniais e disponíveis quando exigida sua reparação, ou seja, como demonstrado, decorrente da coercibilidade da exigência da reparação.[349]

---

tributária valendo-se da lei.9307/96: "Assim, sob o argumento de evitar-se contenciosos generalizados e massivos, desafogar a estrutura judicial atual, dar celeridade aos conflitos, diminuir os custos processuais, fornecer maior tecnicidade às decisões proferidas e maior conhecimento em relação aos casos objeto de controvérsia, a arbitragem mostra-se uma excelente alternativa para a solução de conflitos de matéria tributária, tanto internamente como externamente". (MONTEIRO, Alexandre Luiz Moraes do Rêgo; CASTRO, Leonardo Freitas de Moraes. Direito tributário e arbitragem: uma análise da possibilidade e dos óbices ao juízo arbitral em matéria tributária no Brasil. *Revista Tributária e de Finanças Públicas*, São Paulo, v. 17, n. 88, p. 46, set./out. 2009). No mesmo sentido: RIBAS, Antonio Souza; RIBAS, Lídia Maria Lopes Rodrigues. Arbitragem como meio alternativo na solução de controvérsias tributárias. *Revista Tributaria e de Finanças Públicas*, São Paulo, v. 13, n. 60, p. 223-247, jan./fev. 2005. Contrário ao cabimento da arbitragem em direito tributário, defendendo ainda a inconstitucionalidade do instituto quanto seu caráter jurisdicional: WALTER, Carlos Humberto. Jurisdição constitucional e procedimentalidade arbrital no estado de direito democrático. *Revista Tributaria e de Finanças Públicas*, São Paulo, v. 16, n. 79, p. 98-108, mar./abr. 2008.

[349] Edoardo Ricci, tomando por base a dicção do art. 852 do CC ("É vedado compromisso para solução de questões de estado, de direito pessoal de família e de outras que não tenham caráter estritamente patrimonial"), acena para uma possível desnecessidade do critério da disponibilidade, ganhando relevo por sua vez, a percepção do direito patrimonial: "Excluída a arbitragem nas específicas matérias mencionadas pelo art. 852, o caráter disponível do objeto da lide não é mais exigido expressamente como pressuposto." (RICCI, Edoardo F., Desnecessária conexão entre disponibilidade do objeto da lide e admissibilidade da arbitragem:

Assim, resta reconhecer que nesses direitos patrimoniais, ou seja, suscetíveis de avaliação econômica, temos um campo de relações jurídicas disponíveis e indisponíveis. Vale lembrar que o direito privado é marcado notadamente pela disponibilidade, pela autonomia privada e pela liberalidade. Em sentido contrário, ou seja, o direito público, caracteriza-se pela indisponibilidade bens e de direitos.

Mesmo no direito privado não se pode afirmar que todas as normas são disponíveis. Os conceitos de liberalidade contratual e da autonomia privada não encontram espaço quando em cotejo, *v.g.*, com as questões de estado, direitos públicos e fundamentais (vale lembrar que a propriedade, o direito de personalidade e o direito de ir e vir também são direitos fundamentais). Além disso, mesmo no campo dos direitos privados existem normas e preceitos cogentes cuja obediência pelas partes é de rigor, e não podem ser afastados, e também não poderiam deixar de ser aplicados pelos árbitros.[350]

No direito do trabalho[351] e no direito consumidor há normas cogentes e direitos disponíveis. Assim, um trabalhador não pode, *v.g.*, dispor de todo seu descanso semanal remunerado, mas pode converter parte de suas férias em pecúnia. Por sua vez, no direito do consumidor, embora existam normas disponíveis, há a vedação para o uso da arbitragem, considerando como nula a cláusula arbitral, tendo inclusive sido tratada na Lei de Arbitragem de forma distinta à do contrato por adesão[352]. A redação

---

reflexões evolutivas, in *Arbitragem*: estudos em homenagem ao prof. Guido Fernando da Silva Soares, in memoriam, cit., p. 410).

[350] Deve-se reconhecer que no campo do direito privado existem normas cogentes *v.g.* função social da propriedade, boa-fé contratual há um certo campo de liberalidade para o ajuste entre as partes. Tais limites a serem amplamente negociados pelas partes não significa afastar uma norma cogente, mas sim baliza-la, o que não importa em confundir o conceito norma de aplicação obrigatória, com o conceito de direito indisponível e, portanto, inarbitrável.

[351] Em defesa do cabimento em causas trabalhistas Cassio Telles Ferreira Netto: "Na área trabalhista a arbitragem é sem sombra de dúvida, um forte aliado como redutor de custos, ganho real de tempo, e eficaz instrumento de harmonização entre os agentes envolvidos". (FERREIRA NETTO, Cássio Telles. Arbitragem: uma solução jurídica em tempo real. *Revista do Tribunal de Contas do Estado de São Paulo*, n. 102, p. 29, nov. 2002/jan. 2003).

[352] "§ 2º Nos contratos de adesão, a cláusula compromissória só terá eficácia se o aderente tomar a iniciativa de instituir a arbitragem ou concordar, expressamente,

proposta para os contratos de consumo acabou por ser vetada, e estava prevista como parágrafo 3º do artigo 4º da Lei de Arbitragem.[353]

No direito italiano, o artigo 806 do CPC[354] também traz a concepção de direito disponível como condição para a arbitrabilidade do direito. Tal reforma do CPC italiano, imposta pela Lei delegada n. 80/2005, impõe a disponibilidade, salvo disposição diversa de lei como pressuposto objetivo para estipulação do compromisso. Aponta a doutrina que, tal qual a revogação do artigo 1.072 do CPC brasileiro pela Lei de Arbitragem, consistiu numa evolução teórica. Nesse sentido Zucconi Galli Fonseca:

> "La novità non consiste soltando in un evidente progresso teorico, che dà ragione a chi già da tenpo sottolineava la eterogeneità di funcione dei due insitituti; ma ha anche un indubbio risovolto pratico, perchè porta via in un sol colpo i dubbi interpretativi sorti dalla necessità di coordinare la disciplina del patto compromissorio con i casi in cui no fosse possible transigire a prescidere dalla natura del diritto."[355]

Dessa norma decorreriam duas situações distintas: aquelas inarbitráveis por conta da indisponibilidade do direito, e uma segunda, por expressa vedação legal. Para o mesmo autor, são situações inarbitráveis: controvérsias agrárias, locatícias, de direito do trabalho, direitos personalíssimos, à vida, à integridade física, ao nome, mas plenamente arbitráveis situações jurídicas de ressarcimento das lesões decorrentes desses direitos. Arbitráveis ainda indenizações de crime. Além dessas, seriam inarbitrábeis controvérsias sobre a paternidade, capacidade, interdição, inabilitação, se-

---

com a sua instituição, desde que por escrito em documento anexo ou em negrito, com a assinatura ou visto especialmente para essa cláusula."

353 O parágrafo 3º da Lei n. 13.129/15 foi vetado, porém continha a seguinte redação: "§ 3º. Na relação de consumo estabelecida por meio de contrato de adesão, a cláusula compromissória só terá eficácia se o aderente tomar a iniciativa de instituir a arbitragem ou concordar expressamente com a sua instituição."

354 "Art. 806. *Le parti possono far decididere da arbitri le constroversie tra di loro insorte che non abbiano per oggeto diritti indisponibili, salvo espresso divieto di legge.*"

355 FONSECA, E. Zucconi Galli. Controversie arbitrabili. In: MENCHINI, Sergio (A cura di). *La nuova disciplina dell'arbitrato*: commentario agli artt. 806-840 c.p.c.: aggiornato alla legge 18 giugno 2009, n. 69. Padova: CEDAM, 2010. p. 1-39.p. 5.

paração e divórcio. Põem-se a salvo as disposições patrimoniais decorrentes da separação e dos alimentos.[356]

Pois bem, essa visão do direito privado, quando transplantada para o direito público, de certo não tem a mesma abrangência, sobretudo no campo da disponibilidade e transigibilidade, cuja análise se faz necessária. No que tange à patrimonialidade, decerto é mais fácil visualizar a existência dos direitos patrimoniais da Administração Pública.[357]

A questão passa a ser justamente como conciliar a arbitrabilidade objetiva e, portanto, o pressuposto da existência de um conflito relativo a direitos patrimoniais disponíveis, com o dogma da *indisponibilidade do interesse público*.

Talvez recolocando o tema, temos que perscrutar qual interesse público é arbitrável. Segundo a visão de Alessi e de Celso Antônio Bandeira de Mello[358], valendo-se de uma visão unitarista, quando há identidade entre o interesse público primário e o secundário, haveria a indisponibili-

---

[356] FONSECA, E. Zucconi Galli, Controversie arbitrabili, cit., p. 5.

[357] Note-se que o Decreto n. 8.465/15, a fim de delimitar a arbitrabilidade objetiva, preferiu elencar em quais situações a União poderia se submeter à arbitragem: "Art. 2º Incluem-se entre os litígios relativos a direitos patrimoniais disponíveis que podem ser objeto da arbitragem de que trata este Decreto: I - inadimplência de obrigações contratuais por qualquer das partes; II - questões relacionadas à recomposição do equilíbrio econômico-financeiro dos contratos; e III - outras questões relacionadas ao inadimplemento no recolhimento de tarifas portuárias ou outras obrigações financeiras perante a administração do porto e a Antaq". Note-se que buscando cercar todas as situações chegou ao ponto de considerar inicialmente inarbitrável o reequilíbrio econômico-financeiro do contrato, mas que pode ser arbitrável posteriormente nos termos do artigo 6º, parágrafo 2º, inc. II: "excluirá de sua abrangência as questões relacionadas à recomposição do equilíbrio econômico-financeiro dos contratos, sem prejuízo de posterior celebração de compromisso arbitral para a solução de litígios dessa natureza, observados os requisitos do art. 9º."

[358] O autor possui uma visão unitarista do direito e, portanto, o interesse público é sempre indisponível quando se confunde o interesse primário com o interesse secundário: "O interesse primário é aquele da sociedade como um todo, e este é que é validamente protegido pelas normas processuais que conferem privilégios à Fazenda Pública, enquanto seu representante. Interesse secundário é aquele que diz respeito ao ente estatal, entidade despersonalizada, que tem interesses pelo simples fato de ser pessoa reconhecida pelo direito." (MELLO, Celso Antônio Bandeira de, *O conteúdo jurídico do princípio da igualdade*, cit., p. 55).

dade do direito e, portanto, a inarbitrabilidade. Tal conceito pouco ajuda numa moderna visão da aplicação do instituto.

Segundo Diogo Figueiredo Moreira Neto, podemos distinguir os interesses públicos primários e secundários, sendo os primeiros indisponíveis, sujeitos ao regime de direito público. Por sua vez, o interesse público secundário de natureza instrumental existe para a realização do interesse público primário[359], e conclui:

> "São disponíveis todos os interesses e os direitos deles derivados que tenham expressão patrimonial. Ou seja, que possam ser qualificados monetariamente e estejam no comércio e que, são, por esse motivo, e normalmente, objeto de contratação que vise a dotar a Administração ou seus delegados, dos meios instrumentais de modo a que estejam em condições de satisfazer os interesses finalísticos que justificam o próprio Estado."[360]

Uma melhor visão sobre a realização do interesse público diz respeito ao reconhecimento de que a Administração Pública tem um especial dever de tutelar interesses patrimoniais não afetos diretamente à coletividade, mas na administração de seus próprios negócios, eis que sujeito de direitos e obrigações, tal qual um privado. Nesse sentido, há também um interesse público da Administração, como pessoa jurídica de direito público interno, em tutelar seus direitos patrimoniais, a fim de realizar uma boa gestão administrativa, o que não se confunde com a tutela de direitos da sociedade.

Por outro lado, vale lembrar que a Administração Pública também realiza, quando autorizada por lei, acordos administrativos. Em uma visão unitarista do fenômeno, questiona-se como seria possível a realização de acordos administrativos se o interesse público é indisponível. Ademais,

---

[359] "Em outros termos e mais sinteticamente: está-se de duas categorias de interesses públicos, os primários e os secundários (ou derivados), sendo que os primeiros são indisponíveis e o regime público é indispensável, ao passo que os segundos têm natureza instrumental, existindo para que os primeiros sejam satisfeitos, e resolvem-se em relações patrimoniais e, por isso, tornaram- se disponíveis na forma da lei, não importando sob que regime." (MOREIRA NETO, Diogo de Figueiredo. Arbitragem nos contratos administrativos. In: ____. *Mutações do direito administrativo.* 2. ed. atual. e ampl. Rio de Janeiro: Renovar, 2001. p. 223).

[360] MOREIRA NETO, Diogo de Figueiredo, Arbitragem nos contratos administrativos, in *Mutações do direito administrativo*, cit., p. 228.

como seria possível conciliar isso ao fato de que a própria reforma da Lei de Arbitragem aponta que a competente para a celebração de convenção de arbitragem é a mesma para a realização de acordos ou transações.

Vale lembrar que a transação é uma forma de extinção das obrigações prevista no Código Civil: "Art. 841. Só quanto a direitos patrimoniais de caráter privado se permite a transação". Dessa forma, tem-se que admitir a possibilidade de realização de negócios patrimoniais privados por parte da Administração Pública, que de fato realiza transações. Por sua vez, nos contratos administrativos, não houvesse a disponibilidade de direitos por parte da Administração, decerto nada poderia ser contratado. A Fazenda Pública jamais poderia realizar, *v.g.*, uma compra e venda.

Assim, uma outra forma de se ver o fenômeno da disponibilidade de direitos por parte da Fazenda Pública diz respeito à sua alienabilidade, ou seja, à disposição de direitos como transferência, sob o escopo da *contratualidade*. Nesse aspecto, a disposição de direitos por meio dos contratos administrativos não significaria de modo algum a disposição do interesse público.

Expoente dessa corrente, sucessivamente citada, é Eros Grau:

> "Não há qualquer correlação entre disponibilidade ou indisponibilidade de direito patrimoniais e disponibilidade ou indisponibilidade do interesse público. [...] Dispor de direitos patrimoniais é transferi-los a terceiros. Disponíveis são os direitos patrimoniais que podem ser alienados. A administração, para a realização do interesse público, pratica atos, da mais variada ordem, dispondo de determinados direitos patrimoniais, ainda que não possa fazê-lo em relação a outros deles. Por exemplo, não pode dispor dos direitos patrimoniais que detém sobre os bens públicos de uso comum. Mas é certo que inúmeras vezes deve dispor de direitos patrimoniais, sem que com isso esteja a dispor do interesse público, porque a realização destes últimos é alcançada mediante disposição daqueles. [...]. Daí porque, sempre que puder contratar, o que importa disponibilidade de direitos patrimoniais, poderá a Administração, sem que isso importe disposição do interesse público, convencionar cláusula de arbitragem."[361]

Tomando outro exemplo, o caso das desapropriações. Existe nitidamente o interesse público da Administração em haver o bem, vinculado *ex*

[361] GRAU, Eros Roberto. Arbitragem e contrato administrativo. *Revista Trimestral de Direito Público*, São Paulo, n. 32, p. 20, 2000.

lege a uma finalidade pública. Por outro lado, há o interesse econômico do Estado em pagar o menor preço pelo bem, tal qual um negociante privado. Seria admissível esse comportamento do Estado? Ou ele deve sempre pagar o preço correto? Da mesma forma, numa compra e venda, a Administração Pública deve sempre pagar preços de mercado, absolutamente tabelados, ou possui interesse em fazer uma boa compra e pagar o menor preço possível?

Por tudo isso temos que entender que mesmo a Administração Pública pode revestir-se de um caráter privado e, portanto, na sua esfera de direitos também existem direitos disponíveis.

Associa-se a isso a possibilidade de se vislumbrar o fenômeno da arbitrabilidade envolvendo a Administração Pública, pela vinculação dos conceitos de disponibilidade com a possibilidade transação do direito.[362]

Se de um lado o conceito civilista de transação compreende a noção de direito privado, de outro deve-se reconhecer que diuturnamente a Administração Pública realiza transações[363], o que leva à admissão de que, mesmo como pessoa jurídica de direito público, realiza negócios jurídicos privatísticos. Apontando as transações realizadas no cotidiano das relações jurídicas fazendárias, temos doutrina de Marcelo Bonizzi:

---

[362] Sobre o objeto da transação, na doutrina civilista, aponta Caio Mario da Silva Pereira: "O objeto da transação é restrito aos direitos patrimoniais de caráter privado (Código Civil, art. 804). Não podem as partes transigir quanto aos direitos não-patrimoniais, como os de família putos (legitimidade de filho, validade do casamento, pátrio-poder, regime de bens no casamento, direito a alimentos). Não podem ser objeto de transação questões que envolvam matéria de ordem pública, nem direitos de que os transatores não possam dispor, entre os quais as coisas fora de comércio. Restringindo a transação a direitos patrimoniais de caráter privado, o Código não discrimina a natureza real ou obrigacional da relação jurídica. A restrição aqui apontada compreendeu os direitos em si mesmos, sem exclusão dos efeitos patrimoniais que possa gerar. Assim é que se o *status familiae* é insuscetível de transação, os efeitos econômicos respectivos podem ser por ela abrangidos; se o direito a alimentos é intransmissível, é válida a que compreende o montante das prestações respectivas." (PEREIRA, Caio Mário de Silva. *Instituições de direito civil*: contratos. 12. ed. rev. e atual. de acordo com o Código Civil de 2002 por Regis Fichtner. Rio de Janeiro: Forense, 2005. v. 3, p. 508).

[363] Ressalta-se que a fórmula do artigo 1.072 do CPC remetia às partes a transação: "As pessoas capazes de contratar poderão louvar-se, mediante compromisso escrito, em árbitros que lhes resolvam as pendências judiciais ou extrajudiciais de qualquer valor, concernentes a direitos patrimoniais, sobre os quais a lei admita transação."

> "Daí porque, costuma-se dizer que podem ser submetidos à arbitragem os direitos que, ao menos em tese, admitam transação, ou seja, a indisponibilidade está aí quase que como um *standart*[364] de interpretação, uma referência que traduz muito bem a ideia de que não é preciso que haja qualquer ato de disposição, mas sim que, ao menos potencialmente, a possibilidade de disposição esteja presente em relação aos direitos envolvidos no litígio, muito mais como um 'parâmetro' ou 'referência' de interpretação do que como uma possibilidade concreta propriamente dita. É nesta afirmação que está a chave do problema porque, para ser submetido à arbitragem, o direito material envolvido precisa ser disponível no sentido de que 'ele pode ser ou não exercido livremente por seu titular', mas, se seguirmos essa orientação cegamente, na prática nenhum litígio envolvendo o Estado poderia ser submetido à arbitragem, salvo se houvesse uma 'lei' conferindo determinado grau de liberdade ao Estado, a ponto dele poder dispor de algo com o intuito de resolver um determinado litígio."[365]

Nesse sentido, atos de disposição por parte da Fazenda Pública são exercidos corriqueiramente quando, por exemplo, deixa de recorrer em processos de determinada alçada ou contra teses jurídicas vencidas, ou mesmo em acordos administrativos, ou transaciona quanto ao crédito tributário, o que não quer dizer que o direito tributário passou a ser privado.

No campo das arbitragens envolvendo a Administração Pública, a experiência italiana traz alguns pontos relevantes que podem ser aproveitados. Quanto ao primeiro, diz respeito ao aproveitamento dos conceitos de disponibilidade e transação de direitos, para fins de situarmos a matéria, tal qual a doutrina brasileira.

---

364 Segundo o autor: "Tais *standards* não são, como acertadamente observa Strache, regras configuradas conceptualmente, às quais se possa efetuar simplesmente a subsunção por via do procedimento silogístico, mas pautas 'móveis', que tem que ser inferidas da conduta reconhecida como 'típica' e que tem que ser permanentemente concretizadas, ao aplicá-las ao caso a julgar" (LARENZ, Karl. *Metodologia da ciência do direito*. 3. ed. Lisboa: Calouste Gulbenkian, 1997, p. 660-661, apud. BONIZZI, Marcelo José Magalhães, Arbitragem e estado: ensaio sobre o litígio adequado, cit., p. 163-164).

365 BONIZZI, Marcelo José Magalhães, Arbitragem e estado: ensaio sobre o litígio adequado, cit., p. 163-164.

Com efeito, embora o único requisito legal seja a disponibilidade do direito envolvendo a Administração, a doutrina administrativista aponta como relevante o disposto no artigo 1.966 do Código Civil italiano[366], que trata da transação, fazendo uma leitura conjunta com o artigo 806 do CPC. Isso porque a transação será nula sempre que o direito ali envolvido, por sua natureza, ou por expressa disposição legal, seja subtraído da disposição das partes. Aplicando-se a doutrina civilista, as normas de direito público seriam indisponíveis e, portanto, inarbitráveis[367], o que não condiz com o moderno direito administrativo italiano, que reconhece, tal qual o brasileiro, a disponibilidade em determinadas situações.

O segundo diz respeito à separação da matéria envolvendo direitos subjetivos da Administração e o chamado interesse legítimo. A princípio seriam arbitráveis as matérias envolvendo os direitos subjetivos da Administração, bem como os direitos subjetivos decorrentes do exercício de interesse legítimo[368]. O interesse legítimo seria uma posição jurídica subjetiva que um

---

[366] Código Civil italiano: "*Art. 1966. Capacità a transigere e disponibilità dei diritti: Per transigere le parti devono avere la capacità di disporre dei diritti che formano oggetto della lite (320, 493). La transazione e nulla se tali diritti, per loro natura o per espressa disposizione di legge, sono sottratti alla disponibilità delle parti (2113).*"

[367] Conforme Monica Delsignore: "*Ora poiché i limiti posti dall'arbitrato trovano i loro tratti caratrizzanti proprio in referimento alle situazioni del diritto privato, in cui da sempre lo strumento extragiudiziale trova una piú diffusa aplicazione, é necessário procedere all'esame dell significato attribuito ai limitti stessi in tale ambito per comprendere, poi, como transporre nel diritto amministrativo l'instituto oggeto di esame. Se si aplicassi il ragionamento della dotrina e giurisprudenza civile sopra ricordato al diritto publblico, ne deriverebbe che tutte le norme diritto publico, per definizione inderogabili e finalizzzate alla cura di interessi pubblici, sarebbero in ogni caso fonte di rapporti indisponibili e di controversie mai compromettibili in arbitrato.*" (DELSIGNORE, Monica. *La compromettibilità in arbitrato nel diritto amministrativo.* Milano: Giuffrè, 2007. p. 93).

[368] Aponta Jacopo Polinari : "*Se pertanto ciò che ha prodotto danni al privato è la scelta dell'amministrazione fodata su parametri esclusivi di oportunità tecnica, al di fuori dell'esericizio del pubblico poetere (ancorché nell'occasione), le relativie controversie, sottrate al sindicato di legitimità del giudice amministrativo (salvi i casi tassativi di giurisdizione di merito) avranno ad aggetto diritti soggetivi e saranno transigibili e arbitrabili alla stregua del diritto comune.*" (POLINARI, Jacopo. L'arbitrato nel diritto amministrativo. In: PUNZI, Carmine.

sujeito privado detém em face da Administração Pública, que exerce um poder autoritário, para que ela aja em conformidade com a lei. Dessa forma, pode-se caracterizar o interesse letítimo de um sujeito privado como o exercício de uma pretensão em face da Administração e pode ter como objeto a conservação, manutenção ou dedução de pedidos em face da Administração. Será um interesse legítimo opositivo quando o titular do direito se opõe ao poder administrativo, *v.g.*, numa desapropriação, ou poderá ser um interesse legítimo pretensivo, quando o sujeito privado pretende uma vantagem perante a Administração, *v.g.*, uma autorização ou alvará.

Na Itália existe a dualidade de jurisdições com a divisão de competência jurisdicionais entre o Poder Judiciário e a Justiça Administrativa, o que decorre da natureza do direito envolvido. Com efeito, em se tratando de demanda envolvendo direitos subjetivos, a competência é do Poder Judiciário[369]. Em se tratando de demandas envolvendo os interesses legítimos em face da administração, é competente a Justiça Administrativa.[370]

Conforme aponta Celso Antônio Bandeira de Melo:

> "Assim, se está em pauta um 'direito subjetivo', delineado na conformidade da visão tradicional, que se montou a partir de perspectiva privatista, o juiz competente é o do Poder Judiciário e não pode anular o ato gravoso, mas, apenas conceder reparação patrimonial. Pelo contrário, se se está perante 'interesse legítimo', o juiz competente é o da Jurisdição Administrativa, o qual – ele sim – pode anular o ato, mas *não é a sede própria para conceder reparação*

Disegno sistematico dell'arbitrato. 2. ed. Padova: Cedam, 2012. v. 3, p. 503). No mesmo sentido: VACCARELLA, Maria. *Arbitrato e giurisdizione amministrativa.* Torino: G. Giappichelli, 2004. p. 173-175.

369 Constituição italiana: "Art. 102. *La funzione giurisdizionale è esercitata da magistrati ordinari istituiti e regolati dalle norme sull'ordinamento giudiziario. Non possono essere istituiti giudici straordinari o giudici speciali. Possono soltanto istituirsi presso gli organi giudiziari ordinari sezioni specializzate per determinate materie, anche con la partecipazione di cittadini idonei estranei alla magistratura. La legge regola i casi e le forme della partecipazione diretta del popolo all'amministrazione della giustizia.*"

370 "*Art. 103. Il Consiglio di Stato e gli altri organi di giustizia amministrativa hanno giurisdizione per la tutela nei confronti della pubblica amministrazione degli interessi legittimi e, in particolari materie indicate dalla legge, anche dei diritti soggettivi.*"

patrimonial. O certo é que tanto os 'direitos subjetivos' quanto os interesses legítimos recebem igualmente proteção, embora sob esta forma complexa e pouco prática."[371]

Embora seja polêmica no direito italiano a questão da disponibilidade do próprio interesse legítimo[372], importa reconhecer que lesões causadas pelo exercício desse poder administrativo são reconhecidamente direitos subjetivos e, portanto, arbitráveis. Manteve-se possível o uso da arbitragem ritual e de direito para a solução de controvérsias decorrentes da lesão de direitos subjetivos devolvidos à jurisdição administrativa.[373]

---

[371] MELLO, Celso Antônio Bandeira de. Proteção jurisdicional dos interesses legítimos no direito brasileiro, Proteção jurisdicional dos interesses legítimos no direito brasileiro. *Revista de Direito Administrativo*, Rio de Janeiro, v. 176, p. 12, abr./jun. 1989.

[372] No sentido da disponibilidade do interesse legítimo, que pode se dar pela renúncia de seu exercício, sendo que não significa o mesmo que dispor de poder da Administração Pública: DELSIGNORE, Monica, *La compromettibilità in arbitrato nel diritto amministrativo*, cit., p. 299. Por outro lado demonstrando reservas quanto à possibilidade da disposição do interesse legítimo mas reconhecendo essa se tratar da tese majoritária está a posição de Jacopo Polinari: "*Ed infatti la dottrina maggioritaria, anche quando riconosce la disponibilità dell'interesse legittimo, ritiene che le liti che lo riguardano non sarebbero arbitrabili perché l'indisponibilità riguarderebbe quantomeno la situazione a esso contrapposta, vale a dire il potere amministrativo. Altri ritengono che proprio la coessenzialità con il potere amministrativo renda inidisponibile ache l'interesse legitimo. Altri ancora sostengomo l' indisponibilità tout court dell'interesse legítimo, senza peraltro offire spiegazione alcuna della loro posizione.*" (POLINARI, Jacopo, L'arbitrato nel diritto amministrativo, in *Disegno sistematico dell'arbitrato*, cit., v. 3, p. 544).

[373] A fim de exercer o poder legislativo decorrente do permissivo constante no art. 103 da Constituição Federal Italiana, reformando o código de contratos público, fora elaborada a lei 205/2000 que pretendia definir matéria sujeitas à jurisdição administrativa: "Legge 21 luglio 2000, n. 205: *Disposizioni in materia di giustizia amministrativa. Art. 6.(Disposizioni in materia di giurisdizione) 1. Sono devolute alla giurisdizione esclusiva del giudice amministrativo tutte le controversie relative a procedure di affidamento di lavori, servizi o forniture svolte da soggetti comunque tenuti, nella scelta del contraente o del socio, all'applicazione della normativa comunitaria ovvero al rispetto dei procedimenti di evidenza pubblica previsti dalla normativa statale o regionale. 2. Le controversie concernenti diritti soggettivi devolute alla giurisdizione del giudice amministrativo possono essere risolte mediante arbitrato rituale di diritto*". Ocorre que tal lei, sofreu controle de constituciona-

3.7.1 *A indisponibilidade dos poderes extroversos e exorbitantes como limite para a arbitrabilidade objetiva*

No direito civil é reconhecido que certos direitos têm uma carga de indisponibilidade, tais como os direitos da personalidade, de família e questões de estado, e, portanto, seriam inarbitráveis. Seria possível aplicar algum critério para identificar um elemento do direito público que tornasse uma matéria inarbitrável?

Note-se que embora os critérios da *patrimonialidade*, da *disponibilidade*, da *contratualidade* e da *transacionabilidade* sejam úteis, eles não cercam a matéria por completo, eis que é impossível elencar todas as possibilidades dos negócios jurídicos realizados pela Administração Pública.

Tal qual no direito civil, é possível, *a contrario sensu*, identificar critérios que impediriam o uso da arbitragem pela Fazenda Pública.

Por certo já foi apresentado o critério da adequação, mostrando que há questões *inadequadas* de se submeterem à arbitragem, como temas envolvendo a ordem pública, tais como saúde, educação e segurança públicas, temas envolvendo políticas públicas e programas governamentais, afetos a direitos fundamentais, sociais e políticos.

---

lidade por meio da sentença *Sentenza 5 - 6 luglio 2004*, que em apertada síntese reconheceu como ilegal a imposição da justiça administrativa exclusiva realizada pelo legislador ordinário: "*La giurisdizione esclusiva introdotta, viceversa, dalla legge n. 205 del 2000 sarebbe qualitativamente diversa e, come tale, incompatibile con il dettato costituzionale.[...]* È evidente, viceversa, che il vigente art. 103, primo comma, Cost. non ha conferito al legislatore ordinario una assoluta ed incondizionata discrezionalità nell*'attribuzione al giudice amministrativo di materie devolute alla sua giurisdizione esclusiva, ma gli ha conferito il potere di indicare 'particolari materie' nelle quali 'la tutela nei confronti della pubblica amministrazione' investe 'anche' diritti soggettivi: un potere, quindi, del quale può dirsi, al negativo, che non è né assoluto né incondizionato, e del quale, in positivo, va detto che deve considerare la natura delle situazioni soggettive coinvolte, e non fondarsi esclusivamente sul dato, oggettivo, delle materie*". Declarando a lei inscontitucional: "[...]*nella parte in cui prevede che sono devolute alla giurisdizione esclusiva del giudice amministrativo 'tutte le controversie in materia di pubblici servizi, ivi compresi quelli'*". Com efeito, no ano de 2006 sobreveio o D.Lgs. 163/*2006 Codice dei contratti pubblici relativi a lavori, servizi e forniture in attuazione delle direttive 2004/17/CE e 2004/18/CE*), ou seja, um novo código de contratos públicos.

Podemos ainda reconhecer que são inarbitráveis temas que envolvam o próprio poder estatal. A esse poder estatal de emitir normas e de exercer o seu império e força, interferindo na esfera jurídica dos indivíduos, constituindo unilateralmente obrigações aos demais sujeitos, é que se dá o nome de poder extroverso. No âmbito dos contratos administrativos costuma-se usar a expressão poderes exorbitantes como revelação de uma posição jurídica de superioridade.

A fim de se localizar a matéria, devemos lembrar os atributos do ato administrativo, quais sejam: a presunção de legitimidade, a imperatividade, a exigibilidade e a autoexecutoriedade. Ao definir a imperatividade do ato administrativo, Celso Antônio Bandeira de Mello retoma a concepção de poder extroverso:

> "Imperatividade é a qualidade pela qual os atos administrativos se impõem a terceiros, independentemente de sua concordância. Decorre do que Renato Alessi chama de 'poder extroverso' e permite ao Poder Público editar provimentos que vão além da esfera jurídica do sujeito emitente, ou seja, interferem na esfera jurídica de outras pessoas constituindo-as unilateralmente em obrigações."[374]

Nesse aspecto, a imperatividade do ato administrativo, tal qual chamada no direito brasileiro (ao lado de seus outros atributos de força como a presunção de legalidade, executoriedade e exigibilidade) se confunde com esse conceito de poder extroverso, importado da doutrina de Renato Alessi.

A matéria também foi enfrentada no direito italiano, sendo reconhecido como limite para a arbitrabilidade, a indisponibilidade do "poder" estatal[375], como conclui Monica Delsignore:

---

[374] MELLO, Celso Antônio Bandeira de, *Curso de direito administrativo*, 29. ed., 2012, cit., p. 423.

[375] Ensina Monica Delsignore: "*Il percorso affrontato richiede, da ultimo, una sintesi al fine di convenientemente trane una rilfessione conclusiva quanto alla disponibilità, anzi alla inidisponibilità, del potere dell'Ammnistrazione, che pare doversi ricavare alla luce delle disponisizioni vigenti, nonchè dell`analisi dei contributi ad oggi forniti dalla dottrina. Il potere dell'Amministrazione é atttributo in funzione del perseguimento del publico interesse. Tale funionalizzazione non ne esclude, almeno in prim battuta, la disponibilità, essendo l'Ammnistrazione il soggeto cui l'ordinamento attribuisce il potere stesso, con ciò riconoscendole la capacità di valutare e decidire quando esercitarlo. La norma attibuitiv conforma*

> "La conclusione cui si è giunti quanto all' indisponibilità del potere conduce, di conseguenza, ala inammisibilità, in via generale, del ricorso all'istituto dell'arbitrato nei rapporti di diritto pubblico, ove il potere si esprime. Questo vale, naturalmente, in assenza di una diversa norma di legge in proposito."[376]

A Administração Pública exerce sua autoridade e força sempre calcada na legalidade, mas em determinadas situações deve se valer do *jus imperium*, em situações como na aplicação do poder de polícia, nas atividades de fiscalização, nas desapropriações, no desforço imediato, na coercibilidade etc. Nenhuma dessas ações administrativas é arbitrável. Elas se dão pelo poder extroverso do Estado em interferir na vida do cidadão e decorrem da própria organização do Estado e da sociedade.

De alguma forma, essa concepção da indisponibilidade do "poder do Estado" já estava presente na doutrina brasileira, ainda que retomando a velha teoria dos atos de império de gestão utilizada para classificar os atos administrativos. Adota semelhante conceito Pedro Batista Martins:

> "Sendo o ajuste contratado no desempenho de atividade do estado com preponderância do seu poder político, agindo, pois, com causa de utilidade pública, impõe-se as cláusulas e condições acordadas no ordenamento de direito público, cujo conteúdo não é passível de transação. Estamos, nesse caso, frente ao 'jus imperii', ao qual se curva o particular e, a reboque, a cláusula compromissória. Contudo, se a relação entabulada pelo Estado ou por um de seus entes de direito público refletir ato de natureza privada, estão estes atuando no cenário

---

il potere in modo più o meno stringente, ma l' esercizio di attivitá discrezionale, vincolata o di dicrzinalità tecnica non è rilevante ai fini della disponibilità; basti pensare ai casi in cui la controversia da risovere verta proprio sull'affenza della fattispecie, che disciplina il raporto, all'uno o all'altro tipo do attività. Anche l' esercicio in via concensuale, a mezzo di accordi con il destinatario dell'attività amminitrativa, non implica la disponibilidade del potere, poiché lo stesso non è tranferito, nemmeno in parte, al cittadino con il quale si conviene sul contenuto del provvendimento o sull'asseto da fornire agli interessi nel caso di specie. Manca, infatti, per riferirsi alla disponibilità, di cui all'art. 806 c.p.c., il "movimento" del potere, l' addicazione in favore di un soggetto dell 'ordenamento che non sia l'Amministrazione medesima, che ne è titolare." (DELSIGNORE, Monica, *La compromettibilità in arbitrato nel diritto amministrativo*, cit., p. 181-182).

[376] DELSIGNORE, Monica, *La compromettibilità in arbitrato nel diritto amministrativo*, cit., p. 183.

comercial, desprovidos das prerrogativas do direito público, equiparando-se, pois, aos particulares contratantes. Assim, ai praticar atos 'jus gestionis', podem comprometer-se em sujeitar-se à solução arbitral e, inclusive, lei estrangeira à própria controvérsia. Tratando-se de contrato 'jure gestione' legítima e válida a cláusula arbitral, tanto no trato das relações de direito interno quanto internacional."[377]

Da mesma forma apresenta Diogo de Figueiredo Moreira Neto:

"Essa distinção entre as atividades administrativas, com o propósito de definir quais as que se situam ou podem se situar no campo do direito privado, ou seja, naquele em que prevalecem a autonomia da vontade e a disponibilidade, tem sido buscada de longa data no Direito Administrativo. Na esteira da então chamada doutrina do fisco, construiu-se a separação entre atos de império (ou de autoridade) e atos de gestão, que prevaleceu durante todo o século XX."[378]

Decerto a consensualidade administrativa é uma das melhores formas de exercer a cidadania e de realizar os fins do Estado. Porém, ela deve conviver com o poder do Estado de se valer de sua superioridade em situações autorizadas por lei, face ao indivíduo. Essas situações em que exerce o poder extroverso são, portanto, inarbitráveis, eis que tal poder é indisponível e tão pouco pode ser transferido para outro.

No campo dos contratos administrativos, os poderes extroversos se revelam de outra forma, nas chamadas cláusulas exorbitantes, pelas quais a Administração pode unilateralmente modificar o contrato, reservando-se, ainda, uma série de prerrogativas.

Por outro lado, o exercício do poder extroverso de forma ilegal, abusiva ou que gere um dano é ato ilícito praticado pelo Estado. Tais atos ilícitos, quando possuem consequências, ainda que morais, são reparáveis e podem ser objeto de arbitragem.

Nesse aspecto, os ilícitos decorrentes o exercício do poder extroverso do Estado podem ser contratuais, como, por exemplo, uma encampação de serviço ou obra ilegal, uma ocupação estatal ilegal, um reequilíbrio

---

[377] MARTINS, Pedro Antônio Batista. O Poder Judiciário e a arbitragem: quatro anos da Lei 9.307/96. *Revista Forense*, Rio de Janeiro, v. 98, n. 359, p. 173, jan./fev. 2002.

[378] MOREIRA NETO, Diogo de Figueiredo, Arbitragem nos contratos administrativos, in *Mutações do direito administrativo*, cit., p. 226-227.

contratual unilateral abusivo, ou ilícitos extracontratuais, tais como uma ação policial abusiva, uma fiscalização mal realizada, um pagamento de desapropriações de forma injusta.

Tal poder extroverso, não pode ser objeto de cláusula arbitral, eis que não pode ser quantificado em pecúnia (critério da patrimonialidade) e não é disponível. Porém, as consequências ilícitas de seu exercício, seja no âmbito do contrato ou de forma extracontratual, decerto são patrimoniais e disponíveis, portanto podem ser objeto de arbitragem.

Ainda que se adote tal concepção, decerto existe uma zona cinzenta[379] em que não se tem clareza da arbitrabilidade do conflito, cujo modelo ainda se encontra em fase de experimentação.[380]

---

379 Segundo Marcelo Bonizzi : "Essas observações, não obstante sirvam para revelar que o Estado faz uso cotidiano de determinados poderes de disposição de direitos e interesses, deixam claro também que lei nenhuma poderá dizer até que ponto vai esse poder de disposição que o Estado possui porque, ocioso dizer, diante da complexidade das relações que o Estado assume e das constantes mutações dos valores socialmente relevantes que todos presenciamos, somente diante de um caso concreto é que será possível aferir se esse poder de disposição poderá ser exercido ou não. É nessa "zona cinzenta" que está o poder do Estado de escolher a arbitragem. Somente a correta fundamentação do ato administrativo que decide pela arbitragem é que poderá lançar muitas luzes sobre tudo, esclarecendo quais são os elementos que o Administrador Público elegeu para escolher a arbitragem, pois é através disso que será possível avaliar em que medida essa escolha foi justa para o caso concreto." (BONIZZI, Marcelo José Magalhães, Arbitragem e estado: ensaio sobre o litígio adequado, cit., p. 164).

380 Podemos citar diversos questionamentos: a administração pública pode no âmbito dos contratos fazer as modificações contratuais, e até mesmo encampar algum serviço não realizado. Os danos patrimoniais decorrentes dessa encampação, caso existentes podem ser arbitrados. Numa outra situação a administração pública pode delegar a terceiro, no caso o árbitro o restabelecimento do equilíbrio-e-conômico financeiro contratual? Trata-se de uma ação comum na justiça, onde as partes discutem o reequilíbrio econômico financeiro. Via de regra a administração realiza tal ato unilateralmente e a parte inconformada procura o judiciário a fim de buscar a reparação, e o reequilíbrio contratual. Poderia a Administração abrir mão de exercer o reequilíbrio econômico financeiro de um contrato a fim de evitar maiores discussões e delegar tal poder ao árbitro? Trata-se da delegação do poder exorbitante e, portanto, inarbitrável ou uma questão meramente patrimoninal? Uma outra, questão poderiam as partes convencionarem o uso da arbitragem para questões que envolvam poder regulatório a ser exercido por agência de regulação?

PARTE III – FASE PROCESSUAL

Nesta parte da dissertação será estudado o início da *fase processual*, com a aceitação dos árbitros, o que será tratado no Capítulo 4, e as peculiaridades do procedimento arbitral e sua relação com o processo judicial, no Capítulo 5.

4. Os Árbitros, as Câmaras e a Fazenda Pública

Neste capítulo, serão analisadas as peculiaridades que envolvem a escolha e contratação de árbitros e câmaras arbitrais por parte da Fazenda Pública.

4.1 A fase administrativa e o dever licitar

Interessante tema diz respeito à forma de contratação de câmaras e árbitros realizada pela Fazenda Pública, bem como o regime jurídico imposto a tais contratações. Trata-se do chamado dever de licitar[381], que impõe aos administradores públicos o dever de respeitar um procedimento que permita, em um estado de competitividade entre licitantes de igualdade de condições, a busca da melhor proposta para a Administração Pública.

Na classificação de Maria Sylvia Zanella Di Pietro[382], o contrato administrativo constitui um subgrupo dos contratos da Administração, que podem ser tanto públicos quanto privados.

Com efeito, os contratos administrativos[383] designam tão somente "os ajustes que a Administração, nessa qualidade, celebra com pessoas

---

381 O procedimento administrativo mediante o qual a Administração Pública seleciona a proposta mais vantajosa para o contrato de seu interesse (MEIRELLES, Hely Lopes. *Direito administrativo brasileiro*. 37. ed., atual. por Eurico de Andrade Azevedo, Délcio Balestero Aleixo, José Emmanuel Burle Filho. São Paulo: Malheiros, 2011. p. 272).

382 DI PIETRO, Maria Sylvia Zanella, *Direito administrativo*, 18. ed., 2005, cit., p. 240.

383 Aponta a autora que há pelo menos três correntes acerca do contrato administrativo: 1. a que nega a existência do contrato administrativo; 2. a que, em sentido diametralmente oposto, acha que todos os contratos celebrados pela Administração são contratos administrativos; 3. a que aceita a existência dos contratos admi-

físicas e jurídicas, públicas ou privadas, para consecução de fins públicos, segundo o regime jurídico de direito público".[384-385]

Vale lembrar que nesses casos estão presentes as cláusulas exorbitantes ou poderes exorbitantes, eis que fora da órbita do contrato comum. Por tais características baseadas na supremacia do Poder Público sobre o particular, é permitida, dentre outras características, a alteração unilateral do contrato[386], o que é chamado de instabilização do contrato.

Com efeito, a Administração, no seu mister, também realiza contratações privadas, tal como ocorre nas locações, contratos de seguros e financiamentos, entre outras previstas na Lei de Licitações. Uma delas é a possibilidade de alteração unilateral do contrato.[387]

4.1.1 Legislação aplicável

De certo que a Constituição Federal[388] impõe às contratações da Administração Pública o dever de licitar, nos termos do seu artigo 37:

---

nistrativos como espécie do gênero contrato, com regime jurídico de direito público, derrogatório e exorbitante do direito comum. Tal corrente é defendida pela maioria dos doutrinadores brasileiros inclusive pela citada autora (DI PIETRO, Maria Sylvia Zanella, *Direito administrativo*, 18. ed., 2005, cit., p. 240).

[384] DI PIETRO, Maria Sylvia Zanella, *Direito administrativo*, 18. ed., 2005, cit., p. 240.

[385] Diversos autores adotam a mesma classificação: GASPARINI, Diógenes. *Direito administrativo*. 10. ed. rev. e atual. de acordo com a Lei das Parcerias Público-Privadas (Lei n. 11.079/2004). São Paulo: Saraiva, 2005; MOREIRA NETO, Diogo de Figueiredo, *Curso de direito administrativo*: parte introdutória, parte geral, parte especial, cit.; JUSTEN FILHO, Marçal. *Curso de direito adm*inistrativo. 3. ed. rev. e atual. São Paulo: Saraiva, 2008.

[386] "Há diversas formas de se observar o contrato administrativo como espécie do gênero contrato: pode-se partir do elemento subjetivo, ou seja, será sempre contrato administrativo quando a parte for a Administração agindo com seu império; pode-se partir da idéia do objeto do contrato, sobretudo quando visar à organização do Estado, ainda, pelo critério da finalidade pública, ou ainda pela necessidade de procedimento administrativo de contratação." (DI PIETRO, Maria Sylvia Zanella, *Direito administrativo*, 18. ed., 2005, cit., p. 242).

[387] GASPARINI, Diógenes, *Direito administrativo*, cit., p. 533-534.

[388] Segundo José Afonso da Silva: "O princípio da licitação significa que essas contratações ficam sujeitas, como regras, ao procedimento de seleção de propos-

"Art. 37. A administração pública direta e indireta de qualquer dos Poderes da União, dos Estados, do Distrito Federal e dos Municípios obedecerá aos princípios de legalidade, impessoalidade, moralidade, publicidade e eficiência e, também, ao seguinte:

[...]

XXI - ressalvados os casos especificados na legislação, as obras, serviços, compras e alienações serão contratados mediante processo de licitação pública que assegure igualdade de condições a todos os concorrentes, com cláusulas que estabeleçam obrigações de pagamento, mantidas as condições efetivas da proposta, nos termos da lei, o qual somente permitirá as exigências de qualificação técnica e econômica indispensáveis à garantia do cumprimento das obrigações."

O legislador ordinário, regulamentando tal artigo, editou a Lei n. 8.666/93, que estabelece normas gerais sobre licitações e contratos administrativos pertinentes a obras, serviços, inclusive de publicidade, compras, alienações e locações no âmbito dos Poderes da União, dos Estados, do Distrito Federal e dos Municípios. Subordinam-se ao regime da lei de licitações, além dos órgãos da Administração direta, os fundos especiais, as autarquias, as fundações públicas, as empresas públicas, as sociedades de economia mista e demais entidades controladas direta ou indiretamente pela União, Estados, Distrito Federal e Municípios.

Ocorre que tal estatuto impõe a análise do dever imposto à Administração de licitar o serviço de árbitros/câmaras arbitrais, eis que no artigo 2º impõe que as obras, serviços, inclusive de publicidade, compras, alienações, concessões, permissões e locações da Administração Pública, quando contratadas com terceiros, serão necessariamente precedidas de licitação, salvo algumas exceções.[389]

Quanto aos objetivos, aponta o artigo 3º que a licitação destina-se a garantir a observância do princípio constitucional da isonomia, a seleção

---

tas mais vantajosas para a Administração Pública Constitui um princípio instrumental de realização dos princípios da moralidade administrativa e do tratamento isonômico dos eventuais contratantes com o Poder Público." (SILVA, José Afonso da. *Curso de direito constitucional positivo*. 36. ed. rev. e atual. até a Emenda constitucional n. 71, de 29.11.2012. São Paulo: Malheiros, 2013. p. 676).

[389] Por exemplo nos casos de dispensa e inexigibilidade previstas na lei de licitações.

da proposta mais vantajosa para a Administração e a promoção do desenvolvimento nacional sustentável, e será processada e julgada em estrita conformidade com os princípios básicos da legalidade, da impessoalidade, da moralidade, da igualdade, da publicidade, da probidade administrativa, da vinculação ao instrumento convocatório, do julgamento objetivo e dos que lhes são correlatos.[390]

Pois bem, glosando tais princípios, a licitação é um conjunto de atos, ou seja, um procedimento administrativo pelo qual os particulares e demais interessados podem comparecer face à Administração, disputando em igualdade de condições.

No âmbito da Administração, procura-se a proposta mais vantajosa. Marçal Justen Filho assim se expressa sobre o termo:

> "A vantagem caracteriza-se como a adequação e satisfação do interesse coletivo por via execução do contrato. A maior vantagem possível configura-se pela conjugação de dois aspectos inter-relacionados. Um dos ângulos relaciona-se com a prestação a ser executada por parte da Administração; o outro valor vincula-se à prestação a cargo do particular. A maior vantagem apresenta-se quando a Administração assumir o dever de realizar a prestação menos onerosa e o particular se obrigar a realizar a melhor e mais completa prestação. Configura-se, portanto, uma relação custo-benefício. A maior vanta-

---

[390] Aponta Maria Sylvia Zanella Di Pietro: "Não há uniformidade entre os doutrinadores na indicação dos princípios informativos da licitação. José Roberto Dromi (1975:134) indica dois: da livre concorrência e o da igualdade entre concorrentes; Sayaguéz Laso (1940:52-53) também aponta dois: o da igualdade de todos frente à Administração e o estrito cumprimento do edital; Adilson Abreu Dallari fala em três princípios: os da igualdade, publicidade e rigorosa observância das condições do edital (1973:33); a esses três Celso Antônio Bandeira de Mello (1980:2) acrescenta o da possibilidade do disputante fiscalizar o atendimento dos princípios anteriores. Hely Lopes Meirelles (2003:265) relaciona maior número de princípios: procedimento formal, publicidade, igualdade entre os licitantes, sigilo das propostas, vinculação aos termos do instrumento convocatório, julgamento objetivo e adjudicação compulsória." (DI PIETRO, Maria Sylvia Zanella, *Direito administrativo,* 18. ed., 2005, cit., p. 312). Para a autora, estão presentes os princípios da igualdade, legalidade, impessoalidade, moralidade e probidade administrativa, publicidade, vinculação ao instrumento convocatório, julgamento objetivo, adjudicação compulsória e ampla defesa.

gem corresponde à situação de menor custo e maior benefício para a Administração."[391]

Essa vantagem não diz respeito somente à economicidade da proposta, pois supera em muito tal conceito puramente patrimonial, já que no fundo procura atingir um interesse supraindividual.

Considerando a vantagem como o norte do procedimento, existem hipóteses em que simplesmente não é possível que haja competição, permitindo-se então a contratação direta.

O próprio artigo 37, inciso XXI, da Constituição Federal, ao determinar a obrigatoriedade do procedimento licitatório, já põe a salvo hipóteses em que esse expediente não é obrigatório, "nos casos especificados na legislação" de dispensa ou inexigibilidade de licitação.[392]

4.1.2 Dispensa de licitação

As hipóteses de dispensa de licitação estão previstas nos artigos 17 e 24 da Lei de Licitações. Nos casos previstos no artigo 17, incisos I e II, temos a chamada licitação dispensada, eis que nesses casos ela já é dessa forma definida em lei (casos de alienação e imóveis por dação em pagamento, doação para outros órgãos da Administração, permuta, investidura, venda, alienação, concessão de direito real de uso, locação ou permissão de uso).

Por outro lado, prevê o artigo 24 da Lei n. 8.666/93 a chamada licitação dispensável, que pode ser sistematizada, na classificação de Maria Silvia Zanella Di Pietro, em quatro hipóteses: a) em razão do pequeno

---

[391] JUSTEN FILHO, Marçal, *Comentários à Lei de Licitações e Contratos Administrativos*, cit., p. 63.

[392] "A diferença básica entre as duas hipóteses está no fato de que, na dispensa, há possibilidade de competição que justifique a licitação; de modo que a lei faculta a dispensa, que fica inserida na competência discricionária da Administração. Nos casos de inexigibilidade não há possibilidade de competição, porque só existe um objeto ou uma pessoa que atenda às necessidade da Administração; a licitação portanto é inviável." (DI PIETRO, Maria Sylvia Zanella, *Direito administrativo*, 18. ed., 2005, cit., p. 322).

valor; b) em razão de situações excepcionais; c) em razão do objeto; d) em razão da pessoa.[393]

A despeito da sistematização da doutrina, prevalece o entendimento de que as hipóteses de licitação dispensável são taxativas e não meramente exemplificativas. Por esse motivo, como a atividade prestada pelos árbitros e câmaras arbitrais não se encontra no referido rol, desde logo estaria impedido o uso do expediente da dispensa. Deve-se lembrar aqui a lição de Lúcia Valle Figueiredo e Sergio Ferraz sobre o sentido da excepcionalidade dessa medida.[394]

Adotando também o sentido de que a dispensa de licitação seria impedimento dela, por não se tratar de serviço, ensina Marcelo Bonizzi:

> "O árbitro não presta serviço para o Estado, fato este que dispensa (*rectius*: impede) qualquer tipo de licitação para escolha desse árbitro.
>
> Mas o Estado tem o dever de fundamentar sua escolha em razões técnicas, caso contrário poderá escolher quem quiser, inclusive

---

[393] Outra classificação consagrada é a da Marçal Justen Filho, pela qual as hipóteses do artigo 24 podem ser sistematizadas segundo "o ângulo de manifestação do desequilíbrio na relação custo/benefício". Quanto ao *custo da licitação*, os incisos I e II; quanto ao *custo temporal*, os incisos III, IV, XII e XVIII; quanto à inexistência de potencialidade de benefício, os incisos V, VII, VIII, XI, XIV, XVII, XXIII, XXVIII e XXIX; quanto à função extraeconômica da contratação, os incisos VI, IX, X, XIII, XV, XIX, XX, XXI, XXIV e XXVII (JUSTEN FILHO, Marçal, *Comentários à Lei de Licitações e Contratos Administrativos*, cit., p. 310-302).

[394] "É imprescindível licitar, porque não se pode fazer uma discriminação entre iguais: todos aqueles que se apresentam no mundo de uma eventual contratação, com iguais aptidões, não devem sofrer privilegiamentos ou detrimentos, sem uma razão lógico-jurídica, solidamente detectável e palpável. E o princípio da moralidade impõe não ser razoável que os recursos captados da população sejam canalizados, sem competição, para esse ou para aquele, segundo as conveniências ou as preferências do administrador. Todavia, se a conveniência administrativa *in concreto* comprovada, aliada ao comprovado interesse público específico, ambos concomitantemente encartáveis, em uma das hipóteses do art. 24 da Lei n 8 666 (antigo art. 22 do Decreto-Lei n. 2.300/86), apontarem excepcionalmente para a preferência à diretriz da contratação direta, a licitação pode ser dispensada não se pondo em xeque ou em choque, então, os aludidos princípios de isonomia e moralidade." (FIGUEIREDO, Lúcia Valle; FERRAZ, Sérgio. *Dispensa e inexigibilidade de licitação*. 3. ed. rev., ampl. e atual. de acordo com a Constituição Federal de 1988 e as Leis 8.666-93 e 8.883-94. São Paulo: Malheiros, 1994. p. 401).

> pessoas que não possuem capacidade técnica para decidir determinado litígio, mas que angariaram a simpatia dos governantes de plantão e que, portanto, só por possuir certas relações pessoais, passam a ser indicadas – e bem remuneradas – como árbitros, às custas do dinheiro do contribuinte, sem que efetivamente estejam aptas a julgar o litígio
>
> No caso das instituições de arbitragem, como já há várias no território nacional, é altamente recomendável que o Estado promova uma pesquisa de preços e da qualificação dos árbitros oferecidos por elas, novamente para, por decisão motivada, aferir qual delas está em melhor condição de atender às exigências de um determinado litígio."[395]

Para o autor, a ideia de vantagem está intimamente ligada ao desdobramento do princípio republicano, visando à maximização e à potencialização das contratações, permitindo assim que seja atingido o interesse público.[396]

Talvez nesse sentido, não encaixando a contratação de árbitros e câmaras como um serviço contratável, o impedimento de contratação seja a única forma possível de se encarar a dispensa de licitação. Porém, ao tentar enquadrar no modelo proposto pela Lei de Licitações, justamente pela corrente que entende o rol de dispensas como taxativo, não haveria espaço para a dispensa de licitação.

4.1.3 Inexigibilidade de licitação

A inexigibilidade de licitação está prevista no artigo 25 da Lei de Licitações e diz respeito à inviabilidade de competição. A doutrina costuma chamar tal fato de "contratação direta".[397]

---

[395] BONIZZI, Marcelo José Magalhães, Arbitragem e Estado: ensaio sobre o litígio adequado, cit., p. 170.

[396] Para Marçal Justen Filho, " não se trata apenas de obter a contratação economicamente e tecnicamente mais vantajosa, mas também de aproveitar a oportunidade da contratação para fomentar o desenvolvimento nacional" (JUSTEN FILHO, Marçal, *Comentários à Lei de Licitações e Contratos Administrativos*, cit., p. 448).

[397] JUSTEN FILHO, Marçal, *Comentários à Lei de Licitações e Contratos Administrativos*, cit.

Embora o artigo traga três hipóteses de inexigibilidade, a doutrina é uníssona ao afirmar que não se trata de um rol taxativo, mas meramente exemplificativo.

A primeira hipóteses prevista na lei diz respeito à exclusividade industrial e comercial que versa sobre a aquisição de materiais, equipamentos, ou gêneros que só possam ser fornecidos por produtor, empresa ou representante comercial exclusivo, vedada a preferência de marca, devendo a comprovação de exclusividade ser feita através de atestado fornecido pelo órgão de registro do comércio do local em que se realiza a licitação ou a obra ou o serviço, pelo sindicato, federação ou confederação patronal, ou ainda pelas entidades equivalentes. Essa hipótese não é aplicável à arbitragem. A terceira hipótese diz respeito à contratação de profissional de qualquer setor artístico, diretamente ou através de empresário exclusivo, desde que consagrado pela crítica especializada ou pela opinião pública. Essa também não interessa à arbitragem.

Interessa-nos, contudo, a segunda hipótese legal, que trata da contratação de serviços técnicos enumerados no artigo 13 dessa Lei, de natureza singular, com profissionais ou empresas de notória especialização, vedada a inexigibilidade para serviços de publicidade e divulgação.

Essa hipótese, embora não se adapte perfeitamente, é a em que melhor se enquadra a contratação de árbitros e câmaras.

A adaptação de forma perfeita decorre da redação do artigo 13 da Lei de Licitações, eis que os serviços técnicos de natureza singular, na lição de Celso Antônio Bandeira de Mello, são:

> "[...] os que se revestem de análogas características. De modo geral são singulares todas as produções intelectuais, realizadas isolada ou conjuntamente – por equipe –, sempre que o trabalho a ser produzido se defina pela marca pessoal (ou coletiva), expressada em características científicas, técnicas ou artísticas importantes para o preenchimento da necessidade administrativa a ser suprida. Neste quadro cabem os mais variados serviços: uma monografia escrita por um experiente jurista; uma intervenção cirúrgica realizada por qualificado cirurgião; uma pesquisa sociológica empreendida por uma equipe de planejamento urbano; um ciclo de conferências efetuado

por professores; uma exibição de orquestra sinfônica; uma perícia técnica sobre o estado de coisas ou das causas que o geraram."[398]

Porém, o serviço prestado pela câmara arbitral e pelos árbitros não se encaixa perfeitamente nessa descrição. Aliás, o tema já foi enfrentado na doutrina[399] e na jurisprudência[400], no caso da contratação de advogados por inexigibilidade de licitação.

De outro lado, em sentido contrário, é a posição de Maria Sylvia Zanella Di Pietro, para quem:

> [...] contratação de serviços técnicos enumerados no artigo 13, de natureza singular, com profissionais ou empresas de notória especialidade ou empresas de notória especialização, vedada a inexigibilidade para serviços de publicidade e divulgação (inciso II); não é para qualquer tipo de contrato que se aplica essa modalidade: é apenas para os contratos de prestação de serviços, desde que observados os três requisitos, ou seja, o de tratar de um daqueles

---

398 MELLO, Celso Antônio Bandeira de, *Curso de direito administrativo*, 29. ed., 2012, cit., p. 553.

399 MARQUES NETO, Floriano Peixoto de Azevedo. A singularidade da advocacia e as ameaças às prerrogativas profissionais. *Revista do Advogado*, São Paulo, v. 27, n. 93, p. 39-42, set. 2007; MEIRELLES, Hely Lopes. Contratação de serviços técnicos com profissional ou firma de notória especialização. *Revista de Direito Público*, São Paulo, v. 7, n. 32, p. 31-35, nov./dez. 1974; CRETELLA JÚNIOR, José. *Das licitações públicas*: (comentários à Lei Federal nº 8.666, de 21 de junho de 1993, republicada [...]). 18. ed., 3. tiragem, rev. e atual. inclusive de acordo com a Lei nº 10.520, de 17 de julho de 2002 (Pregão), e Decreto nº 5.450, de 31 de maio de 2005 (regulamento do pregão eletrônico). Rio de Janeiro: Forense, 2009; FERNANDES, Jorge Ulisses Jacoby. *Contratação direta sem licitação*. 9. ed. rev., atual. e ampl., 1. tiragem. Belo Horizonte: Fórum, 2011; FERNANDES, Flávio Sátiro. A inexigibilidade de licitação para contratação de serviços advocatícios. *Fórum de Contratação e Gestão Pública*, v. 8, n. 84, p. 25-30, out. 2009.

400 STJ: REsp n. 1.285.378/MG, Segunda Turma, rel. Min. Castro Meira, j. 13.03.2012; AgR REsp n. 1.361.705/PR, Segunda Turma, rel. Min. Castro Meira, j. 18.06.2013, *DJe*, de 28.06.2013; REsp n. 1.192.332/RS, Primeira Turma, rel. Min. Mauro Campbell Marques, j. 12.11.2013.

enumerados no artigo 13, o de ser de natureza singular, e o de ser contratado com profissional notoriamente especializado."[401]

As hipóteses do artigo 13 que mais se aproximam da arbitragem são as dos incisos II, III e IV.

A despeito disso, entende-se que as câmaras arbitrais e árbitros prestam serviços de natureza singular, porque são altamente especializados, e mais, sua contratação atende ao requisito de serviço adequado à solução do litígio.[402]

Ademais, os serviços a serem prestados atendem ainda aos conceitos de essencialidade, pois sua natureza impede que deixem de ser prestados, e ainda, quanto à escolha de árbitros e câmaras, devem ser indiscutivelmente adequados.

Ainda que pairem dúvidas decorrentes da aplicação do artigo 13 da Lei de Licitações, outro argumento que vem corroborar a tese da inexigibilidade diz respeito ao fato de as hipóteses do artigo 25 não serem taxativas, mas sim meramente exemplificativas.

---

[401] Aparentemente, a autora procura fechar as hipóteses do artigo 13 da Lei n. 8.666/93, em sentido contrário a parte da doutrina. Para ela: "Quanto à menção, no dispositivo, à natureza singular do serviço, é evidente que a lei quis acrescentar um requisito para deixar claro que não basta trata-se de um dos serviços prestados no artigo 13; é necessário que a complexidade, a relevância, os interesses públicos em jogo tornem o serviço singular, de modo a exigir a contratação de um profissional notoriamente especializado; não é qualquer projeto, qualquer perícia, qualquer parecer que torna inexigível a licitação". E continua: "Com relação à notória especialização, o parágrafo 1º do artigo 25 quis reduzir a discricionariedade administrativa em sua apreciação, ao exigir os critérios de essencialidade e indiscutibilidade do trabalho, como sendo o mais adequado à pela satisfação do contrato. Tem-se que estar em zona de certeza, quanto a esses aspectos, para ser válida a inexigibilidade." (DI PIETRO, Maria Sylvia Zanella, *Direito administrativo*, 18. ed., 2005, cit., p. 332).

[402] Para Marçal Justen Filho, "a raiz da inexigibilidade da licitação reside na necessidade a ser atendida e não ao objeto ofertado. Ou seja, não é o objeto que é singular, mas o interesse público concreto. A singularidade do objeto contratado é reflexo da especialidade do interesse público." (JUSTEN FILHO, Marçal, *Comentários à Lei de Licitações e Contratos Administrativos*, cit., p. 262).

Dessa forma, diferentemente da licitação dispensada ou dispensável, é plenamente possível que, mediante processo administrativo interno, a Administração demonstre que o processo licitatório é dispensável.

Quer-se com isso concluir que a fase administrativa não pode ser um impeditivo para a contratação de câmaras e árbitros, eis que a burocracia interna não pode ter o condão de impedir o desenvolvimento do processo arbitral.

A corrente da inexigibilidade de licitação de câmaras e árbitros é que ganha maior relevo na doutrina. É a posição de Carlos Henrique Soares, Daniela Silva Lima e Luciana Aguiar S. Furtado de Toledo.[403]

4.1.4 Credenciamento de câmaras

Outra tese que vem ganhando força é a que defende um credenciamento de câmaras arbitrais ou mesmo de árbitros. Segundo o entendimento que vem prevalecendo no Estado de São Paulo[404], o credenciamento depende de sucessão periódica aberta aos participantes, garantindo o aces-

---

403 "Neste último caso, a Câmara Arbitral, devido à sua especialização em administrar procedimentos arbitrais, seria uma prestadora de serviço de natureza singular, estando, portanto, compreendida dentre as exceções. [...] O serviço da Câmara Arbitral pode ser entendido como especializado devido a toda *expertise* e experiência que possui em conduzir os procedimentos arbitrais. Trata-se, portanto, de um serviço particularizado e diferenciado devido ao fato de as Câmaras possuírem regulamentos próprios, criando singularidades caracterizadoras e um serviço técnico altamente estruturado. Ademais, são elas instituições que só conseguem se manter no mercado se os serviços ofertados forem prestados com alta qualidade e confiabilidade, pois, como é sabido, em geral, a arbitragem está vinculada a altos valores contratuais [...] Observa-se, dessa forma, que a desnecessidade de licitação para a escolha de Câmara Arbitral se revela como o caminho que mais se identifica com a proposta e os princípios norteadores da arbitragem e se torna a opção mais vantajosa estratégica e financeiramente às partes, especialmente à Administração Pública." (SOARES, Carlos Henrique; LIMA, Daniela Silva; TOLEDO, Luciana Aguiar S. Furtado de. (Des)Necessidade de processo licitatório para escolha de câmara arbitral. *Revista CEJ*, Brasília, v. 16, n. 58, p. 44-49, set./dez. 2012).

404 Pareceres PA ns. 5/2014; 31/2014; 22/2011.

so a uma pluralidade de interessados, e caracteriza-se como hipótese de inexigibilidade de licitação.[405]

Quanto ao conceito de credenciamento a posição sustentada pelo Estado de São Paulo pode ser sintetizada:

> "São premissas da possibilidade de realização de credenciamento a pluralidade de contratos a serem firmados pela Administração, a igualdade dos preços ajustados e a circunstância de que a escolha do contratado não é feita pela própria Administração. A esses acrescente-se, ainda, a necessidade de que o sistema de credenciamento esteja sempre aberto ou, ao menos, seja periodicamente aberto, de forma a garantir a efetiva possibilidade de acesso de todos os interessados. O requisito relativo à forma de escolha do interessado decorre da necessária preservação dos princípios regedores da atividade administrativa, especificamente, no caso, dos princípios da impessoalidade e da igualdade entre todos os licitantes. Se é viável e conveniente à Administração para satisfação de determinada necessidade, o credenciamento de todos os possíveis interessados que se amoldem às condições preestabelecidas, a escolha daquele que efetivamente será chamado a prestar o serviço não pode ser feita à revelia da preservação desses princípios."[406]

Tal entendimento é defendido por Gustavo Justino e Guilherme Schwarstmann:

> "Para poder celebrar o termo de colaboração com a Administração Pública, a instituição arbitral deverá (i) ser constituída como pessoa jurídica de direito privado sem fins lucrativos, possuindo, no mínimo, três anos de existência; (ii) possuir experiência prévia na realização, com efetividade, do objeto da parceria, ou seja, em arbitragens; (iii) ter capacidade técnica e operacional para o desen-

---

[405] Conforme aponta o Parecer n. 60/2009 de autoria da procuradora do Estado Dora Maria de Oliveira Ramos: "No Parecer PA nº 348/1993, devidamente aprovado pelo Senhor Procurador Geral do Estado, ficou assentado que o credenciamento é possível se não houver limite numérico à seleção dos interessados que atenderem as condições previamente estabelecidas, caracterizando situação de inexigibilidade de licitação."

[406] Parecer PA n. 60/2009, de autoria da procuradora do Estado Dora Maria de Oliveira Ramos e aprovado pelo procurador geral do Estado em 17 de abril de 2009, p. 5-6.

volvimento das procedimento e cronograma previstos na cláusula arbitral; (iv) ter constituído conselho fiscal ou órgão equivalente, dotado de atribuição para opinar sobre os relatórios de desempenho financeiro e contábil e sobre as operações patrimoniais realizadas. O termo de colaboração celebrado entre a câmara de arbitragem e a Administração Pública com a finalidade de prestação jurisdicional será de natureza pouco usual. Não seguirá um cronograma periódico de desembolso de recursos por parte da Administração Pública como nas parcerias tradicionais, em virtude de depender da instauração de litígios arbitrais e das diferentes despesas aplicáveis (custas administrativas, honorários dos árbitros e dos peritos, por exemplo). Dessa forma, o desembolso e repasse de recursos será comparável ao que ocorre no sistema ao Sistema de Registro de Preços (SRP), utilizado para contratações administrativas futuras não quantificáveis previamente, sendo ambos condicionados a eventos futuros e incertos."[407]

Aponta Marcelo Bonizzi que a formação do cadastro de câmaras arbitrais traria vantagens no sentido de facilitar eventuais entraves burocráticos, facilitando *v.g.*, o pagamento de câmaras e árbitros, aumentando inclusive a segurança jurídica:

> "A Lei Mineira de Arbitragem exige dos árbitros que eles sejam maiores e capazes; que detenham conhecimento técnico 'específico' na área do conhecimento que envolve o conflito; que não tenham, na forma prevista no Código de Processo Civil, nenhum impedimento ou suspeição; e que sejam membros de câmaras arbitrais que tenham registro no Cadastro Geral de Fornecedores de Serviços ao Estado. Esse cadastro, que tem a função de facilitar o pagamento de despesas em geral pelo Estado, limita a escolha do legislador aos árbitros registrados perante as câmaras arbitrais do Estado de Minas, o que, embora pareça desprovido de fundamento, em certa medida deve servir para aumentar a segurança dos interesses submetidos à arbitragem, desde que, não custa ressaltar, essas câmaras sejam efetivamente rigorosas na seleção – e manutenção – dos seus quadros de árbitros. É prematuro afirmar que a exigência feita pela Lei Mineira

---

[407] OLIVEIRA, Gustavo Henrique Justino de; SCHWARSTMANN, Guilherme Baptista. Arbitragem público-privada no Brasil: a especialidade do litígio administrativo e as especificidades do procedimento arbitral. *Revista de Arbitragem e Mediação*, São Paulo, Revista dos Tribunais, v. 12, n. 44, p. 149-171, jan./mar. 2015.

> de Arbitragem seja desnecessária e que talvez acrescente pouco em termos de segurança aos interesses públicos, mas o fato é que essa lei oferece ao menos uma boa referência ao administrador público de como proceder na preparação da arbitragem."[408]

Embora tais correntes apontem certa divergência na conceituação jurídica do credenciamento, certo é que tal figura jurídica pode ser aproveitada para fins de acelerar o processo de escolha e pagamento de câmaras arbitrais, sobretudo quanto obrigações administrativas e fiscais que devem ser cumpridas em casos de prestação de serviços junto à administração bem como contratações análogas.

4.2 Árbitros e câmaras arbitrais

A escolha de árbitros e câmaras arbitrais por parte da Fazenda Pública, tal qual pelos particulares, deve ser investigada sob a égide do atendimento da especialidade e adequação do serviço. Neste ponto, procura-se investigar como deve ocorrer a regulamentação processual a partir da convenção arbitral.

É interessante o posicionamento de Carlos Alberto de Salles quanto à ideia de que a convenção arbitral deve trazer os condicionamentos normativos de direito público, figurando como verdadeiros pressupostos de arbitrabilidade, no sentido de delimitar o campo ou forma de incidência de jurisdição do árbitro.[409]

Pois bem, segundo essa ideia, o Estado deve ter uma estratégia minimalista, de maneira a não descaracterizar o próprio mecanismo arbitral de solução de controvérsias:

> "Com efeito, o desenvolvimento da arbitragem deve prosseguir sob regime de direito privado, excepcionando-se desse apenas

[408] BONIZZI, Marcelo José Magalhães, Arbitragem e Estado: ensaio sobre o litígio adequado, cit., p. 170-171.

[409] Tal ideia, já defendida por Carlos Alberto de Salles, retoma a importância da convenção arbitral, trazendo os limites baseados no direito público, eis que pressupostos de arbitrabilidade (SALLES, Carlos Alberto de, *A arbitragem em contratos administrativos*, cit., p. 275).

aquelas situações em que se deve observar condicionamentos de direito público."[410]

Desse modo, a escolha dos árbitros, bem como das câmaras arbitrais, deve atender ao requisito de especialidade, para melhor compreender o litígio envolvendo a Administração Pública.

Outro ponto de destaque apontado por Salles diz respeito à dinâmica processual na qual a arbitragem está envolvida, ou seja, ela não é *unilateral*: "Os valores diretores do procedimento envolvido não podem atender apenas os interesses da Administração, devendo contemplar, também, aqueles do particular contratante, sob pena de comprometer a validade dos processos envolvidos."[411]

Defende-se que, além da especialidade dos árbitros e câmaras, a Administração Pública deve buscar árbitros e câmaras "adequadas" para a solução do litígio.

4.2.1 A escolha dos árbitros e das câmaras "adequadas": independência, imparcialidade e neutralidade dos árbitros

A escolha dos árbitros e câmaras "adequadas" pela Fazenda Pública implica na exegese dos conceitos tradicionais que circunscrevem a figura do árbitro. Isso porque é comum que árbitros, tal como advogados e juízes, possuem relações com a Administração, seja em decorrência de sua profissão, seja como parte *ex adversa*, eis que o Estado é o maior litigante, em inúmeros de processos, do sistema judicial brasileiro.

Da mesma forma, o fato de ter trabalhado em algum momento da vida profissional, ter prestado serviços, ter devido tributos ou até mesmo ter litigado contra, não significa um impedimento por si só. Nesse sentido, deve ser vista com certa parcimônia a relação entre os possíveis árbitros e suas relações pretéritas com a Administração Pública.

Marcelo Bonizzi, sobre a escolha de árbitros adequados, observa:

> "Em resumo, em relação ao Estado, esse motivo de impugnação do árbitro deve ser visto com reservas e é um bom exemplo das peculiaridades que envolvem as arbitragens nesse campo, as quais reforçam

---

410 SALLES, Carlos Alberto de, *A arbitragem em contratos administrativos*, cit., p. 273.

411 Ibidem., p. 274.

em boa medida, a ideia de que há um determinado litígio envolvendo o Estado que é 'adequado' para a arbitragem."[412]

Pois bem, seguindo a tradição brasileira, a Lei de Arbitragem não traz conceitos de independência, de imparcialidade e de neutralidade, cabendo à doutrina esse mister.

Por primeiro, tanto a independência quanto a imparcialidade são exigências da Lei de Arbitragem e devem estar presentes na figura do árbitro, ao lado de outros valores, tais como competência, diligência e discrição.

Quanto à escolha do árbitro, há pelo menos dois problemas, relacionados à arbitragem e à Fazenda Pública. O primeiro diz respeito ao controle, à idoneidade da indicação por parte da Administração Pública. Outro se refere à formalidade, ligada à contratação do árbitro e ao pagamento das despesas arbitrais, entre elas os honorários.

O primeiro, segundo a doutrina e a legislação brasileira, é facilmente superável, eis que não se admite a parcialidade do árbitro. Ademais, vale lembrar que a legislação brasileira impõe o dever de revelação, ou seja, o *duty of disclosure.* Qualquer violação nesse sentido libera às partes o manejo da ação anulatória do artigo 31 da Lei de Arbitragem.

A posição de neutralidade do árbitro é predicado fundamental, uma garantia da imparcialidade e independência na decisão e na condução do processo.

No Brasil, segundo Carlos Alberto de Salles[413], costuma-se apenas falar em imparcialidade, chegando-se mesmo a repudiar a neutralidade como atributo do julgador. A neutralidade, no entanto, presente na literatura norte-americana sobre mecanismos alternativos, se bem compreendida, aponta características antecedentes à imparcialidade, ou, mais exatamente, diz respeito à posição do árbitro, juiz, mediador ou conciliador em relação às partes envolvidas na controvérsia. Funciona assim como uma espécie de condição para aquela ser alcançada. Daí surge o dever de revelação.

Segundo Selma Lemes:

---

[412] BONIZZI, Marcelo José Magalhães, Arbitragem e Estado: ensaio sobre o litígio adequado, cit., p. 172.

[413] SALLES, Carlos Alberto de, *A arbitragem em contratos administrativos*, cit., p. 275-283.

> "Tanto a independência como a imparcialidade representam *standards* de comportamento. A *independência* é definida como a manutenção pelo árbitro, em um plano de *objetividade* tal, que, no cumprimento de seu mister, não ceda a pressões nem de terceiros nem das partes. A *imparcialidade* do árbitro, vincula-se a critérios *subjetivos* e de difícil aferição, pois externa um estado de espírito (*state of mind*)."[414]

Segundo a autora o dever de revelação é a pedra angular do regime jurídico da independência do árbitro.

Para Carlos Alberto Carmona, "a independência é a isenção do julgador de qualquer pressão ou coação que possa intimidá-lo no exercício de sua função; imparcialidade é a desvinculação do julgador em relação às partes e aos seus respectivos interesses".[415]

Quanto ao conteúdo do princípio da independência, paralelamente ao conteúdo do princípio de igual valor no processo civil, está ligado objetivamente à possibilidade de o árbitro julgar conforme seu livre convencimento motivado, baseado nas provas carreadas aos autos, sendo que sua atuação não se vincula a qualquer dar partes, mas sim ao processo.

Por sua vez a imparcialidade está ligada a elementos subjetivos, ou seja, uma especial tendência de julgamento. Aparentemente, a Lei de Arbitragem, ao estender os elementos relativos à suspeição e impedimentos dos juízes, quis dar ao árbitro um tratamento semelhante ao da magistratura, nesse ponto em especial.

A proteção da independência e imparcialidade do árbitro é amplamente difundida e estudada nos demais sistemas jurídicos, destacando-se, sobretudo, a obra de Gaillard e Savage[416]. Para os renomados autores, independência e imparcialidade são conceitos distintos, eis que independência é uma situação de fato ou de direito capaz de ser verificada objetivamente. Imparcialidade, por outro lado, é mais um estado mental, e necessariamente será subjetivo.

---

[414] LEMES, Selma Ferreira. *Árbitro*: princípios da independência e da imparcialidade. São Paulo: LTr, 2001, p. 53.

[415] CARMONA, Carlos Alberto. Em torno do árbitro. *Revista de Arbitragem e Mediação*, São Paulo, Revista dos Tribunais, v. 8, n. 28, p. 56, jan./mar. 2011.

[416] GAILLARD, Emmanuel; SAVAGE, John (Eds.), *Fouchard Gaillard Goldman on international commercial arbitration*, cit.,

Para Arnoldo Wald, o dever de independência e imparcialidade na arbitragem adquire três dimensões: a ideológica, a fática e a ética. Isso se verifica desde a perspectiva do árbitro e das partes, assim como do Poder Judiciário, que também deve ser independente e imparcial.[417]

A *imparcialidade*, por sua vez, não se confunde com a *neutralidade*[418]. Como demonstrado, a imparcialidade é uma qualidade que todos os árbitros devem ter, sob pena de serem afastados da arbitragem, uma vez que se liga a critérios subjetivos de seu estado de espírito e vinculação às partes.

Por sua vez, a neutralidade está relacionada à influência do meio sobre o árbitro. Sua aplicação, via de regra, está ligada às arbitragens internacionais e entre Estados, eis que nenhum árbitro é totalmente neutro, pois sempre influenciado, como ser humano, pelo meio em que vive.

O conceito de neutralidade também se afasta do de imparcialidade, eis que é natural que a parte procure um árbitro com o qual se identifique. Essa identidade não significa parcialidade, conforme ensina João Bosco Lee:

> "Ao escolher um árbitro, as partes ou seus advogados vão tentar escolher alguém com quem se identifiquem e que este, ao mesmo tempo possa se identificar com a parte, com a causa, ou com tudo o que envolve a arbitragem; uma pessoa que tenha as mesma origens, que compreenda as tradições, os costumes e as ideias que estavam presentes no espírito dessa parte quando da elaboração

---

[417] WALD, Arnoldo. *Eficiencia, ética, independencia y imparcialidad en el arbitraje*. São Paulo: [s.n.], 2012. p. 9.

[418] Para Carlos Alberto Carmona, a distinção entre imparcialidade é neutralidade reside no seguinte: "O primeiro conceito diz respeito à necessidade de não estar o julgador envolvido diretamente com os litigantes, o segundo está relacionado com a influência que o julgador pode receber do meio em que atua." (CARMONA, Carlos Alberto, *Arbitragem e processo*: um comentário à Lei nº 9.307/96, 2. ed., 2007, cit., p. 209). E ainda: "Na arbitragem internacional a neutralidade é um valor importante, especialmente quando as partes são de nacionalidades diferentes: nenhuma delas ficará satisfeita em ver presidido o painel, p. ex, por um árbitro da mesma nacionalidade do adversário." (CARMONA, Carlos Alberto, Em torno do árbitro, cit., p. 60).

do contrato e que continuarão a guiá-la durante o procedimento arbitral."[419]

Vale ainda lembrar a figura do direito americano do árbitro--parte (*arbitre-partie*), presente em arbitragens em que os árbitros não são neutros.[420]

Pedro Batista Martins, analisando essa figura frágil do direito americano, afirma que:

> "Os códigos de ética da American Bar Association e da American Arbitration Association, ao reverso daquele editado pela International Bar Association, adotam ambas as possibilidades – árbitro neutro e não neutro não obstante apregoarem para os dois modelos as mesma regras de conduta necessárias a um julgamento idôneo e justo. Contudo a plena independência deve refletir-se, exclusivamente e necessariamente, na figura do terceiro árbitro. De ressaltar que a indicação de *arbitre-partie* não é raro nos casos das arbitragens entre entes governamentais ou entre os próprios Estados, quando funcionários dos seus próprios organismos ou nacionais do Estado são indicados como árbitros."[421]

Tal fato somente vem a demonstrar a importância e o sentido da imparcialidade e a necessidade da ciência da parte quanto à lisura de comportamento do árbitro escolhido. No caso do árbitro-parte do direito americano, as partes já sabem de antemão que a escolha do árbitro deve recair sobre indivíduo cuja função é defender o ponto de vista da parte. O fato é conhecido de antemão e as partes, ao escolherem previamente esse modelo, a ele aderem cientes da função específica do árbitro nesse tipo de painel.

---

[419] VALENÇA FILHO, Clávio de Melo; LEE, João Bosco. *Estudos de arbitragem*. Curitiba: Juruá, 2008. p. 304.

[420] Sobre o tema, António Pinto Leite faz estudo aprofundado inclusive sobre a jurisprudência das cortes americanas, suíça e portuguesa (LEITE, António Pinto. Independência, imparcialidade e suspeição de árbitro. *Revista Brasileira de Arbitragem*, Porto Alegre, Síntese, v. 6, n. 25, p. 106, jan./mar. 2010). Da mesma forma: FRÓES, Carlos Henrique de Carvalho. A independência e a imparcialidade do árbitro. In: PANTOJA, Teresa Cristina G. (Coord.). *Prática em arbitragem*. Rio de Janeiro: Forense, 2007.

[421] MARTINS, Pedro Antônio Batista, Normas e princípios aplicáveis aos árbitros, in *Aspectos fundamentais da Lei de Arbitragem*, cit., p. 307.

4.2.2 *Imparcialidade: entre a autonomia privada e o devido processo legal*

A relação do árbitro com a Fazenda Pública, bem como com seu *ex adversus*, deve ser imparcial. Esse conceito, visto como princípio informador da atividade do árbitro, deve ser visto sob a ótica da autonomia da vontade das partes, sendo disponível?[422]. Ou deve ser encarado, tal qual o processo judicial, como uma norma de ordem pública, calcado nas regras do devido processo legal?

A par disso, até que ponto seria possível o manejo de ação anulatória fundada na parcialidade dos árbitros?

Embora possa parecer uma questão meramente filosófica, há duas correntes: (1) o princípio da imparcialidade calcado em princípios de direito privado (autonomia privada); e (2) no devido processo legal (princípio de direito público), que tem como consequência prática a impossibilidade do manejo da ação anulatória fundada na violação do dever de imparcialidade (art. 32, inc. II e VIII, c/c art. 13). Mas em que contexto a autonomia da vontade se coloca em choque com o devido processo legal, e como compatibilizar os dois princípios?

Pois bem, embora as partes, e assim a Fazenda Pública, tenham plena autonomia negocial para a escolha dos árbitros, câmara, procedimentos etc., entende-se que em princípio não existiria o direito à disponibilidade de aplicação do princípio do devido processo legal[423]. Não seria possível a derrogação de normas cogentes do procedimento arbitral.

Nesse contexto, insere-se o direito da parte a um árbitro imparcial e, de outro lado, o dever dele manter-se imparcial.

---

[422] Entre os autores que enfrentaram a matéria, ver: MONTORO, Marcos André Franco, *A flexibilidade do procedimento arbitral*, cit., p. 50.

[423] Segundo Selma Lemes: "Os princípios da independência e da imparcialidade do árbitro são de ordem pública, posto que governam o ato de julgar, seja para o juiz como para o árbitro, tanto nas arbitragens de direito como por equidade. A *Lex Legum* da arbitragem nacional e internacional estrutura-se em duas regras fundamentais: o devido processo legal e a independência e imparcialidade do árbitro." (LEMES, Selma Maria Ferreira, A independência e a imparcialidade do árbitro e o dever de revelação, cit., p. 23).

Há autores[424] que analisam a matéria sob um outro enfoque, pelo qual a autonomia da vontade que vigora no processo arbitral permitiria afastar o sistema de presunções do processo judicial.

No sistema judicial, a imparcialidade do juiz é tratada por meio de norma cogente, e o juiz parcial deve afastado do exercício da jurisdição (art. 134 do CPC).

Essa corrente baseia-se na ideia de *procedimento como uma sucessão de atos preclusivos*[425], eis que o artigo 20 da Lei de Arbitragem afirma que a parte que pretender arguir questões relativas à competência, suspeição ou impedimento do árbitro ou dos árbitros, bem como nulidade, invalidade ou ineficácia da convenção de arbitragem, deverá

---

424 ALVES, Rafael Francisco, A imparcialidade do árbitro no direito brasileiro: autonomia privada ou devido processo legal?, cit., p. 109-126; e CARMONA, Carlos Alberto, *Arbitragem e processo*: um comentário à Lei nº 9.307/96, 2. ed., 2007, cit., p. 199-219. Vejam que Carmona sempre busca afastar a arbitragem do CPC: "A jurisdicionalização da arbitragem é um bem; a processualização da arbitragem é um mal, que precisa ser combatido. O paladino deste combate será necessariamente o árbitro." (CARMONA, Carlos Alberto, Em torno do árbitro, cit., p. 53).

425 Enfrentando o tema da preclusão na arbitragem, afirma Marcos Montoro: "Ocorre que na arbitragem o instituto da preclusão é, muitas vezes, mitigado, atenuado. Para diversos árbitros, quando uma das partes alega ter ocorrido preclusão, a questão deve ser resolvida verificando-se se há algum prejuízo para as partes ou para o desenvolvimento da arbitragem. Se a realização do ato supostamente precluso não causar prejuízo, esse poderá então ser praticado, apesar da preclusão. Veja-se assim que o panorama é completamente diferente do que geralmente ocorre nos procedimentos judiciais estatais. Por tais motivos, parte da doutrina aponta que a preclusão é atenuada, flexibilizada, ou mesmo inexistente na arbitragem. Assim, a atenuação da preclusão é um dos fatores que levam a uma maior flexibilidade do procedimento. Sem ser baseada num rígido sistema de preclusões, a arbitragem é, naturalmente, mais flexível. Essa flexibilidade permite que o árbitro e/ou as partes estabeleça(m) a realização dos atos processuais de forma a buscar um melhor desenvolvimento do procedimento, uma busca mais eficaz das provas, ou até mesmo uma prestação jurisdicional mais célere. [...] em matéria procedimental, na arbitragem por hora normas devem ser criadas, e outrora adaptadas." (MONTORO, Marcos André Franco, *A flexibilidade do procedimento arbitral*, cit., p. 73).

fazê-lo na primeira oportunidade que tiver de se manifestar, após a instituição da arbitragem.[426]

Nesse sentido, a corrente que defende o sistema preclusivo afirma que a imparcialidade do árbitro, "entendida como equidistante do julgador em relação às partes, está no campo da autonomia da vontade no direito brasileiro".

Para coadunar com o dispositivo previsto no artigo 21, parágrafo 2°, da Lei de Arbitragem, tal corrente conclui que "a imparcialidade do árbitro, ao contrário do que ocorre no processo judicial não integra o devido processo legal no direito brasileiro e não é, por conseguinte, questão de ordem pública, estando restrita ao campo da autonomia privada."[427]

Situando a matéria em relação aos litígios envolvendo a Fazenda Pública aponta Marcelo Bonizzi:

> "Mas a doutrina costuma afirmar que esse rol, para a arbitragem, não é taxativo, porque há, por exemplo, um Código de Ética para os Árbitros Internacionais, assim como há casos específicos previstos nos regulamentos das Câmaras de Arbitragem nacionais e internacionais. Um bom exemplo disso é a hipótese de impedimento para o árbitro que for "amigo íntimo ou inimigo do procurador da parte".

---

[426] Segundo Carmona, "embora o dispositivo não mencione expressamente a preclusão, outra não poderia ser a conclusão, sob pena de torná-la absolutamente inútil" (CARMONA, Carlos Alberto, *Arbitragem e processo*: um comentário à Lei nº 9.307/96, 2. ed., 2007, cit., p. 243-244); e conclui Rafael Francisco Alves, que "só preclui o que está à disposição das partes" (ALVES, Rafael Francisco, A imparcialidade do árbitro no direito brasileiro: autonomia privada ou devido processo legal?, cit., p. 121).

[427] ALVES, Rafael Francisco, A imparcialidade do árbitro no direito brasileiro: autonomia privada ou devido processo legal?, cit., p. 122. O autor conclui: "Pelo exposto, foi possível ver que a diferenciação entre o processo arbitral e o judicial, especialmente no que diz respeito ao fato da autonomia provada ser um dos fundamentos daqueles, traz reflexo também para a discussão da imparcialidade do árbitro, não havendo um transporte perfeito dos institutos e, sobretudo, dos princípios de um âmbito ao outro. [...] O ponto de partida deve passar a ser, assim, a compreensão da imparcialidade do árbitro no campo da autonomia privada. Presente o binômio ciência-anuência, as partes tudo podem em termos de indicação de árbitros. Embora o caminho seguido tenha envolvido apenas a interpretação dos dispositivos da lei brasileira, é preciso dizer que há ainda muita confusão sendo feita nesse campo." (Ibidem, p. 122-124).

Nenhuma dessas disposições tem força de lei, ou seja, as partes podem, conforme o caso, simplesmente ignorar essas hipóteses, desde que não estejam previstas no regulamento da Câmara Arbitral ou em contrato firmado por elas. Isso se aplica especialmente ao Estado porque, uma vez na arbitragem, precisa se preocupar antes de tudo com os termos da lei para reger sua conduta e, apenas secundariamente, com aspectos da arbitragem que envolvam simples recomendações de suspeição ou impedimento dos árbitros emitidas por entidades privadas internacionais que, em boa medida, destinam-se apenas a litígios de natureza essencialmente privada".[428]

Com o devido respeito a essa corrente, embora a ideia do sistema preclusivo possa parecer muito defensável, ante o corolário da autonomia da vontade que vigora no procedimento arbitral, deve-se observar que o texto legal aparentemente busca prestigiar o manejo da ação anulatória da sentença proferida por árbitro parcial.

Ademais, quanto à ideia de preclusão, parece-nos estranho que a parte escolha um juiz que já sabe ser parcial ou, uma vez surgindo fato que demonstre a parcialidade, simplesmente abra mão da alegação, optando pela preclusão. O próprio CPC prevê o manejo da exceção superveniente ao conhecimento de fato que gere o impedimento ou suspeição do magistrado. Da mesma forma, a Lei de Arbitragem, no artigo 14, parágrafo 2°, "b".

De outro lado, também parece inaceitável a ideia da escolha/manutenção de um árbitro que, a partir do momento que revele fatos, que a parte entenda aptos a gerar seu impedimento, ela o aceite e o escolha a exercer o seu mister. Por princípio, como defende-se a inserção da arbitragem dentro da *teoria geral do processo*, a aceitação da tese da preclusão mostra-se ainda mais dificultosa.

Da mesma forma, se o árbitro não revelar todos os fatos aptos a gerar a suspeita quanto à sua parcialidade, há a *violação do dever de revelação* e, a partir daí, deve obrigatoriamente deixar o painel arbitral.

Por esses argumentos, conclui-se que parte do que se costuma trazer para o campo da parcialidade/imparcialidade dos árbitros resolve-se, na verdade, no campo do dever de revelação dos árbitros.

---

[428] BONIZZI, Marcelo José Magalhães, Arbitragem e estado: ensaio sobre o litígio adequado, cit., p. 171-172.

Uma vez que as partes conheçam fatos que possam levar à conclusão de que o árbitro pode ser parcial ou tendencioso, isso a princípio já permitiria uma *escolha consciente das partes*: *anuindo ou repudiando o árbitro*.

4.2.3 Imparcialidade e o dever de revelação

O dever de revelação é um dever legal, previsto no artigo 14, parágrafo 1°, da Lei de Arbitragem, pelo qual as pessoas indicadas para funcionar como árbitro têm o dever de revelar, antes da aceitação da função, qualquer fato que denote dúvida justificada quanto à sua imparcialidade e independência.

A importância desse dever está diretamente ligada à demonstração por parte do árbitro de que não possui em sua vida fatos que denotem a parcialidade ou falta de independência no julgamento. Por isso, trata-se de um dever tão importante na legislação arbitral.

Após a revelação, ganha relevo o *ato de nomeação*, eis que a partir daí o árbitro escolhido pelas partes não poderá mais ser recusado. Obviamente que, tal qual o manejo da exceção de impedimento/suspeição, se forem descobertos fatos impeditivos após a nomeação, o árbitro poderá ser recusado, nos termos do artigo 14, parágrafo 2°.

Sophie Salgueiro afirma que "os princípios da independência e imparcialidade se encontram, no direito pátrio, assim como no direito francês, superados pelo dever de revelação, sem o qual não poderia ter verificação concreta".[429]

Da mesma forma, Selma Lemes entende que o dever de revelação:

> "[...] suplante a lista taxativa dos arts. 133 e 134 do CPC, para incluir qualquer fato que, aos olhos das partes pudesse causar a falta de imparcialidade ou independência. O provável árbitro deve revelar qualquer fato de sua vida pregressa que possa comprometer a sua independência e imparcialidade, o qual será ava-

---

429 SALGUEIRO, Sophie. A independência e a imparcialidade do árbitro à luz da jurisprudência da Corte de Apelação de Paris confrontada à prática brasileira. *Revista de Arbitragem e Mediação*, São Paulo, v. 9, n. 32, p. 373-387, jan./mar. 2012. A título de comparação, a autora mostra que o dever de revelação aparece nos artigos 1.452, al. 2, do CPC francês, 1.034 do CPC holandês e. 10.036 do ZPO alemão.

liado pelas partes. São elas, ou a instituição arbitral, quando for o caso, que sopesarão os fatos apresentados e decidirão se o árbitro poderá atuar."[430]

No mesmo sentido, Pedro Batista Martins:

"Acorde com os códigos de conduta de árbitros editados pelas mais prestigiadas Cortes de Arbitragem internacionais, a lei brasileira impõe ao julgador privado o *duty of full disclosure*, de modo a conferir ao processo maior transparência possível. [...] Vale ressaltar que, a declaração que revele tais fatos, deve levar em consideração não o entendimento do árbitro quanto ao que seja relevante informar, mas sim, o que na realidade seria importante divulgar na opinião das partes."[431]

Por essa corrente, o dever de revelação, portanto, é mais amplo do que o ideário de impedimento e suspeição presente no CPC.

Do ponto de vista normativo, a Lei de Arbitragem[432], nos artigos 14, 15 e 20, remete o exercício da função de árbitro à ausência de impedimentos de funcionar como árbitros, ou seja, às pessoas que não tenham, com as partes ou com o litígio que lhes for submetido algumas das relações que caracterizam os casos de impedimento ou suspeição de juízes, aplicando-se-lhes, no que couber, os mesmos deveres e responsabilidades, conforme previsto no CPC.

Analisando a legislação, a Lei de Arbitragem não faz qualquer distinção entre as causas de impedimento e as de suspeição do árbitro, para fins de manejo de ação anulatória.

Pois bem, essa equiparação de conceitos de suspeição e impedimento para impedir a atuação do árbitro do processo mostra-se mais rigorosa do que o direito processual, liberando a parte ao manejo da ação anulatória ainda que nos casos de suspeição. Vale lembrar que na dinâmica processual civil, a suspeição está sujeita à preclusão, caracterizando assim uma exceção processual.

---

430 LEMES, Selma. Dos árbitros. *Revista Brasileira de Arbitragem*, v. 8, n. 28, p. 275, jan./mar. 2011.

431 MARTINS, Pedro Antônio Batista, Normas e princípios aplicáveis aos árbitros, in *Aspectos fundamentais da Lei de Arbitragem*, cit., p. 301.

432 Também o artigo 5º, inciso III, da Lei Mineira de Arbitragem.

Quanto à equiparação de conceitos, o posicionamento não é absoluto na doutrina, como ensina Carlos Henrique Fróes:

> "Carreira Alvim sustenta que o art. 14, par. 1. da Lei de Arbitragem trata apenas de suspeição, por ter natureza subjetiva, aplicando-se, porém, ao árbitro o art. 134 do CPC, que cuida dos casos de impedimento, que são de natureza objetiva. Não me parece, entretanto que o eminente magistrado e professor tenha razão nessa assertiva, porque o aludido art. 14 se refere, expressamente a *impedimento* e *suspeição*."[433]

Vale lembrar que na regra processual civil vigora a distinção entre o regime da presunção absoluta de parcialidade prevista no artigo 134[434], impedindo o juiz de exercer a jurisdição no processo, e a presunção relativa, prevista no artigo 135[435], que se não alegada, está sujeita ao regime da preclusão.

---

433 FRÓES, Carlos Henrique de Carvalho, A independência e a imparcialidade do árbitro, in *Prática em arbitragem*, cit., p. 41.

434 "Art. 134. É defeso ao juiz exercer as suas funções no processo contencioso ou voluntário: I - de que for parte; II - em que interveio como mandatário da parte, oficiou como perito, funcionou como órgão do Ministério Público, ou prestou depoimento como testemunha; III - que conheceu em primeiro grau de jurisdição, tendo-lhe proferido sentença ou decisão; IV - quando nele estiver postulando, como advogado da parte, o seu cônjuge ou qualquer parente seu, consanguíneo ou afim, em linha reta; ou na linha colateral até o segundo grau; V - quando cônjuge, parente, consanguíneo ou afim, de alguma das partes, em linha reta ou, na colateral, até o terceiro grau; VI - quando for órgão de direção ou de administração de pessoa jurídica, parte na causa. Parágrafo único. No caso do n. IV, o impedimento só se verifica quando o advogado já estava exercendo o patrocínio da causa; é, porém, vedado ao advogado pleitear no processo, a fim de criar o impedimento do juiz."

435 "Art. 135. Reputa-se fundada a suspeição de parcialidade do juiz, quando: I - amigo íntimo ou inimigo capital de qualquer das partes; II - alguma das partes for credora ou devedora do juiz, de seu cônjuge ou de parentes destes, em linha reta ou na colateral até o terceiro grau; III - herdeiro presuntivo, donatário ou empregador de alguma das partes; IV - receber dádivas antes ou depois de iniciado o processo; aconselhar alguma das partes acerca do objeto da causa, ou subministrar meios para atender às despesas do litígio; V - interessado no julgamento da causa em favor de uma das partes. Parágrafo único. Poderá ainda o juiz declarar-se suspeito por motivo íntimo."

Essa equiparação legislativa aparentemente serve como mais um argumento no sentido do *prejuízo absoluto causado pela violação do dever de imparcialidade do árbitro*, eis que a equiparação da suspeição, que poderia estar sujeita a uma preclusão processual, ao regime jurídico do impedimento, mais grave e que impede o exercício da jurisdição por parte do juiz no processo, demonstra um maior grau de rigor na postura do árbitro em relação ao processo, e assim, não se sujeita ao regime de preclusão, com a simples ausência de alegação das partes.

Por conta disso, é imprescindível que o árbitro revele suas relações pretéritas com a Fazenda Pública, para que as partes se sintam seguras em sua nomeação. Há fatos que se mostram de importância a serem revelados, como o exercício de cargos, tais como *consultores ou pareceristas, exercício da função de procurador do estado de carreira ou procurador geral comissionado*, que podem denotar um acesso privilegiado a informações de natureza técnica e política do árbitro, indesejável ao deslinde da causa.

4.3 Parâmetros estabelecidos pelas regras internacionais

Vale lembrar que a Lei de Arbitragem adota o critério da territorialidade, previsto no seu artigo 34: trata-se de arbitragem doméstica quando a sentença é proferida em território nacional e estrangeira nos demais territórios.

Pois bem, não se nega que normas internacionais produzem influência no direito pátrio, sobretudo quando se busca a inserção do Brasil em um mundo globalizado.

A par disso, como boas práticas da arbitragem internacional, a International Bar Association editou a *IBA Rules of Ethics for International Arbitrators* (1987) e a *IBA Guidelines on Conflict of Interest in International Arbitration* (2004), visando à uniformização e harmonização das arbitragens internacionais.

Conforme afirma Selma Lemes, as regras da IBA não têm caráter obrigatório nem para os árbitros nem para as partes, a não ser por acordo expresso, além de não serem, modo algum, destinadas a criar motivos para anulação de sentenças arbitrais pelas cortes nacionais[436]. Nesse sentido, a

[436] LEMES, Selma, Dos árbitros, cit., p. 257.

autora, citando doutrina estrangeira, demonstra que para a adoção e vinculação das regras da IBA, as partes devem de comum acordo prever cláusula expressa, em que se vinculam às regras éticas da IBA.

Dentre as regras da *IBA* destacam-se os números 1 e 3:[437]

> "1) Regra fundamental: Todo árbitro deve ser imparcial e independente em relação às partes ao aceitar sua nomeação, e assim permanecer durante todo o processo arbitral até que prolatada a sentença final ou de outra forma extinto o processo em caráter definitivo.
>
> [...]
>
> 3) Divulgação pelo árbitro
>
> (a) Se houver fatos ou circunstâncias que, aos olhos das partes, possam suscitar dúvidas quanto à imparcialidade ou independência do árbitro, cumpre ao árbitro divulga-los às partes, à instituição arbitral ou a outra autoridade responsável pela nomeação (se houver, e se assim requerido por força das normas institucionais aplicáveis) e aos coárbitros, se houver, antes de aceitar sua nomeação ou, após tal aceitação, assim que deles tiver conhecimento.
>
> (b) Depreende-se dos Princípios Gerais 1 e 2(a) que, realizada a divulgação, o árbitro se considere imparcial e independente das partes a despeito dos fatos divulgados e, assim, capaz de desincumbir-se de suas atribuições como árbitro. De outra forma, ele teria recusado sua indicação ou nomeação de imediato, ou renunciado.
>
> (c) Eventual dúvida quanto à necessidade de divulgação de determinados fatos ou circunstâncias por um árbitro deve ser dirimida em favor da divulgação.
>
> (d) Ao analisar a existência ou não de fatos ou circunstâncias passíveis de divulgação, o árbitro não deve levar em conta se o processo arbitral está em etapa inicial ou posterior."

Ademais, no que tange ao dever de revelação, o código de ética da IBA segue nos demais itens impondo ao árbitro em expectativa que revele negócios do passado e presente, relações sociais importantes com as

[437] Diretrizes da IBA relativas a Conflitos de Interesses em Arbitragem Internacional. Aprovadas em 22 de maio de 2004 pelo Conselho da International Bar Association (IBA). Disponível em: <www.ibanet.org>.

partes, a natureza desses relacionamentos, a extensão do conhecimento da matéria em disputa, à extensão de qualquer comprometimento que possam afetar os deveres como árbitro. O dever de revelação permanece durante o curso do procedimento e deve se dar por escrito e comunicado as partes.[438]

Além da IBA, outras instituições também possuem seus códigos deontológicos, tal qual a American Arbitration Association (AAA) e a Câmara de Londres.[439]

---

[438] Quanto à aplicação da IBA rules para os litígios envolvendo a Fazenda Pública aponta Marcelo Bonizzi: "Não que essas recomendações não sejam importantes, mas sim porque é preciso levar em consideração que, em relação ao Estado, elas apresentam nuances diferences daquelas inicialmente previstas e exigem, portanto, uma boa dose de bom senso para serem aplicadas. Um bom exemplo disso está na hipótese prevista no art. 4.1 das "Diretrizes da IBA (*International Bar Association*) a Conflitos de Interesses em Arbitragem Internacional", segundo a qual é motivo de impugnação do árbitro a hipótese de o escritório de advocacia desse árbitro ter atuado contra uma das partes. O Estado brasileiro é um dos maiores litigantes do país, ao contrário do que ocorre com uma pessoa jurídica privada ou uma pessoa física, que, evidentemente, não atua em juízo com a mesma intensidade que o próprio Estado. Por conta disso, é fato que praticamente todos os escritórios de advocacia do país possuem alguma ação contra o Estado, de forma que, a seguir a recomendação supramencionada cegamente, praticamente nenhum advogado poderia ser árbitro quando o Estado participasse de uma arbitragem. Assim, parece muito distante a possibilidade de que o árbitro, pelo simples fato de patrocinar essas ações, venha a ser influenciado a julgar contra o Estado, ou seja, não parece haver nenhum motivo concreto que leve à impugnação de um árbitro que já tenha patrocinado, ou que patrocine, ações contra o Estado, mesmo quando o assunto dessas ações estiver próximo do assunto tratado na arbitragem, desde que, não custa ressaltar, não exista um reflexo direto ou indireto do resultado dessas ações no resultado da arbitragem." (BONIZZI, Marcelo José Magalhães, Arbitragem e estado: ensaio sobre o litígio adequado, cit., p. 172-173).

[439] "Por sua vez, a CCI não adotou um código deontológico de conduta dos árbitros, ante a ideia de que normas detalhadas poderiam ser uma fonte de dificuldades. Atentando para a realidade, e considerando a diversidade de sistemas jurídicos existentes, concluiu pela impossibilidade de definir a precisa natureza dos relacionamentos estabelecidos quando um tribunal arbitral for constituído, bem como definir o exato significado dos deveres de independência e imparcialidade que vinculam os árbitros. O grupo de estudos, por sua vez, chegou a algumas proposições em seu relatório final." (LEMES, Selma, Dos árbitros, cit., p. 257). Vale lembrar que Regulamento da CCI prevê o dever de revelação: "11.1 Todo árbitro deverá ser e permanecer imparcial e independente das partes envolvidas na arbi-

O direito brasileiro também tem albergado normas de conduta éticas e regramentos quanto ao exercício da função do árbitro de forma imparcial, calcando-se, sobretudo, no dever de revelação.[440]

Obviamente que a perspectiva de um código de condutas internacionais referente a condutas de árbitros, trazendo melhores práticas em matéria arbitral, com *standards globais* aplicáveis a arbitragens em torno do mundo, traria um grau maior de segurança e seria o ideal, no que tange ao incremento da confiança na arbitragem e nos árbitros. Por outro lado, seria isso possível?

---

tragem. 2 Antes da sua nomeação ou confirmação, a pessoa proposta como árbitro deverá assinar declaração de aceitação, disponibilidade, imparcialidade e independência. A pessoa proposta como árbitro deverá revelar por escrito à Secretaria quaisquer fatos ou circunstâncias cuja natureza possa levar ao questionamento da sua independência aos olhos das partes, assim como quaisquer circunstâncias que possam gerar dúvidas razoáveis em relação à sua imparcialidade. A Secretaria deverá comunicar tal informação às partes por escrito e estabelecer um prazo para apresentarem os seus eventuais comentários. 3 O árbitro deverá revelar, imediatamente e por escrito, à Secretaria e às partes quaisquer fatos ou circunstâncias de natureza semelhante àquelas previstas no artigo 11(2) relativas à sua imparcialidade ou independência que possam surgir durante a arbitragem."

[440] O Centro de Arbitragem e Mediação (CAM/CCBC), além de prever no seu regulamento o dever de revelação (6.3. Ocorrendo qualquer das hipóteses previstas no artigo 6.2, compete ao árbitro declarar, a qualquer momento, seu impedimento ou suspeição e recusar sua nomeação, ou apresentar renúncia ainda quando indicado por ambas as partes, ficando pessoalmente responsável pelos danos que vier a causar pela inobservância desse dever), possui um código de ética, com o Enunciado 4 – *Dever de revelação*: "O árbitro deverá revelar às partes, frente à sua nomeação, interesse ou relacionamento de qualquer natureza (negocial, profissional ou social) que possa ter ou que tenha tido com qualquer uma delas, com seus advogados ou com qualquer pessoa que possa ser considerada como testemunha potencial da arbitragem, e que possa de alguma forma, em razão da sua substancialidade, afetar a sua imparcialidade e ou sua independência ou comprometer sua imagem. Revelar qualquer interesse ou relacionamento que potencialmente possa afetar a sua independência ou criar uma aparência de parcialidade ou tendência. Por parcialidade e tendência entenda-se a situação pessoal do árbitro frente às partes e seus advogados ou, quanto à matéria objeto do litígio possa afetar a isenção do seu julgamento no caso concreto. O dever de revelação é contínuo durante o procedimento arbitral e quaisquer ocorrências ou fatos que possam surgir ou serem descobertos nesse período, devem ser revelados."

Carlos Alberto Carmona demonstra ceticismo quanto ao uso de tal *soft law* produzido sob o crivo da IBA, o *IBA Guidelines on Conflicts of Interest in International Arbitration*, eis que, com o:

> "[...] predomínio anglo-saxão e apoio irrestrito dos países desenvolvidos da Europa Ocidental – tende a deixar alguns dos latino-americanos, que leem com espanto e preocupação alguns dos itens daquela conhecida *soft law*. Para os brasileiros, creio que algumas das recomendações do guia acabem sendo pesadas demais e não parece que nossa comunidade arbitral esteja disposta a impor tantos sacrifícios especialmente ao relacionamento entre advogados e árbitros."[441]

A partir daí, segundo o autor, surgiriam duas possibilidades aos árbitros para se eximirem de eventual acusação de parcialidade: a primeira de revelar absolutamente tudo, em relação às partes e advogados, e então, caso tenha esquecido de algo relevante, sujeitar-se a possível ação anulatória futura; a segunda postura, a de revelar somente o estritamente necessário, no que tange à possibilidade de ligar o árbitro às partes, e também sujeitar-se a ser descoberto.

Conclui o autor que a virtude está no meio, ou seja, como os brasileiros não participaram da elaboração desses *soft laws* e regras da IBA, o seu uso pela comunidade arbitral brasileira é ainda restrito:

> "Os regulamentos e os regramentos internacionais que procuram identificar normas para a manutenção da imparcialidade dos árbitros preocupam-se muito com a relação entre árbitros e advogados: a ligação entre eles pode ser relevante para detectar falta de imparcialidade? Se o padrão a ser adotado é o dos impedimentos e suspeição que afetam o juiz togado, não faz sentido tentar estabelecer vínculos entre árbitro e advogado para afastar o primeiro do processo arbitral. O tema da imparcialidade deve ser medido pela proximidade entre arte e árbitro."[442]

Da mesma forma, doutrinadores americanos também apontam problemas no uso das *guidelines*, que embora sejam inovadoras em buscar novas soluções para antigos problemas, estão sujeitas a críticas.

---

[441] CARMONA, Carlos Alberto, Em torno do árbitro, cit., p. 57.

[442] CARMONA, Carlos Alberto, Em torno do árbitro, cit., p. 59.

Por todos, Leon Trakman, analisando as *Guidelines da IBA – Rules of Ethics,* aponta que o código sobretudo impõe o dever não só aos árbitros, mas também às partes, de descobrir fatos preexistentes sobre a figura do árbitro.

Apesar de tudo, conclui que o uso do código de ética é vantajoso, mas que ainda se trata de algo que está no começo, e acrescenta: "*The IBA* e o Grupo de Trabalhos veem as *guidelines* como um começo, mais do um fim, do processo."[443]

4.4 Responsabilidade do árbitro e manejo da ação anulatória

Embora não seja objeto do presente estudo, por óbvio, dentro da perspectiva da legislação brasileira, a conduta caracterizada pela violação do dever de imparcialidade, bem como a violação do dever de revelação, pode ser caracterizada como conduta lesiva ao direito das partes, a um julgamento justo.

Dessa violação surgem a princípio duas consequências: a primeira, a responsabilização do árbitro quanto ao prejuízo causado por danos. Esses danos podem ter uma extensão muito grande: danos às partes, danos aos demais árbitros, às câmaras arbitrais. Aqui não podemos fugir da ideia de responsabilidade civil[444], caracterizada pelos elementos conduta, resultado e nexo de causalidade. Quanto à conduta, deve-se analisar a culpabilidade: dolo ou culpa.

Paralelamente a isso, surge como segunda consequência, tal qual previsto na Lei de Arbitragem, a outra face da violação do dever

---

[443] No original: "*The IBA and the Working Group view these guidelines as a beginning, rather than na end, of the process.*" (TRAKMAN, Leon. The impartiality and independence of arbitrators reconsidered. *International Arbitration Law Review*, Sweet & Maxwell, v. 10, p. 999, 2007. Nossa tradução).

[444] Como afirma Pedro Batista Martins: "Note-se que a obrigação do árbitro insere-se nas espécies de meio e de resultado, cabendo discernir a natureza dessa responsabilidade. O fim contratado é que deve buscar o compromissado, a todo custo, na obrigação de resultado, enquanto a prudência e diligência compete ao responsável adotar na obrigação de meio, sem sujeição a um resultado específico." (MARTINS, Pedro Antônio Batista, Normas e princípios aplicáveis aos árbitros, in *Aspectos fundamentais da Lei de Arbitragem*, cit., p. 296).

de imparcialidade, no que tange ao manejo da ação anulatória prevista no seu artigo 32.

Pois bem, são inúmeros os exemplos da doutrina internacional quanto à violação dos deveres de imparcialidade.

O exemplo clássico do tema, citado tanto por Pedro Batista Martins quanto por Carlos Alberto de Salles[445], diz respeito ao caso *Commonwealth Coatings Corp. vs. Continental Casualty Co.*, em que a Suprema Corte Americana anulou uma decisão arbitral, pelo simples fato de o árbitro descumprir a *obrigação de revelar*.

No *leading case*, o presidente do painel arbitral não revelou que havia tido relações comerciais prévias com uma das partes. No caso, mesmo sem a alegação da parte perdedora, sem evidências de favorecimento, pelo fato da relação ter sido esporádica, sem provas de que o presidente do painel tenha sido parcial, a Suprema Corte entendeu que o árbitro deve ser livre de aparentes tendências (*bias*) para concluir que o falha no dever de revelação foi fatal na anulação do julgamento.

Para Irineu Strenger:

> "No regime arbitral norte-americano somente uma evidente *partiality* reflete na sentença com efeitos da anulabilidade, sendo pois, impróspera a precária formulação de parcialidade. Por esse motivo, a jurisprudência norte-americana desenvolve o princípio que impõe ao árbitro a obrigação, antes de aceitar sua missão, de *revelar* seja qual for o fato social que possa criar dúvidas quanto à sua imparcialidade. Se ele assim não procede, seu comportamento é classificado de *misbehaviour*, o que possibilita a anulação da sentença."[446]

Demonstrando essa relação entre o dever de revelação e a imunidade dos árbitros, Carlos Alberto Carmona busca na doutrina estrangeira explicação:

> "Julian D. M. Lew, em seu estudo *The immunity of arbitrators* (Londres: Lloyds of London Press, 1990. p. 4) chega à conclusão (depois de apreciar os relatórios nacionais encartados no volume que coordenou) de que apenas nos Estados Unidos a imunidade concedida ao

---

[445] SALLES, Carlos Alberto de, *A arbitragem em contratos administrativos*, cit., p. 277.

[446] STRENGER, Irineu, apud MARTINS, Pedro Antônio Batista, Normas e princípios aplicáveis aos árbitros, in *Aspectos fundamentais da Lei de Arbitragem*, cit., p. 303.

árbitro seria absoluta. Por outro lado, não haveria jurisdição em que os árbitros seriam totalmente responsáveis por qualquer erro que cometessem. Entre estes dois extremos, haveria graus qualificados de responsabilidade do árbitro, técnica amplamente adotada na Alemanha, Áustria e Noruega, onde o árbitro gozaria de ampla imunidade em relação ao exercício de sua função; França, Espanha e Suécia, por outro lado não teriam regras limitadoras de do direito de ação das partes em relação aos árbitros. [...] quanto maior a blindagem do árbitro, maior o grau de independência do julgador."[447]

A jurisprudência francesa também é rica na análise de casos envolvendo a imparcialidade e a responsabilização dos árbitros.[448] Vale lembrar o célebre caso Tapie envolvendo a administração pública e a violação dos deveres de imparcialidade de revelação.[449]

---

[447] CARMONA, Carlos Alberto, Em torno do árbitro, cit., p. 56.

[448] No Brasil, encontra-se trabalho de Sophie Salgueiro (SALGUEIRO, Sophie, A independência e a imparcialidade do árbitro à luz da jurisprudência da Corte de Apelação de Paris confrontada à prática brasileira, cit., p. 373-387), Carlos Fróes (FRÓES, Carlos Henrique de Carvalho, A independência e a imparcialidade do árbitro, in *Prática em arbitragem*, cit.) e Selma Maria Ferreira Lemes (LEMES, Selma Maria Ferreira, Árbitro: princípios da independência e da imparcialidade, cit., p. 53). No direito estrangeiro ver: CFS *v.* EDJUVE, Cour de cassation, 1re civ., 4 juill. 2012 (LE BARS, Benoit. Le colloque et l'indépendance de l'arbitre: vers une définition jurisprudentielle. *Recueil Dalloz*, n. 36, 18 oct. 2012. Disponível em: <http://www.ohada.com/content/newsletters/1727/article-independance-arbitre-Le-Bars.pdf>. Acesso em: 20 dez. 2015).

[449] Bernard Tapie é um ator e proprietário do clube Olympique de Marseille que ao aceitar o cargo de ministro, teve que vender sua participação na Adidas a fim de evitar eventuais conflitos de interesse. Por meio de procuração o Banco Crédit Lyonnais realizou a operação. Tapie ficou inconformado com uma eventual manobra do banco para lucrar sobre a venda com a manipulação do preço. Após processar o banco e o Consortium de Réalisation (CDR), instituição pública que administrava o passivo do Crédit Lyonnais, as partes optam pela via arbitral. Tendo em vista que no direito francês é necessário a autorização legislativa para celebrar arbitragens com o Poder Público, a ministra das Finanças Christine Lagarde autoriza a celebração do compromisso entre Bernard Tapie e o CDR. O tribunal arbitral foi composto por figuras ilustres do direito francês. Tapie obtém a vitória. A decisão transita em julgado pois Christine Lagarde opta por não interpor recurso. No ano de 2011 iniciou-se uma investigação terminou por acusar Tapie de fraude e formação de quadrilha. A suspeita por trás do escândalo seria uma troca

O princípio do modelo americano, e que também se reflete no modelo anglo-saxão, é o de dar *maior valor ao dever de revelação*, para que as partes possam conhecer as condutas pretéritas do árbitro.

Uma vez conhecida e aceita pelas partes, fica inviável o manejo de eventual ação anulatória da sentença arbitral. A ação anulatória é reservada aos casos de evidente parcialidade, *evident partiality*.

Por outro lado, o árbitro que esconde fatos e falha no dever de revelação, *failure to disclose*, segundo o modelo americano e anglo-saxão, dá azo ao manejo da ação anulatória, bem como fica sujeito a *liability of arbitrator*, o que seria a nossa responsabilidade civil por danos causados.[450]

Não entraremos no estudo do princípio da imunidade[451] do árbitro, que aparece em diversas legislações de variadas formas.

---

de favores entre Nicolas Sarkozy, em contrapartida do apoio de Tapie na campanha eleitoral de 2007.

[450] Concluindo nesse mesmo sentido, diz Pedro Batista Martins: "Infere-se, pois, a possibilidade de insucesso de um questionamento quanto à imparcialidade do árbitro no julgamento que não esteja suportado por evidência conclusivas, se a dúvida remanescer, tão só, no campo da *aparente*, e não evidente, parcialidade do julgador. No entanto, o descumprimento do dever de revelar é fato determinador da nulidade da decisão arbitral e da consequência responsabilidade do árbitro, pois a sua violação da regra da transparência caracteriza, *per se*, evidente parcialidade a pôr em dúvida o julgamento arbitral. Citando a jurisprudência americana: caracteriza-se como *evident particiality* o descumprimento, pelo árbitro, do dever de revelar qualquer negócio, ato ou fato que possa configurar a impressão de potencial parcialidade (*Apusento Garden (GUAM) Inc. v. Superior Court of Guam, 94, f.3d. 1.346 (9th Circ. 1996)* Corte de Apelação 5° Circuito)." (MARTINS, Pedro Antônio Batista, Normas e princípios aplicáveis aos árbitros, in *Aspectos fundamentais da Lei de Arbitragem*, cit., p. 303).

[451] A *imunity of arbitrators* apresenta-se das mais variadas formas no direito internacional e é tratada com muita cautela, somente responsabilizando o árbitro nos casos de dolo ou culpa grave, caracterizada pela negligencia na condução dos trabalhos. Como mostra Selma Lemes, "encontramos a legislação alemã que contempla a imunidade do árbitro equiparando-o ao juiz; contudo, responsabiliza o árbitro por desvios, de conduta ou negligência em decorrência de atos ou omissões. Há ainda, legislações decorrentes da tradição do *common law* que expressamente excluem a responsabilidade civil do árbitro, tal como a australiana e bermudense." (LEMES, Selma, Dos árbitros, cit., p. 281).

Porém, no que tange ao direito pátrio, recentemente a questão do dever de revelação e da imparcialidade do árbitro apareceu em nossos tribunais.

No julgado, prevaleceu a ideia de preservação da sentença arbitral, ante a ausência de prova de que o árbitro teria agido de má-fé e causado prejuízo, por não revelar fatos que indicariam a sua parcialidade.

O caso diz respeito a um árbitro que no curso da arbitragem não revelou estar sendo processado em ação penal pela prática de crime contra o sistema financeiro, em que já havia sido proferida sentença absolutória. Porém, havia recurso do Ministério Público pendente.

Durante o curso da arbitragem, a sentença absolutória foi reformada e o árbitro veio a ser condenado, mas, no mesmo acórdão, foi decretada a extinção da punibilidade, pela prescrição da pretensão punitiva.

A parte perdedora na arbitragem, tomando ciência dos fatos, manejou ação anulatória e obteve antecipação de tutela no primeiro grau.

Contra a decisão antecipatória foi interposto agravo de instrumento, cujos fragmentos do acórdão são copiados[452], que reformou a decisão antecipatória, sob o fundamento que embora relevante para a causa, a decisão do tribunal arbitral deve ser mantida, e que somente em casos teratológicos caberia a antecipação de tutela para anular a sentença arbitral:

> "Agravo de Instrumento nº 0025150-66.2012.8.26.0000 - Voto nº 6541 9 - Relator Des. Tasso Duarte de Melo.
>
> A tese sustentada na petição inicial pode ser assim sintetizada: o árbitro Hedley Peter Griggs teria violado o dever de revelação previsto nos artigos 13 e 14 da Lei de Arbitragem e, por isso, não poderia

[452] Conforme relatório do acórdão: "[...] acompanharam a petição inicial pareceres de dois renomados juristas: Carlos Alberto Carmona (fls. 332/356) e Pedro A. Batista Martins (fls. 357/373), que sustentam a procedência da ação anulatória. Por outro lado, o Agravante também apresenta argumentos contundentes em seu recurso, também amparados em pareceres de dois não menos renomados juristas: Luiz Olavo Batista (fls. 618/639) e Selma Maria Ferreira Lemos (fls. 640/668), pela improcedência do pedido inicial. Registro relevante: a divergência jurídica e a relevância da questão econômica é tamanha que todos os autores do anteprojeto da lei de arbitragem emitem pareceres nos autos deste processo que ainda se encontra em fase postulatória."

ser árbitro, configurando a hipótese da inc. II, do art. 32 do mesmo Diploma Legal.

Da prova produzida nos autos, tem-se como inequívoco que referido árbitro, ao aceitar a indicação, não revelou ser réu em ação penal, pela prática de crime contra o sistema financeiro, em que já havia sido proferida sentença absolutória, contra qual foi interposto recurso pelo *parquet*.

No curso da arbitragem, a sentença absolutória foi reformada, sendo que o árbitro veio a ser condenado, mas, no mesmo acórdão (fls. 307/331), foi decretada a extinção da punibilidade, pela prescrição da pretensão punitiva.

As alegações da petição inicial são juridicamente relevantes, mas não suficientemente verossímeis a ponto de justificar a antecipação dos efeitos da tutela deferida inicialmente e *inaudita altera pars*.

Existe dúvida razoável se o árbitro deveria revelar a existência de processo penal, sendo certo que no momento da instauração da arbitragem, tinha a seu favor duas decisões absolutórias: uma no âmbito do procedimento administrativo que antecedeu o processo judicial (fls. 535/546) e outra a referida sentença (fls. 529/534). No mesmo passo, é a razoável a dúvida sobre a existência do dever de revelação em razão da extinção de punibilidade.

Ainda que se superadas as dúvidas acima, absolutamente necessário verificar se o referido acórdão que condenou, mas reconheceu a extinção da punibilidade (fls. 307/331), seria causa suficiente a levar à imparcialidade do árbitro, no painel arbitral em debate.

Por fim, considerando que a arbitragem chegou ao seu termo, deve-se ponderar se a participação do árbitro no painel arbitral se deu de forma parcial, posto que, na espécie, a sentença arbitral foi proferida em forma colegiada e unânime.

Na espécie, a controvérsia é relevante, mas não permite que se suspendam os efeitos da sentença arbitral, o que desprestigiaria o trabalho desenvolvido pelo painel arbitral, indo contra o próprio instituto jurídico da arbitragem, tão importante no atual quadro de desenvolvimento econômico nacional.

Tomando emprestada a lição do ilustre Desembargador e brilhante comercialista Manoel Justino Bezerra de Filho:

'*Somente em casos teratológicos, de evidente nulidade é que se justificaria a concessão de tutela antecipada para sustar os efeitos da sentença arbitral*' e, na espécie, não se afigura qualquer teratologia a qualificar como verossímeis as alegações da Agravada.

Diante do exposto, dá-se provimento ao recurso, para reformar a r. decisão agravada, revogando-se a tutela antecipada."

Vale lembrar que até então a jurisprudência brasileira era no sentido de que a matéria referente à imparcialidade do árbitro era de ordem pública, levando à anulação da sentença arbitral.

Por tal jurisprudência, a violação do dever de revelação por um dos árbitros, sobre o exercício da advocacia para grupo econômico ligado à outra parte, foi considerada "causa objetiva de impedimento".[453]

Pois bem, ante tais posicionamentos, a matéria referente à anulação da sentença arbitral por violação do dever de imparcialidade e do dever de revelação ainda se encontra em aberto no direito brasileiro, carecendo de uma análise mais aprofundada pela doutrina e jurisprudência.

4.5 A legislação estadual e o requisito para ser árbitro

A Lei Mineira de Arbitragem procura também limitar quais seria a capacidade para ser árbitro e seus atributos, no artigo 5º. São requisitos para o exercício da função de árbitro: I - ser brasileiro, maior e capaz; II - deter conhecimento técnico compatível com a natureza do contrato; III - não ter, com as partes nem com o litígio que lhe for submetido, relações que caracterizem os casos de impedimento ou suspeição de Juízes, conforme previsto no Código de Processo Civil; IV - ser membro de câmara arbitral inscrita no Cadastro Geral de Fornecedores de Serviços do Estado.

---

[453] Processo n. 000.04.034129-1, 11ª Vara Cível do Foro Central, juiz Luiz Sergio de Mello Pinto.

O Decreto federal n. 8.465/2015 também padeceu do mesmo mal[454]. Ocorre que ambos trazem diversos problemas técnicos, e mais, demonstram no seu bojo uma má compreensão do fenômeno arbitral.

Do ponto de vista formal, a lei, que somente poderia ser procedimental, acabou por legislar sobre direito processual civil, tema reservado à lei federal, ou seja, violou as hipóteses do artigo 22 da Constituição Federal e, portanto, é inconstitucional. Atribui condições para ser árbitro não previstas na Lei de Arbitragem.

Por sua vez, o Decreto n. 8.465/2015, do ponto de vista técnico, traz em seu âmago tanto o fenômeno da inconstitucionalidade, eis que viola a Carta Maior, quanto ilegalidade, eis que nesse ponto violou a Lei de Arbitragem federal.

Quanto à escolha da câmara, conforme visto, a Administração Pública deve fazê-lo de forma que melhor atenda ao interesse público motivado, objeto do contrato administrativo. Essa escolha deve levar em conta também o regulamento que melhor atenda ao interesse público.

Conforme aponta, Carlos Alberto de Salles quanto à contratação de instituições arbitrais:

> "A escolha de uma instituição arbitral em determinado contrato administrativo e respectivo edital, de igual forma, não impõe maiores dificuldades. Não se verifica, também a esse propósito, necessidade de procedimento licitatório. Na verdade, na simples e prévia indi-

---

[454] Em relação aos árbitros, tal qual a Lei Mineira de Arbitragem, o Decreto n. 8.465/2015 trouxe requisitos não previstos na Lei de Arbitragem. Ocorre que a matéria, além de ser processual, ou seja, vedado o tratamento por meio de decreto, aparentemente está melhor tratada na Lei de Arbitragem. Prevê o decreto no artigo 5º que são requisitos para o exercício da função de árbitro: "I - estar no gozo de plena capacidade civil; II - deter conhecimento técnico compatível com a natureza do litígio; e III - não ter, com as partes ou com o litígio que lhe for submetido, relações que caracterizem os casos de impedimento ou suspeição de juízes", conforme previsto no CPC. O parágrafo único traz uma estranha hipótese, eis que a função de árbitro é tratada na Lei de Arbitragem, que não traz qualquer restrição ao estrangeiro exercer tal atividade no Brasil. Eventualmente, a legislação trabalhista ou securitária poderia prever alguma regra, porém, vale lembrar que o árbitro não mantém com as partes vínculo laboral: "Parágrafo único. Na hipótese de árbitro estrangeiro, este deverá possuir visto que autorize o exercício da atividade no Brasil."

cação de uma entidade arbitral no contrato sequer se cogita de um vínculo obrigacional com a entidade. Por outro lado, o momento de escolha da entidade antecede à eclosão de uma solução conflitiva e consequente necessidade da arbitragem. Na ausência de uma regulamentação administrativa a respeito, parece prudente que a autoridade administrativa faça um prévio credenciamento das entidades disponíveis, preferindo aquelas que atuem sem finalidade lucrativa."[455]

Por conta disso, ganha relevo o dever de motivação do ato administrativo de escolha, em sede de dispensa de licitação, livrando o administrador de eventuais questionamentos pelas cortes de contas quanto aos motivos e caminhos seguidos pelo ato administrativo que redundaram na escolha final.

4.5.1 Da arbitragem institucional e suas vantagens

A instituição da arbitragem se dá por meio da convenção arbitral, em suas formas de cláusula e compromisso. Seu início, segundo a lei brasileira, ocorre quando da aceitação por parte do árbitro, ou de todos eles, se for o caso, desse tipo de provisão na convenção.

Vale lembrar que esse é o modelo legal previsto na Lei. n. 9307/96. A prática arbitral, no entanto, traz a formalidade do *terms os reference*, ato pelo qual o árbitro aceita o mister.

Embora o direito brasileiro não proíba cláusula compromissória vazia, sua existência mostra-se patológica na doutrina. Tais cláusulas são aquelas que não preveem a forma de escolha de árbitro, câmara e regulamento a serem aplicados.

De outro lado, a escolha prévia de câmaras arbitrais mostra-se salutar, do ponto de vista de que o regulamento interno da câmara passa a ser a norma de regência do procedimento arbitral. O conhecimento prévio das "*regras do jogo*" permite a ambas as partes previamente se prepararem para a disputa, evitando assim surpresas ao longo do processo.

Nesse sentido, quando da elaboração do contrato, o ideal é a escolha de uma câmara, ou mesmo de uma câmara sobressalente, no caso de

---

455 SALLES, Carlos Alberto de, *A arbitragem em contratos administrativos*, cit., p. 280.

contratos de longa duração, em que o regulamento atenda aos interesses do contratante, no caso, a Fazenda Pública.[456]

Pode-se concluir, sobretudo quando a Fazenda Pública atua em arbitragens, na possibilidade da escolha da instituição pela qualidade da parte, buscando-se instituições especializadas. Deve-se ainda atentar para a qualidade do litígio[457] e o regulamento adequado.

---

[456] O Decreto n. 8.465/2015 prevê a utilização de dois tipos de arbitragem: institucional ou *ad hoc*. Com efeito, o artigo 4º prescreve que a arbitragem poderá ser institucional ou *ad hoc*: "1º Será dada preferência à arbitragem institucional, devendo ser justificada a opção pela arbitragem *ad hoc*". A previsão preferencial do uso de arbitragem institucional é boa medida, eis que se trata de orientação ao administrador das vantagens do uso desse tipo modelo. O parágrafo 2º traz requisitos para a escolha de instituição arbitral: "§ 2º A instituição arbitral escolhida para compor o litígio deverá atender aos seguintes requisitos: I - ter sede no Brasil". Embora tenha previsto a sede da instituição no Brasil, trata-se de previsão incipiente, pois a sede do organismo arbitral pode estar situada em qualquer lugar do mundo, desenvolvendo-se de modo virtual. É o caso de uma instituição, *v.g.* que tenha sede física na França, e não possua qualquer sede no Brasil. Mais importante que a sede da instituição no Brasil é a existência da sede da arbitragem no Brasil, tanto para medidas antiarbitragem, como para medidas executivas. "II - estar regularmente constituída há pelo menos três anos". Tal qual a Lei Mineira de Arbitragem, o Decreto também tenta, por meio da normatização trazer um suposto requisito de longevidade temporal afim de supor uma inidoneidade e capacidade técnica da câmara. "III - estar em regular funcionamento como instituição arbitral; e IV - ter reconhecidas idoneidade, competência e experiência na administração de procedimentos arbitrais". Tais requisitos amplos trazem uma melhor diretriz ao administrador ao fazer a escolha de câmaras arbitrais. A norma, por mais genérica que seja, impõe uma motivação do ato administrativo, e assim guia a atividade pública. Na fase interna, ao optar por determinada câmara, em conjunto com a parte *ex adversus*, cabe à autoridade administrativa demonstrar a regularidade da câmara, bem como inidoneidade, competência, experiência, atendendo assim o requisito da "adequação da câmara".

[457] Prevê ainda o Decreto n. 8.465/2015 a imposição de arbitragem com múltiplos árbitros em demandas superiores a 20 milhões, requisito que não está previsto na Lei de Arbitragem. Conforme o artigo 2º, inciso V, em caso de questões cujo valor econômico seja superior a R$ 20.000.000,00 (vinte milhões de reais), o litígio deverá ser dirimido por colegiado de no mínimo três árbitros. Por sua vez, o parágrafo1º dispõe que para os fins do disposto no inciso V do *caput*, será considerado como valor econômico da questão a quantia que a Administração

Conceitualmente, as vantagens em tese da arbitragem *ad hoc* dizem respeito à possibilidade das partes "autoadministrarem" a arbitragem e, dessa forma, reduzirem os custos com câmaras e secretarias, guarda de documentos e audiências, eis que nessa autoadministração, em tese não haveria grandes expensas. Ocorre que a prática vem demonstrando que a economia em custas da câmara acaba por refletir em um aumento de gastos com honorários dos árbitros, que por vezes acabam por cumular funções administrativas, por vezes gerando uma delonga no procedimento nesse cúmulo: é o barato que sai caro. Fora disso, conflitos procedimentais que poderiam ser resolvidos por meio da "jurisprudência" da câmara arbitral reconhecida no mercado podem vir a interferir na solução e no tempo de procedimento *ad hoc.*

Embora a doutrina brasileira pondere vantagens e desvantagens na comparação entre a arbitragem *ad hoc* e a arbitragem institucional, conclui-se que é praticamente unânime apontar-se a vantagem da arbitragem institucional. Embora seja inegável que os custos são maiores, a segurança jurídica e a agilidade do procedimento, frente ao valor do litígio, compensam os gastos. Além disso, a terceirização da administração do conflito poupa as partes desse desgaste, associando-se ainda o fato de que questões de possível litígio quanto ao procedimento[458] podem ser superadas pela própria secretaria da câmara.

Pública entender devida. O decreto ainda impõe especial formação de árbitros em direito, sendo que, conforme a prescrição da Lei de Arbitragem no artigo 13, não se exige, eis que pode ser árbitro qualquer pessoa capaz e que tenha a confiança das partes. O decreto tenta ainda prevê que os árbitros devem ser escolhidos de comum acordo entre as partes, sem prejuízo da possibilidade de indicação de uma instituição arbitral, observadas as condições estabelecidas nos artigos 4º e 5º. Tenta-se, portanto dar um ar negocial, porém os referidos artigos criam qualificações especiais para as câmaras, preferindo salutarmente a arbitragem institucional, mas cria condições para ser árbitro não previstas na Lei de Arbitragem, tornando-se portanto ilegal nesse ponto. Vejamos que o parágrafo 2º traz mais uma condição de funcionamento do colegiado: "No caso de litígios que devam ser necessariamente decididos por colegiado de árbitros, na forma do inciso V do *caput*, pelo menos um dos árbitros será bacharel em Direito, sem prejuízo da obrigatoriedade de cumprimento dos requisitos do art. 5º."

[458] CARMONA, Carlos Alberto, *Arbitragem e processo*: um comentário à Lei nº 9.307/96, 2. ed., 2007, cit., p. 118-130.

5. A Fazenda Pública no Procedimento Arbitral

O procedimento arbitral deve assumir características aptas a garantir a observância de algumas premissas próprias do direito público. Para tanto, é importante estarem essas peculiaridades definidas previamente, na formação do contrato administrativo.

5.1 Flexibilidade do procedimento arbitral em razão da qualidade da parte

Não se nega que uma especial qualidade da parte pode, assim como no processo judicial, influenciar o julgador ou julgadores na elaboração do procedimento. Com maior razão, essa flexibilização procedimental aparece na arbitragem, ou as partes, por livre negociabilidade, estabelecem procedimentos e deferem a terceiros ou ao regulamento de instituições a condução desses procedimentos.

Pois bem, a questão passa a ser se caberia aos árbitros na condução do processo arbitral a possibilidade de flexibilizar o procedimento, levando em conta uma especial qualidade da parte.

Aqui, embora o trabalho se filie à ideia da impossibilidade de a Fazenda Pública valer-se de qualquer privilégio processual, eis que violador da igualdade das partes no processo, se se poderia conferir a ela, ou à parte *ex adversus*, algum discrímem procedimental.

Não se nega essa possibilidade, aplicável, entretanto, a qualquer das partes. Imaginemos um caso em que a Fazenda, ante o seu gigantismo, necessite da produção de prova documental, sendo que o documento essencial se encontra em algum porão de uma repartição pública. A localização desse documento pode não ser tão rápida como o prazo previsto em um regulamento de câmara arbitral. Não haveria porque o painel não deferir prazo diferenciado para sua juntada. Da mesma forma, a uma grande empresa cujo documento estivesse em outro país. Ou ainda, em uma disputa entre uma empresa de grande porte e uma de pequeno porte.

Note-se a possibilidade de flexibilização não diz respeito ao fato de o litigante ser a Fazenda, mas sim decorre do princípio de tratamento igualitário das partes, que permite por si só a adaptação do procedimento arbitral, na medida de conferir uma igualdade substancial de oportunidades no processo.[459]

Baseado, portanto, no princípio da igualdade substancial, se extrai que no processo arbitral, o procedimento pode ser moldado, inclusive favoravelmente à Fazenda Pública, de maneira a conduzir as partes a uma situação de paridade de armas.

5.2 As provas e o *discovery* em relação à Fazenda

Importante ponto diz respeito ao uso do *discovery* por parte da Fazenda Pública no procedimento arbitral. Novamente, o que se discute é a possibilidade de negociabilidade da forma de produção de provas, não prevista no CPC.

Embora não haja uma previsão no CPC, a Lei de Arbitragem afirma que o árbitro ou o tribunal arbitral podem tomar o depoimento das partes, ouvir testemunhas e determinar a realização de perícias ou outras provas que julgar necessárias, mediante requerimento das partes, ou de ofício.

---

[459] Segundo Marcos Montoro: "Pode perfeitamente ocorrer de ser realizada uma arbitragem entre partes com profundas desigualdades materiais, econômicas, culturais etc. Um exemplo simples é a arbitragem decorrente de contrato de adesão, entre uma pessoa física e uma grande empresa multinacional, cuja possibilidade deve respeitar o previsto no art. 4º, § 2º, da Lei de Arbitragem. Mesmo se o aderente, pessoa física, tomar a iniciativa e ingressar com a arbitragem contra a multinacional, existe razoável possibilidade das partes não estarem em igualdade de condições. E essa desigualdade material não pode ser levada em conta dentro da arbitragem? Em tais situações deve ser colocada uma venda nos olhos? Quando as regras procedimentais que vão reger tal arbitragem forem criadas ou adaptadas, essa situação de desigualdade material deve ser totalmente ignorada? Existindo desigualdades materiais entre as partes, isso deve ser necessariamente levado em consideração quando forem criadas ou adaptadas as regras procedimentais. E essa é uma obrigação tanto das partes, quando do árbitro, do órgão institucional arbitral (que eventualmente administra a arbitragem), e do juiz estatal (dentro da ação do art. 7º da Lei de Arbitragem). Isso não significa que a única forma possível para compensar as desigualdades seria através da estipulação de direitos, e/ou obrigações, e/ou ônus diferenciados entre as partes. Existem situações em que as diferenças entre as partes podem ser compensadas usando-se um pouco de criatividade e, sobretudo, bom senso – que, em termos jurídicos, são a razoabilidade e a proporcionalidade." (MONTORO, Marcos André Franco, *A flexibilidade do procedimento arbitral*, cit., p. 171).

Nesse sentido, em muito se aproxima dos chamados "poderes instrutórios do juiz"[460], mas, por outro lado, não trata das provas em espécie, deixando para os árbitros, instituições arbitrais e partes a consensualidade quanto aos destinos do procedimento arbitral.

Dessa forma, tal qual as regras de procedimento, não haveria qualquer diferença quanto à possibilidade de a Fazenda convencionar quanto às provas a serem produzidas e a forma, não devendo se ater obrigatoriamente às mesmas regras das provas previstas no CPC. Além disso, vale lembrar a ausência de qualquer modelo de prova mandatório na Lei de Arbitragem. Dessa forma, não haveria qualquer problema de as partes convencionarem quanto ao procedimento e provas a serem produzidas, aderindo assim a algum regulamento.[461-462]

É nesse cenário que surge o *discovery* como uma forma de produção de prova documental, pelo qual uma das partes solicita à outra a exibição de documentos que tenha em posse. Comumente, no que tange à sua aplicação, ante os mais diferentes modelos de *discovery*

---

[460] Para Carlos Alberto Carmona: "Pode o árbitro requisitar documentos públicos, como faria o juiz, bem como solicitar informações aos órgãos estatais; pode determinar exames e vistorias (se necessário com o concurso do Poder Judiciário); pode determinar a oitiva de testemunhas não arroladas pelas partes; pode exigir que as partes apresentem documentos, entre tantas outras possibilidades." (CARMONA, Carlos Alberto, *Arbitragem e processo*: um comentário à Lei nº 9.307/96, 2. ed., 2007, cit., p. 259).

[461] Reforçando o princípio da consensualidade na confecção do procedimento arbitral, temos como exemplo o artigo 24 do regulamento da CCI, que trata da conferência sobre a condução do procedimento e cronograma do procedimento: "1 Durante ou logo após a elaboração da Ata de Missão, o tribunal arbitral deverá convocar uma conferência sobre a condução do procedimento para consultar as partes sobre medidas procedimentais que poderão ser adotadas nos termos do artigo 22(2). Tais medidas poderão incluir uma ou mais técnicas para a condução do procedimento descritas no Apêndice IV."

[462] O artigo 25 do regulamento da CCI trata da instrução da causa. No item 1 prevê: "O tribunal arbitral deverá proceder à instrução da causa com a maior brevidade possível, recorrendo a todos os meios apropriados". No item 5: "A qualquer momento no decorrer do procedimento, o tribunal arbitral poderá determinar a qualquer das partes que forneça provas adicionais"; e, por fim, no item 6: "O tribunal arbitral poderá decidir o litígio apenas com base nos documentos fornecidos pelas partes, salvo quando uma delas solicitar a realização de audiência."

existentes nas mais diversas legislações internacionais, remete-se à previsão do modelo da IBA.

A previsão do uso das regras da IBA[463] para fins de prova é praxe nas arbitragens e, como demonstrado, acaba por servir como regramento internacional, ainda que *soft law*, e procura aproximar os sistemas probatórios da *common law* e *civil law*[464]. Como demonstrado, não haveria

---

[463] O *discovery* está previsto no artigo 3º da *IBA Rules on the Taking of Evidence in Int Arbitration*: "*Article 3 Documents 1. Within the time ordered by the Arbitral Tribunal, each Party shall submit to the Arbitral Tribunal and to the other Parties all Documents available to it on which it relies, including public Documents and those in the public domain, except for any Documents that have already been submitted by another Party. 2. Within the time ordered by the Arbitral Tribunal, any Party may submit to the Arbitral Tribunal and to the other Parties a Request to Produce. 3. A Request to Produce shall contain: (a) (i) a description of each requested Document sufficient to identify it, or (ii) a description in sufficient detail (including subject matter) of a narrow and specific requested category of Documents that are reasonably believed to exist; in the case of Documents maintained in electronic form, the requesting Party may, or the Arbitral Tribunal may order that it shall be required to, identify specific files, search terms, individuals or other means of searching for such Documents in an efficient and economical manner; (b) a statement as to how the Documents requested are relevant to the case and material to its outcome; and (c) (i) a statement that the Documents requested are not in the possession, custody or control of the requesting Party or a statement of the reasons why it would be unreasonably burdensome for the requesting Party to produce such Documents, and (ii) a statement of the reasons why the requesting Party assumes the Documents requested are in the possession, custody or control of another Party.*"

[464] Sobre as regras as IBA, aponta Manuel Pereira Barrocas: "As Regras de Prova da IBA (International Bar Association) constituem, hoje, um dos mais importantes conjuntos de regras de natureza convencional de regulação da prova. As partes podem, quer se trate de arbitragem internacional, quer doméstica, escolher as Regras da IBA para disciplinar a produção de prova no processo arbitral. Sinteticamente, elas fazem a ponte entre o sistema inquisitoriante (continental europeu) e o adversariante (anglo-saxónico), com maior aproximação ao primeiro. É conveniente efectuar a escolha na convenção de arbitragem das Regras de Prova da IBA; elas representam um porto seguro, se a isso não se opuser o regime de algum regulamento institucional que também tiver sido escolhido, o que, deve dizer-se, normalmente não sucede." (BARROCAS, Manuel Pereira. A prova no processo arbitral. Disponível em: <http://www.josemigueljudice-arbitration.com/xms/files/02_TEXTOS_ARBITRAGEM/01_Doutrina_ScolarsTexts/evidence/A_Prova_no_Processo_Arbitral_._Barrocasx.pdf>. Acesso em: 20 dez. 2015).

problema de a Fazenda Pública convencionar seu uso nas arbitragens de que tomar parte.[465]

Expondo as diferenças entre o sistema da *civil law* e da *common law*, expõe José Maria Rossani Garcez:

> "Na França e na Alemanha, assim como no Brasil, a produção de provas fica sob o controle exclusivo do juiz (ou do árbitro) e geralmente é pouco comum que a parte requeira ao condutor do julgamento que ordene à outra parte que apresente um documento ou evidência, a não ser que descreva concretamente ao julgador o documento que deseja seja exibido e que se encontra na posse da outra parte e demonstre, a critério do julgador, a evidência que o documento é relevante para a solução da controvérsia. De outro lado, a produção ou exibição de um documento dessa forma não é imposta coercitivamente pelo julgador, mas só indiretamente. E quando é produzida prova oral, as testemunhas são consideradas as testemunhas da Corte ou dos árbitros não testemunhas de uma parte em particular. A mais importante fonte individual de conflitos e má interpretação entre os sistemas judiciais, reconhecidamente, é a prática norte americana do levantamento de evidências preliminares ao julgamento das questões, a *pre-trial Discovery*. Um sistema utilizado, genericamente, por todos os países da *common law*, a que não estão habituados os *practitioners* dos países da *civil law*. O que diferencia esse sistema dos demais é o escopo amplo de coleta de evidências que ele permite."[466]

---

[465] Demonstrando a existência de pelo menos três modelos de *disclosure* m um americano, um europeu e um brasileiro e sua tendência de harmonização está a posição de Clávio de Melo Valença Filho. (VALENCA FILHO, Clavio de Melo. As regras de *disclosure* como instrumento de competição e fomento no mercado primário internacionalizado. *Revista de Direito Bancário, do Mercado de Capitais e da Arbitragem*, v. 3, n. 10, p. 231-241, out./dez. 2000).

[466] GARCEZ, José Maria Rossani. *Aspectos da produção de provas na arbitragem internacional*: sistemas da *common law* ou da *civil law*. Disponível em: <http://www.migalhas.com.br/dePeso/16,MI97584,11049-Aspectos+da+producao+-de+provas+na+arbitragem+internacional+sistemas>. Acesso em: 20 nov. 2015.

Da mesma forma os autores do novo regulamento da IBA para regras probatórias, o IBA Working Party[467], demonstram justamente essa aproximação entre os sistemas.[468]

Na elaboração dos princípios a serem adotados no *IBA Rules of Evidence*, o referido grupo reconhece que a adoção pura e simples do modelo anglo-saxão de *discovery* seria inadequado no âmbito das arbitragens internacionais[469], mas ao mesmo tempo algum grau de *discovery* seria apropriado.[470]

Concluiu o referido grupo por um sistema misto, permitindo portando que o pedido de exibição dos documentos em posse da outra parte deve ser dirigido para o tribunal arbitral, não diretamente à outra parte, conforme

---

467 "*The new IBA rules on the Taking of Evidence in International Commercial Arbitration were drafted by a Working Party appointed by the Committee on Arbitration and ADR of the International Bar Association (Committee D).*"

468 "*The IBA Rules of Evidence begin with the principle that each party shall introduce those documents available to it and on which it wants to rely as evidence. This provision reflects the principle, generally accepted in both civil law and common law countries, that parties have a burden to come forward with the evidence that supports their case.*"

469 "*Expansive American – or English – style discovery is generally inappropriate in international arbitration. 4 Rather, requests for documents to be produced should be carefully tailored to issues that are relevant to the determination of the merits of the case.*"

470 "*At the same time, however, the Working Party believed that there is a general consensus, even among practitioners from civil law countries, that some level of document discovery is appropriate in international arbitration. According to the procedural rules of the leading institutions in the field, arbitral tribunals are to establish the facts of the case 'by all appropriate means'. 5 This includes the competence of the arbitral tribunal to order one party to introduce certain internal documents into the arbitral proceedings upon request of the other party. 6 Even in some civil law countries, a State court is entitled to order the production of internal documents, either upon request of one party or because it sees the need for these documents itself. 7 From a German point of view, for example, this follows from the secondary onus of presentation and proof (sekundäre Darlegungs- und Beweislast). 8 It may be the case that one party, which would normally carry the onus of presentation and proof, did not participate in the relevant events that it must present and therefore does not have concrete, first-hand knowledge of the decisive facts. If the other party has such first- hand knowledge, it is reasonable to require the other party to introduce those documents available to it, which de facto places the onus of presentation and proof on that party.*"

o artigo 3.2. Dessa forma, somente o tribunal arbitral teria competência para tomar uma decisão sobre o pedido, se a parte solicitada se recusasse a produzir voluntariamente os documentos solicitados. Caberia portanto ao tribunal arbitral ordenar a produção, se estiver convencido de que os documentos solicitados são relevantes e materiais para a resultado do processo arbitral.

Por tudo isso, embora se possa apontar vantagens[471] e desvantagens[472] no uso da *discovery*, não haveria um impedimento para que a Fazenda Pública aceitasse sua utilização.

---

[471] Segundo Garcez: "A máxima fundamental da *Discovery* é que 'o conhecimento mútuo de todos os fatos relevantes coligidos pelas partes é essencial e adequado à solução do litígio' e nisto a idéia por detrás da *Discovery* é proporcionar a ambas as partes uma oportunidade igual para conduzir sua própria investigação do caso e dar acesso a cada parte a evidências na posse ou sob controle da outra parte." (GARCEZ, José Maria Rossani. *Aspectos da produção de provas na arbitragem internacional*: sistemas da *common law* ou da *civil law*. Disponível em: <http://www.migalhas.com.br/dePeso/16,MI97584,11049-Aspectos+da+producao+-de+provas+na+arbitragem+internacional+sistemas>. Acesso em: 20 nov. 2015).

[472] Segundo Garcez: "Na prática, dizem os referidos críticos e especialistas, a 'batalha' da *Discovery* parece encorajar táticas do jogo de pôquer, assim como preservar para um último momento, por exemplo, a inspeção de bens perecíveis, ou, num exemplo macabro que dão, o testemunho, de uma vítima que está morrendo." (GARCEZ, José Maria Rossani, *Aspectos da produção de provas na arbitragem internacional*: sistemas da *common law* ou da *civil law*, cit.).

5.3 Duplo grau "jurisdição" arbitral e o recurso ex officio

O instituto do reexame necessário não é uma novidade[473] trazida pelo CPC de 1973, sendo certo que já era previsto no CPC de 1939[474], com o título de "recurso *ex officio*", e foi transmitido de uma codificação para a outra[475], sofrendo alteração posterior por meio da Lei n. 10.352/2001 e repassado para o CPC de 2015 no artigo 507.

Nelson Nery Junior, ao se reportar ao assunto em comento, assim preleciona:

> "A justificação histórica para o aparecimento da remessa obrigatória se encontra nos amplos poderes que tinha o magistrado no direito intermédio, quando da vigência do processo inquisitório. O direito

[473] Aponta Leonardo Cunha Carneiro: "O estudo histórico do reexame necessário – originariamente denominado recurso de ofício – denota seu surgimento no Direito Medieval, ostentando matizes mais fortes e acentuados em Portugal, mais especificamente no processo penal, como uma proteção ao réu, condenado à pena de morte. Nas Ordenações Afonsinas, o recurso de ofício era interposto, pelo próprio juiz, contra as sentenças que julgavam crimes de natureza pública ou cuja apuração se iniciasse por devassa, tendo como finalidade "corrigir o rigor do princípio dominante e os exageros introduzidos no processo inquisitório'. O chamado recurso de ofício manteve-se nas Ordenações Manuelinas, estendendo-se às decisões interlocutórias mistas. Naquela época, caso o juiz não interpusesse, contra sua própria sentença, o recurso de ofício, estaria sujeito a graves sanções, podendo, inclusive, perder o cargo. Com a superveniência das Ordenações Filipinas, surgiram várias exceções aos casos em que o juiz deveria apelar da própria sentença, independentemente de ser oficial ou particular a acusação." (CUNHA, Leonardo José Carneiro da, *A Fazenda P*ública em juízo, cit., p. 188).

[474] "Art. 822 - A apelação necessária ou *ex officio* será interposta pelo juiz mediante simples declaração na própria sentença. Parágrafo único. Haverá apelação necessária: I - Das sentenças que declararam a nulidade de casamento. II - Das que homologam o desquite amigável. III - Das proferidas contra a União, O Estado ou o Município."

[475] Há outras leis que impõem o duplo grau obrigatório: Lei n. 2.664/55, Lei n. 1.533/51 (antiga Lei do Mandado de Segurança); Lei n. 4.717/65 (Lei da Ação Popular); Lei n. 6.071/74; Decreto-Lei n. 3.365/41 (Lei das Desapropriações); Lei n. 8.437/92 (Liminares contra a Fazenda) etc.

lusitano criou, então, a 'apelação *ex ofício*', para atuar como sistema de freios àqueles poderes quase onipotentes do juiz inquisitorial."[476]

Aponta Cândido Rangel Dinamarco que no caso da remessa necessária, as sentenças a ela sujeitas "serão necessariamente remetida ao tribunal competente para recurso [...] não passando em julgado sem essa providência".[477]

Pois bem, quanto à natureza jurídica do instituto, como já apontado na introdução, a posição majoritária é de que não se trata de um recurso, posição essa defendida por autores como Cândido Rangel Dinamarco e Nelson Nery Junior, para quem:

> "Trata-se de condição de eficácia da sentença, que, embora existente e válida, somente produzirá efeitos depois de confirmada pelo tribunal. Não é recurso por lhe faltar: tipicidade, voluntariedade, tempestividade, dialeticidade, legitimidade, interesse em recorrer e preparo, características próprias dos recursos. Enquanto não reexaminada a sentença pelo tribunal, não haverá trânsito em julgado, e, consequentemente, será ela ineficaz."[478]

Talvez, uma forma de se encarar o fenômeno do reexame necessário diga respeito à imposição *ex lege* de um duplo grau de jurisdição obrigatório.

Deve-se ter em mente que a princípio o duplo grau de jurisdição traz o conteúdo da existência de uma possibilidade de recorrer de uma decisão judicial, interlocutória ou final, o que estaria contido no próprio direito de ação (como garantia fundamental ao acesso à justiça), e assim constitui-se em um direito fundamental do chamado "devido processo legal".

Porém, ao se observar reformas do CPC, tudo indica que, embora tal princípio tenha assento constitucional, não tem ele natureza de garantia constitucional. Trata-se de princípio, e não garantia, o que significa em tese que não haveria violação **à** Constituição na admissão de regras infraconstitucionais que impeçam a interposição de recursos.

---

[476] NERY JUNIOR, Nelson. *Princípios fundamentais*: teoria geral dos recursos. 2. ed. rev. e ampl. São Paulo: Revista dos Tribunais, 1993. p. 262.

[477] DINAMARCO, Candido Rangel. *Fundamentos do processo civil moderno*. 3. ed. rev. e atual. de Antônio Rulli Neto. São Paulo: Malheiros, 2000. v. 1, p. 212.

[478] NERY JUNIOR, Nelson; NERY, Rosa Maria de Andrade, *Código de Processo Civil comentado e legislação extravagante em vigor*, cit., p. 928.

No caso da Fazenda Pública, aparentemente o legislador infraconstitucional entendeu por bem impor *ex lege* o duplo grau de jurisdição, devolvendo toda a matéria ao tribunal. Aqui, vale lembrar que valores como direito público, bens públicos, erário, ineficiência da defesa do Estado são erigidos num plano superior, impondo assim uma revisão das decisões que envolvam tal matéria. Assim, conforme exposto, não haveria qualquer problema ou violação da Constituição na supressão do duplo grau obrigatório.

Nesse caso, conforme bem preleciona Marcelo Bonizzi[479], afirma-se que nessa devolução da matéria, o "efeito translativo" é pleno, possibilitando ao tribunal "modificar a sentença no que entender correto"[480], muito embora a possibilidade de *reformatio in pejus* não seja admitida, quando a parte contrária à Fazenda Pública não apelar.

Assim, a devolutividade da matéria, no que tange ao reexame necessário, é ampla, podendo o tribunal, tal qual na apelação total, analisar toda a matéria envolvida.

Nesse sentido, a jurisprudência dominante do STJ mostra-se alinhada com a ideia da devolutividade ampla, inclusive no que tange ao grau de profundidade e análise de capítulos dependentes.

Em 16 de maio de 2006, o STJ editou a Súmula n. 325, com o seguinte verbete:

> "Remessa Oficial para Reexame ao Tribunal – Parcelas da Condenação Suportadas pela Fazenda Pública – Devolução
>
> A remessa oficial devolve ao Tribunal o reexame de todas as parcelas da condenação suportadas pela Fazenda Pública, inclusive dos honorários de advogado."

Assim, quando da remessa necessária, os capítulos em que Fazenda restou vencida devem ser isolados e, a partir daí, a matéria é totalmente devolvida ao tribunal, que terá plena possibilidade de analisar a questão, inclusive em sua profundidade.

---

[479] BONIZZI, Marcelo José Magalhães. *Capítulos de sentença e efeitos dos recursos*. São Paulo: RCS Editora, 2006, p. 187.

[480] NERY JUNIOR, Nelson. *Teoria geral dos recursos*. 6. ed., atual., ampl. e reform. da 5. ed. do livro Princípios fundamentais: teoria geral dos recursos. São Paulo: Revista dos Tribunais, 2004. p. 163 e 419.

Vale lembrar ainda que vigora a Súmula n. 45 do STJ, qual seja: "No reexame necessário, é defeso, ao Tribunal, agravar a condenação imposta à Fazenda Pública."

Dessa forma, ainda que a Fazenda Pública não venha a apelar, e consequentemente aceite tacitamente os efeitos da sentença, demonstrando não possuir qualquer irresignação quanto aos seus capítulos, e:

> "[...] mesmo que não existam capítulos dependentes daqueles que foram impugnados, mesmo assim o tribunal poderá conhecer e julgar todos os capítulos de sentença. Trata-se mesmo de uma exceção à regra de que apelação devolve ao tribunal apenas a matéria impugnada, e a teoria dos capítulos de sentença não possui grande utilidade, já que o tribunal deverá analisar novamente todos os capítulos."[481]

Embora tal opinião quanto à irrelevância da teoria dos capítulos da sentença leve em consideração que a remessa necessária tem uma devolução total da matéria, aparentemente ela ganha relevo, sobretudo em temas como o da possibilidade da *reformatio in pejus* e do prequestionamento da matéria para os tribunais superiores.

Vale lembrar que o princípio do duplo grau de jurisdição, que seria aplicável quando há órgãos jurisdicionais distintos, não cabe na arbitragem[482]. Da mesma forma, na arbitragem, conforme já referido, não há qualquer possibilidade de uso do reexame necessário.[483]

---

[481] BONIZZI, Marcelo José Magalhães, *Capítulos de sentença e efeitos dos recursos*, cit., p. 168.

[482] No mesmo sentido: DINAMARCO, Cândido Rangel. *Nova era do processo civil*. São Paulo: Malheiros, 2003. p. 30.

[483] Embora tratando do duplo grau de jurisdição, vale a posição do Montoro: "Ora, o exercício do poder jurisdicional pelo árbitro tem origem diferente do poder jurisdicional do magistrado estatal. O árbitro recebe seu poder jurisdicional das partes, sendo tal poder apoiado pela lei estatal que disciplina a arbitragem; já o juiz estatal recebe seus poderes do estado, não tendo sido escolhido pelas partes em cada caso concreto. Ou seja, o controle político propiciado pelos recursos – contra os atos dos juízes, que são agentes estatais – não se aplica na arbitragem, já que os árbitros não são funcionários do estado e não exercem poder delegado do estado, sendo seu poder decorrente da vontade das partes. O explicado motivo político que informa a existência dos recursos (e do princípio do duplo grau de jurisdição) fica assim completamente sem sentido na arbitragem. Um último ponto demonstra a não aplicação

Um dos primeiros elementos que reforçam essa ideia de inexistência do duplo grau de jurisdição está no artigo 18 da Lei de Arbitragem, pela qual "o *árbitro é juiz de fato e de direito, e a sentença que proferir não fica sujeita a recurso ou a homologação pelo Poder Judiciário"*. Trata-se da absoluta desnecessidade de homologação judicial, decorrente da lei que afastou a antiga previsão do CPC de 1973, para conferir força executiva ao laudo arbitral.[484]

---

do princípio do duplo grau de jurisdição na arbitragem. Há controvérsia, na doutrina brasileira, se o duplo grau de jurisdição é ou não um princípio processual constitucional e se, sendo princípio, também seria uma garantia. A polêmica gira também em torno da possibilidade ou não do legislador editar regras que restrinjam (limitem) o direito de recorrer em algumas situações, como já ocorreu nas reformas processuais em curso no Brasil desde a década de 1990. A posição aparentemente majoritária é que o duplo grau de jurisdição, apesar de ser um princípio constitucional, não é uma garantia aplicável em toda e qualquer situação, motivo pelo qual pode ser restringido pela legislação ordinária." (MONTORO, Marcos André Franco, *A flexibilidade do procedimento arbitral*, cit., p. 202). No mesmo sentido: CINTRA, Antônio Carlos de Araújo; GRINOVER, Ada Pellegrini; DINAMARCO, Cândido Rangel, *Teoria geral do processo*, cit., p. 74-76; DINAMARCO, Cândido Rangel, *Instituições de direito processual civil*, cit., v. 1, p. 239-241; NERY JUNIOR, Nelson, *Teoria geral dos recursos*, cit., p. 40 e ss.; MARINONI, Luiz Guilherme. Garantia da tempestividade da tutela jurisdicional e duplo grau de jurisdição. In: TUCCI, José Rogério Cruz e (Coord.). *Garantias constitucionais do processo civil*: homenagem aos 10 anos da Constituição Federal de 1988. São Paulo: Revista dos Tribunais, 1999. p. 214-218; MARCATO, Ana Cândida Menezes. *O princípio do duplo grau de jurisdição e a reforma do Código de Processo Civil*. São Paulo: Atlas, 2006. p. 27-33; NOGUEIRA, Maurício José. Duplo grau de jurisdição: aspectos constitucionais e reflexos processuais. In: FUX, Luiz; NERY JUNIOR, Nelson; WAMBIER, Teresa Arruda Alvim (Orgs.). *Processo e constituição*: estudos em homenagem ao professor José Carlos Barbosa Moreira. São Paulo: Revista dos Tribunais, 2006. p. 542.

[484] No sentido do não cabimento do reexame necessário na arbitragem envolvendo da Fazenda Pública: "Assim há de ser feita a ressalva de que o Código de Processo Civil não é aplicável aos procedimentos arbitrais, não há dúvida alguma de que a ausência de reexame necessário não pode suscitar qualquer dúvida sobre a validade da sentença arbitral proferida contra o Estado." (PINTO, Ligia Paula Pires; SICA, Heitor Vitor Mendonça. Reflexões sobre a arbitragem no Brasil e a arbitragem internacional. *Revista de Direito Internacional e Econômico*, Porto Alegre, Síntese, v. 2, n. 6, p. 33, jan./mar. 2004).

Não se nega a possibilidade do manejo de embargos arbitrais, visando a esclarecimentos, previstos inclusive no artigo 30[485] da Lei de Arbitragem, porém, tal qual no direito processual civil, o objetivo dos embargos, majoritariamente compreendidos como recurso, não é um novo julgamento da causa, mas sim a complementação ou elucidação de pontos obscuros, omissos e contraditórios.

Outro ponto pelo qual se aposta na inexistência do princípio do duplo grau de jurisdição na arbitragem diz respeito à possibilidade de as partes simplesmente optarem por renunciar[486] ao direito de manejar a ação impugnativa autônoma do artigo 33 da Lei de Arbitragem.

5.4 Possibilidade de medidas antiarbitrais e "suspensão de liminares" proferidas pelo árbitro

Quanto ao procedimento arbitral e sua interlocução com o Poder Judiciário, faz-se necessária a análise da possibilidade de convívio do juízo arbitral, bem como da concessão de liminares por parte dos árbitros, com o instrumento da suspensão de liminares por parte da Fazenda Pública. A possibilidade de concessão de liminares pelo Poder Judiciário, antes de instituída a arbitragem, bem como sua concessão por parte dos árbitros, está prevista nos artigos 22-A e 22-B[487], com a redação dada pela Lei n. 13.129/2015.

---

[485] "Art. 30. No prazo de 5 (cinco) dias, a contar do recebimento da notificação ou da ciência pessoal da sentença arbitral, salvo se outro prazo for acordado entre as partes, a parte interessada, mediante comunicação à outra parte, poderá solicitar ao árbitro ou ao tribunal arbitral que: I - corrija qualquer erro material da sentença arbitral; II - esclareça alguma obscuridade, dúvida ou contradição da sentença arbitral, ou se pronuncie sobre ponto omitido a respeito do qual devia manifestar-se a decisão. Parágrafo único. Parágrafo único. O árbitro ou o tribunal arbitral decidirá no prazo de 10 (dez) dias ou em prazo acordado com as partes, aditará a sentença arbitral e notificará as partes na forma do art. 29."

[486] Um exemplo disso está na previsão do artigo 34 do Regulamento da CCI - Notificação, depósito e caráter executório, item 6: "Toda sentença arbitral obriga as partes. Ao submeter o litígio a arbitragem segundo o Regulamento, as partes comprometem-se a cumprir a sentença arbitral sem demora e renunciam a todos os recursos a que podem validamente renunciar da sentença arbitral."

[487] "Art. 22-A. Antes de instituída a arbitragem, as partes poderão recorrer ao Poder Judiciário para a concessão de medida cautelar ou de urgência. Parágrafo único. Cessa a eficácia da medida cautelar ou de urgência se a parte interessada não

5.4.1 Legislação acerca da suspensão de liminares pelo Poder Público

O referido instituto não é novo no direito brasileiro, embora revestido da antiga roupagem da suspensão de segurança. Previa a Lei n. 191/36, em seu artigo 13, que nos casos do artigo *8°*, parágrafo *9°*, que tratavam da concessão de liminar no mandado de segurança, e do artigo 10, da sentença concessiva da segurança, poderia "o Presidente da Côrte Suprema, quando se tratar de decisão da Justiça Federal, ou da Côrte de Appellação, quando se tratar de decisão da justiça local, a requerimento do representante da pessoa juridica de direito publico interno interessada, para evitar lesão grave *á* ordem, á saude ou *á* segurança publica, manter a execução do acto impugnado até ao julgamento do feito, em primeira ou em segunda instancias". O recurso previsto contra as decisões concessivas da segurança não detinha o chamado efeito suspensivo.

Da mesma forma o CPC de 1939, que tratava do mandado de segurança como procedimento especial, previa no artigo 328 que, a requerimento do representante da pessoa jurídica de direito público interessada, e para evitar lesão grave à ordem, à saúde ou à segurança pública, poderá o presidente do STF ou do Tribunal de Apelação, conforme a competência, autorizar a execução do ato impugnado.

Ocorre que, em sequência, o mandado de segurança passou a ser regulamentado por lei própria, qual seja, a Lei n. 1.533/51, que somente veio a ser revogada pela Lei n. 12.016/2009. A referida Lei do Mandado de Segurança revogou expressamente as disposições contidas no CPC de 1939, tratando autonomamente a ação. Com isso, iniciou-se intenso debate sobre o diálogo entre os dois diplomas legislativos, prevalecendo a corrente de que a aplicação do CPC deveria ser estrita, somente nos casos silentes da lei específica. Ademais, no que tange à suspensão de liminares, previu no artigo 13 da Lei n. 1.533/51 fórmula genérica, pela qual: "Quando o mandado fôr concedido e o presidente do Supremo Tribunal Federal, do Tribunal Federal de Recursos ou do Tribunal de Justiça ordenar ao juiz a suspensão da execução da sentença, dêsse seu ato caberá agravo de petição

---

requerer a instituição da arbitragem no prazo de 30 (trinta) dias, contado da data de efetivação da respectiva decisão. Art. 22-B. Instituída a arbitragem, caberá aos árbitros manter, modificar ou revogar a medida cautelar ou de urgência concedida pelo Poder Judiciário. Parágrafo único. Estando já instituída a arbitragem, a medida cautelar ou de urgência será requerida diretamente aos árbitros."

para o Tribunal a que presida". Por sua vez, o novel diploma previu recurso contra a decisão suspensiva da concessão.

Na sequência, sob a égide da ditadura militar, sobreveio a Lei n. 4.348/64, que trouxe uma série de dispositivos inseridos na Lei do Mandado de Segurança, prevendo inclusive um rol de hipóteses para suspensão de liminar e de sentença do mandado de segurança contra o Poder Público, no bojo do artigo 4º:

> "Art. 4º Quando, a requerimento de pessoa jurídica de direito público interessada e para evitar grave lesão à ordem, à saúde, à segurança e à economia públicas, o Presidente do Tribunal, ao qual couber o conhecimento do respectivo recurso suspender, em despacho fundamentado, a execução da liminar, e da sentença, dessa decisão caberá agravo, sem efeito suspensivo no prazo de (10) dez dias, contados da publicação do ato."

A Lei n. 7.347/85, Lei de Ação Civil Pública prevê ainda a possibilidade de suspensão, no artigo 12, parágrafo 1º:

> "§ 1º A requerimento de pessoa jurídica de direito público interessada, e para evitar grave lesão à ordem, à saúde, à segurança e à economia pública, poderá o Presidente do Tribunal a que competir o conhecimento do respectivo recurso suspender a execução da liminar, em decisão fundamentada, da qual caberá agravo para uma das turmas julgadoras, no prazo de 5 (cinco) dias a partir da publicação do ato."

A Lei n. 8.038/90 prevê a suspensão de liminares dirigidas aos presidentes dos tribunais superiores, relativas aos acórdãos e decisões emitidos pelos tribunais inferiores:

> "Art. 25 Salvo quando a causa tiver por fundamento matéria constitucional, compete ao Presidente do Superior Tribunal de Justiça, a requerimento do Procurador-Geral da República ou da pessoa jurídica de direito público interessada, e para evitar grave lesão à ordem, à saúde, à segurança e à economia pública, suspender, em despacho fundamentado, a execução de liminar ou de decisão concessiva de mandado de segurança, proferida, em única ou última instância, pelos Tribunais Regionais Federais ou pelos Tribunais dos Estados e do Distrito Federal."

Vista a evolução histórica da legislação, interessa ao presente estudo a Lei n. 8.437/92[488-489], que teve o condão de aumentar a abrangência da suspensão de liminares, de forma genérica, alcançando não somente o mandado de segurança e a ação popular, mas qualquer outra liminar concedida em face do Poder Público. Trata-se, portanto, de um verdadeiro "mecanismo de proteção" do Poder Público, que passou a ser imunizado de liminares, ante a possibilidade de sua suspensão.

Prevê o artigo 4º da Lei n. 8.437/92 que compete ao presidente do tribunal, ao qual couber o conhecimento do respectivo recurso, suspender, em despacho fundamentado, a execução de liminar nas ações movidas contra o Poder Público ou seus agentes, a requerimento do Ministério Público ou da pessoa jurídica de direito público interessada, em caso de manifesto interesse público ou de flagrante ilegitimidade, e para evitar grave lesão à ordem, à saúde, à segurança e à economia pública. No parágrafo 1º prevê que se aplica o disposto nesse artigo à sentença proferida em processo de ação cautelar inominada, no processo de ação popular e na ação civil pública, enquanto não transitada em julgado.

---

[488] Aplica-se ainda a possibilidade de suspensão de liminar às tutelas concedidas em face do Poder Público por disposição da Lei n. 9.494/97: "Art. 1º Aplica-se à tutela antecipada prevista nos arts. 273 e 461 do Código de Processo Civil o disposto nos arts. 5º e seu parágrafo único e 7º da Lei nº 4.348, de 26 de junho de 1964, no art. 1º e seu § 4º da Lei nº 5.021, de 9 de junho de 1966, e nos arts. 1º, 3º e 4º da Lei nº 8.437, de 30 de junho de 1992."

[489] A MP n. 2.180-35, de 24 de agosto de 2001, bem com a Emenda Constitucional n. 32 trouxeram várias hipóteses que disciplinaram a matéria com profundidade. Além disso, sobreveio a Lei de *habeas data* (Lei n. 9.507/95), que previa no artigo 16 que "quando o *habeas data* for concedido e o Presidente do Tribunal ao qual competir o conhecimento do recurso ordenar ao juiz a suspensão da execução da sentença, desse seu ato caberá agravo para o Tribunal a que presida" e ainda a nova Lei do Mandado de Segurança (Lei n. 12.016/2010), que previu no artigo 15 que "quando, a requerimento de pessoa jurídica de direito público interessada ou do Ministério Público e para evitar grave lesão à ordem, à saúde, à segurança e à economia públicas, o presidente do tribunal ao qual couber o conhecimento do respectivo recurso suspender, em decisão fundamentada, a execução da liminar e da sentença, dessa decisão caberá agravo, sem efeito suspensivo, no prazo de 5 (cinco) dias, que será levado a julgamento na sessão seguinte à sua interposição".

5.4.2 Natureza jurídica da suspensão de liminar pela Fazenda Pública

São diversas as correntes que tentam definir a natureza jurídica da suspensão de liminar. A primeira delas vê o fenômeno sob sua *natureza recursal*, eis que permitiria ao Poder Público impugnar a decisão proferida. Tal corrente dificilmente se sustenta no processo civil moderno, eis que não está previsto no rol taxativo dos recursos. Ademais, não busca uma reforma da decisão, mas sim a mera suspensão do *decisum*.

Uma segunda corrente encara na suspensão de liminar uma natureza jurídica de *instrumento político-administrativo*. Para tal corrente, afasta-se a natureza jurisdicional da decisão, eis que o presidente do tribunal faria um juízo político da suspensão. Diversos autores, nesse sentido, taxam o instrumento da suspensão de liminar de inconstitucional, pois o julgamento político demonstra que o instrumento é no fundo pouco democrático e republicano, afrontando portanto o princípio da legalidade e do Estado de Direito.

Há autores que veem na suspensão de liminar uma natureza de *ação autônoma* formulada no bojo de uma ação em curso. Dessa forma, tratar-se-ia de verdadeira ação incidental que, possuindo as mesmas partes, seria manejada perante outro órgão legalmente competente para a suspensão. O problema de tal pensamento é que a relação jurídica já está estabelecida entre as partes, não havendo outra citação ou formação de um novo processo para a busca de uma tutela específica.

Por tudo isso, não se encaixando em qualquer das hipóteses, prevalece na doutrina a ideia de que a suspensão de liminar em face do Poder Público é *incidente processual*, pelo qual o ente busca uma "contracautela", baseado no "poder geral de cautela" de competência do presidente do tribunal, até o julgamento de mérito final da demanda.[490]

---

[490] "Incidente é o que cai em cima de algo em movimento, interrompendo o seu curso normal. O incidente processual seria, por conseguinte, aquilo que se insere no processo, podendo interromper seu movimento, podendo obstaculizar o seu caminhar." (FERNANDES, Antônio Scarance. *Incidente processual*: questão incidental, procedimento incidental. São Paulo: Revista dos Tribunais, 1991. p. 29). No mesmo sentido, Elton Venturi: "De fato, a tutela cautelar propiciada através dos pedidos de suspensão revela-se peculiar em função do seu especial objeto: evitar grave lesão a interesses públicos primários ameaçados em decorrência da iminente exequibilidade de provimentos judiciais deferidos em ações deduzidas contra pessoas jurídicas de direito público ou que desempenhe função pública.

Reforça tal corrente a Súmula n. 626 do STF, aprovada em 24.03.2003, segundo a qual:

> "A suspensão da liminar em mandado de segurança, salvo determinação em contrário da decisão que a deferir, vigorará até o trânsito em julgado da decisão definitiva de concessão da segurança ou, havendo recurso, até a sua manutenção pelo supremo tribunal federal, desde que o objeto da liminar deferida coincida, total ou parcialmente, com o da impetração".[491]

Quanto à legitimidade ativa da Fazenda Pública para o manejo de suspensão de segurança, não há qualquer problema, eis que a jurisprudência dos tribunais superiores é abrangente, envolvendo inclusive órgãos despersonalizados[492]. São, portanto, legitimados ativos a União, os Estados, os Municípios e suas respectivas autarquias e fundações públicas. Nos termos do artigo 15 da Lei do Mandado de Segurança, a "pessoa jurídica de direito público interessada" é legitimada, ainda que mero assistente simples. Ademais, são legitimadas as empresas públicas, sociedades de economia mista, concessionários e permissionários de serviço público.[493]

Este objeto, segundo pensamos, distingue, especializa e autonomiza o instrumento. Desta maneira, desvendando-se a função acautelatória dos pedidos de suspensão, referir-se-á não à relação jurídica processual formalmente estabelecida entre a parte autora, o Poder Público e o Estado-juiz, mas às substanciais hipóteses de perigo de grave lesão aos interesses públicos legalmente mencionados." (VENTURI, Elton. *Suspensão de liminares e sentenças contrárias ao Poder Público*. 2. ed. rev., atual. e ampl. São Paulo: Revista dos Tribunais, 2010. p. 68).

[491] Regimento Interno do Supremo Tribunal Federal de 1980, art. 297, § 3º. Precedentes: SS 303 AgR; SS 471 AgR; SS 472 AgR; SS 761 AgR; SS 765 AgR; SS 984 AgR; Rcl 429 e Rcl 718.

[492] "A jurisprudência do Supremo Tribunal Federal é firme no sentido de se reconhecer a legitimidade ativa de órgãos não-personificados, como as Câmaras Municipais, inclusive para requerer medida de contracautela, quando a decisão impugnada constitua óbice ao exercício de seus poderes ou prerrogativas (SS 300-AgR/DF, rel. Ministro Néri da Silveira, Plenário, DJ 30.4.1992; SS 936-AgR/PR, rel. Ministro Sepúlveda Pertence, Plenário, DJ 23.2.1996 e SS 954/PR, rel. Ministro Celso de Mello, DJ 05.12.1995). Frise-se que, na hipótese dos autos, a liminar objurgada suspendeu o Ato Legislativo municipal nº 001/2007-CMC-GP, que instaurou comissão processante." (STF – SS n. 3.121, rel. Min. Ellen Gracie, j. 16.03.2007, *DJ*, de 29.03.2007, p. 35).

[493] STJ – AgR AgR SLS n. 1.955/DF, Corte Especial, rel. Min. Francisco Falcão, j. 18.03.2015, *DJe*, de 29.04.2015.

Ademais, quanto à pertinência temática, não haveria qualquer problema, eis que embora as arbitragens envolvam direitos patrimoniais, existem hipóteses comuns ao cabimento da suspensão de liminar. Faz-se necessário, contudo, analisar a compatibilidade dos dois institutos.

5.4.3 Análise de situações possíveis para o manejo de suspensão de liminar contra o Poder Público e juízo arbitral

A suspensão de liminar pode ser vista como uma medida antiarbitragem ou não, dependendo do momento de ser proferida, ou seja, antes ou depois da instalação do juízo arbitral, e dependendo da autoridade que proferiu a liminar, árbitro ou juiz togado.

Aponta Rafael Alves, ao analisar casos envolvendo Estados e empresas privadas, que se trata de medida comum ao direito internacional a tentativa do Poder Público buscar apoio da jurisdição estatal, esquivando-se da jurisdição arbitral: "Talvez a única conclusão a que se poderia chegar com base nesses casos seria a de que o risco da concessão de medidas antiarbitragem tende a aumentar quando existem entidades ou empresas ligadas ao Estado que são partes da arbitragem e as medidas são solicitadas justamente aos tribunais deste Estado."[494]

Quanto a liminar proferida antes da instalação da arbitragem, prevê o artigo 22-A da Lei de Arbitragem que "antes de instituída a arbitragem, as partes poderão recorrer ao Poder Judiciário para a concessão de medida cautelar ou de urgência". Além disso, "cessa a eficácia da medida cautelar ou de urgência se a parte interessada não requerer a instituição da arbitragem no prazo de 30 (trinta) dias, contado da data de efetivação da respectiva decisão".

Em tese, uma vez conferida uma liminar em face da Fazenda Pública antes de instituída a arbitragem, poder-se-ia pensar a possibilidade do manejo da suspensão dessa liminar com base na Lei n. 8.429/95 e demais normas.

---

[494] ALVES, Rafael Francisco, A imparcialidade do árbitro no direito brasileiro: autonomia privada ou devido processo legal?, cit., p. 130. No mesmo sentido: GAILLARD, Emmanuel. Interférence des jurisdictions du siège dans le déroulement de l'arbitrage. In: BERNARDINI, Piero et al. *Liber amicorum Claude Reymond*: autour de l'arbitrage: mélanges offerts à Claude Reymond Paris: Litec, 2004. p. 83-96; BOLFER. Sabrina Ribas. *Arbitragem comercial internacional e anti-suit injuctions*. Curitiba. Juruá. 2007.

Ocorre que a primeira dificuldade seria a de comprovar que a decisão judicial, seja cautelar ou de urgência, se encaixa nas hipóteses de manifesto interesse público ou de flagrante ilegitimidade e para evitar grave lesão à ordem, à saúde, à segurança e à economia pública.

A princípio, uma vez comprovada tal situação, seria cabível a suspensão. Ocorre que, uma vez instalado o tribunal arbitral, "cessaria a jurisdição estatal", passando a vigorar portanto a jurisdição arbitral, nos termos do artigo 22-B: "Instituída a arbitragem, caberá aos árbitros manter, modificar ou revogar a medida cautelar ou de urgência concedida pelo Poder Judiciário."

Dessa forma, ainda que o tribunal local venha a suspender uma liminar, cautelar ou antecipatória, proferida contra a Fazenda Pública, antes de instituído o tribunal arbitral, a ordem de suspensão perderia sua eficácia, tão logo o painel fosse instituído, tudo isso por conta do princípio da competência-competência. A partir da instituição, o tribunal local perderia uma "jurisdição", que automaticamente se transferiria para a jurisdição arbitral.

Após a instalação da arbitragem, o procedimento passaria a ser aquele definido no regulamento, no caso de arbitragem institucional, ou aquele convencionado na arbitragem *ad hoc*.

É nesse ponto que a previsão da existência de um árbitro de emergência se mostra salutar, evitando *ab initio* a participação de juízes estatais em procedimentos arbitrais.

Uma segunda situação diz respeito à possibilidade de o árbitro deferir uma liminar, cautelar ou antecipatória, durante o curso de uma arbitragem instituída, e a Fazenda Pública manejar a "suspensão" perante a Justiça estatal.

Neste ponto mostra-se importante analisar quem é a autoridade que proferiu a liminar. Em se tratando de árbitro, não se vislumbra a possibilidade da utilização do instituto da suspensão de liminar, pois ela se trataria de medida antiarbitragem clássica, inclusive incabível na legislação que rege o instituto.[495]

---

[495] No mesmo sentido Paulo Osternack Amaral: "Como visto, o incidente de suspensão de decisões judiciais deve ser endereçado ao presidente do tribunal competente para conhecer de eventual recurso interposto contra a decisão impugnada. Todavia, de regra, o processo arbitral não prevê nem a possibilidade de interposição de recurso contra as decisões interlocutórias proferidas pelo árbitro (*e.g.*, medidas urgentes), tampouco prevê a existência obrigatória de instância superior revisora da decisão final. Logo, a inaptidão do procedimento arbitral para viabilizar a dedução do pedido de suspensão naquela sede é evidente. [...] O exame do acerto da decisão arbitral pelo Poder Judiciário traduziria afronta à autonomia da vontade das partes e à soberania dos árbitros, que

Situação crítica, porém, é aquela em que se busca o Judiciário para se utilizar de poderes expropriatórios e coercitivos, os quais os árbitros não possuem, o que se daria por meio da "carta arbitral"[496]. Seria possível a suspensão de liminar para se evitar o cumprimento de um comando contido numa carta arbitral?

A nosso ver, o cumprimento das decisões arbitrais não pode ser impedido por meio do instituto da suspensão de liminar, sendo certo que a carta arbitral é somente uma forma de comunicação do ato processual ou decisão expedido pelo árbitro ou tribunal arbitral.

Dessa forma, o juiz togado não estaria proferindo uma decisão, mas somente dando cumprimento a uma decisão proferida em sede de arbitragem, e, portanto, não teria jurisdição sobre o caso, que estaria circunscrito ao procedimento arbitral.

Paulo Osternack Amaral reconhece a impossibilidade da dedução de pedido de suspensão de liminares e sentença arbitral, ante sua incompatibilidade com o procedimento arbitral, ressalvando, contudo, a situação de deferimento de liminar em ação anulatória de sentença arbitral. Neste caso é nítido que o fundamento se encontra no fato de que a decisão objeto da suspensão é proferida pelo poder judiciário, ou seja, jurisdição estatal de mérito, e não a suspensão da decisão arbitral:

> "Não é juridicamente admissível a dedução de pedido de suspensão contra liminar ou sentença arbitral contrária ao Poder Público. Existe óbice de natureza procedimental e material, que impede, em qualquer hipótese, a sustação da eficácia de qualquer decisão arbitral por meio do incidente de suspensão. A impugnação poderá ser feita por meio de ação anulatória ou impugnação ao cumprimento de sentença (essa espécie de

---

retiraram legitimamente do Estado o poder de resolver aquele determinado conflito e o entregaram a um ou mais particulares. Além disso, subverteria a lógica da arbitragem, que tem por características a irrecorribilidade das interlocutórias e o controle *a posteriori* pelo Poder Judiciário somente da sentença arbitral". (AMARAL, Paulo Osternack, *Arbitragem e administração pública*: aspectos processuais, medidas de urgência e instrumentos de controle, cit., p. 172).

[496] Lei de Arbitragem: "Art. 22-C. O árbitro ou o tribunal arbitral poderá expedir carta arbitral para que o órgão jurisdicional nacional pratique ou determine o cumprimento, na área de sua competência territorial, de ato solicitado pelo árbitro. Parágrafo único. No cumprimento da carta arbitral será observado o segredo de justiça, desde que comprovada a confidencialidade estipulada na arbitragem."

defesa pressupõe a existência de uma sentença arbitral condenatória, que esteja sendo executada perante o Poder Judiciário). Contudo, caso seja deferida contra o Poder Público uma liminar em ação anulatória de sentença arbitral, não há dúvida de que será cabível o incidente de suspensão, desde que preenchidos os requisitos legais."[497]

Deve-se reconhecer a possibilidade do uso de tal instrumento jurídico em situações que o Poder Judiciário profere decisões de mérito, sem agir de por mera delegação ou em cumprimento das decisões proferidas pelo árbitro. Portanto se o conteúdo ali determinado for antecipatório ou acautelatório, ou mesmo uma sentença arbitral, o juiz estatal não estaria proferindo qualquer liminar, mas somente dando cumprimento a uma decisão proferida pelo árbitro. Neste caso, o instituto mostrar-se-ia incompatível e, portanto, não seria apto para suspender a decisão do árbitro ou tribunal arbitral. Por outro lado, uma liminar proferida por um juiz estatal em sede de ação anulatória de sentença arbitral, seria apta para ser suspensa, preenchidos as demais condições legais, valendo-se deste importante instrumental.

5.5 Processo de execução da sentença arbitral em face da Fazenda Pública e a obediência ao regime de precatórios

Assim como previsto no artigo 31, a Lei de Arbitragem deu à sentença arbitral o mesmo *status* jurídico da sentença judicial. Essa equiparação é necessária, sobretudo ante a adoção da teoria mista, em que a arbitragem tem início num cenário privado, mas se desenvolve sob a égide de um processo de caráter jurisdicional, e sob o manto da teoria geral do processo, como defendido.

Pois bem, nesse cenário não se pode dar à sentença arbitral um caráter superior ou inferior à sentença judicial. Dessa forma, no que tange ao regime jurídico de execução da sentença arbitral, o procedimento a ser adotado é o mesmo das sentenças judiciais.

5.5.1 Obediência ao regime de precatórios

Impor à Fazenda Pública o dever de cumprir a sentença arbitral, iniciado o processo executivo, em privilégio às demais sentenças implicaria ferir

---

[497] AMARAL, Paulo Osternack, *Arbitragem e administração pública*: aspectos processuais, medidas de urgência e instrumentos de controle, cit., p. 172-173.

o princípio da isonomia dos demais cidadãos, bem como a legalidade, eis que o regime de execução diferenciado face a Fazenda tem acento constitucional.

O dispositivo constitucional em comento está previsto no artigo 100 da Constituição Federal, que prevê:

> "Art. 100. À exceção dos créditos de natureza alimentícia, os pagamentos devidos pela Fazenda Federal, Estadual ou Municipal, em virtude de sentença judiciária, far-se-ão exclusivamente na ordem cronológica de apresentação dos precatórios e à conta dos créditos respectivos, proibida a designação de casos ou de pessoas nas dotações orçamentárias e nos créditos adicionais abertos para este fim."

O sistema de precatório foi criado em vista do princípio que protege a igualdade entre os indivíduos e ainda permite uma regra, uma fila para pagamentos. Com efeito, esse sistema se baseia na dura realidade das finanças públicas, que impôs a criação da fila dos precatórios como forma de promover o pagamento dos créditos, respeitando uma sequência cronológica e sem impor um sacrifício aos princípios da execução orçamentária. A realidade é que, se não houvesse tal sequência, grande parte das finanças públicas estaria comprometida com dívidas decorrentes de condenações judiciais.

Outro fundamento para a existência de um regime de ordem cronológica para a organização da fila de precatórios reside no fato de que os serviços públicos se sujeitam a um sistema de continuidade, ou seja, serviços que não podem ser simplesmente paralisados, sob pena de interromper a própria consecução dos fins do Estado.

Dessa forma, sob esse ponto de vista, não há porque, sobretudo ante a equiparação da sentença arbitral à sentença judicial, se conferir uma qualidade superior a essa sentença.

Ademais, ao se sujeitar o pagamento do débito decorrente da execução da sentença arbitral ao mesmo regime jurídico de precatórios previsto no artigo 100 da Constituição, permite-se ao administrador público, tal qual se dá nas condenações judiciais, a possibilidade de uma previsão e implementação de um mecanismo contábil e financeiro de equilíbrio das contas públicas, ou seja, de equilibro financeiro, visando à disponibilidade de recursos, na medida que sejam necessários. Ao fazer isso, os valores são liberados nos limites financeiros de forma ordenada e previsível.

Esse regime de precatórios permite ao gestor público a separação de um montante anual a ser gasto com os precatórios, sem prejuízo daquelas verbas "carimbadas", ou seja, previstas pela Lei de Responsabilidade

Fiscal, que obrigatoriamente devem ser gastas com ensino, saúde e repasse aos demais poderes.

Os argumentos contrários à Fazenda Pública obrigatoriamente ter que obedecer ao regime de precatórios no caso da sentença arbitral, dizem respeito à possibilidade dela não *resistir* à *pretensão executória*, ou seja, uma vez condenada no processo arbitral, que ela simplesmente anuísse com a condenação e pagasse o débito.

Por primeiro, deve-se superar o argumento da isonomia, pois uma vez que tal fato fosse possível no processo arbitral, também deveria ser possível no processo judicial, contemplando os jurisdicionados com tal benefício, que não tem previsão legal.

Pois bem, ainda que se superasse essa violação ao princípio da isonomia e da legalidade *a contrario sensu*, a admissão do pagamento de valores sem o respeito do regime de precatórios importaria numa grave lesão ao orçamento público, pois imporia um gasto sem previsão orçamentária.

Isso porque a realização de gastos pela Administração Pública deve estar prevista no orçamento, por meio da devida dotação, ou pela abertura de créditos suplementares adicionais, que devem ser autorizados pelo Poder Legislativo, nos termos do artigo 58 c/c o artigo 68 da Lei n. 4.320/64.

Com efeito, pelos princípios orçamentários, é vedada a realização de gastos ou despesas que excedam a existência de crédito, ou mesmo a abertura de um crédito suplementar ou especial sem a devida autorização legislativa e a indicação da origem dos recursos correspondentes, nos termos da vedação contida nos incisos II e V do artigo 167 da Constituição Federal.

Vale ainda lembrar que não há uma previsão legal para o cumprimento espontâneo da sentença arbitral e, ademais, nem o artigo 1º, parágrafo 1º, da Lei n. 5.021/66 nem o artigo 100 da Constituição Federal preveem alguma exceção na qual poderia se enquadrar a possibilidade de cumprimento do disposto na sentença condenatória arbitral de forma espontânea.

Dessa forma, o pagamento espontâneo imporia um gravame sem a devida dotação orçamentaria, impondo desequilíbrio financeiro-orçamentário e violação ao regime geral do artigo 100 da Constituição Federal, que obriga de forma indistinta a sentença judicial e a arbitral.[498]

---

[498] No sentido do desequilíbrio das contas imposto por gastos em condenação judicial sem a previsão orçamentária, voto do ministro Gilmar Mendes: "O princípio

Outro ponto impeditivo para o pagamento de valores independentemente do término do processo ou de pagamento espontâneo por parte

---

da proporcionalidade, também denominado princípio do devido processo legal em sentido substantivo, ou ainda, princípio da proibição do excesso, constitui uma exigência positiva e material relacionada ao conteúdo de atos restritivos de direitos fundamentais, de modo a estabelecer um 'limite do limite' ou uma 'proibição de excesso' na restrição de tais direitos. A máxima da proporcionalidade, na expressão de Alexy, coincide igualmente com o chamado núcleo essencial dos direitos fundamentais concebido de modo relativo – tal como defende o próprio Alexy. Nesse sentido, o princípio ou máxima da possibilidade de restrição legítima de determinado direito fundamental. A par dessa vinculação aos direitos fundamentais, o princípio da proporcionalidade alcança as denominadas colisões de bens, valores ou princípios constitucionais. Nesse contexto, as exigências do princípio da proporcionalidade representam um método geral para solução de conflitos entre princípios, isto é, um conflito entre normas que, ao contrário do conflito entre regras, é resolvido não pela revogação ou redução teleológica de uma das normas, mas antes e tão somente pela ponderação do peso relativo de cada uma das normas em tese aplicáveis e aptas a fundamentar decisões em sentidos opostos. Nessa última hipótese, aplica-se o princípio da proporcionalidade para estabelecer ponderações entre distintos bens constitucionais. Em síntese, a aplicação do princípio da proporcionalidade se dá quando verificada restrição a determinado direito fundamental ou um conflito entre distintos princípios constitucionais de modo a exigir que se estabeleça o peso relativo de cada um dos direitos por meio da aplicação das máximas que integram o mencionado princípio da proporcionalidade. São três as máximas parciais do princípio da proporcionalidade: a adequação, a necessidade e a proporcionalidade em sentido estrito. Tal como já sustentei em estudo sobre a proporcionalidade na jurisprudência do Supremo Tribunal Federal ('A proporcionalidade na jurisprudência do Supremo Tribunal Federal', in Direitos Fundamentais e controle de Constitucionalidade: Estudos de Direito Constitucional, 2ª ed., Celso Bastos, Editor IBDC, São Paulo, 1999, p. 72), há que se perquirir, na aplicação do princípio da proporcionalidade, se em face do conflito entre dois bens constitucionais contrapostos, o ato impugnado afigura-se adequado (isto é, apto a produzir o resultado desejado), necessário (isto é, insubstituível por outro meio menos gravoso e igualmente eficaz) e proporcional em sentido estrito (ou seja, se estabelece uma relação ponderada entre o grau de restrição de um princípio e o grau de realização do princípio contraposto). Registre-se, por oportuno, que o princípio da proporcionalidade aplica-se a todas espécies de atos dos poderes públicos, de modo que vincula o legislador, a administração e o Judiciário, tal como lembra Canotilho (Direito Constitucional e Teoria da Constituição, Coimbra, Almedina, 2ª ed., p. 264)." (STF – IF n. 2.915/SP, Pleno, rel. Min. Marco Aurélio, rel. p/ acórdão Min. Gilmar Mendes, j. 03.02.2003).

da Fazenda diz respeito à necessidade do trânsito em julgado do processo, insculpido no artigo 100 da Constituição Federal.

Nesse aspecto, entende-se que o mero início da execução não seria suficiente para impor o pagamento desde logo, pois encontraria óbices na redação constitucional decorrente da Emenda Constitucional n. 30/2000, bem como na redação dos parágrafos 3º e 5º do artigo 100 da Constituição Federal, segundo os quais o dever de a Fazenda realizar o pagamento somente se daria quando definitivamente decidida.

Entretanto, podem-se cogitar hipóteses de transação para fins de recebimento antecipado pelo credor e sua implicação dentro no sistema legal. Por primeiro, assim como no processo judicial, as partes do processo, tanto a Fazenda quanto a parte privada, podem celebrar eventuais acordos e resolver a demanda, dentro dos limites permissivos para a transação. Não há qualquer óbice para tal transação.

Após o fim da fase de processo de conhecimento e iniciada a execução, as partes também podem transacionar, para fins de composição.

Porém, ao término do processo executivo, com o trânsito em julgado do processo, bem como com a expedição do respectivo precatório, eventual transação poderia implicar numa quebra de ordem de precatórios, pois segundo a regra constitucional, tais valores somente poderiam ser pagos mediante precatório, e não mais por acordos administrativos e transações, que implicariam numa quebra de ordem cronológica.[499]

[499] "O Plenário do Supremo Tribunal Federal (STF), por maioria, julgou parcialmente procedentes as Ações Diretas de Inconstitucionalidade (ADIs) 4357 e 4425 para declarar a inconstitucionalidade de parte da Emenda Constitucional 62/2009, que instituiu o novo regime especial de pagamento de precatórios. Com a decisão, foram declarados inconstitucionais dispositivos do artigo 100 da Constituição Federal, que institui regras gerais para precatórios, e integralmente inconstitucional o artigo 97 do Ato das Disposições Constitucionais Transitórias (ADCT), que cria o regime especial de pagamento. O regime especial instituído pela EC 62 consiste na adoção de sistema de parcelamento de 15 anos da dívida, combinado o regime que destina parcelas variáveis entre 1% a 2% da receita de estados e municípios para uma conta especial voltada para o pagamento de precatórios. Desses recursos, 50% são destinados ao pagamento por ordem cronológica, e os valores restantes a um sistema que combina pagamentos por ordem crescente de valor, por meio de leilões ou em acordos diretos com credores. Na sessão desta quinta-feira (14), a maioria dos ministros acompanhou o relator, ministro Ayres Britto (aposentado), e considerou o artigo 97 do ADCT inconstitucional por afrontar

Vale ainda lembrar a posição de Leonardo José Carneiro da Cunha:

"[...] está na circunstância de que, uma vez inscrito o correlato precatório, o crédito passa a integrar o orçamento respectivo, devendo ter uma única destinação, qual seja, o efetivo pagamento à parte favorecida. Daí a referida Emenda Constitucional n. 30/2002 exigir o prévio trânsito em julgado, com vistas, inclusive, a resguardar o interesse público no pagamento de verbas orçamentárias, evitando-se o desvio despropositado de destinações mais úteis e vantajosas à consecução de finalidades igualmente públicas."[500]

Por conta disso, o entendimento que deve prevalecer é que o regime de precatórios deve ser adotado para a sentença arbitral, nos mesmos moldes da sentença judicial.

5.5.2 Impossibilidade do uso de fundo garantidor (FGP) para fins de pagamento de sentença arbitral e a violação do princípio do precatório

Embora respeitadas vozes entendam cabível o uso de fundo garantidores, essencialmente privados, mas criados via de regra com patrimônio público, para o pagamento de condenações decorrentes de procedimentos arbitrais, entende-se que o uso desses fundos aparentemente demonstra um desvio de sua finalidade original, bem como uma burla ao regime de pagamento por meio de precatórios e o recebimento por ordem cronológica. Vale lembrar que há na doutrina discussão acerca de sua constitucionalidade, ante a suposta violação do artigo 165, parágrafo 9º, II, da Constituição Federal.[501-502]

---

cláusulas pétreas, como a de garantia de acesso à Justiça, a independência entre os Poderes e a proteção à coisa julgada. O redator do acórdão, ministro Luiz Fux, anunciou que deverá trazer o caso novamente ao Plenário para a modulação dos efeitos, atendendo a pedido de procuradores estaduais e municipais preocupados com os efeitos da decisão sobre parcelamentos em curso e pagamentos já realizados sob a sistemática da emenda." (Disponível em: <http://www.stf.jus.br/portal/cms/verNoticiaDetalhe.asp?idConteudo=233520>. Acesso em: 02 dez. 2015).

[500] CUNHA, Leonardo José Carneiro da, *A fazenda p*ública em juízo, cit., p. 272.

[501] HARADA, Kiyoshi. Inconstitucionalidade do Fundo Garantidor das Parcerias Público-Privadas: art. 8º da Lei nº 11.079/04. *Jus Navigandi*, Teresina, ano 10, n. 597, fev. 2005. Disponível em: <http://jus.com.br/revista/texto/16615>. Acesso em: 02 dez. 2015.

[502] O fundo garantidor de PPPs é chamado de FGP.

Dentre os que defendem o cabimento, destaca-se Flávio de Araújo Willeman[503], segundo o qual:

> "Quanto à possível inconstitucionalidade de se estabelecer em contrato administrativo (compromisso arbitral) ou em lei, que o possível inadimplemento da Administração Pública, reconhecido em sentença arbitral, será pecuniariamente ressarcido diante de fundo privado (ou poderia ser público!) constituído para esta finalidade, ou de bens públicos afetados a esta finalidade como garantia real, temos que é inexistente. Isto porque, repita-se, não há óbice constitucional e legal para a Administração Pública se submeter a um regime jurídico contratual, respeitando os princípios de direito público, estabelecendo em lei, como garantia para a eventualidade de prejuízos oriundos do seu inadimplemento, que os valores serão pagos por um fundo com personalidade jurídica de direito privado, ou de bens públicos especialmente destinados a este tipo de garantia."

---

503 WILLEMAN, Flávio de Araújo. Acordos administrativos, decisões arbitrais e pagamentos de condenações pecuniárias por precatórios judiciais. *Revista de Direito da Procuradoria Geral do Estado do Rio de Janeiro*, n. 64, p. 116-137, 2009.

No mesmo sentido, Carlos Ary Sundfeld[504], Gustavo Binejnbojm[505] e Eugênia Cleto Marolla.[506]

Porém, vislumbra-se como principal óbice para o uso dos fundos garantidores o desvio de sua finalidade. Ao se analisar a legislação das PPPs, destinam-se os fundos garantidores ao pagamento das contrapresta-

---

[504] "O oferecimento de garantia pelo FGP – que, não sendo por ele honrada, levará a uma execução nos moldes privados – em nada se choca com o disposto no art. 100 da Constituição Federal, que submete ao regime de precatório a execução de débitos das pessoas de direito público. A execução contra o FGP será privada, porque privada é a sua personalidade – e, portanto, privados são seus bens. São lícitas a desafetação e a transferência de bens do domínio público para o privado (isto é, para o patrimônio do FGP) justamente para permitir sua utilização como lastro real de garantias oferecidas, em regime privado, pelo FGP aos concessionários. Aliás, tais desafetação e transferência são justamente o que ocorre em toda criação de empresa estatal, que fica, como se sabe, sujeita ao regime privado, inclusive quanto à execução de suas dívidas." (SUNDFELD, Carlos Ari. Guia jurídico das parcerias público-privadas. In: SUNDFELD, Carlos Ari (Coord.). *Parcerias público-privadas*. São Paulo: Malheiros, 2007. p. 15-44).

[505] O autor traz como fundamento o art. 18, par. 7º da lei 11.079/04, e explica: "Duas, porque a fórmula da constituição de uma entidade de direito privado para funcionar como fundo garantidor é absolutamente legítima e respaldada pelo art. 173, § 1º, inciso II, da Carta da República. Nada impede, de fato, que o Poder Público constitua uma empresa pública ou uma sociedade de economia mista (ou uma subsidiária dessas entidades) cujo objeto social seja o de garantir determinados projetos, concebidos no formato de PPP. Trata-se de um aspecto da atividade de fomento, que pode ser desempenhada por pessoas estatais de direito privado. Ora, segundo o art. 173, § 1º, inciso III, da Constituição, empresas públicas, sociedades de economia mista e suas subsidiárias sujeitam-se ao 'regime jurídico próprio das empresas privadas, inclusive quanto aos direitos e obrigações civis, comerciais, trabalhistas e tributários'." (BINENBOJM, Gustavo. As Parcerias Público-Privadas (PPPs) e a Constituição. *Revista de Direito da Associação dos Procuradores do Novo Estado do Rio de Janeiro*, n. 17, p. 91-107, 2006.). Em prol da tese sustentada nesse ensaio, ver também: BRAGA, Fabiana Andrada do Amaral Rudge. PPP: o fundo garantidor, a execução das garantias e a compatibilidade com o sistema constitucional dos precatórios. *Revista de Direito da Associação dos Procuradores do Novo Estado do Rio de Janeiro*, n. 17, p. 223-240, 2006.

[506] MAROLLA, Eugenia Cristina Cleto, *A arbitragem e os contratos da administração pública*, cit., p. 119-125.

ções ao parceiro privado[507], ou seja, podem ser previstos "para dar legitimidade dos financiadores do projeto para receber indenizações por extinção antecipada do contrato, bem como pagamentos efetuados pelos fundos e empresas estatais garantidores de parcerias público-privadas".[508]

Pois bem, as Leis ns. 12.766/2012 e 12.712/2012 deram o contorno jurídico do FGP, ao converter em lei as previsões da então MP n. 564/2012, alterando a Lei de PPPs[509]. Porém, chama atenção que o artigo 18 limitou a sua utilização para dois casos em especial:

> "§ 5º O parceiro privado poderá acionar o FGP nos casos de (Redação dada pela Medida Provisória nº 575, de 2012):
>
> I - crédito líquido e certo, constante de título exigível aceito e não pago pelo parceiro público após quinze dias contados da data de vencimento; e (Incluído pela Medida Provisória nº 575, de 2012)
>
> II - débitos constantes de faturas emitidas e não aceitas pelo parceiro público após quarenta e cinco dias contados da data de vencimento, desde que não tenha havido rejeição expressa por ato motivado. (Incluído pela Medida Provisória nº 575, de 2012)."

Note-se que tais hipóteses fogem muito da hipótese da sentença arbitral, eis que ela não se trata de *título exigível aceito*, tal qual um título executivo extrajudicial ou um título de crédito com a formalidade do aceite. Vale lembrar que a execução dos títulos extrajudiciais[510] perante a Fa-

---

[507] Lei de PPPs: "Art. 8º As obrigações pecuniárias contraídas pela Administração Pública em contrato de parceria público-privada poderão ser garantidas mediante: [...] V - garantias prestadas por fundo garantidor ou empresa estatal criada para essa finalidade."

[508] Lei de PPPs: Art. 5º, § 2º, inc. III.

[509] "Art. 16. Ficam a União, seus fundos especiais, suas autarquias, suas fundações públicas e suas empresas estatais dependentes autorizadas a participar, no limite global de R$ 6.000.000.000,00 (seis bilhões de reais), em Fundo Garantidor de Parcerias Público-Privadas - FGP que terá por finalidade prestar garantia de pagamento de obrigações pecuniárias assumidas pelos parceiros públicos federais, distritais, estaduais ou municipais em virtude das parcerias de que trata esta Lei. (Redação dada pela Lei nº 12.766, de 2012). § 1º O FGP terá natureza privada e patrimônio próprio separado do patrimônio dos cotistas, e será sujeito a direitos e obrigações próprios."

[510] "PROCESSUAL CIVIL. CONFLITO DE COMPETÊNCIA. DÍVIDA ATIVA. EXECUÇÃO PROPOSTA PELO ESTADO EM FACE DE AUTARQUIA FE-

zenda seguem o rito previsto no artigo, 784 do CPC de 2015 (585, VI, do CPC de 1973), bem como na Súmula n. 279 do STJ, e não o rito do artigo 523 (antigo rito do 730 do CPC de 1973), como se impõe à sentença judicial. Portanto, a execução da sentença arbitral deve seguir o rito do artigo 523 do CPC de 2015 por se tratar de verdadeiro cumprimento de sentença.

Dessa forma, somente seria possível o cumprimento da obrigação constante na sentença arbitral se houvesse previsão legal autorizadora, o que de fato o artigo 18 da Lei n. 11.079/2009 não prevê. Não se trata de mera obrigação contratual[511], mas sim de sentença com a mesma qualidade da sentença judicial, para o bem e para o mal, conforme a Lei de Arbitragem.

Vale lembrar que, ainda que se utilize o paradigma de outros fundos, que são usados para os pagamentos de débitos do Estado, todos eles impõem a desistência das ações judiciais e o pagamento mediante uma

---

DERAL (INCRA). COMPETÊNCIA DO JUÍZO DAS EXECUÇÕES FISCAIS. - Inexiste óbice ao ajuizamento de execução fiscal contra a Fazenda Pública, embasada em Certidão de Dívida Ativa, desde que observado o rito previsto no art. 730 e seguintes do CPC. Aplicabilidade da Súmula 279 do eg. STJ: 'É cabível execução por título extrajudicial contra a Fazenda Pública.' - Tratando-se de ação de natureza fiscal, proposta por ente estadual em face da autarquia federal para cobrança de créditos de natureza tributária lastreados em CDA, avulta a competência do Juízo Privativo das Execuções Fiscais para o processamento da demanda. - Precedentes da Corte: CC 1277/PE, Rel. Des. Fed. Marcelo Navarro, j. em 03.10.07, DJU 11.10.07; CC 1283/PE, Rel. Des. Fed. Francisco Cavalcanti, j. em 22.08.07, DJU 18.09.2007; CC 1306/PE, Rel. Des. Fed. Rogério Fialho Moreira." (TRF-5 – CC n. 1.480/PE (2007.05.00.089260-6). Data de publicação: 23.05.2008).

[511] Nesse sentido, Flávio Willeman: "Tal exceção deve ser compreendida no contexto das mudanças dos paradigmas do Direito Administrativo, sobretudo das novas teorias de interpretação da contratação pública, surgidas a partir da necessidade de se buscar na iniciativa privada soluções para investimentos em setores sensíveis para a sociedade, como acontece nas áreas de saneamento básico, de saúde etc. Por certo, esta alteração de paradigmas, ressalvado o respeito aos princípios gerais de direito público, autoriza a previsão legislativa que permita a mitigação do sistema de cumprimento de uma obrigação tipicamente contratual, tida por descumprida por uma sentença arbitral que imponha uma condenação pecuniária ao Poder Público." (WILLEMAN, Flávio de Araújo, Acordos administrativos, decisões arbitrais e pagamentos de condenações pecuniárias por precatórios judiciais, cit., p. 133).

ordem cronológica[512]. Assim, uma vez que o feito arbitral foi sentenciado, não haveria motivos legais para se dar um tratamento diferenciado a essa sentença, em relação ao tratamento já conhecido do paradigma judicial.

Além disso, tal qual colocado, o uso do fundo garantidor (FGP) importaria numa verdadeira burla ao regime de precatórios, pelo qual todos os credores da Fazenda Pública devem seguir uma ordem de pagamento, sob pena de quebra da isonomia, bem como de favorecimento de uns em detrimento de outros.

---

[512] Lei Complementar do Estado de São Paulo n. 10.177/98: "Artigo 65 - Aquele que pretender, da Fazenda Pública, ressarcimento por danos causados por agente público, agindo nessa qualidade, poderá requerê-lo administrativamente, observadas as seguintes regras: I - o requerimento será protocolado na Procuradoria Geral do Estado, até 5 (cinco) anos contados do ato ou fato que houver dado causa ao dano; II - o protocolo do requerimento suspende, nos termos da legislação pertinente, a prescrição da ação de responsabilidade contra o Estado, pelo período que durar sua tramitação; III - o requerimento conterá os requisitos do artigo 54, devendo trazer indicação precisa do montante atualizado da indenização pretendida, e declaração de que o interessado concorda com as condições contidas neste artigo e no subsequente; IV - o procedimento, dirigido por Procurador do Estado, observará as regras do artigo 55; V - a decisão do requerimento caberá ao Procurador Geral do Estado ou ao dirigente da entidade descentralizada, que recorrerão de ofício ao Governador, nas hipóteses previstas em regulamento; VI - acolhido em definitivo o pedido, total ou parcialmente, será feita, em 15 (quinze) dias, a inscrição, em registro cronológico, do valor atualizado do débito, intimando-se o interessado; VII - a ausência de manifestação expressa do interessado, em 10 (dez) dias, contados da intimação, implicará em concordância com o valor inscrito; caso não concorde com esse valor, o interessado poderá, no mesmo prazo, apresentar desistência, cancelando-se a inscrição e arquivando-se os autos; VIII - os débitos inscritos até 1º de julho serão pagos até o último dia útil do exercício seguinte, à conta de dotação orçamentária específica; IX - o depósito, em conta aberta em favor do interessado, do valor inscrito, atualizado monetariamente até o mês do pagamento, importará em quitação do débito; X - o interessado, mediante prévia notificação à Administração, poderá considerar indeferido seu requerimento caso o pagamento não se realize na forma e no prazo previstos nos incisos VIII e IX. § 1º - Quando o interessado utilizar-se da faculdade prevista nos incisos VII, parte final, e X, perderá qualquer efeito o ato que tiver acolhido o pedido, não se podendo invocá-lo como reconhecimento da responsabilidade administrativa. § 2º - Devidamente autorizado pelo Governador, o Procurador Geral do Estado poderá delegar, no âmbito da Administração centralizada, a competência prevista no inciso V, hipótese em que o delegante tornar-se-á a instância máxima de recurso."

6. Considerações Finais

O presente estudo ainda que extenso e não atingindo a profundidade necessária limitou-se a analisar a figura da Fazenda Pública como parte na arbitragem, ou seja, a Fazenda Pública signatária da convenção de arbitragem. Quis-se limitar a Fazenda Pública somente como figura da Administração direta e autarquias, afastando-se do conceito geral de Poder Público, que é maior e mais abrangente, envolvendo toda a Administração direta e indireta, empresas públicas, sociedades de economia mista, fundações públicas etc.

Ademais limitou-se ao estudo conforme a Lei n. 9.307/96 versando sobre a análise das arbitragens domésticas envolvendo a administração pública. Com isso, quer-se afastar das *arbitragens internacionais*, envolvam elas disputas entre Estados nacionais ou o comércio internacional. Tal fato, conforme será demonstrado, deriva da opção *monista* do legislador brasileiro. Por conta disso, o ponto de partida deste estudo reside na possibilidade de inserção da arbitragem dentro da *teoria geral do processo*.

Mostrou-se que há sistemas dualistas que pretendem dar um caráter autônomo e independente à arbitragem comercial internacional em relação às arbitragens nacionais, sobretudo quanto à autonomia e independência do *direito local*, buscando a construção de uma *ordem jurídica internacional*. Por outro lado, há sistemas nitidamente monistas que tratam as arbitragens domésticas e internacionais por meio de um mesmo estatuto jurídico. No Brasil adotou-se o *monismo puro*, mas com regra específica quanto à nacionalidade da arbitragem, nos termos do artigo 34 da Lei de Arbitragem.

Põe-se em dúvida a possibilidade de se incluir a arbitragem na teoria geral do processo se a opção legislativa brasileira tivesse sido o dualismo. Nesse caso, havendo a bifurcação de regimes jurídicos, sendo um autônomo e independente, somente restaria possível a inclusão, na teoria geral do processo, das arbitragens domésticas.

No modelo brasileiro de processo arbitral, tal qual no processo civil estatal, mostra-se necessário o reconhecimento do poder exercido pelo árbitro, ou painel arbitral, passando dessa forma a não ser considerado um mero procedimento arbitral, mas um verdadeiro processo arbitral.

Conclui-se que, as prerrogativas processuais da fazenda pública que já se mostravam abusivas e violadoras no processo civil estatal, não encontram qualquer fundamento na arbitragem.

A inserção de elementos violadores do princípio da igualdade de partes na cláusula arbitral, de forma unilateral se mostra abusiva e potestativa. Via de regra, a experiência internacional demonstra que tais elementos podem ser afastados, inclusive pelos árbitros, trazendo as partes para um patamar de igualdade.

Podemos utilizar o *critério da adequação*, para se utilizar a arbitragem por parte da fazenda pública. Para identificar a arbitragem como adequada para um determinado litígio podemos apontar alguns fatores a serem analisados: i) o critério de custo v. benefício, ou seja, o custo financeiro da arbitragem; ii) o fator temporal, ou seja, a duração do processo arbitral em relação ao processo judicial; iii) o fator estratégico, como, por exemplo, imposições do sistema creditício internacional; e iv) a especialidade dos árbitros, para a solução de casos de grande complexidade. Além disso, a arbitragem pode ser considerada um negócio jurídico processual típico, eis que sua previsão legal, ou seja, a sua tipicidade, se encontra prevista, quanto à forma, em lei.

A exegese acerca das particularidades da convenção de arbitragem faz-se necessária, sobretudo ante a existência de particularidades quando a Fazenda Pública é parte na arbitragem. Não se quer com isso concluir que a Fazenda Pública, quando convenciona o uso da arbitragem, deve ser tratada de forma distinta ou possuir uma situação de superioridade em relação ao particular, sob pena de macular a cláusula compromissória nesse ponto, bem como o princípio da igualdade entre as partes.

É possível conciliar a arbitragem em um contrato administrativo, classificado pela doutrina como contrato por adesão. Dentro do contrato administrativo existem as chamadas cláusulas exorbitantes ao direito comum. Ocorre que, pela autonomia da cláusula arbitral, em tese não seria possível a princípio a Administração unilateralmente rescindir o contrato no ponto referente à cláusula compromissória, retornando à jurisdição, ou mesmo rescindir ou alterar partes da cláusula, ainda que possa eventualmente pretender ressarcir o particular. A independência e autonomia da cláusula arbitral mostram-se como uma verdadeira garantia do particular em face da Administração, quanto aos poderes exorbitantes da Administração.

A revisão dos atos e contratos administrativos por meio do princípio da autotutela parece sofrer as limitações apresentadas. Por sua vez, tal princípio parece de difícil aplicação quanto à cláusula compromissória.

O *princípio da competência-competência* é de suma importância na análise da participação da Fazenda Pública no processo arbitral, eis que versa sobre o aspecto fundamental da exclusão da jurisdição estatal e isolamento do processo arbitral em relação ao processo estatal. A jurisdição estatal não é obrigatória para solução dos conflitos envolvendo a Fazenda Pública.

Embora a Fazenda Pública do Estado de São Paulo e da União venha sucessivamente se propondo a utilizar elementos potestativos nas cláusulas compromissórias, isso de per si não significa uma impossibilidade de os árbitros analisarem a validade de tais elementos e sua inserção unilateral.

No que tange a uma suposta possibilidade de o árbitro avaliar o mérito administrativo quanto a opção pela arbitragem feita pelo administrador, aparentemente isso se encontra fora dos limites de sua atuação.

O Decreto n. 8.465/2015, tal qual a proposta de cláusula arbitral do Estado de São Paulo, buscam tornar a arbitragem um simulacro do processo judicial em que a Fazenda Pública é parte, importando diversas das prerrogativas processuais da Fazenda, bem como impondo elementos potestativos à convenção de arbitragem. Tais elementos podem ser afastados pelos árbitros trazendo as partes a uma situação de igualdade.

Tal qual partes privadas, a arbitragem envolvendo a Fazenda Pública traz elementos essenciais e facultativos. Destacam-se a autoridade competente para realização de acordos e no caso das arbitragens domésticas o uso direito nacional, face o princípio da legalidade, do idioma nacional, a vedação do uso da equidade, a vedação da confidencialidade frente o princípio da igualdade.

Defende-se a desnecessidade da previsão em edital do uso da arbitragem como meio de solução de controvérsias advindas dos contratos administrativos.

O advento a Lei n. 13.129/2015, que reformou a Lei de Arbitragem, trouxe tranquilidade ao administrador, no sentido de que um permissivo genérico e claro afastou todas as dúvidas que tanto assombravam a doutrina. Já se defendia tal permissivo genérico antes da reforma. Com a reforma tronou-se explícito o que era implícito, eis que não proibido.

Quanto à arbitrabilidade objetiva, os critérios da patrimonialidade, disponibilidade e transmissibilidade não são suficientes para definir o que seja arbitrável. Ao contrário, o poder extroverso, não é arbitrável, eis que não pode ser quantificado em pecúnia (critério da patrimonialidade) e não é disponível ou transmissível. Porém as consequências ilícitas de seu exercício, seja no âmbito do contrato ou de forma extracontratual, de certo são patrimoniais e disponíveis, portanto podem ser objeto de arbitragem.

Embora controvertido o tema, entende-se que a contratação de árbitros e câmaras arbitrais se dá por inexigibilidade de contratação. Uma alternativa seria o credenciamento administrativo. A natureza jurídica de tal instituto é controversa no direito administrativo, sendo vista até mesmo como forma de inexibilidade de licitação para contratação.

Árbitros e câmaras arbitrais devem ser adequadas. Devem, portanto, obedecer os princípios da imparcialidade, neutralidade, independência e sobretudo, especialidade no conhecimento das matérias envolvendo a Fazenda Pública. O dever de revelação deve ser entendido dentro da cultura nacional, sendo que ações contra o Estado, por si só não são um impedimento para funcionar como árbitro. Os parâmetros internacionais devem ser aplicados no que forem cabíveis na cultura jurídica local. Leis estaduais não podem criar novos critérios para ser árbitro, confrontando a lei federal. Ademais, as arbitragens institucionais mostram-se vantajosas em relação a arbitragem *ad hoc*, ainda que mais expansivas.

Baseado, portanto, no princípio da igualdade substancial, se extrai que no processo arbitral, o procedimento pode ser moldado, inclusive favoravelmente à Fazenda Pública, de maneira a conduzir as partes a uma situação de paridade de armas.

Embora se possa apontar vantagens e desvantagens no uso da *discovery*, não haveria um impedimento para que a Fazenda Pública aceitasse sua utilização. O princípio do duplo grau de jurisdição, que seria aplicável quando há órgãos jurisdicionais distintos, não cabe na arbitragem.

A suspensão de liminar pode ser vista como uma medida antiarbitragem ou não, dependendo do momento de ser proferida, ou seja, antes ou depois da instalação do juízo arbitral, e dependendo da autoridade que proferiu a liminar, árbitro ou juiz togado. Somente cabe o instituto quando a decisão for judicial e tiver caráter decisório. Instalada a arbitragem não cabe tal instituto por conta do princípio da competência-competência. O cumprimento das decisões arbitrais não pode ser impedido por meio do instituto da suspensão de liminar, sendo certo que a carta arbitral é somente uma forma de comunicação do ato ou decisão expedido pelo árbitro ou tribunal arbitral.

A Lei de Arbitragem deu à sentença arbitral o mesmo status jurídico da sentença judicial. Essa equiparação é necessária, sobretudo ante a adoção da teoria mista, em que a arbitragem tem início num cenário privado, mas se desenvolve sob a égide de um processo de caráter jurisdicional, e sob o manto da teoria geral do processo, como defendido. Nesse cenário não se pode dar à sentença arbitral um caráter superior ou inferior à sentença judicial. Dessa forma, no que tange ao regime jurídico de execução da sentença arbitral, o procedimento a ser adotado é o mesmo das sentenças judiciais.

Somente seria possível o cumprimento da obrigação constante na sentença arbitral se houvesse previsão legal autorizadora, o que de fato o artigo 18 da Lei n. 11.079/2009 não prevê. Não se trata de mera obrigação contratual, mas sim de sentença com a mesma qualidade da sentença judicial, para o bem e para o mal, conforme a Lei de Arbitragem.

Além disso, tal qual colocado, o uso do fundo garantidor (FGP) importaria numa verdadeira burla ao regime de precatórios, pelo qual todos os credores da Fazenda Pública devem seguir uma ordem de pagamento, sob pena de quebra da isonomia, bem como de favorecimento de uns em detrimento de outros.

REFERÊNCIAS

ALEXANDRINO, Marcelo; PAULO, Vicente. *Resumo de direito administrativo descomplicado*. São Paulo: Método, 2008.

ALMEIDA, Ricardo Ramalho (Coord.). *Arbitragem interna e internacional*: questões de doutrina e da prática. Rio de Janeiro: Renovar, 2003.

ALVES, Rafael Francisco. A imparcialidade do árbitro no direito brasileiro: autonomia privada ou devido processo legal? *Revista de Arbitragem e Mediação*, São Paulo, Revista dos Tribunais, v. 2, n. 7, p. 109-126, out/dez. 2005.

______. *A inadmissibilidade das medidas antiarbitragem no direito brasileiro*. São Paulo: Atlas, 2009.

ALVIM, José Eduardo Carreira. *Tratado geral da arbitragem*: interno Belo Horizonte: Mandamentos, 2000.

AMARAL, Paulo Osternack. *Arbitragem e administração pública*: aspectos processuais, medidas de urgência e instrumentos de controle. Belo Horizonte: Fórum, 2012.

ATAÍDE JÚNIOR, Vicente de Paula. O sistema Judiciário e a administração da justiça dos Estados Unidos da América. *Revista CEJ*, v. 10, n. 33, p. 36-42, abr./jun. 2006.

BACELLAR, Roberto Portugal. *Mediação e arbitragem*. São Paulo: Saraiva, 2012.

BARROCAS, Manuel Pereira. *Prova no processo arbitral*. Disponível em: <http://www.josemigueljudice-arbitration.com/xms/files/02_TEXTOS_ARBITRAGEM/01_Doutrina_ScolarsTexts/evidence/A_Prova_no_Processo_Arbitral_._Barrocasx.pdf>. Acesso em: 15 nov. 2015.

BARROSO, Luis Roberto. *Curso de direito constitucional contemporâneo*: os conceitos fundamentais e a construção do novo modelo. São Paulo: Saraiva, 2009.

BINENBOJM, Gustavo. As Parcerias Público-Privadas (PPPs) e a Constituição. *Revista de Direito da Associação dos Procuradores do Novo Estado do Rio de Janeiro*, n. 17, p. 91-107, 2006.

______. *Uma teoria do direito administrativo*: direitos fundamentais, democracia e constitucionalização. Rio de Janeiro: Renovar, 2006.

BOLFER. Sabrina Ribas. *Arbitragem comercial internacional e anti-suit injuctions*. Curitiba. Juruá. 2007.

BONATO, Giovanni. *Arbitragens com múltiplas partes*: uma multiplicidade de problemas. Disponível em: http://disciplinas.stoa.usp.br/pluginfile.php/214015/mod_resource/content/0/AULA%20arbitragem%20pluralidade%20de%20partes.pdf>. Acesso em: 23 nov. 2015.

BONATO, Giovanni. Panorama da arbitragem na França e na Itália: perspectiva de direito comparado com o sistema brasileiro. *Revista de Arbitragem e Mediação*, São Paulo, Revista dos Tribunais, v. 11, n. 43, p. 59-92, jul./set. 2014.

BONIZZI, Marcelo José Magalhães. Arbitragem e estado: ensaio sobre o litígio adequado. *Revista de Arbitragem e Mediação*, São Paulo, Revista dos Tribunais, v. 12, n. 45, p. 155-174, abr./jun. 2015.

______. Breve análise sobre a arbitragem em conflitos que envolvem o Estado. *Revista da Procuradoria Geral do Estado de São Paulo*, São Paulo, v. 75, p. 13-20, 2012.

______. *Capítulos de sentença e efeitos dos recursos*. São Paulo: RCS Editora, 2006.

______. *Proporcionalidade e processo*: a garantia constitucional da proporcionalidade, a legitimação do processo civil e o controle das decisões judiciais. São Paulo: Atlas, 2006.

______. A responsabilidade do agente público e o cumprimento das decisões contrárias à Fazenda Pública. *Revista de Processo*, São Paulo, Revista dos Tribunais, v. 31, n. 136, p. 277-286, jun. 2006.

BORGES, Iara Farias. *Comissão busca texto consensual antes de abrir audiências sobre nova lei de arbitragem*. Disponível em: <http://www12.senado.gov.br/noticias/materias/2013/04/26/comissao-busca-texto-consensual-antes-de-abrir-audiencias-sobre-nova-lei-de-arbritragem>. Acesso em: 20 nov. 2015.

BORN, Gary B. *International arbitration*: law and practice. Alphen aan den Rijn, Netherlands: Kluwer Law International, 2012.

______. *International commercial arbitration*: international and USA spects commentary and materials. Alphen aan den Rijn, Netherlands: Kluwer Law International, 2001.

BRAGA, Fabiana Andrada do Amaral Rudge. PPP: o fundo garantidor, a execução das garantias e a compatibilidade com o sistema constitucional dos precatórios. *Revista de Direito da Associação dos Procuradores do Novo Estado do Rio de Janeiro*, n. 17, p. 223-240, 2006.

BRAGHETTA, Adriana. A importância da sede da arbitragem. In: LEMES, Selma Ferreira; CARMONA, Carlos Alberto; MARTINS, Pedro Batista (Coords.). *Arbitragem*: estudos em homenagem ao prof. Guido Fernando da Silva Soares, *in memoriam*. São Paulo: Atlas, 2007. p. 18-32.

BUENO, Cassio Scarpinella. *O poder público em juízo*. 4. ed. rev., atual. e ampl. São Paulo: Atlas, 2008.

CARNELUTTI, Francesco, *Sistema di diritto processuale civile*, Padova: Cedam, 1936. v. 1.

CAHALI, Francisco José. *Curso de arbitragem*: mediação, conciliação, Resolução CNJ 125/2010. 2. ed. rev., atual. e ampl. São Paulo: Revista dos Tribunais, 2012.

CAMPOS, Diogo Leite de. A arbitragem voluntária, jurisdição típica do estado-dos-direitos e dos-cidadãos. In: CAMPOS, Diogo Leite de; MENDES, Gilmar Ferreira; MARTINS, Ives Gandra da Silva (Coords.). *A evolução do direito no século XXI*: estudos em homenagem ao professor Arnoldo Wald Coimbra: Almedina, 2007. p. 39-53.

CANOTILHO, Jose Joaquim Gomes. *Direito constitucional*. 6. ed. Coimbra: Almedina, 1995.

CARMONA, Carlos Alberto. *Arbitragem e processo*: um comentário à Lei nº 9.307/96. 2. ed., rev., atual. e ampl. São Paulo: Atlas, 2007.

______. *Arbitragem e processo*: um comentário à Lei nº 9.307/96. 3. ed., rev., atual. e ampl. São Paulo: Atlas, 2009.

______. Em torno do árbitro. *Revista de Arbitragem e Mediação*, São Paulo, Revista dos Tribunais, v. 8, n. 28, p. 47-63, jan./mar. 2011.

CASSESE, Sabino, Tendenze e problemi del diritto ammnistrativo. *Rivista Trimestrale di Diritto Pubblico*, Milano, Giuffrè, n. 4, p. 901-912, 2004.

CHIOVENDA, Giuseppe. *Instituições de direito processual civil*. São Paulo: Saraiva, 1965. v. 2.

CINTRA, Antônio Carlos de Araújo; GRINOVER, Ada Pellegrini; DINAMARCO, Cândido Rangel. *Teoria geral do processo*. 17. ed. São Paulo: Malheiros, 2001.

CLAY, Thomas. *L'arbitre*. Paris: Dalloz, 2001.

CLÈVE, Clèmerson Merlin. *Atividade legislativa do poder executivo*. 3. ed. rev., atual. e ampl. São Paulo: Revista dos Tribunais, 2011.

CONFERENCE ON RULES FOR INSTITUTIONAL ARBITRATION AND MEDIATION, Geneva, January 20, 1995. Jointly organized by the World Intellectual Property Organization (WIPO) and the Swiss Arbitration Association (ASA). Geneva: WIPO, 1995. (Reprinted 1999). Disponível em: <http://www.wipo.int/edocs/pubdocs/en/arbitration/741/wipo_pub_741.pdf>. Acesso em 23 nov. 2015.

CONSELHO NACIONAL DE JUSTIÇA (CNJ). *100 maiores litigantes*. Brasília, 2012. Disponível em: <http://www.cnj.jus.br/images/pesquisas-judiciarias/Publicacoes/100_maiores_litigantes.pdf>. Acesso em: 20 nov. 2015.

COSTA, Bruno Andrade; MARTINS, Danilo Ribeiro Miranda. Arbitragem exercida por entes públicos: uma proposta de regulamentação. *Fórum Administrativo*, v. 11, n. 122, p. 41, abr. 2011.

COSTA, Regina Helena. Prerrogativas processuais da Fazenda Pública. In: SUNDFELD, Carlos Ari; BUENO, Cassio Scarpinella (Coords.). *Direito processual público*: a Fazenda Pública em Juízo. 2. tiragem. São Paulo: Sociedade Brasileira de Direito Público; Malheiros, 2003. p. 79-88.

COUTO, Jeanlise Velloso. Árbitro e Estado: interesses divergentes? São Paulo: Atlas, 2010.

CRETELLA JÚNIOR, José. *Dos atos administrativos especiais*. 2. ed. Rio de Janeiro: Forense, 1995.

______. *Das licitações públicas*: (comentários à Lei Federal nº 8.666, de 21 de junho de 1993, republicada [...]). 18. ed., 3. tiragem, rev. e atual. inclusive de acordo com a Lei nº 10.520, de 17 de julho de 2002 (Pregão), e

Decreto nº 5.450, de 31 de maio de 2005 (regulamento do pregão eletrônico). Rio de Janeiro: Forense, 2009.

CUNHA, Leonardo José Carneiro da. *A fazenda pública em juízo*. 6. ed., rev., ampl e atual. São Paulo: Dialética, 2008.

DAVID, René. *Os grandes sistemas do direito contemporâneo*. Tradução de Hermínio A. Carvalho. 3. ed., 2. tiragem. São Paulo: Martins Fontes, 1998.

DELSIGNORE, Monica. *La compromettibilità in arbitrato nel diritto amministrativo*. 1ª ed. Milano: Giuffrè. 2007.

DELVOLVÉ, Jean-Louis. Multipartism: the Dutco decision of the french Cour de cassation. *Arbitration International*, v. 9, No. 2, p. 197, June 1993. Disponível em: <http://arbitration.oxfordjournals.org/content/9/2/197>. Acesso em: 23 nov. 2015.

DIDIER JUNIOR, Fredie. *Recurso de terceiro*: juízo de admissibilidade. 2. ed. rev., atual. e ampl. São Paulo: Revista dos Tribunais, 2005.

DINAMARCO, Cândido Rangel. *A arbitragem na teoria geral do processo*. São Paulo: Malheiros, 2013.

______. *Fundamentos do processo civil moderno*. 4. ed. rev. e atual. de Antônio Rulli Neto. São Paulo: Malheiros, 2001. v. 1.

______. *Instituições de direito processual civil*. 6. ed. rev. e atual. São Paulo: Malheiros, 2009. v. 1-2.

______. *Instituições de direito processual civil*. São Paulo: Malheiros, 2001. v. 3.

______. *Limites da sentença arbitral e de seu controle jurisdicional*. In: *Estudos de Arbitragem Mediação e Negociação*, v. 2. Disponível em: <http://www.arcos.org.br/livros/estudos-de-arbitragem-mediacao-e-negociacao-vol2/primeira-parte-memoria/limites-da-sentenca-arbitral-e-de-seu-controle-jurisdicional>. Acesso em: 20 nov. 2015.

______. *Nova era do processo civil*. 1. tiragem. São Paulo: Malheiros, 2003.

DINAMARCO, Júlia Raquel de Queiroz. Arbitragem e administração pública. *Revista de Processo*, São Paulo, Revista dos Tribunais, v. 26, n. 101, p. 264-282, jan./mar. 2001.

DI PIETRO, Mara Sylvia Zanella. *Direito administrativo*. 25. ed. São Paulo: Atlas, 2011.

______. *Direito administrativo*. 22. ed., 2. reimpr. São Paulo: Atlas, 2009.

______. *Direito administrativo*. 18. ed. São Paulo: Atlas, 2005.

______. *Discricionariedade administrativa na Constituição de 1988*. São Paulo: Atlas, 1991.

FACCI, Lucio Picanço. A proibição de comportamento contraditório no âmbito da administração pública: a tutela da confiança nas relações jurídico-administrativas. *Revista Forense*, Rio de Janeiro, v. 106, n. 411, p. 157/188, set./out. 2010.

FELLET, André Luiz Fernandes; PAULA, Daniel Giotti de; NOVELINO, Marcelo (Orgs.). *As novas faces do ativismo judicial*. Salvador: JusPodivm, 2011.

FERNANDES, Antônio Scarance. *Incidente processual*: questão incidental, procedimento incidental. São Paulo: Revista dos Tribunais, 1991.

FERNANDES, Flávio Sátiro. A inexigibilidade de licitação para contratação de serviços advocatícios. *Fórum de Contratação e Gestão Pública*, v. 8, n. 84, p. 25-30, out. 2009.

FERNANDES, Jorge Ulisses Jacoby. *Contratação direta sem licitação*. 9. ed. rev., atual. e ampl., 1. tiragem. Belo Horizonte: Fórum, 2011.

FERREIRA NETTO, Cássio Telles. Arbitragem: uma solução jurídica em tempo real. *Revista do Tribunal de Contas do Estado de São Paulo*, n. 102, p. 28-34, nov./jan. 2002/2003.

FIGUEIREDO, Lúcia Valle; FERRAZ, Sérgio. *Dispensa e inexigibilidade de licitação*. 3. ed. rev., ampl. e atual. de acordo com a Constituição Federal de 1988 e as Leis 8.666-93 e 8.883-94. São Paulo: Malheiros, 1994.

FILOMENO, José Geraldo Brito. *Curso fundamental de direito do consumidor*. São Paulo: Atlas, 2007.

FONSECA, E. Zucconi Galli. Controversie arbitrabili. In: MENCHINI, Sergio (A cura di). *La nuova disciplina dell'arbitrato*: commentario agli artt. 806-840 c.p.c.: aggiornato alla legge 18 giugno 2009, n. 69. Padova: CEDAM, 2010. p. 1-39.

FREITAS, Juarez. *O controle dos atos administrativos e os princípios fundamentais*. 4. ed. refund. e amp. São Paulo: Malheiros, 2009.

FRÓES, Carlos Henrique de Carvalho. A independência e a imparcialidade do árbitro. In: PANTOJA, Teresa Cristina G. (Coord.). *Prática em arbitragem*. Rio de Janeiro: Forense, 2007.

GAILLARD, Emmanuel. *Aspects philosophiques du droit de l'arbitrage international*. Leiden: Martinus Nijhoff, 2008.

______. Interférence des jurisdictions du siège dans le déroulement de l'arbitrage. In: BERNARDINI, Piero et al. *Liber amicorum Claude Reymond*: autour de l'arbitrage: mélanges offerts à Claude Reymond Paris: Litec, 2004. p. 83-96. Disponível em: <http://www.shearman.com/~/media/Files/NewsInsights/Publications/2004/01/Linterfrence-des-juridictions--du-sige-dans-le-dr__/Files/IA_Interference-juridictions-du-siege_Mel--Reymon__/FileAttachment/IA_Interference-juridictions-du-siege_Mel--Reymon__.pdf>. Acesso em 20 nov. 2015.

GAILLARD, Emmanuel; SAVAGE, John (Eds.). *Fouchard Gaillard Goldman on international commercial arbitration*. The Hague; Boston: Kluwer Law International, 1999.

GAJARDONI, Fernando da Fonseca. A arbitragem nos tribunais estatais: 10 anos de jurisprudência. *Revista do Advogado*, São Paulo, AASP, v. 26, n. 87, p. 52-60, set. 2006.

GARCEZ, José Maria Rossani. *Aspectos da produção de provas na arbitragem internacional*: sistemas da *common law* ou da *civil law*. Disponível em: <http://www.migalhas.com.br/dePeso/16,MI97584,11049-Aspectos+da+producao+de+provas+na+arbitragem+internacional+sistemas>. Acesso em: 20 nov. 2015.

GASPARINI, Diógenes. *Direito administrativo*. 10. ed. rev. e atual. de acordo com a Lei das Parcerias Público-Privadas (Lei n. 11.079/2004). São Paulo: Saraiva, 2005.

GOMES, Orlando. *Contratos*. 18. ed. atual. e anotada por Humberto Theodoro Júnior. Rio de Janeiro: Forense, 1998.

GRAU, Eros Roberto. Arbitragem e contrato administrativo. *Revista Trimestral de Direito Público*, São Paulo, n. 32, p. 14-20, 2000.

GRINOVER, Ada Pelegrini. Arbitragem e prestação de serviços públicos. *Revista de Direito Administrativo*, Rio de Janeiro, n. 233, p. 377-386, jul./set. 2003.

______. Conferência sobre arbitragem na tutela dos interesses difusos e coletivos. *Revista de Processo*, São Paulo, v. 31, n. 136, p. 249-267, jun. 2006.

GRINOVER, Ada Pellegrini; WATANABE, Kazuo. Recepção e transmissão de institutos processuais civis. *Revista de Processo*, São Paulo, v. 31, n. 140, p. 143- 154, set. 2006.

GUERRERO, Luis Fernando. *Convenção de arbitragem e processo arbitral*. 2008. 201 p. Dissertação (Mestrado) – Faculdade de Direito da Universidade de São Paulo, São Paulo, 2008.

GUILHERME, Luiz Fernando do Vale de Almeida. Uma análise do instituto da arbitragem no Brasil à luz da reforma do Judiciário e da lei das parcerias público-privadas ("PPS"). *Revista da Esmape*, Recife, Escola Superior da Magistratura de Pernambuco, v. 11, n. 23, p. 215-230, jan./jun. 2006.

HAGSTROM, Carlos Alberto. A disciplina do relacionamento entre as instituições financeiras e seus clientes: Código de Defesa dos Clientes de Bancos: comentários às Resoluções 2.878 e 2.892, do CMN: 1ª parte. *Revista de Direito Bancário, do Mercado de Capitais e da Arbitragem*, São Paulo, v. 5, n. 17, p. 29-58, jul./set. 2002.

HARADA, Kiyoshi. *Inconstitucionalidade do Fundo Garantidor das Parcerias Público-Privadas*: art. 8º da Lei nº 11.079/04. *Jus Navigandi*, Teresina, ano 10, n. 597, fev. 2005. Disponível em: <http://jus.com.br/revista/texto/16615>. Acesso em: 02 dez. 2015.

JUNQUEIRA, André Rodrigues; OLIVEIRA, Mariana Beatriz Tadeu de; SANTOS, Michelle Manaia. Cláusula de solução de controvérsias em contratos de parcerias público-privadas: estudo de casos e propostas de redação. *Revista da Procuradoria Geral do Estado de São Paulo*, São Paulo, n. 77/78, p. 285-314, jan./dez. 2013.

JUSTEN FILHO, Marçal. *Comentários à Lei de Licitações e Contratos Administrativos*. 12. ed. São Paulo: Dialética, 2008.

______. *Curso de direito administrativo*. 3. ed. rev. e atual. São Paulo: Saraiva, 2008.

KLEIN, Aline Lícia. A arbitragem nas concessões de serviço público. In: PEREIRA, Cesar Augusto Guimarães; TALAMINI, Eduardo (Orgs.). *Arbitragem e poder público*. São Paulo: Saraiva, 2010. p. 63-109.

KUBOTA, Flávio Hiroshi. Análise acerca da utilização do instituto da arbitragem pela administração pública e em parcerias público-privadas. *Boletim de Licitações e Contratos*: BLC, São Paulo, v. 19, n. 5, p. 445-451, maio 2006.

LA CHINA, Sergio. *L'arbitrato*: il sistema e l'esperienza. 4. ed. Milano: Giuffrè, 2011.

LE BARS, Benoit. Le colloque et l'indépendance de l'arbitre: vers une définition jurisprudentielle. *Recueil Dalloz*, n. 36, 18 oct. 2012. Disponível em: <http://www.ohada.com/content/newsletters/1727/article-independance-arbitre-Le-Bars.pdf>. Acesso em: 20 dez. 2015.

LEITE, António Pinto. Independência, imparcialidade e suspeição de árbitro. *Revista Brasileira de Arbitragem*, Porto Alegre, Síntese, v. 6, n. 25, p. 104-118, jan./mar. 2010. Disponível: http://bdjur.tjdft.jus.br/xmlui/bitstream/handle/123456789/7493/Independ%EAncia,%20imparcialidade%20e%20suspei%E7%E3o%20de%20%E1bitro.pdf?sequence=1 >.

LEMES, Selma Maria Ferreira. *Arbitragem na administração pública*: fundamentos jurídicos e eficiência econômica. São Paulo: Quartier Latin, 2007.

______. A arbitragem doméstica e arbitragem internacional. *Valor Econômico*, de 05.08.2003, Caderno Legislação &Tributos, p. E-2. Disponível em: <http://selmalemes.adv.br/artigos/artigo27.pdf>. Acesso em: 30 set. 2015.

______. Árbitro: princípios da independência e da imparcialidade. São Paulo: LTr, 2001. p. 53.

LEMES, Selma Maria Ferreira. Dos árbitros. *Revista Brasileira de Arbitragem*, ano 8, n. 28, jan./mar. 2011.

______. Dos árbitros. In: MARTINS, Pedro A. Batista; LEMES, Selma Maria Ferreira; CARMONA, Carlos Alberto. *Aspectos fundamentais da lei de arbitragem*. Rio de Janeiro: Forense, 1999. p. 245-288.

______. A independência e a imparcialidade do árbitro e o dever de revelação. *Revista Brasileira de Arbitragem*, Porto Alegre, Síntese, v. 6, n. 26, p. 21-34, abr./jun. 2010.

______. *O papel do árbitro*. 2006. Disponível em: <http://selmalemes.adv.br/artigos/artigo_juri11.pdf >. Acesso em: 30 set. 2015.

LEONCY, Léo Ferreira. *Princípio da simetria e argumento analógico*: o uso da analogia na resolução de questões federativas sem solução constitucional evidente. Tese (Doutorado) – Faculdade de Direito da Universidade de São Paulo, São Paulo, 2011.

LIEBMAN, Enrico Tullio. *Manuale de diritto processuale civile*. Milano: Giuffre, 1984. v. 1.

LOBO, Carlos Augusto da Silveira *Uma introdução a arbitragem comercial internacional.* In: ALMEIDA, Ricardo Ramalho (Coord.). *Arbitragem interna e internacional*: questões de doutrina e da prática. Rio de Janeiro: Renovar, 2003. p. 3-51.

LUCON, Paulo Henrique. Garantia do tratamento paritário das partes. In: TUCCI, José Rogério Cruz e (Coord.). *Garantias constitucionais do processo civil*: homenagem aos 10 anos da Constituição Federal de 1988. São Paulo: Revista dos Tribunais, 1999. P. 91-131.

MACHADO, Antônio Cláudio da Costa. *Código de Processo Civil interpretado*: artigo por artigo, parágrafo por parágrafo. 14. ed. Barueri: Manole, 2015.

MAGALHÃES, José Carlos de. *Do Estado na arbitragem privada*. São Paulo: Max Limonad, 1988.

MALINTOPPI, Loretta. La jurisprudencia arbitral de la CCI relativa a los contratos de Estado. *Revista de Arbitragem e Mediação*, São Paulo, Revista dos Tribunais, v. 1, n. 2, p. 186-194, maio/ago. 2004.

MARCATO, Ana Cândida Menezes. *O princípio do duplo grau de jurisdição e a reforma do Código de Processo Civil*. São Paulo: Atlas, 2006.

MARIANI, Rômulo Greff. *Arbitragens coletivas no brasil*. São Paulo: Atlas, 2015.

MARINELA, Fernanda, BOLZAN, Fabrício (Orgs.). *Leituras complementares de direito administrativo*: advocacia pública. 2. ed. rev. e ampl. Salvador: Juspodium, 2010.

MARINONI, Luiz Guilherme. Garantia da tempestividade da tutela jurisdicional e duplo grau de jurisdição. In: TUCCI, José Rogério Cruz e (Coord.). *Garantias constitucionais do processo civil*: homenagem aos 10 anos da Constituição Federal de 1988. São Paulo: Revista dos Tribunais, 1999. p. 207-233.

MAROLLA, Eugenia Cristina Cleto. *A arbitragem e os contratos da administração pública*. 2015. Tese (Doutorado) – Pontifícia Universidade Católica de São Paulo (PUC), São Paulo, 2015.

MARQUES NETO, Floriano Peixoto de Azevedo . Do contrato administrativo à administração contratual. *Revista do Advogado*, São Paulo, v. 29, n. 107, p. 74-82, dez. 2009.

______. A singularidade da advocacia e as ameaças às prerrogativas profissionais. *Revista do Advogado*, São Paulo, v. 27, n. 93, p. 39-42, set. 2007.

______. A superação do ato administrativo autista. In: MEDAUAR, Odete; SCHIRATO, Vitor Rhein (Orgs.). *Os caminhos do ato administrativo*. São Paulo: Revista dos Tribunais, 2011. p. 89-113.

MARTINES, Fernando. São Paulo padroniza cláusula arbitral em contratos de PPPs e gera polêmica. 2015. *Revista Consultor Jurídico*, 11 de agosto de 2015. Disponível em: <http://www.conjur.com.br/2015-ago-11/sp-padroniza-clausula-arbitral-contratos-gera-polemica>. Acesso em: 20 nov. 2015.

MARTINS, Pedro Antônio Batista. *Anotações sobre a arbitragem no Brasil e o Projeto de Lei do Senado n° 78/92*. Disponível em: <http://www.tradutoresjuramentados.com/pbm/artigos/anoarbraproleisen.pdf>. Acesso em: 30 set. 2015.

______. Normas e princípios aplicáveis aos árbitros. In: MARTINS, Pedro Antônio Batista; LEMES, Selma Ferreira; CARMONA, Carlos Alberto (Coords.). *Aspectos fundamentais da Lei de Arbitragem*. Rio de Janeiro: Forense, 1999.

______. O Poder Judiciário e a arbitragem: quatro anos da Lei 9.307/96. *Revista Forense*, Rio de Janeiro, v. 98, n. 359, p. 165-177, jan./fev. 2002.

MARTINS, Ricardo Marcondes. Arbitragem e administração pública: contribuição para o sepultamento do tema. *Interesse Público*, Belo Horizonte, Fórum, v. 12, n. 64, p. 85-104, nov./dez. 2010.

MATTOS NETO, Antônio José de. Direitos patrimoniais disponíveis e indisponíveis à luz da lei de arbitragem. *Revista de Processo*, São Paulo, v. 30, n. 122, p. 151-166, abr. 2005.

MAZZONETTO, Nathalia. *Partes e terceiros na arbitragem*. 2012. 315 p. Dissertação (Mestrado) – Faculdade de Direito da Universidade de São Paulo, São Paulo, 2012.

MEDAUAR, Odete. *Direito administrativo moderno*. 14. ed. rev., atual. e ampl. São Paulo: Revista dos Tribunais, 2010.

______. *Direito administrativo moderno*. 12. ed. rev. e atual. São Paulo: Revista dos Tribunais, 2008.

MEGNA, Bruno Lopes; CIANCI, Mirna. Fazenda Pública e negócios jurídicos processuais no novo CPC: pontos de partida para o estudo. In: CABRAL, Antonio do Passo; NOGUEIRA, Pedro Henrique (Coord.). *Negócios processuais*. Salvador: Juspodivm, 2015. p. 481-506.

MEIRELLES, Hely Lopes. Contratação de serviços técnicos com profissional ou firma de notória especialização. *Revista de Direito Público*, São Paulo, v. 7, n. 32, p. 31-35, nov./dez. 1974.

______. *Direito administrativo brasileiro*. 39. ed. atual. até a Emenda Constitucional 71, de 29.11.2012. São Paulo: Malheiros, 2013.

______. *Direito administrativo brasileiro*. 37. ed., atual. por Eurico de Andrade Azevedo, Délcio Balestero Aleixo, José Emmanuel Burle Filho. São Paulo: Malheiros, 2011.

______. *Direito administrativo brasileiro*. 36. ed., atual. São Paulo: Malheiros, 2010.

______. *Direito administrativo brasileiro*. 26. ed., atual. por Eurico de Andrade Azevedo, Délcio Balestero Aleixo, José Emmanuel Burle Filho. São Paulo: Malheiros, 2001.

______. *Direito administrativo brasileiro*. 21. ed. atual. por Eurico de Andrade Azevedo, Delcio Balestero Aleixo e José Emmanuel Burle Filho. São Paulo: Malheiros, 1996.

MELLO, Celso Antonio Bandeira de. *O conteúdo jurídico do princípio da igualdade*. 2. ed. São Paulo: Revista dos Tribunais, 1984.

______. *Curso de direito administrativo*. 29. ed. rev. e atual. até a Emenda Constitucional 68, de 21.12.2011. São Paulo: Malheiros, 2012.

______. *Curso de direito administrativo*. 17. ed. rev. e atual. São Paulo: Malheiros, 2004.

______. Proteção jurisdicional dos interesses legítimos no direito brasileiro, Proteção jurisdicional dos interesses legítimos no direito brasileiro. *Revista de Direito Administrativo*, Rio de Janeiro, v. 176, p. 9-14, abr./jun. 1989.

MENDES, Armindo Ribeiro. Introdução as práticas arbitrais. In: ASSOCIAÇÃO PORTUGUESA DE ARBITRAGEM (APA). *Estudos*. Disponível em: <http://arbitragem.pt/estudos/> e <arbitragem.pt/estudos/praticasarbitrais.doc>. Acesso em: 07 jul. 2015.

MONTEIRO, Alexandre Luiz Moraes do Rêgo; CASTRO, Leonardo Freitas de Moraes. Direito tributário e arbitragem: uma análise da possibilidade e dos óbices ao juízo arbitral em matéria tributária no Brasil. *Revista Tributária e de Finanças Públicas*, São Paulo, v. 17, n. 88, p. 18-47, set./out. 2009.

MONTORO, Marcos André Franco. *A flexibilidade do procedimento arbitral*. 2010. 415 p. Tese (Doutorado) – Faculdade de Direito da Universidade de São Paulo, São Paulo, 2010.

MORAES, José Roberto de. As prerrogativas e o interesse da Fazenda Pública. In: SUNDFELD, Carlos Ari; BUENO, Cassio Scarpinella (Coords.). *Direito processual público*: a Fazenda Pública em Juízo. 2. tiragem. São Paulo: Sociedade Brasileira de Direito Público; Malheiros, 2003. p. 66-78.

MOREIRA NETO, Diogo de Figueiredo. Arbitragem nos contratos administrativos. In: ____. *Mutações do direito administrativo.* 2. ed. atual. e ampl. Rio de Janeiro: Renovar, 2001.

______. *Curso de direito administrativo*: parte introdutória, parte geral, parte especial. 12. ed. totalmente rev., ampl. e atual. Rio de Janeiro: Forense, 2002.

______. Novos institutos consensuais da ação administrativa. *Revista de Direito Administrativo*, Rio de Janeiro, n. 231, p. 129-156, jan./mar. 2003.

MOREIRA NETO, Diogo Figueiredo; SOUTO, Marcos Juruena Villela. Arbitragem em contratos firmados por empresas estatais. *Revista de Direito Administrativo*, Rio de Janeiro, n. 236, p. 215-262, abr./jun. 2004.

NERY JUNIOR, Nelson. *Princípios fundamentais*: teoria geral dos recursos. 2. ed. rev. e ampl. São Paulo: Revista dos Tribunais, 1993.

NERY JUNIOR, Nelson. *Teoria geral dos recursos*. 6. ed., atual., ampl. e reform. da 5. ed. do livro Princípios fundamentais: teoria geral dos recursos. São Paulo: Revista dos Tribunais, 2004.

NERY JUNIOR, Nelson; NERY, Rosa Maria de Andrade. *Código de Processo Civil comentado e legislação extravagante em vigor*. 5. ed. rev. e ampl. São Paulo: Revista dos Tribunais, 2001.

NOGUEIRA, Erico Ferrari. A arbitragem e sua utilização na administração pública. *Revista da AGU*, v. 8, n. 21, p. 125-141, jul./set. 2009.

NOGUEIRA, Maurício José. Duplo grau de jurisdição: aspectos constitucionais e reflexos processuais. In: FUX, Luiz; NERY JUNIOR, Nelson; WAMBIER, Teresa Arruda Alvim (Orgs.). *Processo e constituição*: estudos em homenagem ao professor José Carlos Barbosa Moreira. São Paulo: Revista dos Tribunais, 2006. p. 542-552.

NUNES, Luiz Antonio Rizzatto. *Curso de direito do consumidor*. 2. ed. rev., modificada e atual. São Paulo: Saraiva, 2005.

OLIVEIRA, Gustavo Henrique Justino de. A administração consensual como a nova face da Administração Pública no século XXI: fundamentos dogmáticos, formas de expressão e instrumentos de ação. In: ____. *Direito administrativo democrático*. Belo Horizonte: Fórum, 2010. p. 211-231.

______. A arbitragem e as parcerias público-privadas. In: SUNDFELD, Carlos Ari (Coord.). *Parcerias público-privadas*. 2. tiragem. São Paulo: Malheiros, 2007. p. 567-606.

OLIVEIRA, Gustavo Henrique Justino de; EID, Elie Pierre; FIGUEIROA, Caio Cesar. *Arbitragem com o poder público no Brasil*: ondas evolutivas e prospecção. Disponível em: <http://www.migalhas.com.br/dePeso/16,MI226858,51045-arbitragem+com+o+Poder+Publico+-no+Brasil+Ondas+evolutivas+e+prospeccao>. Acesso em: 17 set. 2015.

OLIVEIRA, Gustavo Henrique Justino de; SCHWARSTMANN, Guilherme Baptista. Arbitragem público-privada no Brasil: a especialidade do litígio administrativo e as especificidades do procedimento arbitral. *Revista de Arbitragem e Mediação*, São Paulo, Revista dos Tribunais, v. 12, n. 44, p. 149-171, jan./mar. 2015.

OPPETIT, Bruno. *Théorie de l'arbitrage*. Paris: Presses Universitaires de France, 1998.

OSTIA, Paulo Henrique Raiol. *Desenho de sistema de resolução de conflito*: sistemas indenizatórios em interesses individuais homogêneos. Dissertação (Mestrado) – Faculdade de Direito da Universidade de São Paulo, São Paulo, 2014.

PALMA, Juliana Bonacorsi de. *Atuação administrativa consensual*: estudos dos acordos substitutivos no processo administrativo sancionador. 2010. 332 p. Dissertação (Mestrado) – Faculdade de Direito da Universidade de São Paulo, São Paulo, 2010.

PARENTE, Eduardo de Albuquerque. *Processo arbitral e sistema*. São Paulo: Atlas, 2012.

PEREIRA, Caio Mário de Silva. *Instituições de direito civil*: contratos. 12. ed, rev. e atual. de acordo com o Código Civil de 2002 por Regis Fichtner. Rio de Janeiro: Forense, 2005. v. 3.

______. *Instituições de direito civil*: contratos. 10. ed., 17. tiragem. Rio de Janeiro: Forense, 2001. v. 3.

PEREIRA, Cesar Augusto Guimarães. Arbitragem e a administração pública na jurisprudência do TCU e do STJ. In: PEREIRA, Cesar Augusto Guimarães; TALAMINI, Eduardo (Orgs.). *Arbitragem e poder público*. São Paulo: Saraiva, 2010. p. 131-149.

PEREIRA, Cesar Augusto Guimarães; TALAMINI, Eduardo (Orgs.). *Arbitragem e poder público*. São Paulo: Saraiva, 2010.

PEREIRA, Luiz Henrique de Castro. A arbitragem e sua utilização pela administração pública. *Boletim de Direito Administrativo*, São Paulo, NDJ, v. 29, n. 1, p. 50-60, jan. 2013.

PINTO JUNIOR, Mario Engler. *O Estado como acionista controlador*. 2009. 516 p. Tese (Doutorado) – Faculdade de Direito da Universidade de São Paulo, São Paulo, 2009.

PINTO, Ligia Paula Pires; SICA, Heitor Vitor Mendonça. Reflexões sobre a arbitragem no Brasil e a arbitragem internacional. *Revista de Direito Internacional e Econômico*, Porto Alegre, Sintese, v. 2, n. 6, p. 23-44, jan./mar. 2004.

POLINARI, Jacopo. L'arbitrato nel diritto amministrativo. In: PUNZI, Carmine. *Disegno sistematico dell'arbitrato*. 2. ed. Padova: Cedam, 2012. v. 3, p. 503-560.

RAMOS, Elival da Silva. *Ativismo judicial*: parâmetros dogmáticos. São Paulo: Saraiva, 2010.

RIBAS, Antonio Souza; RIBAS, Lídia Maria Lopes Rodrigues. Arbitragem como meio alternativo na solução de controvérsias tributárias. *Revista Tributaria e de Finanças Públicas*, São Paulo, Revista dos Tribunais, v. 13, n. 60, p. 223-247, jan./fev. 2005.

RICCI, Edoardo F. Desnecessária conexão entre disponibilidade do objeto da lide e admissibilidade da arbitragem: reflexões evolutivas. In: LEMES, Selma Ferreira; CARMONA, Carlos Alberto; MARTINS, Pedro Batista (Coords.). *Arbitragem*: estudos em homenagem ao prof. Guido Fernando da Silva Soares, *in memoriam*. São Paulo: Atlas, 2007. p. 402-412.

ROMERO, Eduardo Silva. A arbitragem da Câmara de Comércio Internacional (CCI) e os contratos de Estado. *Revista de Direito Bancário, do Mercado de Capitais e da Arbitragem*, São Paulo, Revista dos Tribunais, v. 6, n. 19, p. 257-295, jan./mar. 2003.

SALGUEIRO, Sophie. A independência e a imparcialidade do árbitro à luz da jurisprudência da Corte de Apelação de Paris confrontada à prática brasileira. *Revista de Arbitragem e Mediação*, São Paulo, Revista dos Tribunais, v. 9, n. 32, p. 373-387, jan./mar. 2012.

SALLES, Carlos Alberto de. *A arbitragem em contratos administrativos*. Rio de Janeiro: Forense; Método: São Paulo, 2011.

SAMPAIO, André Serrão B. de. Da competência do STF para julgar ação de improbidade administrativa proposta em face de Ministro de Estado. *Revista de Direito Bancário, do Mercado de Capitais e da Arbitragem*, São Paulo, v. 5, n. 18, p. 104-119, out./dez. 2002.

SANTOS, Luciano Alves Rodrigues dos. *A arbitragem no ordenamento jurídico brasileiro*. São Paulo: Biblioteca 24 horas, 2010.

SARMENTO, Daniel. O neoconstitucionalismo no Brasil: riscos e possibilidades. In: FELLET, André Luiz Fernandes; PAULA, Daniel Giotti de; NOVELINO, Marcelo (Orgs.). *As novas faces do ativismo judicial*. Salvador: JusPodivm, 2011. p. 73-114.

SCAVONE JÚNIOR, Luiz Antonio, *Manual de arbitragem*. 4. ed., rev. atual. e ampl. São Paulo: Revista dos Tribunais, 2010.

SCHIRATO, Vitor Rhein; PALMA, Juliana Bonacorsi de. Consenso e legalidade: vinculação da atividade administrativa consensual ao direito. *Revista Eletrônica sobre a Reforma do Estado* (RERE), Salvador, Instituto Brasileiro de Direito Público, n. 24, dez./jan./fev. 2011. Disponível em:<http://www.direitodoestado.com/revista/RERE-24-DEZEMBRO--JANEIRO-FEVEREIRO-2011-VITOR-JULIANA.PDF>. Acesso em: 08 dez. 2015.

SICA, Heitor Vitor Mendonça. *Arbitragem e Fazenda Pública*. p. 9. Disponível em: <http://www.academia.edu/12883545/2015_-_Arbitragem_e_Fazenda_P%C3%BAblica>. Acesso em: 10 dez. 2015.

SILVA, De Plácido e. *Vocabulário jurídico*. 20. ed. rev. e atual. por Nagib Slaibi Filho e Gláucia Carvalho. Rio de Janeiro: Forense. 2002.

SILVA, José Afonso da. *Curso de direito constitucional positivo*. 36. ed. rev. e atual. até a Emenda constitucional n. 71, de 29.11.2012. São Paulo: Malheiros, 2013.

SOARES, Carlos Henrique; LIMA, Daniela Silva; TOLEDO, Luciana Aguiar S. Furtado de. (Des)Necessidade de processo licitatório para escolha de câmara arbitral. *Revista CEJ*, Brasília, v. 16, n. 58, p. 44-49, set./dez. 2012.

SOIBBELMAN, Leib (Org.). *Enciclopédia Jurídica Soibelman*. [recurso eletrônico]. Rio de Janeiro: Elfez, 2004. CD-ROM. Disponível em: <http://www.elfez.com.br/>. Acesso em: 19 nov. 2004.

SOUZA JÚNIOR, Lauro da Gama e. Sinal verde para a arbitragem nas parcerias público-privadas: a construção de um novo paradigma para os contratos entre o Estado e o investidor privado. *Revista de Direito Administrativo,* Rio de Janeiro, n. 241, p. 121-157, jul./set. 2005.

STERN, Brigitte. O ingresso da sociedade civil na arbitragem entre Estado e investidor. *Revista de Arbitragem e Mediação*, São Paulo, Revista dos Tribunais, v. 1, n. 1, p. 101-113, jan./abr. 2004.

SUNDFELD, Carlos Ari. *Ato administrativo inválido*. São Paulo: Revista dos Tribunais, 1990.

______. *Fundamentos de direito público*. 3. ed. São Paulo: Malheiros, 1998.

______. Guia jurídico das parcerias público-privadas. In: SUNDFELD, Carlos Ari (Coord.). *Parcerias público-privadas*. São Paulo: Malheiros, 2007. p. 15-44.

SUNDFELD, Carlos Ari (Coord.). *Parcerias público-privadas*. 2. tiragem. São Paulo: Malheiros, 2007.

TALAMINI, Eduardo. *Coisa julgada e sua revisão*. São Paulo: Revista dos Tribunais, 2005.

______. Sociedade de economia mista. Distribuição de gás. Disponibilidade de direitos. Especificidades técnicas do objeto litigioso. Boa-fé e moralidade administrativa. *Revista de Arbitragem e Mediação*, São Paulo, Revista dos Tribunais, v. 2, n. 5, p. 135-154, abr./jun. 2005.

TAVARES, André Ramos. *Curso de direito constitucional*. 6. ed. rev. e atual. São Paulo: Saraiva, 2008.

TELES, Miguel Galvão. Processo equitativo e imposição constitucional da independência e imparcialidade dos árbitros em Portugal. *Revista de Arbitragem e Mediação*, São Paulo, Revista dos Tribunais, v. 7, n. 24, p. 127-134, jan./mar. 2010.

TIBURCIO, Carmen. A arbitragem como meio de solução de litígios comerciais internacionais envolvendo o petróleo e uma breve analise da clausula arbitral da sétima rodada de licitações da ANP. *Revista de Arbitragem e Mediação*, São Paulo, Revista dos Tribunais, v. 3, n. 9, p.78-98, abr./um. 2006.

______. Arbitragem envolvendo a administração pública: estado atual no direito brasileiro. *Revista Síntese de Direito Público*, Porto Alegre, Síntese, v. 11, n. 58, p. 62-82, jul./ago. 2014.

______. A arbitragem envolvendo a administração pública: RESP n. 606345/RS: jurisprudência comentada. *Revista de Direito do Estado*, Rio de Janeiro, Renovar, v. 2, n. 6, p. 341-350, abr./jun. 2007.

______. A arbitragem no direito brasileiro: histórico e Lei 9 307/96. *Revista de Processo*, São Paulo, Revista dos Tribunais, v. 26, n. 104, p. 79-99, out./dez. 2001.

______. O direito constitucional internacional no Brasil pós-EC n. 45/2004. *Revista Forense*, Rio de Janeiro, v. 102, n. 384, p. 17-26, mar./abr. 2006.

TORRES, Heleno Taveira. *Boa-fé e confiança são elementares no direito tributário*. 24 de abril de 2013. Disponível em: <http://www.conjur.com.br/2013-abr-24/consultor-tributario-boa-fe-confianca-sao-elementares-direito-tributario>. Acesso em: 20 nov. 2015.

______. Transação, arbitragem e conciliação judicial como medidas alternativas para resolução de conflitos entre administração e contribuintes: simplificação e eficiência administrativa. *Revista de Direito Tributário*, São Paulo, n. 86, p. 40-64, 2003.

TRAKMAN, Leon. The impartiality and independence of arbitrators reconsidered. *International Arbitration Law Review*, Sweet & Maxwell, v. 10, p. 999, 2007.

TUCCI, José Rogério Cruz e. Arbitragem: garantias constitucionais do processo e eficácia da sentença arbitral. *Revista Magister de Direito Civil e Processual Civil*, Porto Alegre, Magister, v. 5, n. 26, p. 43-46, set./out. 2008.

TUCCI, José Rogério Cruz e (Coord.). *Garantias constitucionais do processo civil*: homenagem aos 10 anos da Constituição Federal de 1988. São Paulo: Revista dos Tribunais, 1999.

TUCCI, Rogério Lauria; TUCCI, José Rogério Cruz e. *Constituição de 1988 e processo*: regramentos e garantias constitucionais do processo. São Paulo: Saraiva, 1989.

VACCARELLA, Maria. *Arbitrato e giurisdizione amministrativa*. Torino: G. Giappichelli, 2004.

VALENÇA FILHO, Clávio de Melo. As regras de *disclosure* como instrumento de competição e fomento no mercado primário internacionalizado. *Revista de Direito Bancário, do Mercado de Capitais e da Arbitragem,* São Paulo, v. 3, n. 10, p. 231-241, out./dez. 2000.

VALENÇA FILHO, Clávio de Melo; LEE, João Bosco. *Estudos de arbitragem*. Curitiba: Juruá, 2008.

VENOSA, Silvio de Salvo. *Direito civil*: teoria geral das obrigações e teoria geral dos contratos. 5. ed. São Paulo: Atlas, 2005. v. 2

VENTURI, Elton. *Suspensão de liminares e sentenças contrárias ao Poder Público*. 2. ed. rev., atual. e ampl. São Paulo: Revista dos Tribunais, 2010.

VIANA, Juvêncio Vasconcelos. *Efetividade do processo contra a fazenda pública*. São Paulo: Dialética, 2003.

WALD, Arnoldo. As concessões e a arbitragem. *Revista do Advogado*, São Paulo, v. 29, n. 107, p. 33-43, dez. 2009.

______. *Eficiencia, ética, independencia y imparcialidad en el arbitraje*. São Paulo: [s.n.], 2012.

______. A interpretação da Convenção de Nova Iorque no direito comparado. *Revista de Direito Bancário, do Mercado de Capitais e da Arbitragem*, São Paulo, v. 6, n. 22, p. 353-370, out./dez. 2003.

WÄLDE, Thomas. "Equality of arms" in investment arbitration: procedural challenges. In: YANNACA-SMALL, Katia (Ed.). *Arbitration under international investment agreements*: a guide to the key issues. New York: Oxford University Press, 2010. p. 161-188.

WALTER, Carlos Humberto. Jurisdição constitucional e procedimentalidade arbrital no estado de direito democrático. *Revista Tributária e de Finanças Públicas,* São Paulo, Revista do Tribunais, v. 16, n. 79, p. 98-108, mar./abr. 2008.

WILLEMAN, Flávio de Araújo. Acordos administrativos, decisões arbitrais e pagamentos de condenações pecuniárias por precatórios judiciais. *Revista de Direito da Procuradoria Geral do Estado do Rio de Janeiro*, n. 64, p. 116-137, 2009.

ZANCANER, Weida. *Da convalidação e da invalidação dos atos administrativos*. 3. ed. São Paulo: Malheiros, 2008.

Coordenação editorial	José Carlos Busto
Imagem da Capa	Orla, Getty Images
Diagramação	Dorival Lopes Junior
Capa	Dorival Lopes Junior
Formato	16x23
Tipologia	Times New Roman
Papel	Offset 77g/m^2
Número de páginas	312 p

Este livro foi composto na fonte Times New Roma, corpo 11,5 e impresso
em off-set 77g/m^2 pela gráfica PSi7 para a Editora Singular em agosto de 2019